·南开大学教材资助项目

国家经济学基础人才培养基地系列教材

南开大学重点专业建设系列教材

U0592734

People's

Republic

of

China's

Economic

History

龚关／主编

中华人民共和国

People's Republic of China's Economic History

经济史

经济管理出版社

ECONOMY & MANAGEMENT PUBLISHING HOUSE

图书在版编目（CIP）数据

中华人民共和国经济史/龚关主编. —北京：经济管理出版社，2010.1

ISBN 978-7-5096-0876-0

Ⅰ. ①中… Ⅱ. 龚… Ⅲ. ①经济史—中国—1949~2007 Ⅳ. ①F129.7

中国版本图书馆 CIP 数据核字（2009）第 242729 号

出版发行：**经济管理出版社**

北京市海淀区北蜂窝 8 号中雅大厦 11 层

电话：(010)51915602　　　　邮编：100038

印刷：北京银祥印刷厂　　　　　　　经销：新华书店

组稿编辑：王光艳　　　　　　　　　责任编辑：王光艳
技术编辑：杨国强　　　　　　　　　责任校对：陈　颖

720mm×1000mm/16　　　　　20 印张　　　381 千字
2010 年 1 月第 1 版　　　　　　2010 年 1 月第 1 次印刷

定价：39.80 元

书号：ISBN 978－5096－0876－0

前　言

经济史与经济学有着非常密切的联系。首先，经济学理论对经济史研究具有方法论意义。中国社会科学院经济研究所吴承明研究员从经济学的统一性出发对此进行了论述，他认为经济学的统一性表现有三：第一，经济学的基本范畴有统一性。例如"资本"，在奴隶社会就有了，但在分析了它在资本主义社会的完全形态后，马克思才概括出资本的初始形态的发展轨迹。解剖现代社会是解剖古代社会的钥匙。第二，迄今人类各种文明社会都是多种经济成分并存的，资本主义社会中也有前资本主义的遗存和未来的因素。第三，不管在"经济学对象"上有多少理论争论，实际上前资本主义的、西方的和当前社会主义的经济学都主要是在研究那种或这种经济是怎样运行的，它的机制如何，而这也是经济史研究的主要课题。任何社会经济都是在一定的机制下运行的，否则不能持久。各种社会形态的机制不同，但都有再生产问题，都有增长（负增长）的模式问题和发展周期性问题，都有主权者干预问题，等等。这其中，有些运行规律是共同的，有些可互相参照。因此，吴承明认为一切经济学理论都应视为方法论，在经济史研究中，可以把现有的各种理论，特别是对经济运行和其机制的解释作为方法，尤其是思考方法和分析方法，加以运用。①

其次，经济史研究对经济学的研究也有着重要意义，它可以为经济学理论提供丰富素材及深层次的规律性的成果。正因为此，许多经济学家非常重视经济史，著名经济学家约瑟夫·阿洛伊特·熊彼特将历史、统计和理论视为经济分析必需的三门技术，并强调经济史是"最重要的一门"基本学科，因为，"首先，经济学的内容实质上是历史长河中的一个独特的过程，如果一个人不掌握历史事实，不具备适当的历史感或历史经验，就不可能指望他能理解任何时代（包括当前）的经济现象；其次，历史的叙述不可能是纯经济学的，它必须要反映那些不属于纯经济的'制度方面'的事实，因此，历史提供了最好的方法让我们了解经济与非经济的事实是怎样联系在一起的，以及各种社会科学应该怎样联系在一起；再次，我相信，目前经济分析中所犯的根本性错误，大部分是由于缺乏历史的经验，而经济学家在其他方面的欠缺倒是次要的。"②

---

① 吴承明：《经济学理论与经济史研究》，《中国经济史研究》1995 年第 1 期。
② 约瑟夫·阿洛伊特·熊彼特：《经济分析史》第 1 卷，商务印书馆，1991 年版，第 28~29 页。

在经济史学科中，中华人民共和国经济史是新兴学科，但它的重要性并不亚于其他经济史学科，它对经济学的发展在某种程度上具有更重要的意义。中华人民共和国成立以来，中国社会经济的巨变尤其是改革开放以来取得了巨大的成就，引起了国内外广泛的关注，越来越多的人去探求中国社会经济变化的内在机理及其成功的原因。对这些问题的研究如果取得突破，不仅会深化中华人民共和国经济史的研究，而且对推动中国的经济学研究也会做出应有的贡献。而要探究这些问题，除了要有相当的理论分析框架外，更重要的是对中华人民共和国成立以来经济演进历程的熟悉，即需要深入学习研究中华人民共和国经济史。中华人民共和国成立以来尤其是改革开放以来，中国的经济学也发生了巨大的变化，但照搬外国经济学的现象大量存在。中国经济学要发展，除了借鉴外国经济学现有成果外，更重要的是将经济学的研究与中国的实际联系起来，从中取得创新和突破。然而，目前的经济学学习和研究者存在着一个普遍的现象，对历史的无知，不用说对中国古代、近代的历史知之甚少，对新中国的历史也语焉不详，以致极大地局限了他们的学习和研究的视野。因此，学习中华人民共和国经济史，对经济学学习和研究者来说是必不可少的。

本书是针对经济学及相关专业的本科生学习中华人民共和国经济史而编写的教材，时间跨度是 1949~2008 年。它以经济发展和制度变迁为主线，力求客观地阐述中华人民共和国成立至今近 60 年的经济演进历程。其中第一章至第八章涉及 1978 年改革开放以前的历史，主要是中国经济发展的战略选择，新中国从半殖民地半封建经济走入新民主主义经济，再放弃新民主主义经济而选择单一公有制和计划经济的社会主义的体制变革过程，以及在这一过程中中国经济发展取得的成就、遭遇的挫折及其经验教训；第九章至第十四章阐述 1978 年改革开放以后经济发展与制度变迁的历史，主要是经济发展战略的重大转变，通过实行改革开放，逐步建立和完善社会主义市场经济体制的过程，以及在这一过程中经济的高速增长、经济结构的优化和存在的问题及其经验教训。

本书立论有实有据，同时吸收了本学科最新的研究成果，力图将中华人民共和国经济演进的历程客观地展示出来，旨在使学生加强对基本国情的认识，为进一步从事历史学和经济理论的学习和研究打下坚实的基础。

目　录

绪 论

一、新中国建立前后的国际、国内形势

1. 旧中国的经济遗产

直到 19 世纪初，中国的经济实力依然居于世界前列。然而经历康乾盛世后的清王朝经济发展速度明显放慢，18 世纪后期已经显露出颓势，1840 年以后又不断遭受外来侵略。自此直到 1949 年，中国长期遭受内忧外患，社会经济遭到了极大的破坏。与此同时，欧美许多国家相继完成工业化，中国的经济增长速度已远远落后于这些国家。据估计，1820 年至 1952 年期间，中国国内生产总值和人均国内生产总值年增长率分别为 0.22% 和 -0.1%，同期欧洲的这两个增长率分别为 1.71% 和 1.05%，而美国更高达 3.76% 和 1.61%。[①] 经济增长的缓慢，大大削弱了中国的经济实力，19 世纪 90 年代中国作为世界上最大经济体的地位被美国取代，民国时期的中国经济依然令人失望。从 1820 年到 1952 年，"中国在世界国内生产总值中所占的比重从 1/3 降到了 1/20，实际人均收入从世界平均水平降到了平均水平的 1/4"。[②]

中国不仅经济增长缓慢，而且经济发展水平落后、经济结构单一。客观地说，近代中国的经济结构自 19 世纪中叶以后有了很大的变化，近代工矿交通运输业从无到有，并形成一定规模，在国民经济中也发挥着重要的作用。但是以手工生产为主的格局并没有改变，近代工业生产所占比例很小，与欧美国家相比存在着很大的差距。据估计，1933 年，全国工农业总产值仅为 249.55 亿元，其中属于传统农业手工业的生产总值占 87.7%，属于近代工业的生产总值仅占 12.3%。就主要工业产量而言，1933 年的中国与 1913 年的俄国相比，煤炭、电力、石油、生铁、钢、机械制造、纱锭只分别相当于俄国的 97%、57%、1%、14%、0.5%、4.6%、59%。1935 年，中、苏、美、日四国的生产资料生产在生产总值中所占比重，分别为 5.5%、58.5%、42.4%、48.3%。近代工业不仅落后，

---

① 安格斯·麦迪森：《中国经济的长期表现（公元 960~2030）》，上海人民出版社，2008 年版，第 37 页。

② 同①，第 36 页。

而且彼此不相配套，煤用不完，但电力缺乏，生铁只有 1/2 能炼成钢，而轧钢能力仅及炼钢能力的 1/2 弱。[①] 1933 年、1935 年是中国经济较好的年份，此后长期的战争使这仅有的生产力又遭受到极大的摧残。

旧中国经济发展的另一特点是经济发展极端不平衡。首先是城乡之间形成的典型"二元经济"，即近代工商、金融业主要集中于城市，城市经济已经开始资本主义化了，但是广大的乡村依然是传统的小农经济占统治地位，不仅没有走上现代化之路，而且日趋衰落，广大农民在原有生产方式下，甚至难以维持简单再生产。其次是沿海与内地经济发展差距很大。中国现代化经济是在帝国主义经济侵略刺激下发展起来的，沿海地区交通方便，受通商口岸及外国投资的影响发展较快，而内地由于交通闭塞发展较为缓慢。

在遭受外来侵略以及传统经济关系延续的条件下，旧中国经济关系比较复杂。外国在华资本长期在中国经济中居于垄断地位，第二次世界大战结束后，德、意、日法西斯的资本被没收，英、法等国的资本受到削弱，只有美国的资本在不断膨胀。总体来看，抗日战争胜利后尽管外国资本在中国经济中仍有着重要的地位，但垄断地位已不再。随着国民政府对国民经济垄断的加强，国家资本在国民经济中越来越居于举足轻重的地位。私人资本在 20 世纪二三十年代获得了很大发展，抗战后期至解放战争时期，因遭受国家资本的排挤而衰落。在广大农村，地主土地所有制经济依然占统治地位，个体经济（包括手工业者、小商贩、农民）分布广泛，且数量众多，处于受压迫、受剥削的地位。

旧中国的经济遗产是新中国经济发展的基础和前提条件。落后、结构单一和区域不平衡的经济发展特点，不仅仅是新中国经济发展的起点，而且是制约新中国经济发展、经济现代化的长期因素。新中国成立时，国民政府的国家资本被没收，外国在华资本被征管、接收，构成了新中国国营经济的基础，为新中国政府加强对国民经济的控制提供了前提条件；而数量众多的个体经济的广泛存在，则必然对新中国政府制定如何将中国经济引向现代化的政策产生广泛的影响。

2. 第二次世界大战结束后的冷战格局

近代以来，中国已经被融入整个世界之中，经济发展已深受世界政治、经济局势变化的影响。第二次世界大战结束后所形成的两极格局以及两极对峙背景下的冷战局势，对新中国成立初期经济发展战略的选择和经济体制的形成产生了一定的影响。

第二次世界大战后，德、意、日是战败国，不再是国际舞台的主角；法国在战争中沦陷，国际地位一落千丈；英国虽赢得战争却输尽财富，负债累累，威风不再；美国则成为世界头号经济、军事强国。另外，苏联尽管在"二战"中遭受

①武力：《中华人民共和国经济史》，中国经济出版社，1999 年版，第 46~47 页。

重大损失，但其经济、军事实力空前强大，成为唯一能与美国抗衡的大国。世界形成美苏两极争霸格局，也形成了以美国为首的资本主义阵营和以苏联为首的社会主义阵营。以美国为首的资本主义阵营采取冷战政策，实施除战争以外的一切敌对活动和对抗形式，对苏联等社会主义国家进行遏制。

冷战格局中，中国国内以国民党和共产党为代表的两大势力的斗争引起了世界两大阵营的关注。随着中国共产党领导的中国革命的胜利，苏联表示将在政治上、经济上支持未来的新中国政府，而美国政府对中国共产党则采取了敌视和施加压力以增加其困难的态度。在这种国际环境下，中国共产党在新中国诞生之初，国家尚未稳固的情况下，只能采取政治上"一边倒"的政策，全力争取苏联的理解和支持，以避免在国际上处于孤立无援的地位。当然，新中国政府仍是积极地寻求发展同西方的经济关系，因为中国历史上曾与西方国家有重要的经济往来，尽量保持这种历史关系，积极发展对外贸易，对中国经济的恢复是有重要意义的。只是在当时的国际环境下中国同西方的关系发展非常有限。"一边倒"的政策，使得中国在争取到苏联的支持同时，也形成了向苏联学习的思想和政策导向，苏联的经济发展战略和经济体制对中国产生了深远的影响。

1950 年 6 月 25 日爆发的朝鲜战争是一场有国际背景的战争，对中国政治经济的发展造成了极大的影响。6 月 27 日，美国派第七舰队插入台湾海峡，作为美国对远东爆发新冲突的部分反应；10 月 19 日，中国人民志愿军跨过鸭绿江，抗美援朝战争开始。1953 年 7 月 27 日，在板门店签署了《关于朝鲜军事停战协定》，中国历时两年多的抗美援朝战争结束。中国在抗美援朝战争中取得的胜利，大大提高了中国的国际威望，也激发了人民群众的爱国热情，对巩固新生的人民政权起到了积极作用。同时，消除了苏联对中国的疑虑，进一步加强了中苏的友好关系。另外，朝鲜战争也从根本上改变了中国与外部世界的关系，以美国为首的资本主义国家对新中国采取敌视和封锁的政策，紧张的国际关系使得中国处于巨大的压力之下，来自外部的威胁迫使中国政府不得不把发展重工业和加强国防力量作为新中国的首要任务。

3. 经济思想（理论）的影响

旧中国的物质基础和经济关系是新中国经济发展和制度变迁的历史起点，而中国传统经济思想的影响不容忽视，它经过数千年的历史传承早已内化为人们的行为方式。马克思主义传入中国后，中国共产党将其与中国革命的具体实践相结合取得了革命的胜利，预示着新中国建立后马克思主义将对新中国的经济发展和制度变迁产生深远影响。这些思想（理论）通过中国共产党和人民政府的决策在新中国经济发展史上打下了深深的烙印，成为制度变迁的广泛的社会基础。

（1）中国传统经济思想。在漫长的历史时期，中国的经济思想形成了自己的一脉相承的传统，如强调求富、重视均富，从整个国家的角度考虑经济问题，经济与伦理相结合，对理想的大同社会的追求等，对历代中国人考察和处理经济问题产生了深远的影响。① 新中国成立后，随着马克思主义指导思想地位的确立，中国传统经济思想的影响被削弱，但它仍然深深地影响着新中国的社会经济发展。下面仅从几个重要方面进行分析。

1）平均主义思想。中国传统的经济思想强调求富，深刻认识到求富对国家的强大、社会的稳定的重要意义，管子的"仓廪实而知礼节，衣食足而知荣辱"、孟子的"有恒产者有恒心"正是强调了这一点。同时，中国传统经济思想的主流还非常重视均富，把既富且均看做经济生活的合乎理想的状态，认为只有富还不能为社会带来幸福，只有在富的同时又使富的分配较为平均，做到家给人足，才能使国家、社会处于和谐、安定的状态。这种均富的思想不仅是中国传统经济思想的主流，而且，在下层贫苦百姓中也有着强烈的体现，由于中国古代最主要的财富是土地，农民起义时常常提出平均土地的要求，农民起义的口号"均田免粮"、"等贵贱、均贫富"、"有田同耕，有饭同食，有钱同使，无处不均匀，无人不饱暖"等正体现了这一点。平均主义产生的基础是小农业和个体手工业等个体经济。在那种贫富分化极其严重的社会中，农民这种平均主义要求有一定的合理性，这种平均主义思想在新中国成立后仍广泛存在，强调收入分配的均等、大锅饭、铁饭碗等都是平均主义思想的表现，它同各尽所能、按劳分配原则直接相违背，对经济发展的消极影响是显而易见的。改革开放以来，在经济体制改革、工资改革中，力图打破平均主义的传统，但步履维艰，说明平均主义影响之深远。

2）重农抑商。重农抑商是中国历朝历代最基本的经济指导思想，其主张是重视农业、以农为本，限制工商业的发展。从商鞅变法规定的奖励耕战，到汉文帝的重农措施，直到清朝初期恢复经济的调整，都是重农抑商政策的体现。重农抑商政策的根源在于中国传统社会的经济基础，即自给自足的自然经济，对于人们来说拥有土地可以获得巨额财富，且地租收入较稳定，是发家致富的最好手段；同时对封建国家而言，农业的发展可使人民安居乐业、人丁兴旺，使国库粮仓充盈，既可内无粮荒、动乱之虞，也可外无侵扰之虑。因此，历代统治者都把发展农业当做"立国之本"，而把商业（有时也包括手工业）当成"末业"来加以抑制。另外，"重义轻利"的传统伦理观念则是重农抑商政策文化方面的原因。重农抑商政策在战国时期对当时农业以及社会经济的发展，对新兴地主阶级政权的巩固起到了积极作用。例如商鞅变法，实行重农抑商政策，鼓励发展农业生产，从而促进了秦国的经济实力不断增强，为后来秦始皇统一六国奠定了物质基础。但是，重农抑商政策也导致地主官僚不断兼并土地，使土地高度集中，农民破产流亡，影响了农业生产的发展，激化了阶级矛盾，造成农民起义不断爆发。到了明清时期，商业、市场已经有了很大的发展，而统治者依然坚持重农抑商的

---

① 赵靖：《中国经济思想通史》第 4 卷，北京大学出版社，1998 年版，第 542 页。

政策，对社会经济的发展只能起到阻碍作用。清末至民国年间，重商意识明显增强，但是重农抑商思想经历千百年的潜移默化，已经深入人心。新中国成立后，这种思想仍不时表现出来。

3）国家本位思想。在中国传统经济思想看来，求富必须把富国放在首位。富国意味着全国的生产总量、财富总量的增长，富国对国家政权（君）、对老百姓、对富豪之家都是有利的。而要富国，必须把老百姓求得富足放在优先地位，因为民是生产者，是财富的创造者，君主、政权的财政收入总是取之于民，只有老百姓富了，才有可能从民取得更多，国库才有可能更充裕。至于富豪之家之求富，传统经济思想的主流对此是持消极乃至歧视态度的，因为他们的财富被认为是通过巧取豪夺、"损民贫国"而获得的，因而从事工、商而富的则不被正视。于是，在国家本位之下，富豪之家之求富被抑制乃至被歧视。这样一种思想倾向很容易形成一种仇富的心理，同时也抑制了靠工商业富家的商人对生财之道的探讨。

历朝历代国家政权的行为则反映了另一种意义上的国家本位，这个国家是指政权，而不是广义的国家。周代就有了"工商食官"的制度，这实际上是国家政权对工商业控制之始。西汉时期开始实行盐铁专卖，这一由国家政权控制重要资源和重要产业的制度一直被延续下来。这一重要制度实质上就是要保证国家的财政收入。不仅中央政权可以随意对其认为重要的资源进行处置，而且各级官僚更是如此，私人产权从来没有真正被尊重，正所谓"普天之下，莫非王土，率土之滨，莫非王臣"。由于国家政权对资源的控制，中国历史上没有形成完整的产权制度，它极其不利于市场经济制度的形成。新中国成立后，由于各种原因，这种忽视产权制度的传统被延续下来，对市场经济体制的建立消极影响很大。

（2）社会主义经济理论。中国共产党以马克思主义为指导取得中国革命的胜利后，必然继续以马克思主义为指导思想建设未来的国家，因此，新中国成立时就已经确定了未来的社会主义方向，也就意味着中国共产党对社会主义的理解以及对具体的社会主义模式的认识，将对新中国的经济发展和制度变迁产生重大影响。

马克思、恩格斯在对资本主义生产方式批判的基础上，对未来的社会主义社会进行了科学设想，认为在资本主义高度发达的生产力基础上所建立的社会主义社会，生产资料全部由社会直接占有，实行按劳分配的原则，有计划地组织社会生产，国家开始消亡，人们将获得自由和全面的发展。这些设想是一种科学预测，是对理想形态的社会主义社会的内在质的规定性的理论概括，是对成熟阶段的社会主义社会特征的超前研究。列宁在将社会主义从科学预测变为实践时，深化了对社会主义的认识，除了强调社会主义就是公有制和按劳分配，要消灭阶级外，更提出社会主义要创造比资本主义更高的劳动生产率，在存在多种经济成分的情况下，要利用商品货币关系。斯大林发展了列宁的思想，提出社会主义公有制存在两种形式；社会主义社会还存在商品生产和商品交换。但由于他超越了历史阶段，急于向共产主义过渡，对社会主义社会矛盾的认识存在重大失误，作出了随着社会主义建设的发展，阶级斗争越来越尖锐的错误论断；建立了以高度集中为特征的社会主义模式（所谓苏联模式），僵化地理解了马恩对未来社会主义的设想，偏离了科学社会主义的轨道。

新中国成立之初，以毛泽东为代表的中国共产党人，在领导中国社会主义革命和建设中，做过许多有益的探索。但是，在当时的历史条件下，对马克思主义学习、理解存在着局限和偏差，对社会主义建设更没有经验，对社会主义的认识存在着教条主义的倾向，没有也不可能突破苏联模式的基本框架。

所谓苏联模式，从经济上来看，表现为一个高度集中的计划经济体制，它以国家政权为核心，以党中央为领导者，以各级党组织为执行者，以国家工业发展为唯一目的，以行政命令为经济政策，以行政手段为运作方式。限制商品货币关系，否定价值规律和市场机制的作用，用行政命令手段管理经济，把一切经济活动置于指令性计划之下。它片面发展重工业，用剥夺农民和限制居民改善生活的手段，达到高积累、多投资的目的。中国 20 世纪 50~70 年代末，实施的就是苏联模式，它既给新中国带来了骄人的建设成就，也带来了无尽的困惑。

二、新中国经济发展和制度变迁的历程

从中华人民共和国成立至今的经济史以 1978 年为界分为前后两个时期，第一个时期是实行计划经济时期。这个时期又可以分为两个大的阶段，第一阶段，实践新民主主义经济体制三年，以后开始了向社会主义的转变，计划经济体制形成；第二阶段，计划经济体制完整实施的 20 年。第二个时期自 1978 年始，实行改革开放使社会主义市场经济体制得以初步形成，推动了中国经济的高速发展。

1. 1949~1957 年的经济发展与制度变迁

这一阶段经历了国民经济恢复（1949~1952 年）和实施第一个五年计划（1953~1957 年）两个阶段。在这八年间，最初的三年迅速结束了百年动乱，并采取各种措施奇迹般地在战争的废墟上恢复了国民经济。在此基础上，从 1953 年开始了大规模的经济建设，在苏联的帮助下实施了第一个五年计划，也确立了重工业优先发展的经济发展战略。第一个五年计划最终胜利完成为中国的工业化奠定了初步基础。

1949~1952 年是中国共产党和人民政府完整实施新民主主义经济体制和政策的三年，这三年中国的经济制度发生了剧烈的变化，通过没收官僚资本、征管和接收外国在华资本，建立了强大的社会主义国营经济；对私营经济实行利用、限制、改造的政策，使其符合国家的宏观经济计划和社会发展目标。在农村，通过实施土地改革彻底铲除了根深蒂固的封建土地所有制，而变为农民土地所有制。

这三年，实行国营经济领导下的多种经济成分并存、计划管理与市场调节相结合的经济体制，同时，由于国家掌握了国民经济命脉，控制了金融、市场和重工业，为以后迅速向计划经济过渡奠定了基础。1953 年，我国开始了大规模的经济建设，为加快实现工业化的速度，选择了重工业优先发展战略，允许自由市场发展的新民主主义经济体制显然不能适应这一战略，于是新民主主义经济体制被放弃，中国走上了苏联模式的社会主义道路。为了保障重工业优先发展战略的实施和第一个五年计划的完成，加快了社会主义改造的步伐，形成了单一的公有制体制，排斥市场调节，相应建立了政府集中配置资源的机构和制度，计划经济体制形成。

1956 年前后，针对刚刚建立起来的计划经济体制所暴露的各种弊端，也鉴于苏联社会主义经济建设的经验教训，中国共产党和人民政府曾对中国社会主义建设道路和工业化模式进行了认真、全面的探索，并取得了初步成果，可惜这种探索因"反右"运动的干扰而中断了。

2. 1958~1978 年的经济发展与制度变迁

1958~1978 年的 20 年依次经历了"大跃进"（1958~1960 年）、国民经济的调整（1961~1965 年）、"文化大革命"（1966~1976 年）和国民经济的前进和徘徊（1976~1978 年）等几个阶段。总的来说，无论是经济增长与发展还是制度的变革都充满了曲折，其背后的重要原因是不断持续和发展的"左"的错误。

从经济发展来说，这 20 年取得了很大成就，首先是经济总量和生产能力有了很大增长。从 1957 年底到 1978 年底，按可比价格计算，社会总产值增长 3.25 倍，工农业总产值增长 3.63 倍，国民收入增长 1.96 倍，工业总产值增长 5.99 倍，农业总产值增长 0.84 倍；[①] 从 1958 年到 1980 年，全国基本建设新增固定资产 4339.39 亿元，是"一五"时期新增固定资产的 8.82 倍。从 1958 年到 1978 年，基本建设新增生产能力为：炼钢 2911.3 万吨（为"一五"的 10.34 倍，下同），煤炭开采 36510 万吨（5.73 倍），发电机组容量 4859.5 万千瓦（19.68 倍），石油开采 10973 万吨（83.64 倍），化肥 1132.53 万吨（122.57 倍），新建铁路交付营运里程 18458 公里（4.43 倍），新建公路 153316 公里（1.84 倍）。[②] 这些不低的增长速度和可观的新增生产能力是靠高投入和牺牲消费换来的。其次是经过 20 多年，基本建立起相对独立的工业体系和国民经济体系，在国防工业、尖端科学方面取得了巨大进展，在改善基础设施、缩小沿海与内地的差距方面也取得了很大的成绩。这些都为改革开放后国民经济的高速发展奠定了基础。

20 年的经济增长和发展在取得成就的同时也存在不少问题：第一，经济增

---

① 1958 年按照 1957 年不变价格，1978 年则按 1970 年不变价格。
② 国家统计局：《中国统计年鉴（1983）》，中国统计出版社，1983 年版，第 348~351 页。转引自武力：《中华人民共和国经济史》，中国经济出版社，1999 年版，第 4 页。

长大起大落。由于急于求成以及受其他"左"的错误的干扰，这20年经济增长起伏很大，最为突出的是"大跃进"及其以后的三年困难时期。1958年的国内生产总值与1957年相比增长高达21.3%，而其后几年的增长率逐年降低，至1961年增长率甚至为-27.3%，与1958年相比，经济增长的波幅高达48.6%。"文化大革命"初期的1967年、1968年，经济再次出现负增长，增长率分别为-5.7%、-4.1%，1967年与前一个高峰1964年的18.3%和后一个高峰1970年的19.4%相比，波幅也在24%左右。[①]经济增长的大起大落给经济发展和人民生活造成了重大损失。第二，国民经济比例关系严重失调。"大跃进"时期由于片面强调"以钢为纲"，导致工农业、工业与交通、积累与消费等比例关系严重失调。国民经济经过1961年至1965年的五年调整极大地改善了国民经济各项比例关系，但随后的"文化大革命"时期，由于"左"的错误的干扰，国民经济各项比例关系又趋于失调。"文化大革命"结束后，由于"左"的错误没有得到纠正使得国民经济比例关系失调的问题更加严重。第三，人口的高速增长。由于"大跃进"和自然灾害的影响，1960年、1961年人口首次出现负增长，分别比上年减少1000万人和348万人。从1957年底到1961年底，4年内全国人口仅增加1206万人，年均增长率仅为4.63‰，是新中国建立以来的最低阶段。1962年以后，全国出现一次空前的补偿性生育高潮，1963年达到顶峰，全国人口出生率高达43.6‰，比1962年增加1877万人，其后又在较长时间内居高不下，直到1973年政府将人口发展正式列入国家计划，切实抓紧计划生育工作，才使人口增长率下降到1978年的13.53‰。截至1978年底，全国总人口由1957年底的64653万人增加到96259万人，20年间人口增加了近50%。[②]第四，人民收入增长缓慢，生活水平没有多大改善。1978年全国全民所有制单位的职工平均工资仅比1957年增加7元。1978年全国居民平均消费水平为175元，仅比1957年增加44%（按可比价格计算），其中农民增加34.5%，非农业居民增加68.6%。[③]人均食品消费情况：1957年人均粮食306公斤，棉花2.6公斤，油料6.6公斤，肥猪0.11头，猪牛羊肉6.25公斤，水产品4.9公斤。到1978年，人均粮食仅为318.5公斤，棉花2.25公斤，油料5.45公斤，肥猪0.17头，猪牛羊肉8.95公斤，水产品4.85公斤，多数人均消费增长不大，少数还有所下降。1978年城镇人均居住面积为4.4平方米，农村为8.1平方米。[④]在此期间，许多生活消费品都是短缺的，需要凭票购买。

1958~1978年我国在经济制度上实行的是单一的公有制和计划经济，这被认

　① 国家统计局：《中国统计年鉴（2000）》，中国统计出版社，2000年版，第55页。
　② 袁永熙：《中国人口》（综论），中国财政经济出版社，1991年版，第84页。转引自武力：《中华人民共和国经济史》，中国经济出版社，1999年版，第4页。
　③ 马洪：《现代中国经济事典》，中国社会科学出版社，1982年版，第571页。
　④ 国家统计局：《中国统计年鉴（1983）》，中国统计出版社，1983年版。

为是社会主义制度的本质特征和社会主义优越性的具体表现。然而，它所造成的微观经济缺乏活力和经济运行的低效率，极不利于经济的发展。正因为意识到计划经济体制的弊端，从1956年起，中国共产党和人民政府就开始着手探讨对计划经济体制的改革，探索一条适合中国国情的社会主义建设道路。1958年和1970年先后对经济体制进行了两次改革，以解决权力过度集中、地方和企业被管得过死的问题。但实际结果适得其反，由于权力下放过快，对已经造成的混乱起到推波助澜的作用，之后，中央政府不得不将下放的权力上收，又重新形成权力高度集中的状况，国民经济陷入了"一放就乱，一乱就收，一收就死，一死就放"的怪圈。而且，计划经济所造成的微观经济效率低下，也使企业难以为继。要想改变这种状况，必须从根本上改革计划经济体制。

3. 1978~2007年的经济发展与制度变迁

1978年12月中共十一届三中全会召开，成为新中国经济史上具有划时代意义的历史事件，中国掀开了实行改革开放、探索有中国特色的社会主义建设道路、经济快速发展的新的一页。改革开放以来的30年间，依次经历了改革开放的起步（1978~1984年）、经济体制改革的全面展开（1985~1991年）、社会主义市场经济体制的初步形成（1992~2001年）和完善（2001年至今）等阶段，在经济发展和制度变革上都取得了辉煌的成就。

农村实行和推广家庭承包经营责任制，是中国经济体制改革的突破口，也是改革起步阶段的重点，农村改革成效巨大，成为这一时期农村经济获得巨大发展的最主要的推动因素。与此同时，开始了城市经济体制改革的试点，一改过去主要是在中央与地方之间进行分权的路径，以"放权让利"为主要思路成为新时期改革的一大特点。随着改革开放的深入，需要有新的理论突破，也需要对改革进行全面规划。1984年10月中共十二届三中全会提出了公有制基础上有计划的商品经济论，并对改革开放进行全面规划，标志着改革开放进入以城市为重点的全面推进阶段。包括计划、财政、金融体制在内的宏观管理体制、价格体制、工资体制、企业体制等改革陆续展开。全面的体制改革必然出现新旧体制的摩擦，加上经济工作决策的失误，经济在繁荣中走向过热甚至失控，改革遇到挫折。在治理整顿阶段，改革的步伐放慢。1992年邓小平南方谈话和中共十四大的召开，确立了在中国建立社会主义市场经济的改革方向，改革的步伐加快。1993年中共十四届三中全会通过了《中共中央关于建立社会主义市场经济体制若干问题的决定》，《决定》成为进一步改革的纲领性文件，改革也从过去注重放权让利而转向规范市场及市场主体的行为。1994年，在培育和发展商品和要素市场的同时，重点推进计划、财税、金融、投资等体制的改革，1995年又将注意力重点转向国有企业。在遭遇东南亚金融危机及国内需求不足的双重压力的背景下，1998年，新一届政府明确提出了"一个确保、三个到位、五项改革"的任务，在极其困难的条件下，进一步推进国有企业、金融、政府机构、粮食流通体制、投融资体制、住房制度、医疗制度、财政税收体制等的改革。到 20 世纪末，一个社会主义市场经济体制的框架已初步形成。21 世纪初，面对经济全球化进一步加速的趋势，中国政府提出了要进一步深化改革，进一步完善已经初步形成的社会主义市场经济体制框架。

改革开放成为推动近 30 年来经济快速发展的重要因素，同时，中国共产党和人民政府及时调整了经济发展战略，果断放弃了优先发展重工业的战略，制定了以增强综合国力和提高人民生活水平为目标的"三步走"发展战略，这成为推动经济快速发展的一大重要因素。1978~2007 年的 30 年，经济呈现出高速增长的态势，年均增长率达 9.85%，高于 1953~1978 年 6.1%的增长率。而且，经济增长也逐步改变了大起大落的状况，逐渐趋于平缓。改革开放以来，出现了三个高速增长时期，第一次是 1984~1988 年，第二次是 1992~1996 年，第三次是 2003~2007 年。其中，1992 年以前，经济的大起大落仍然很明显，但此后在两次高增长中，经济增速的回落幅度不是很大，而回落和再次上升的速度也比较慢，经济增长由"大起大落"而转向"缓起缓落"。

经济高速增长的同时，经济结构也趋向合理化。改革开放伊始，针对过去过分强调重工业，忽视农业和轻工业的缺陷，在对国民经济的调整中，着重加强了对农业和轻工业发展的支持，使得农业在 20 世纪 80 年代的前期获得了前所未有的发展，而整个 20 世纪 80 年代则是轻工业高速增长时期，其增长速度超过了重工业。20 世纪 80 年代后期以来，随着整个消费结构的升级，对工业的发展提出了更高的要求，重工业再次获得了高速发展，中国也由此进入了重化工业时代。

三、新中国经济史的研究现状和方法

1. 新中国经济史的研究现状

新中国经济史是一个新兴学科，研究的起步较晚。由国家予以关注、组织力量开展研究始于 20 世纪 70 年代中期，而大量的比较系统的研究则始于 20 世纪 80 年代中期。其中主要成果有：原国家计委经济研究所编写的《中国社会主义经济简史》，马洪、邓力群主编的《当代中国》丛书各个经济部门卷，包括《中国土地改革史》、《对资本主义工商业的社会主义改造史》、《农业合作化史》等经济史专题著作，赵德馨主编的《中华人民共和国经济史》，董志凯主编的《1949~1952年中国经济分析》等。胡绳主编的《中国共产党的七十年》、薄一波著的《若干重大决策与事件的回顾》虽不是经济史专著，但对经济史的许多重要问题作了研究阐述，对经济史的研究也产生了较大影响。20 世纪 80 年代末开始，由中国社会科学院经济研究所与中央档案馆合编的《中华人民共和国经济档案资料选编》已出版 1949~1952 年卷、1953~1957 年卷，1958~1965 年卷正在出版中。

1998 年是改革开放 20 周年，1999 年是新中国成立 50 周年，研究新中国经济史的学术资料、著作大量问世。如中央财经领导小组办公室编的《中国经济发展 50 年》，刘仲藜主编的《奠基——新中国经济 50 年》，董辅礽主编的《中华人民共和国经济史》，苏星著的《新中国经济史》，武力主编的《中华人民共和国经济史》。进入 21 世纪，研究进一步深入，一些有分量的研究成果不断问世，如刘国光主编的《中国十个五年计划研究报告》，吴敬琏著的《当代中国经济改革》，胡鞍钢著的《中国政治经济史论（1949~1976）》。综观新中国经济史的研究，有以下两大突出的特点：

第一，研究的广泛参与性。新中国经济史的研究除了专业研究者外，还有中共党史的研究者、经济学者以及亲自参与经济实践的政府官员。特别是因为新中国经济史的研究与中国经济发展的研究有着紧密的联系，很多从事现实经济研究的学者涉足新中国经济史领域。这又分两种情况，一是经济学者对中国经济作实证的研究，也许研究者自身并没有意识到这是经济史的研究，但确实是经济史的研究成果。二是一些资深的经济学家专门致力于新中国经济史的研究，如苏星、刘国光、董辅礽、汪海波（《新中国工业经济史》、《中国现代产业经济史》）、胡鞍钢等。这样，必然在新中国经济史的研究与现实经济研究之间形成互动，每个从事新中国经济史研究的学者都密切关注现实经济，从中抓住切入点和拓宽视角；而每一个力图深入研究中国现实发展的学者，也把新中国经济史的研究作为获得成果的入手处。

第二，新中国经济史是具有丰富内涵的基础学科，又是随着时代脉搏跳动的前沿学科。在新中国经济史的研究中，对新中国成立初期和改革开放时期的研究始终是热点，同时，经济发展和改革开放中的热点和焦点问题，也引起了经济史研究者的关注，对这些焦点和热点问题进行历史的追溯和探讨，便成为经济史研究者的重要研究课题。如随着行政体制特别是政府管理经济职能改革提上日程，对政府管理经济行为的历史演变、对政府对经济的作用、对经济政策与经济发展作国际比较的研究成果增加。当区域经济问题越来越引起广泛关注的时候，区域经济史的研究成果多了起来，主要涉及区域经济发展战略的演变、"三线建设"、西部大开发与振兴东北老工业基地等。伴随市场化改革深入以后出现的新问题，从统筹的角度特别是城乡统筹的角度研究工业化、"三农"问题、收入分配、消费和社会保障、金融、产权等方面的历史有所发展。随着和谐社会、科学发展观的提出，相关研究如公私兼顾、劳资两利、新中国成立初期优先发展重工业战略等被重新深入探索。当经济增长与发展问题再次引起人们关注时，在前些年注重体制研究的基础上，对于经济增长与发展的研究正在受到关注。随着经济发展中生态环境问题被引起的广泛关注，生态环境史的研究已成为一个重要的课题。

新中国经济史的研究尽管时间不长，还有待进一步发展，但已形成了对以下一些重大问题的深入研究：

第一，经济体制及其变革的研究。新民主主义经济体制一直是研究热点，主要涉及特点、运行机制、为什么被过早放弃以及与社会主义初级阶段的关系等。关于计划经济体制，主要着眼于新中国为什么会选择计划经济体制，它是怎样形成的，计划管理的特点等。至于1978年以前关于经济管理体制的探索与改革，较多地关注了20世纪50年代中期的探索，对其后的两次改革关注较少。而1978年以后的经济体制改革则是体制研究的另一个热点，当然有很多著作只是一个理论分析，而实证的阐述不多。内容广泛涉及经济体制改革目标模式的选择，城乡不同区域、经济特区、不同所有制以及不同行业、部门的改革情况，市场体系的建设，体制转轨过程的经济运行矛盾与体制转换特点，改革的效果，不同国家经济体制改革道路的比较研究等。近年来，一个新的趋向是将1978年前后的体制变迁联系起来分析，比较改革开放前后经济体制的异同，探索中国特色社会主义道路。

第二，工业化、经济增长与发展的研究。工业化是中国人民的夙愿，为实现工业化，新中国成立以后的30年间，我国在经济落后和国际环境紧张的情况下，采取了优先发展重工业的赶超战略。学术界对实行优先发展重工业战略的原因、后果进行了探讨，并与苏联、日本等国工业化战略进行比较。在这条工业化道路的选择及后果上，学术界提出了不同的看法，有的认为重工业优先发展战略不能成功实现经济发展的赶超目标，有的则认为重工业优先增长是中国工业化进程的积极进取性的最突出表现之一。目前，重工业优先发展战略仍是学术界研究的热点之一，同时，改革开放以来的战略转移，以及我国经济发展战略的演变也引起了学者的关注。关于工业化问题的探讨，还有工业化的资金来源、进程等。新中国成立以来中国经济增长的波动很大，学术界广泛探讨了经济增长波动的原因、有无周期性以及对波动进行实证分析。与经济增长相联系的是政府的宏观调控，尤其是改革开放以来，经历了三次经济高速增长，政府采取了相应的宏观调控措施，学术界对这三次宏观调控进行了比较。同时经济增长方式、经济结构的变化、能源和环境保护的历史均也受到关注。

第三，"三农"问题的研究。农村经济体制的研究由来已久，尤其是新中国成立初期的农业合作化一直是研究的热点，主要涉及农业合作化的背景、曲折历程、影响及后果。近年来有学者将其与家庭联产承包责任制进行比较研究，分析各自的优劣。新中国农村土地制度的变迁引起了许多学者的关注，认为从合作化到家庭联产承包责任制，形式上经历了从土地家庭经营到土地集体经营、由土地集体经营到土地家庭经营，似乎是历史的回归，不同阶段不同的土地经营方式对农业生产的影响值得研究。改革开放以来乡镇企业的迅猛发展引起了人们对我国农村工业化历史与道路的研究，总的来看主要是探索乡镇企业崛起的不同模式，并对其进行比较研究，由此分析中国农村工业化的前景。由于农业各业获得很大发展以及乡镇企业的发展，农村经济结构发生了很大的变化，尤其是农村工业的发展，中国形成了以发展中小城市为主、农民离土不离乡的农村现代化道路，使得农业劳动力向非农产业转移问题成了中国经济社会发展史研究的一个热点，许多学者分析农业劳动力转移的历史进程及其特点。近年来，随着收入分配问题的凸显，农民的收入和负担等问题也成为研究的热点，20世纪90年代后期，农民的负担问题成为一个尖锐的社会问题，有学者研究新中国农民负担变化的阶段性。随着2003年国家取消农业税，对农民负担的研究减少，对农民收入问题的研究则多了起来，由于农民收入问题主要集中在农民增收有限、城乡收入差距拉大，学者在实证分析的基础上，探讨了农民增收困难的原因。

第四，城市化研究。新中国建立后的城市化进程是曲折的。学者除了探讨城市化进程外，工业化与城市化、城乡关系是主要研究的课题。关于工业化与城市化，有学者肯定了二者的密切联系，认为新中国成立后进行的大规模工业化建设，促进了城市的建设和发展。但有学者探讨的是二者关系的另一面，认为中国的城市化水平略低于经济发展水平，严重滞后于工业化水平，这是中国独特的工业化道路造成的。关于城乡关系，认为改革开放前，中国城乡关系呈现三个特征：工农产品不能平等交易；城乡之间劳动力不能自由流动；城镇居民与农民的权利和发展机会不平等。改革开放以来随着市场机制的引入，城乡联系显著增强，工农业产品交换市场化程度的提高推动了城乡关系的合理化进程；乡镇企业异军突起，城乡经济相互作用日趋紧密；农村剩余劳动力向城镇大量转移，对城乡隔离体制造成巨大冲击；小城镇大量涌现和迅速发展，奠定了城市化基础。其他的问题还有城市化与农业剩余劳动力转移、劳动力供求与城市化关系等。

第五，区域经济史的研究。改革开放以来，东西部发展差距拉大，区域经济问题引起广泛关注，区域经济史的研究也成为一个热点。关于区域经济发展战略，有学者认为新中国成立以来我国可分为改革开放前30年的"均衡战略布局"和改革开放后的"非均衡战略布局"两个时期。由均衡发展战略向非均衡战略的转变导致区域经济差距拉大，积极效应是有利于增强经济总量和综合国力；消极效应是加大了地区产业结构趋同趋势，影响国民经济的持续稳定发展。因此中国区域经济发展战略必须从非均衡型区域经济发展战略向区域经济协调发展战略转变。关于地区差距，除分析新中国各地区经济发展差距变化的阶段性外，主要分析沿海与内地差距拉大的原因，认为在于经济布局西移在一定程度上脱离了当地原有的工业基础、生产要素主要与区外循环，没有发挥培育地区经济增长机制和发展功能。随着西部大开发的提出，"三线建设"与西部大开发的历史引起广泛关注。对"三线建设"，探讨了其背景、成就和问题以及对西部开发的重要意义，对中美历史上的西部开发进行比较研究。21世纪初振兴东北老工业基地已被提上议事日程，对东北老工业基地的经济史尤其是工业史的研究逐渐增多。

2. 新中国经济史的研究方法

在研究方法上，新中国经济史与其他经济史学科没有什么不同。经济的发展、演变既有自身的内在逻辑，也会受到诸如自然、生态、社会、政治等各种因素的影响。经济史的研究首先应当采用历史学的史料学及考据等方法，弄清历史事实，并以史家擅长的描述及定性分析之法，将经济史实清楚地描绘出来。同时，为了更好地研究经济的实绩及其与自然、生态、社会、政治等因素的互动关系，应将经济学、社会学、人类学、政治学、地理学、生态学、心理学等学科的理论和方法运用到经济史的研究中去。总之，经济史的研究方法是多元的。当然，面对具体的研究问题，则需要根据研究的对象和研究资料获得的可能性有所取舍，不同的问题可选取不同的方法，也可选取相同的方法，而同一个问题还可采取多种方法，史家所谓"史无定法"，其含义即是如此。

　　下面再结合新中国经济史的特点，具体谈谈新中国经济史研究上某些方法的运用：

　　第一，新中国经济史研究应与经济学研究紧密结合。由于许多经济学者的参与，新中国经济史的研究与经济学的关系更为密切，从经济学的角度对重工业优先发展战略、工业化、新中国的经济增长和发展等重大问题的研究取得重要成果。近些年来，从制度经济学的角度对新中国的制度变迁，尤其是改革开放以来体制变革与经济转型的研究尤为引人注目，在一定程度上深化了新中国经济史研究，也给专业从事新中国经济史研究的学者提供了运用经济学理论从事研究的很好范例。但是，需要指出的是，大量与新中国经济史相关的现实经济学研究成果更为注重的是横截面的或者说静态的对经济运行机制的分析，而纵向的或者说动态的分析则较为欠缺，因此，许多研究成果如果仅仅看研究成果本身确实很有道理，但把它放在一定的历史背景中看，则明显表现出对历史本身的逻辑的忽视，缺少历史感。这就要求专业从事新中国经济史研究者既要重视经济学者对相关问题的研究，也要对这些成果从经济史的角度重新进行审视。同时，自身在运用经济学理论时必须要清楚地意识到，经济学对经济史研究的意义主要有两个方面：一是依据经济学的相关学科理解经济的运行机制。这一点对新中国经济史是很重要的，因为现代经济与传统的以小生产为基础的经济相比非常复杂且表现出相当强的专业性，要研究这样的现代经济，必须首先要理解它，这就必须借助于经济学的相关学科。二是为经济史研究提供分析框架。经济学理论运用于经济史不是将现有的经济学研究结果直接用于经济史研究，吴承明指出经济史是经济学的源，而不是经济学的流，一切经济学理论都是方法论。将经济学运用于经济史的研究是要将经济学作为一种工具，建立起经济史研究的分析框架。

　　第二，计量分析方法的运用。经济史的计量分析主要包括两个方面：统计学和计量经济学。在中国经济史中，新中国经济史与中国古、近代经济史相比，在计量分析上有着更多的优势。由于连续数据的缺乏，尽管有许多学者积极提倡计量分析，但在中国古代经济史、近代经济史研究中，计量分析还是很有限的，主要运用在价格和经济周期等问题的研究中。而新中国经济史研究在连续数据的获取上显然有着优势。而且现实经济学者的计量经济分析已比较成熟且很广泛，除最基础的统计学的运用外，也有很多通过构建计量经济模型对现实经济问题进行实证研究，这给经济史研究者进行计量分析提供了大量的范例。当然，计量经济分析用于经济史也有需要注意的地方，计量分析应以历史研究为基础，其主要目的不是进行理论创新，而是对已有的研究结论进行检验。另外，现实经济学者的计量分析在某种意义上说还是一个静态分析，尽管其所用数据是连续的，但他们往往只注意数据本身所反映的问题，而忽视了数据背后的复杂历史原因，因此，经济史研究者在运用这些研究成果时，也应该采取谨慎的态度。

第三，注重经济史研究与社会史研究的结合。随着经济规模的扩大以及专业化分工的不断深入，现代经济变得越来越复杂，经济的演进也表现出越来越多的自身内在逻辑，每一个专门的经济领域在与其他领域形成越来越紧密的联系的同时，其内在的运行机制也越来越有别于其他领域。现代经济的这些特点，很容易使经济史的研究者更多地注重于经济自身的演进，而忽视影响经济发展变化的其他因素。新中国经济史的研究正面临着这种情况，而现实经济学者广泛参与新中国经济史的研究更容易加重这一倾向。新中国经济史的研究必须正视这种为经济而经济的倾向，既要看到新中国经济的发展演变中经济内在的逻辑，同时也要看到政府的决策以及政治的变动对经济的极大影响力，在强政府格局下国家与社会关系（与旧中国相比）的极大变化及其对新中国经济发展、人民生活所产生的重大影响，社会意识形态对经济的重大影响。实际上新中国经济史的研究已经有了这样一种新的倾向，近期的研究中注重拓宽视角，从社会、文化意识形态的角度研究经济史正成为趋势。这实际上把社会史的研究方法引入新中国经济史，经济史研究与社会史研究结合，或者说经济史的研究正趋向于社会经济史。经济史的研究除了关注经济与社会、政治乃至自然生态等的互动外，社会史的研究方法中诸如整体史观、注重社会下层的研究、注重实地调查，很值得经济史研究借鉴。

第四，加强区域经济史的研究。中国是一个大国，各地区经济发展很不平衡，差别很大，自古依然，因此，区域经济史的研究是中国经济史研究的一个传统。新中国成立以后，西方的区域经济理论以及对中国的区域经济史研究成果传入中国，对中国学者产生了很大的影响，也推动了中国的区域经济史的研究。在区域的选择上既有以行政区划为依据，也有选择经济区域，同时还注意到区域间的互动以及区域间的比较研究。新中国经济史的研究继承了这一传统，在区域经济史的研究上也取得了不少成果。新中国经济史的研究既要继承已有的传统，也要注意自身的特点。新中国区域经济的演变与历史上相比，其受政府决策的影响要更大一些，新中国区域经济发展战略的变化，诸如"三线建设"、西部大开发、振兴东北老工业基地等，都对区域经济的发展变化产生重大影响，这应成为新中国区域经济史研究的一个重要方面。

思考题：

1. 试述新中国成立前后的国际、国内形势对新中国经济发展的影响。

2. 简述新中国经济发展与制度变迁的历程。

3. 简述新中国经济史的研究方法。

第一章 新民主主义经济体制的建立与国民经济的恢复

中华人民共和国成立之初，战争尚未完全结束。恶性通货膨胀和物价上涨成为摆在新政府面前的严峻问题。稳定经济形势、恢复发展生产，是比军事斗争更加严峻的任务。面对困难局面，中国共产党利用政权的力量，通过强制性的制度变迁，迅速地在全国范围内建立起新民主主义经济体制。在这一体制中，国营经济和集体经济是主体，半社会主义性质的合作社经济也开始建立起来，私营经济仍然存在，而个体经济则广泛存在。在这种背景下，新中国开始了大规模的经济恢复，至1952年底，国民经济恢复任务基本完成，新中国由此开始进入大规模的经济建设时期。

第一节 新民主主义经济体制的建立

稳定经济形势，是新中国成立后中国共产党面临的首要问题。为此，中国共产党采取了稳定物价和统一财经的一系列措施，通过国营经济及其制度的建立以及农村土地制度改革的完成，基本上建立起全国范围内的新民主主义经济体制。新民主主义经济的发展和壮大，特别是国营经济和农村集体经济的发展，为向社会主义社会的过渡创造了条件。

一、稳定物价与统一财经

新中国成立后，中国共产党面临着极大的财政困难。一方面战争尚在继续，军费开支浩繁；另一方面由于接收地区不断扩大，由此产生的行政办公经费，恢复急需的交通、通讯事业费用以及原国民党政府遗留的几百万军政公教人员的薪金等，也是很大的财政负担。与此同时，各地投机资本兴风作浪，导致物价飞涨，加之交通、通讯因素及税收系统的中断，中央政府一时难以实现较大幅度的收入增长，被迫大量发行货币来弥补亏空。如此，经济形势更加严峻。

面对困难局面，中国共产党采取了稳定物价和统一财经的措施。为了争夺市场领导权，稳定全国物价，运用了政治和经济两大手段，发动了"银元之战"和"米棉之战"。新中国成立初期，一些不法投机商拒用人民币，非法进行黄金、银元的投机倒把活动，导致金银价格暴涨，物价混乱。当时上海是全国的金融中心，刚刚解放半个月，经济形势尤为恶劣。为了打击投机者的嚣张气焰，上海军管会断然查封挑起"银元之战"的大本营上海证券大楼，逮捕了投机倒把的首要分子，遏制住了破坏金融的非法活动。这是用政治手段同不法分子较量的第一个回合。在"银元之战"后，一些投机商又进行粮食和棉纱的投机活动，党和政府统一调运粮食和棉纱在各大城市抛售，市场物资饱和，物价接连下降，沉重打击了不法分子，这是用经济手段取得的又一个胜利。自此，社会主义的国营经济初步发挥了稳定市场的作用。

但是要从根本上稳定物价，必须做到财政收支平衡和物资供求平衡。为此，必须实现全国经济工作的统一领导和统一管理。1950年3月，中共中央就政务院颁布《关于统一国家财政经济工作的决定》发出通知，要求各级党委必须用一切办法去保障这个决定的全部实施。这次统一财经工作主要是在财政、金融、国营企业的管理等方面将过去一些地方权力收归中央，加强了中央政府权力。在中央与地方的关系上，强调了加强集中统一领导的必要性。统一财经的主要内容为：

1. 在财政收支方面

实行统收统支，将财权集中于中央。在财政收入方面，除地方税收和其他零星收入抵充地方财政支出外，其他各项收入均属于中央财政收入，一律解缴中央金库；在财政支出方面，各级政府的财政支出，均由中央统一审核，逐级拨付，地方组织的财政收入同地方的财政支出不发生直接联系。各项财政收支，除地方附加外，全部纳入统一的国家预算。

2. 在商业贸易方面

规定各地国营贸易机关及企业的业务范围和物资调动均由中央贸易部统一指挥，非经中央贸易部批准，各地贸易机构和公司不得改变中央贸易部规定的业务计划；设立贸易金库制度；部队、机关、政治团体一律不得经商。

3. 在工业方面

国家将所有企业按重要程度及规模大小分三种办法管理：一是归中央所有并由中央直接管理；二是归中央所有委托地方管理；三是划归地方所有并管理。地方所有的国营企业多是一些规模小、技术落后的小型企业。

4. 在金融方面

指定中国人民银行为国家金融管理和调度总机构，中国人民银行除对外汇实行统一管理外，还对所属分支机构及其他国家专业银行的存贷负有指导监督责任。

统一财经对于实现财政收支平衡和控制市场、稳定物价起到了决定性作用，使国民经济迅速正常运行。但是，由于权力集中到中央，使得经济工作的灵活性和地方政府的积极性都受到束缚。针对这种情况，1951年5月，政务院发出《关于划分中央与地方在财政经济工作上管理职权的决定》、《关于1951年度财政收支系统划分的决定》及《国营工业生产建设的决定》等文件，重新划分了中央与地方的经济权限。

二、国营经济的产生和发展

1. 国营经济的建立

社会主义国营经济的主要来源，是没收官僚资本，归新民主主义的国家所有。国民党政府时期形成的高度集中和庞大的官僚资本，为新民主主义经济的建立奠定了基础。"没收官僚资本归新民主主义经济国家所有"是新民主主义革命的三大纲领之一。没收官僚资本是新解放城市军管会的一项重要任务。中国共产党在总结东北和华北解放战争期间接管城市经验的基础上，确定对官僚资本企业采取和对待国民党政权机关不同的做法，即不是打碎它们的机构，而是先按照原来的组织机构和生产系统，"保持原职、原薪、原制度"，由军管会把它们完整地接收下来，实行监督生产、然后逐步地进行民主改革和生产改革。这样，接管工作既做到了快，又防止了乱，基本上没有发生生产停顿或设备破坏的现象。到1950年初，合计接管官僚资本的工矿企业2800余家，金融企业2400余家。[①]国营经济的来源还有：革命根据地、解放区的公营企业，接管、征用的帝国主义在华企业，苏联无偿移交给我国的财产。由于采取了没收官僚资本等措施，使社会主义国营经济的力量壮大了起来。据统计，1949年，国营工业已拥有全国发电量的58%，原煤产量的68%，生铁产量的92%，钢产量的97%，水泥产量的68%，棉纱产量的53%。国营经济还掌握了全国的铁路、邮政、电信和大部分的现代交通运输事业。[②]

2. 国营企业经营管理体制的形成

新中国成立之始，国营企业从来源看由两部分组成：第一，小部分是在解放战争期间由根据地政府自行建立起来的，其中主要是军需工业，是为了供给战争需要而建立发展起来的，一般企业规模不大，经营管理方面也具有一定的军事性和供给制的特点，不重视经济核算（战争环境里不确定因素太多是主要原因），用当时的话说，就是"肉烂在锅里"，"利润多少都缴国库，核算不核算都一样"。第二，大部分是在解放战争期间随着城市的解放而没收接管的国民党政府所属企业及汉奸、战犯和反革命分子的企业及股权。由于这部分企业本来就管理混乱，

---

① 胡绳：《中国共产党的七十年》，中共党史出版社，1991年版，第266页。
② 周太和：《当代中国的经济体制改革》，中国社会科学出版社，1984年版，第6~7页。

所属系统复杂，再加上接管没收时的破坏（如人员逃走、账目不全、资产损失等）、接收时间的不一以及接收后为维持安定和生产继续进行而没有进行较大的改革，因此，在产权关系上、在资产存量上都是一笔糊涂账，需要加以清理；同时，在企业经营管理上，也需要对这些管理制度五花八门、管理水平差异较大的状况予以改革整顿，以建立起符合新民主主义国营经济要求的经营管理体制。

（1）明确产权，查清资产存量。新中国国营企业的形成主要是靠政治手段和革命手段接管、没收过来的，由于其具体来源不同、没收时间不同、接管单位不同以及接管人员水平存在差异等因素，既存在着一些应没收而遗漏或隐匿的企业及资产，也存在着没收了不应没收的企业或资产的情况，尤其是那些过去属于私人所有的企业、股权或资产，在没收过程中情况更为复杂，问题也最多。针对上述问题，1951年2月4日，政务院制定并颁布了《企业中公股公产清理办法》，开始着手清理公私合营企业及含有公股公产的私营企业中的公股公产。

按照政务院的规定，公股公产包括：①国民党政府及其国家经济机关、金融机关等在企业中的股份及财产（包括贷款、垫款）；②外国政府（指日本、德国、意大利）及其侨民在企业中的股份及财产；③已经或应依法没收归公的战犯、汉奸、官僚资本家及其他在企业中的股份及财产；④新中国成立后人民政府及国家经济机关、国有企业对上述企业的投资。《办法》还规定，由国家控股并拥有大部分股份的中国银行、交通银行对企业的投资，在计算股权时作公股计算，但所有权仍属于该银行。

公股公产的具体清理办法和程序为：由政务院财政经济委员会（简称中财委）按照企业性质及规模大小，分别指定主管机关或委托地方财经委员会指定主管机关负责进行。被指定的主管机关则会同其他主管机关（如业务主管部门、投资主管部门）与私股代表协商清理股权、产权及改组董事会、监察人等机构的原则，拟具清理方案，报经中财委或地方财委批准或备案。关于清理原则，对于已经实行公私合营的企业，主要是在查清公私股权、资产的基础上，改组健全董事会和监事会；对于含有公股公产的私营企业则在查清公股公产后，按下述三种办法处理：①改组为公私合营的有限公司或股份有限公司；②撤回公股纯由私人经营；③暂时维持现状，由交通银行掌握公股股权，或委托地方政府代为管理。

这次公股公产清理工作，在公私产权划分上，采取了严格清晰的办法，除前面所述没收过程中有较为具体的法令政策和程序外，在处理企业中公私产权关系方面，也是本着公平合理、互不侵占的原则。例如，原来政府曾决定新中国成立前官僚资本企业之间以及其与国民党军政机关相互间的债权债务，均不清偿。但清理工作开始后，由于中国银行、交通银行尚有私股存在，与纯国有企业性质不同，因此决定对两行与已接管没收的国民党军政机关及官僚资本企业的债权债务，仍予清理，并制定了具体的清理办法。另外，中财委还对下列问题都制定了明确的处理办法：①过去企业因升值增资或合并过程中的新股侵占旧股、私股侵占公股或公股侵占私股等问题；②利用伪币贬值，迟缴股款，侵占了先缴股款股东权益问题；③以企业提留的福利金或股息红利等由公股代表以私人名义移作投资或企业职员利用职权占有股问题。

（2）条块结合、分级管理制度的建立。新中国成立之初，我国基本上是接受苏联的国营企业管理理论，即国营企业属于社会主义性质，应实行计划管理（以行政管理为特征的指令性计划），从一开始就建立了国有国营、政企不分、以行政性计划管理为特征的政企关系。

在资产归属方面，国营企业的一切资产均归代表国家的政府所有，不仅投资主体是单一的政府，而且也不存在企业自有资产。在国民经济恢复时期，国营企业的资产除来自没收接管转让的那部分外，新增部分都是来自政府投资；企业固定资产的折旧金一律上缴政府，由政府统一使用。在经营管理方面，由于政府是企业的所有者，负有无限责任。在当时的条件下，对政府来说，加强国营企业的管理成本最小、最简便的办法就是实行直接管理，即以行政管理为特征的计划管理。这种直接管理主要表现在：政府掌握企业领导的任免权；政府决定企业的生产经营、工资分配，审核企业财务收支计划及检查、监督其执行情况；政府决定企业的投资和发展，甚至折旧和大修理费也由政府管理，企业无投资权。

1950 年 3 月"统一财经"后，除铁路、金融系统继续由中央政府主管部门直接管理外，对其他国营企业实行了"条块结合，分级管理"的办法。在工业方面，将国营企业分为三类：中央所属企业、中央所属委托地方代管企业和地方所属企业。前两类又称国营企业，后一类又称"地方国营企业"。一般来说，规模较大或重要的企业都由中央主管部门管理，小型企业则划归地方政府管理。在商业外贸方面，中央成立了全国范围的国内贸易专业公司和对外贸易专业公司，这些公司可在大区、省和市设立分公司和机构，其投资、经营管理和收益都归中央。这实际上把过去地方政府所属的一些区域性的重要商业和外贸公司纳入了中央所属的专业公司。

在国民经济恢复时期，由于国营企业的数量还不多，并且主要集中在有关国计民生的重要部门，中央政府为了保证自己对国民经济的调控能力，遂将大中型企业和一些重要行业的经营管理权收归中央。据统计，1952 年国营工业企业共有 9517 个，其中归中央所有的 2254 个，占企业总数的 23.59%，但是其产值却占全部国营工业企业总产值的 71.61%。在商业外贸方面，据 1951 年 5 月的统计资料，中央贸易部所属的各商业外贸专业总公司及其下属分支机构和职工，分别占全国国营商业外贸企业及分支机构总数和职工总数的 56.84%和 66.49%。[①]

（3）实行民主改革，建立企业内部的民主管理制度。新中国成立之初，在人

---

① 中国社会科学院、中央档案馆：《中华人民共和国经济档案资料选编（1949~1952）》工商体制卷，中国社会科学出版社，1992 年版，第 280~285 页。

民政府接管原国民党官僚资本和汉奸、战犯、反革命分子的企业时，为了避免混乱和生产中断，基本上采取了"原封不动"的接管政策，只对明显不合理的制度做了小范围的调整改革。新中国成立以后，政权和社会都趋于稳定，人民政府即着手对国营企业进行民主改革，以清除这些企业中残存的封建制度、反动党团组织和裙带关系。

国营企业的民主改革大致经历了两个阶段。第一个阶段是 1950 年上半年开展的以清除封建残余势力为主要内容的改革。通过改革，废除了不合理的生产管理制度和技术管理制度，如纺织企业的"搜身制"、"工头制"，煤矿的"把头制"，进行了人事调整，效果较好，调动了工人的生产积极性。第二个阶段是自 1950 年 10 月"镇压反革命运动"开始的，以镇压反革命分子为主要内容的清除企业内部隐藏的反动党团组织和反革命分子的改革。第二阶段的民主改革后期又与"三反"运动结合，开展了清查和纠正企业内部贪污浪费的行为，增强了企业职工的自律意识。通过民主改革，特别是"镇压反革命运动"，国营企业在人事管理方面更加强调政治面貌和态度，政治思想工作在企业管理方面的作用不断增强。

在废除旧的管理制度后，建立起一套符合社会主义原则的新型的企业民主管理制度。1950 年 2 月 7 日，《人民日报》发表了题为《学会管理企业》的社论（即著名的"二七"社论），提出"在一切国营公营的工厂企业中，必须坚决地改变旧的官僚主义的管理制度，实行管理民主化，建立工厂管理委员会，吸收工人参加管理，以启发工人的主人翁觉悟，发扬工人的自觉劳动热情，这是改造旧企业、管好人民企业的基本环节。……因此，要再一次地着重指出：建立工厂管理委员会和职工代表会议的制度，乃是目前改造旧的官僚资本企业为新民主主义人民企业的中心环节"。① 随后，中财委发出指示，要求各地财经委员会指导并监督所有国营企业的行政人员，立刻着手建立工厂管理委员会和职工代表会议，并将执行情况随时具报。根据条例，工厂管理委员会是厂长（或经理）负责下的民主决策和管理机构，而职工代表会议则是全体职工参与企业管理和监督的群众组织。在国民经济恢复时期，虽然多数国营企业都建立了工厂管理委员会和职工代表会议，但不少是流于形式，实际上仍然是厂长（或经理）说了算，或者实行党委负责制。

如何理顺国营企业内部的党政关系，也是新中国成立初期企业管理遇到的一个重要问题。在没收接管旧企业时，由于采取"原封不动"的办法，军代表的职责一般是实行政治领导、业务监督。随着企业民主改革和党在国营企业中的组织建设的深入，并通过领导民主改革、"镇压反革命"等政治运动，使其在企业中的

---

① 中国社会科学院、中央档案馆：《中华人民共和国经济档案资料选编（1949~1952）》工商体制卷，中国社会科学出版社，1992 年版，第 193~194 页。

作用和地位越来越重要。同时，由于"镇压反革命"运动和抗美援朝以后对干部的政治面貌要求越来越高，而党内又缺乏企业管理干部，因此实行苏联那样的"厂长负责制"，实际上对大多数国营企业来说有一定困难。针对这种情况，1951年中央决定虽然将来要实行"厂长（或经理）负责制"，但是就目前来说，大多数企业不具备条件，各大区可根据自己的实际情况，自主决定是实行"厂长负责制"还是"党委领导制"。在国民经济恢复时期，除东北地区推行了"厂长负责制"，华北、华东、中南、西南地区都推行了"党委领导制"。至于西北地区，由于国营企业中党的干部业务水平还不能承担领导责任，因此，仍继续实行由政府任命的厂长（或经理）负责制。

国营经济的建立，以及国营企业管理制度的确立与完善，对于彻底改革旧中国的半殖民地半封建的经济制度，迅速恢复和发展国民经济，巩固人民民主专政，确立新民主主义经济制度，乃至完成从新民主主义向社会主义的过渡，都起过巨大的作用。

三、农村土地改革的完成

彻底废除封建土地制度，实现"耕者有其田"，是新民主主义革命的一项中心内容。"没收地主土地归农民所有、消灭封建剥削制度"，也是新民主主义革命的三大经济纲领之一。在旧中国，土地占有制度极不合理，绝大多数土地集中在地主和富农手里，他们借此残酷剥削广大无地和少地的农民。这种封建土地制度是我们国家民主化、工业化及走向富强的障碍。新生的中国要想进行工业化的建设，就必须扫清前进道路上的障碍。在新中国成立以前，中国共产党已经在有1.19亿农业人口的老解放区完成或基本上完成了土地改革。到新中国成立时，尚有约2.9亿农业人口（总人口约3.36亿）的新解放区还没有进行土地改革。因此，随着新中国的成立，中国共产党就把继续完成广大新解放区的土地改革作为解放农村生产力、迅速恢复国民经济的重要任务。

1950年6月30日，中央人民政府根据新中国成立后的新情况，颁布了《中华人民共和国土地改革法》，规定了没收、征收和分配土地的原则和办法，旨在废除地主阶级封建剥削的土地所有制，实行农民的土地所有制。与《中国土地法大纲》相比，《土地改革法》发生了一些变化，主要变化有：一是由征收富农多余土地和财产改为保存富农经济；二是对地主只没收其"土地、牲畜、农具、多余粮食及其在农村中的多余房屋"，其他财产不没收；三是提高小土地出租者保留土地的标准；四是中农的土地由彻底平分改为完全不动。《土地改革法》的这些改变，使得地主在土地被没收的同时，也得到一份由他们自己耕种的土地，以自食其力；保存富农经济的政策，能更好地孤立地主；保护中农和小土地出租者，稳定民族资产阶级，以利于早日恢复和发展生产。

新中国成立前的土地改革，是在频繁而紧张的战争环境下进行的，由于时间仓促，工作较粗，也缺乏周密和健全的组织领导工作。而新中国成立后的新区土地改革，则认真总结和吸取了过去土改中的经验教训，特别强调土地改革必须是有领导、有计划、有秩序、有组织地进行。

"有领导"是指在中国共产党的统一领导下，成立各级土地改革委员会，直接指导土地改革工作的进行，组织土改工作队，实行由点到面、点面结合、波浪式发展的领导方法。在土地改革运动全面铺开后，要求县以上主要负责干部亲自到土地改革的第一线，及时了解实情，帮助解决土地改革中出现的问题。

"有计划"主要包括两个方面。一是做到有准备。全国刚解放时，由于国民党残余武装力量尚待肃清，地主阶级势力还未完全摧毁，人民政权尚待建立和巩固，社会环境动荡不安，农民群众的觉悟还不高，对土改还缺乏心理准备，因此，中国共产党把清匪反霸、减租减息作为土改前的一个重要的准备步骤。经过这个步骤，以达到削弱整个地主阶级的势力，并进一步发动农民、组织农民，确立农民对地主阶级的政治优势，为进而没收、分配土地奠定基础。二是做到分期、分批、分阶段进行。因为各个新区解放的时间有早有晚并且社会经济发展的不平衡，各地开展土地改革的时间由各地根据自己的实际情况进行安排。

"有秩序"是指土地改革从开始到结束的整个过程，从中央到地方都建立有严格的请示报告和审批制度。对于运动中发生的一切新问题，要求应立即报告请示解决，不得擅自处理。对于划分阶级、没收土地、分配土地和财产等，都有一定的审批手续，不能"群众要怎么办就怎么办"。对于土改中各种罪犯的处理，规定都要经过县级以上人民法庭的审批，以杜绝乱斗、乱打、乱杀现象的发生。

"有组织"，是指在土地改革开展以前，必须建立农民协会和人民法庭，必须有政府委派的土改工作队指导。土地改革是在工作队和农民协会的领导下，有组织、有领导地进行的。

新中国成立后新区的土地改革从1950年冬季开始，华东、中南、西北、西南等新区的土地改革相继展开，至1953年春，全国除新疆、西藏等少数民族地区以及台湾省外，基本上完成了土地改革任务。3亿多无地或少地的农民，分到了7亿亩土地和大量的农具、牲畜和房屋等；还免除了每年向地主缴纳约350亿公斤粮食的地租。在土地改革运动中，党的各级领导干部基本上正确贯彻和执行了党的土地改革的路线和政策。农民真正获得了解放，在我国存在两千多年的封建土地所有制从此被彻底摧毁，地主阶级也被消灭。土地改革和废除封建土地所有制，大大激发了人们的劳动积极性。土地改革以后，我国内陆地区的农业经济出现了迅速恢复、发展的局面，农民减轻负担、国家兴修水利、增加农业投入等因素在制度变迁的作用下，更好地发挥出其作用，促使国民经济更好、更快地恢复。

四、私营工商业的调整与管理

新中国成立初期，私营工商业在国民经济中占有很大的比重。1950年，私营工业的产值占全国工业总产值的51%，私营商业的商品零售额占全国商品零售总额的85%。[①] 在建立新的经济体制和国民经济的恢复过程中，如何对待私营工商业，是一个极为重要的大问题。新中国成立初期，中国共产党领导下的政府从实际出发正确处理了这个问题，既加强了对私营工商业的管理，使之成为新民主主义经济的一个有机组成部分，也促进了国民经济的迅速恢复。

1. 私营工商业的调整

1950年，中央政府大力抓的"平抑物价"和"统一财经"两个运动的胜利，为新中国国民经济的正常运行奠定了基础，使新中国的经济恢复和发展具有了良好的宏观环境。但是，运动的不良后果是带来了市场呆滞、需求不足、城市私营经济处境困难等问题。当然，这其中还有产业结构不合理、城乡交流不畅等客观因素，也有因前一阶段打击投机、稳定物价中造成的公私关系、劳资关系、城乡关系紧张等主观原因。因此，为了快速恢复国民经济，有必要对私营工商业来一个大幅度的调整。

调整工商业所涉及的范围很广，当时凡是不利于经济恢复发展的问题都在调整之列。而其中影响最大、表现最突出的调整是公私关系、劳资关系和产销关系。

（1）调整公私关系。公私关系是调整工商业的主要内容，它的基本出发点是：既要保证国营经济作为一切社会经济成分的领导力量，又要保护一切有利于国计民生的资本主义工商业，使各种社会经济成分在国营经济的领导下各得其所，同时反对一切有害于国计民生的投机倒把、牟取暴利行为。其主要措施为：

1）扩大国家对私营工业的加工订货和收购包销。1950年国家对私营工业的加工订货和收购包销在私营工业产值中所占比重，由1949年的11.5%提高到27.3%。这种办法既巩固了国营经济对私营经济的领导，也扩大了对私营经济的需求。

2）划分公私经营范围。国营商业把主要力量集中在批发上，扩大批发阵地，适当缩小零售范围。国营商业只经营粮食、布匹、煤炭、食油、食盐等少数重要物资，掌握这类商品货源的1/3到1/2。

3）调整价格政策。国家在兼顾生产、贩运、销售三者利益的前提下，保持商品批发价与零售价之间、产地与销地之间的合理差价，使私营商业有利可图。

---

① 胡绳：《中国共产党的七十年》，中共党史出版社，1991年版，第282页。

4）调整贷款政策，降低存贷利率，增加对私营工商业的贷款。对有利于国计民生的私营工商业，国家银行增加贷款额，并调整贷款的方向，对工业的放款主要是结合加工订货等任务进行，对私营商业的放款主要放在城乡贸易上，以促进城乡交流。

5）调整税负。减轻农业税；减少工商税的税种和税目，工商税的税种由 14 种减为 11 种，货物税的税目由 1136 种减为 358 种；降低税率，改善征收办法。

（2）调整劳资关系。国家规定调整劳资关系的原则为：必须确认工人阶级的民主权利；必须有利于生产；劳资间的问题采用协商办法解决，协商不成，由政府仲裁。总之，要做到劳资两利，既要保障工人的利益，又要使资本家能获得合理利润，以利于恢复发展生产。为调整劳资关系，劳动部于 1950 年 4 月 29 日发布《关于在私营企业中设立劳资协商会议的指示》，要求各地根据劳资两利和民主原则，劳资双方推举同等数量的代表组成劳资协商会议解决企业中的劳资问题。劳资协商会议成立很快，例如上海在 1950 年 5 月底有 93 个劳资协商会议，到 6 月 20 日就发展到 251 个。据统计，到 6 月底，京津沪汉穗济六大城市已建立劳资协商会议 923 个，其中 270 个为产业或行业的劳资协商会议。当时有个口号为："降低工资，劳资团结，渡过难关。"

（3）调整产销关系。主要是为了解决产销之间的不平衡问题，即私营工业盲目生产和城乡之间商业流通渠道不畅问题。为了调整产销关系，1950 年下半年中央财经各部门召开了一系列专业会议，如粮食加工、食盐运销、百货产销、煤炭产销、油脂工业、火柴工业、橡胶工业、毛麻纺织业、针织印染业、卷烟业、进出口贸易等会议，公私代表坐到一起协商解决产销平衡问题。这些会议一般有两个议题：第一，对供过于求的行业，根据"以销定产"的原则，制订下半年和 1951 年的生产计划，实行限额生产；第二，讨论如何发挥各种商业渠道的作用，国营、合作社、私营商业都应采取多种形式努力推销，扩大城乡交流。为了帮助私营工商业者及时了解市场情况，避免盲目性，中财委还决定此后经常及时通报全国的市场供求情况。工商业经过调整，私营经济很快摆脱了困境，对国民经济的迅速恢复起到了重要作用。

2. 国家对私营经济的管理

国民经济恢复时期，对于数量众多的城市私营和个体经济来说，其经济管理体制也发生了较多变化，从宏观上看，国家加强了对私营经济的调控（利用、限制、改造），在新的基础上调整了公私关系；从微观上看，私营企业内部的管理体制也发生了变化，重新确定了劳资关系。

（1）充分使用行政和立法手段。新中国成立初期，由于国民经济正处于动荡和改组过程中，为了尽快将数量众多的城市个体经济和私营企业纳入新民主主义经济的轨道，政府充分利用了行政立法手段来改造和管理城市个体和私营经济。

1）各城市解放以后，都先后对工商业户进行了重新登记，核定了其业主、资金、企业性质及经营范围等，尤其是对一些有关国计民生的重要行业，如金融业、外贸业等，更是通过重新登记，淘汰了一些资力小、信用低的不合格企业。

2）颁布和认真实施了一些法令，以限制个体私营经济不利于国计民生的消极作用。

3）通过批准开歇业来控制个体和私营经济。新中国成立初期，无论个体经济还是私营经济，都必须得到政府工商管理部门的批准才能从事经营活动，同时也必须向政府工商管理部门申报并得到同意以后方能歇业或结束。因此，政府也利用这个权力来实施其经济政策。总的来说，在国民经济恢复时期，政府采取了重工抑商政策，即对工业采取扶植和鼓励发展政策，而对商业则采取了适当限制的政策。

（2）利用经济杠杆和经济手段。这一时期，尽管政府充分使用行政和立法手段对私营经济和市场加以整顿改造，但是行政手段的作用毕竟是有限的，它不可能覆盖到各个方面，市场机制自然要发挥其调节作用，因此，政府也尽可能地利用经济杠杆和经济手段来调控个体和私营经济的发展。

1）利用税收杠杆调控。税收杠杆是现代政府调控经济的一个较为有效的重要手段。新中国成立初期，政府比较充分地利用了这个经济杠杆。就宏观经济讲，政府为了贯彻《共同纲领》提出优先发展国营经济，积极扶植合作经济的政策，在整个税收政策上，对国营经济、合作社经济实行了比私营经济轻的税率，在对私营经济的税收中又实行了商重于工的税率。

2）利用利率杠杆调控。存贷利率是决定资金市场供求关系的重要因素，也是国家调控国民经济的重要经济杠杆。从国民经济恢复时期来看，政府对利率始终采取了下调政策以刺激和保证正当工商业的恢复和发展。随着利率降低和国家对金融业的控制不断加强，一方面削弱了私营金融业的力量（存款减少、获利减少、经营困难），另一方面，虽然降低利率更加剧了资金短缺，但是由于国家控制了信贷资金的投放，则可以保证资金投放到国家认为需要扶植和发展的私营企业中。

3）利用价格调控来引导个体私营经济。新中国成立初期，由于个体经济和私营经济数量众多，特别是农村和小城镇更是个体经济占优势的地方，而直接的政策指导和调控手段则成本太高，因此政府采取通过调控市场价格的办法来间接调控个体和私营经济行为。

国民经济恢复时期，政府的价格调控在两个方面发挥了显著作用并取得较好的效果：一是政府对基本生活用品如粮食、布、煤、盐、食油、煤油价格的调控。政府利用国营贸易公司的强大吞吐能力和遍布各地的合作社，在上述物品短缺和价格易于波动的情况下，保证了正常供给，减少了私营商业投机和牟取暴利的可能性。二是政府对工农产品及农副产品自身比价的调控。将工农产品价格剪刀差控制在一定范围内，以免谷贱伤农，同时又有意识地提高棉花对粮食的比价，刺激农民多种棉花，以实现国家的棉花增产计划。这两种比价（以牌价的形式出现）实施效果较好，不仅保护了农民的利益，促进了农业的恢复，也扩大了城乡交流，为城市工业的恢复和发展提供了更多的原料和更大的市场。

4）利用加工订货、统购包销等形式加以调控。政府及国营企业与私营企业之间的加工订货和统购包销（即收购产品）等方式，当时被称作"国家资本主义"的初级形式。"统购包销"（即由国营贸易公司收购私营企业的某些产品）主要用于两方面：一是为帮助私营企业解决滞销积压困难，这主要是用于1950年调整工商业期间。二是对供不应求并对国计民生和市场产生重要影响的产品由国家实行统一收购。如1951年对棉纱统购；对私营进出口商的某些进口商品的收购；1952年对机制纸张、色布、轮胎等产品的统购等。统购包销就是使这些私营企业的产品不直接进入市场，其结果加强了政府对这类企业的控制，加强了政府对这类产品的调控能力。"加工订货"则是私营企业作为供给方接受政府和国营企业的委托加工任务和订货。政府和国营企业一般是市场的最大需求者和购买者，新中国成立初期亦不例外，国营及合作社经济不可能满足政府及自身的一切需求而自给自足。因此政府或国营企业委托私营企业加工产品并向其订货就会大量存在。在资本主义国家，这被视为正常的往来，现代政府也经常利用增加或减少订货来调控经济或某些产业。在国民经济恢复时期，中央政府则将加工订货作为国家控制私营经济、将其纳入计划管理轨道的重要手段。

（3）采取群众运动方式加强对私营企业的管理。在国民经济恢复时期，私营经济中一些陋习，如偷税漏税、对国家工作人员行贿、刺探政府经济情报，在与政府及国营企事业的经济往来中损公肥私、在商业交往中拿"回扣"等虽大为减少，但仍有很大市场。因此，当"三反"运动中揭露出一些私营企业主的不法行为后，党和政府即决定采用群众运动的方式来整顿私营经济，这就是著名的"五反"运动。[①]"五反"运动是国家控制私营经济的一个转折点，用当时的话说"五反"运动使私营企业主威信扫地，不得不老实接受国家的管理和改造。

总之，中国共产党及其领导下的中央政府采取强制性的制度变迁，在城市建立起以国营企业为主的经济制度，在农村则完成了土地改革，摧毁了封建残余赖以存在的基础，基本上构建起新民主主义经济制度的整体框架。同时，通过调整工商业，整顿合作社以及统一对外贸易，从而全面确立了新民主主义的经济秩序。

[①] 为了打击不法资产阶级分子的破坏活动，1952年1月26日，中共中央发出关于开展"五反"斗争的指示，要求向违法的资产阶级开展一个大规模的坚决彻底的反对行贿、反对偷税漏税、反对盗骗国家财产、反对偷工减料和反对盗窃经济情报的斗争。

第二节　国民经济的恢复

　　面对旧中国遗留下来的千疮百孔的烂摊子，中国共产党及新中国政府在建立新的经济秩序的同时，另一大中心任务就是迅速恢复国民经济，进而在此基础上展开大规模的经济建设。在中国倾力进行国民经济恢复的时候，1950年6月，朝鲜战争爆发。鉴于战争的严重危险，中央政府决定抗美援朝。这无疑对中国的经济恢复工作造成了巨大的冲击。1951年，中央政府采取"边打、边稳、边建"的方针，即首先将抗美援朝放在首位，财力、物力要首先保证战争的胜利。军费支出占当年财政支出的1/2。其次是将稳定市场、增收减支放在第二位。建设投资只能安排在第三位，剩下多少钱，办多少事。1952年以后，朝鲜战场出现了缓和的局势，工业、农业、交通运输等生产性建设支出比重增加，但仍以应付战争和稳定市场为主，于是政策调整为"边抗、边稳、边建"的方针。在上述方针指导下，中央政府展开了经济的恢复工作。

　　在建立新民主主义经济体制的若干重大举措中，国营经济的建立、土地改革的完成以及对私营工商业管理的加强，为国民经济的恢复创造了良好的制度环境；而稳定物价、统一财经、调整工商业，则直接是恢复国民经济的重大措施，在国民经济恢复中发挥了重要作用。下面主要从各产业的角度阐述恢复国民经济的举措。

一、恢复农业的举措及成效

　　在一个贫困落后的大国里，新政权恢复经济的首要问题就是恢复农业。有了粮食和原材料，才谈得上工业的恢复和发展。中央政府抓住这个主要问题，采取有力措施，下大力气恢复农业，取得了很好的效果。

　　1. 增加政府对农业的投资和物资供应

　　1950年，国家在财政很困难的情况下安排了2.74亿元的财政支农资金，1951年则增加到4.19亿元，1952年又增加到9.04亿元，分别占这三年国家财政总支出的4%、3.4%和5.1%，这些资金主要用于农业事业费和农村救济费支出。在这三年期间，国家银行的农业贷款也逐年增加，1952年共发放农业贷款8.58亿元，占当年国家农业生产资料供应总值的60.9%。在农业生产物资供应方面，1952年化肥施用量比1951年增加约一倍，农药供应量增加约1.6倍。

　　2. 兴修水利

　　国民经济恢复时期，鉴于旱涝灾害成为制约农业经济恢复发展和威胁人民生命财产的重要因素，政府在百废待兴、财政收入非常有限的情况下，使用了大量人力、物力兴修水利设施，防洪抗灾。三年里，国家财政支出中用于水利建设的经费约 7 亿元，占同期预算内基本建设投资额的 10%。到 1952 年底，全国 4.2 万公里的堤防绝大部分进行了整修。对水灾危害较大的淮河、沂河、沭河、大清河、潮白河等历史上有名的害河进行了全流域的根本治理；对长江、黄河也采取了一些有效的防御措施；还修建了现代化的灌溉工程 385 处。经过大规模兴修水利，初步改变了国民党政府统治时期的河堤失修、水旱灾害频繁的局面，洪灾威胁得到缓解。全国农田受灾面积由 1949 年的 1.2 亿亩降低到 2000 多万亩，与此同时，扩大灌溉面积 8000 多万亩，还有 1.8 亿亩的农田改善了水利条件。

3. 农业生产技术改良

新中国成立初期，政府即开始了农业生产技术的改良及推广工作。在农作物品种改良方面，鉴于当时农业科研机构严重不足的情况，政府从 1950 年起即把群众选种和农场育种结合起来，在国家农业科研机构选育、引进、推广优良品种的同时，开展一个群众性的选种育种运动。在农作物病虫害防治方面，由于政府的积极推行和投资，该项工作在恢复时期有较大进展。这时期主要贯彻"防重于治的方针"，三年中，全国约有 1200 万农民在 5400 多万亩农田上进行了防治病虫害的劳动。在耕作和栽培技术改良方面，政府三年内在各地新建大型农具厂 12 个，小型农具厂 100 多个，推广新式农具 43.9 万部，农用铁轮水车 29.3 万辆，新式步犁 2.25 万部。据部分地区试验证明，使用新式步犁比旧犁平均增产 16.8%。此外，在土壤改良、增施肥料、增殖耕畜方面，政府也开展了工作。

4. 开垦荒地

中国自古以来就有屯垦的传统，或由军队在边境和要塞从事农业生产，或由政府招徕迁徙民众聚居边疆和人烟稀少的地区从事农业生产开发。新中国成立以后，政府根据中央关于人民解放军转入生产建设的战略决策，以成建制的人民解放军为骨干，吸收大量城镇知识青年、移民和科技人员，组成农垦大军，开荒造田，创建国营农场。到 1952 年底，国家农垦系统的国营农场已由 1949 年的 26 个，耕地 3 万公顷，人口 1.1 万，增加到国营农场 562 个，耕地 37.7 万公顷，人口 38.1 万（其中职工 35.9 万），工业企业 29 个，另外，还有天然橡胶园面积 6 万公顷。1952 年，国营农场的工农业总产值达到 1.47 亿元（按 1980 年不变价格计算），生产粮食 22.5 万吨，棉花 0.5 万吨，饲养大小牲畜 86 万头。尽管这些农场由于初创，多数没有盈利，但是它们不仅实际上扮演了戍边屯垦、开发边疆的角色，而且发挥了试验、示范和推广农业优良品种和先进技术的作用。在此期间，各地农村也开垦了大量荒地。1952 年全国耕地面积由 1949 年的 14.68 亿亩增加到 16.19 亿亩。[①]

5. 开展城乡交流和提高农产品价格

新中国成立之初，由于长期战争和土地改革使原来的城乡之间的商业流通渠道受到破坏，城乡隔阻使农民的农副产品不能流入城市，农民的收入受到影响；同时，农民也不能买到需要的工业品，影响了农村经济的恢复发展。为了打破城乡隔阻的状况，1950 年和 1951 年各级政府大力组织了城乡交流并积极发展农村供销合作社，1951 年基本改变了城乡隔阻的局面。与此同时，为了促进工农产品的交换和提高农民的生产积极性，国家还两次提高了农产品与工业品的比价。在国民经济恢复时期，农产品收购价格指数，以 1950 年为 100，1951 年为 119.6，1952 年为 121.6；而农村工业品零售价格指数，以 1950 年为 100，1951 年为 110.2，1952 年为 109.7。据统计，从上述比价变化中，农民增加净收益 27 亿元。[②]

经过三年时间，农村经济基本恢复到历史最高水平。1952 年，农业总产值达到 483.9 亿元，比 1949 年增加 48.5%，年均增长 14.1%。[③] 粮食、棉花、糖料、黄红麻、烤烟等农产品产量超过历史最高水平，其中 1952 年粮食产量超过历史最高水平 9.3%，棉花超过历史最高水平 53.6%。而油料、蚕茧、茶叶、水果等的产量则还没有达到历史最高水平。[④]

二、工业的恢复与发展

稳定物价和统一财经为工业的恢复和发展提供了前提条件。它为企业提供了一个基本的宏观经济环境，使企业能够在正常的经济关系基础上发展生产，并开始各项改革工作。同时，国家也着手运用各种经济杠杆，来调节私营工业的生产方向。

在接管企业以后，党领导广大工人进行了民主改革、生产改革和工资改革，调动起广大职工的积极性，并依靠群众的力量，建立起新的工厂管理制度。

据统计，三年恢复时期，工业全员劳动生产率平均每年增长 11.8%，是新中国成立以来增长最快的年份；三年里，工业总产值增加额中，由于提高劳动生产率而增加的产值占 48.6%。[⑤] 与旧中国比较，鞍钢 1943 年高炉每立方米容积每昼

① 朱荣：《当代中国的农业》，当代中国出版社，1992 年版，第 63 页；国家统计局：《建国三十年全国农业统计资料》，1980 年 3 月。

② 朱荣：《当代中国的农业》，当代中国出版社，1992 年版，第 58 页。

③ 柳随年、吴敢群：《恢复时期的国民经济（1949~1952）》，黑龙江人民出版社，1984 年版，第 88 页。

④ 同②，第 78 页。

⑤ 国家统计局社会统计司：《1949~1985 中国劳动工资统计资料》，中国统计出版社，1987 年版，第 229 页。

夜产铁 0.48 吨，平炉每平方米炉底面积每昼夜产钢 3.03 吨，而到 1952 年，高炉和平炉各自产量比 1943 年提高将近一倍。1933~1934 年煤矿井下工人平均每日采煤 0.481 吨，而 1952 年则达到 1.081 吨，增长 1.247 倍。1936 年每件棉纱平均用棉 222.8 公斤，1952 年的平均用棉量则仅为 1936 年的 88%，即每件棉纱的用棉量减少 26.21 公斤。1936 年上海、青岛日商纺织厂平均每个纺织工人年产纱量为 19.7 件，而 1952 年纺织工业部所属企业每个纺织工人年产纱量则达到 37.5 件，增长了 90%。[①]

通过恢复时期工业企业的相关改革，就发展速度而言，工业要快于农业。1952 年工业总产值达到 343.3 亿元，比 1949 年增长了 144.9%，年均增长 34.8%。其中现代工业达 220.5 亿元，增长幅度更大，年均 40.7%。因而在整个工农业产值中，工业的比重由 30% 上升为 41.5%，现代工业的比重由 17% 上升为 26.6%。生产资料的生产增长了 227%，年均增长 48.5%；消费资料的生产增长了 114.8%，年均增长 29%。工农业产值两者之比由 1949 年的 27∶73，变为 36∶64，我国原来十分薄弱的重工业基础有了一定加强。[②]

三、交通运输的恢复

交通是工业生产的大动脉，没有畅通的铁路和公路，原材料运不进来，产品也很难及时运出去。新中国成立初期，由于战争的破坏，铁路交通陷于瘫痪，公路交通情况也很糟糕，严重影响了城乡交流、地区交流，迟滞了工农业的恢复，影响了人民的生产与生活。

为了支援战争，供给城市生活必需品和工业原料，中国共产党和中央政府首先抓了铁路的恢复和建设。仅 1949 年当年，就修复铁路 8300 多公里，修复桥梁 2715 座；截至 1950 年底，修复的铁路达到 14089 公里，原有铁路基本畅通。到 1952 年底，除了重修已毁弃的旧线路 602 公里外，又修建了来睦（广西来宾至睦南关）、成渝（成都至重庆）、天兰（甘肃天水至兰州）三条新线路，总长 1263 公里，使全国通车里程达到 24578 公里，接近新中国成立前最高年份。

在增加通车里程的同时，国家还改善了原有线路，提高了行驶速度，优化了管理制度，使铁路的货物周转量逐年提高，1952 年达到 601 亿吨公里，比新中国成立前最高年份增加 50%。

在恢复时期，虽然公路建设不是交通事业恢复建设的重点，但是国家仍投资近 1.9 亿元，恢复了近 14000 公里公路，改建 8000 余公里，新建 1700 余公里，

① 董志凯：《1949~1952 年中国经济分析》，中国社会科学出版社，1996 年版，第 282 页。
② 柳随年、吴敢群：《恢复时期的国民经济（1949~1952）》，黑龙江人民出版社，1984 年版，第 90 页。

并勘测 23000 余公里的线路。

由于公路通车里程的增加和路况的改善，以及合理组织运输力量，1952 年国营汽车完成货运 420 余万吨，比 1950 年提高 180%；货物周转量为 2.7 亿吨，比 1950 年提高 126%；客运 4100 余万人，比 1950 年提高 92%；完成旅客周转量 11 亿人公里，比 1950 年提高 65%。[①]

四、财政与金融业的恢复与发展

财政关系着国计民生。新中国成立初期，财政入不敷出，为了增加财政收入，除去开源节流以外，还采取了加强税收征管、加强国营企业的财务管理、堵塞漏洞、挖掘潜力、开辟税源、借债（公债和外债）等措施，这种高度集中统一的模式很快取得了较为明显的效果。

在三年恢复时期里，国家财政总收入为 382.05 亿元，总支出为 366.56 亿元，结余 15.49 亿元，实现了财政收支完全平衡并略有结余的目标。在此期间，国家财政有力地保证了解放战争的全面胜利，有力地保证了抗美援朝战争的胜利，有力地保证了市场金融物价的稳定。同时，国家还不失时机地进行了重点建设投资，基本建设拨款为 86.21 亿元（重点是水利和铁路交通事业），占三年财政支出总和的 23.5%。这些投资不仅为整个国民经济的恢复发展创造了有利条件，也巩固和扩大了国营经济的领导地位，提高了国营经济向国家提供财政收入的比重。

金融与财政息息相关。在稳定物价、统一财经的过程中，金融业也得到了恢复和发展。1950 年 3 月统一财经前，主要是通过行政手段打击金融投机、禁止金银买卖来扩大人民币流通范围。1950 年 3 月以后，物价趋于稳定，主要靠收购农副产品使人民币下乡，全面占领了市场，结束了自清末以来的货币紊乱，金银、外币、杂钞混杂流通的状况，实现了货币统一，为中国的经济现代化奠定了金融基础。

除了用人民币占领市场以外，国家还积极调整利率，打击投机的私营钱庄。1950 年 3 月统一财经后，物价趋于稳定，国家开始对银行存贷利率进行调整。1951 年，国家将私人存款利率（一年期）由 3.6% 下调到 2.7%，私人放款利率（一年期）由 3.9% 下调至 3%，接近了抗战前的水平（存款最高二分，贷款最高三分）。1952 年 6 月以后，为了适应国家经济建设和活跃市场的需要，国家银行再次下调存贷利率，并要求私营行庄看齐。通过调整，全国银行对私存贷利率比 1952 年 6 月以前下调了 20%~50%，使存贷利率低于抗战前水平，达到了有利于

---

① 中国社会科学院、中央档案馆：《中华人民共和国经济档案资料选编（1949~1952）》交通通讯卷，中国物资出版社，1996 年版，第 2~3 页。

正当工商业发展的水平。

1950 年 3 月统一财经后，国内物价趋于稳定，而西方国家，特别是美国因朝鲜战争导致物价不断上涨。为了保障外汇资金的安全和加速进口物资，汇价方针也由过去的"奖进限出，照顾侨汇"改为"兼顾进出口有利，照顾侨汇"。从 1950 年 3 月至 1951 年 5 月，人民币对外币的比价上调 15 次，由 1950 年 3 月 13 日的 1 美元折合 42000 元旧人民币，达到 1951 年 5 月 23 日的 1 美元折合 22380 元旧人民币。1952 年底，外贸部为了解决出口亏损问题，要求中央用下调汇价的办法来弥补出口企业的亏损。同年经过中财委同意，人民币对英镑贬值 10%，即从 1 英镑折合 62660 元旧人民币贬为 1 英镑折合 68930 元旧人民币。[①]

在此期间，国家还采取各种方法鼓励和方便侨汇。尽管以美国为首的资本主义国家限制甚至禁止华侨将现金汇往中国内地，但是华侨和国家金融机构克服重重困难，保持侨汇畅通。1950~1952 年三年间，全国侨汇收入仍呈增长趋势，分别为 1950 年 1.18 亿美元、1951 年 1.68 亿美元和 1952 年 1.7 亿美元。[②] 由于国家加强了外汇管理和实行灵活的汇率，达到了鼓励出口、限制进口、吸收侨汇的目的，并使国家的外汇收支实现平衡且略有结余。

五、国内商业与对外贸易的恢复

新中国成立初期，由于长期战乱和恶性通货膨胀政策的影响，导致商品流通受到严重阻碍，城市商业过度投机、城乡之间隔断、农村实物交换盛行。为了早日恢复国民经济，政府采取有力措施，大力发展国内商业，并努力恢复对外贸易。

新中国成立后经过几次较量，国家实现了稳定物价和统一财经的预想。虚假购买力消失，商业出现了困难局面。针对这种情况，国家除了实施"调整工商业"，改善公私关系、劳资关系，调动私营企业的积极性外，针对市场需求不足、工业品过剩的问题，以沟通城乡交流、提高农民购买力为主要手段发挥商业的桥梁作用，刺激工农业生产的恢复发展。

1950 年夏秋，国家不仅通过国营商业机构和供销合作社大力收购农民的土特产品，而且还采用鼓励私商下乡、鼓励出口、鼓励地区之间的物资交流等办法，增加农民收入，提高农民的购买力。时任中央财经委员会主任的陈云强调指出："扩大农副土特产品的购销，不仅是农村的问题，而且也是目前活跃中国经济的关键。""扩大农副土特产品的购销，是目前中国经济中的头等大事。"[③] 与此同

---

① 吴念鲁、陈全庚：《人民币汇率研究》，中国金融出版社，1992 年版，第 15~17 页。
② 董志凯：《1949~1952 年中国经济分析》，中国社会科学出版社，1996 年版，第 244 页。
③《陈云文选（1949~1956）》，人民出版社，1984 年版，第 118 页。

时，国营商业机构还采取"加工订货"、"统购包销"等办法维持或扩大城市私营工业的生产。1951年，中央又将"城乡交流"摆在当年国家财经工作六项要点的第一位，要求"要动员全党的力量去做"。[1] 城乡交流的扩大，不仅刺激了农业生产，增加了农民收入，提高了农民的购买力，而且扩大了城市工业品的需求，刺激了工业，尤其是轻工业的迅速恢复和发展，使国民经济的恢复和发展走上良性循环轨道。

为了促进国民经济的恢复和发展，新中国非常重视对外贸易。在迅速扩大与苏联贸易的同时，并没有忽视与西方国家的贸易。因为就贸易的互补性来说，中国与西方国家的互补程度超过了与苏联、东欧国家。1950年上半年国家调动各方面的积极因素，利用中国与西方国家长期形成的贸易关系和进出口产品的互补性需求，大力开展对西方的贸易。

1949年底至1950年初，中央贸易部召开了一系列有关出口的全国性专业会议，如猪鬃会议、皮毛会议、丝绸会议、茶叶会议、油脂会议、钨锑锡专业会议等，研究这些大宗出口产品的产销情况，通报国际行情，制定1950年的出口计划和具体的保证措施。这些专业会议将上述出口产品从生产到出口的各个环节联系到一起，制定措施，有力地促进了1950年度出口的恢复和发展，使主要商品的出口额经过一年的恢复，就基本达到或超过了历史最高水平。

伴随着国民经济的迅速恢复，城市居民的生活水平有了较大提高和明显改善。据统计，1952年全国城镇居民人均消费情况为：粮食481斤，食用植物油10.2斤，猪肉17.8斤，各种布40.19尺，食糖6.0斤，卷烟37.3盒，酒8.7斤，肥皂7.0块，人均生活用电17.87度。[2] 其中除人均生活用电因城市人口增长快于电力供应低于1949年1.28度外，其余都有较大幅度提高。另外，1952年的上述生活消费品的人均消费量，在改革开放以前的近30年里，属于消费水平比较高的年份。

思考题：

1. 新中国成立初期，中国共产党为什么选择了新民主主义经济体制？新民主主义经济体制是如何建立的？

2. 简要评价中国共产党领导的国民经济恢复工作。

[1]《陈云文选（1949~1956）》，人民出版社，1984年版，第127页。
[2] 国家统计局社会统计司：《中国社会统计资料》，中国统计出版社，1985年版，第17、76~79页。

第二章 社会主义改造的提前完成

1952 年底，随着国民经济快速恢复，国内外局势出现了有利于中国建设的局面。在国家即将转入大规模经济建设的时候，毛泽东开始重新考虑经济发展的有关设想。毛泽东关于向社会主义过渡的设想自 1952 年 9 月提出，到 1953 年过渡时期总路线正式公布，历时一年。过渡时期总路线的提出，使得以消灭私有制为主要内容的社会主义改造提上议事日程，列入"一五"计划。而在具体的改造实践中，由于主观因素的作用，改造进程时间表不断缩短，最终在 1956 年底，就基本上建立起社会主义经济制度。

第一节 过渡时期总路线的提出

1952 年国民经济恢复的历史任务基本完成，国家行将展开大规模经济建设的时候，既面临着有利的新形势，又要面对出现的许多新问题，这需要中国共产党对此做出回答。毛泽东经过慎重考虑，提出了过渡时期的总路线。

一、向社会主义过渡构想的变化及其背景

民主革命胜利前夕召开的中共七届二中全会，明确地提出了未来中国社会发展的基本方向是由农业国变为工业国，由新民主主义社会发展到将来的社会主义社会。但是，新中国成立时，中国人民政治协商会议制定的起临时宪法作用的《共同纲领》并没有把中国的社会主义前途写进去。刘少奇代表中国共产党对此作了说明："因为要在中国采取相当严重的社会主义的步骤，还是相当长久的将来的事情"。[①] 当时的考虑是"建国后继续搞一段时间的新民主主义，使工业和整个国民经济在迅速恢复的基础上得以发展，使新民主主义内部的社会主义因素逐步增加，一俟条件基本成熟，即向社会主义转变。这中间，要有一个过渡时期。至于过渡时期的时间，当时毛主席和中央其他领导的估计是一致的，大约需要有

---

① 胡绳：《中国共产党的七十年》，中共党史出版社，1991 年版，第 297 页。

10 年、15 年或者更多一点时间"。①

　　但是，到 1952 年这种构想发生了变化。1952 年 9 月，毛泽东在中央书记处一次会上讲到，10 年到 15 年基本上完成社会主义，不是 10 年以后才开始向社会主义过渡。刘少奇于 10 月 20 日在给斯大林的信中也反映出这种思想，即估计在 10 年多一些的时间，基本上实现对农业、手工业和资本主义工商业的社会主义改造。② 1953 年 2 月，毛泽东在中央的一次会议上，讲了他在湖北视察时同孝感地委负责人谈话的内容。他说：什么叫过渡时期？过渡时期的步骤是走向社会主义。我给他们用扳手指头的办法解释，类似过桥，走一步算是一年，两步两年，三步三年，10 年到 15 年走完。我让他们把这话传到县委书记、县长。在 10 年到 15 年或更多一点时间内，基本上完成国家工业化及对农业、手工业、资本主义工商业的社会主义改造。要水到渠成，防止急躁情绪。这种新的向社会主义过渡的构想，薄一波的概括是："从新民主主义到社会主义是一个渐变的过程，需要采取逐渐推进的社会主义改造的步骤和政策，一步一步地向前过渡，即使社会主义因素一年一年地增加，争取用 10 年到 15 年或更多一点时间完成这一过渡。而不是等到 10 年到 15 年以后，才采取社会主义政策，实行向资产阶级全线进攻的突变。"③

　　这种新的过渡构想的提出是新中国成立后客观形势发展的产物。"经过三年的奋斗，我国的政治、经济和社会面貌发生了巨大的变化，国际形势也发生了变化，为我们采取社会主义改造的实际步骤提供了重要的条件和时机。"④ 主要表现在：

　　第一，中国人民近百年来梦寐以求的工业化目标，不仅仅是一种必然选择，也有着现实的基础。

　　自鸦片战争以来的 100 多年间，中国因经济落后受尽帝国主义列强欺凌，尽快实现工业化是几代中国志士仁人的共识。随着民主革命任务的完成，中国共产党顺应历史将工业化置于首位。而 20 世纪 50 年代初的中国外受帝国主义国家的军事威胁和封锁禁运，内则因重工业极为落后和布局非常不合理，成为制约国民经济发展的瓶颈产业。鉴于此，中国共产党选择了优先发展重工业的工业化道路。

　　3 年的经济恢复也为开展大规模的工业化建设提供了基础。经过这 3 年，我国国民经济基本上治愈了战争的创伤。同时，通过这 3 年的没收官僚资本、土地改革、统一财经、统制外贸等重大经济改革，在完成民主革命任务的同时，也使社会主义经济因素大大增长，公有制经济的地位和作用大大加强，国营经济的领

---

① 薄一波：《若干重大决策与事件的回顾》，中共中央党校出版社，1991 年版，第 212~213 页。
② 中共中央文献研究室：《刘少奇论新中国经济建设》，中央文献出版社，1993 年版，第 240 页。
③④ 薄一波：《若干重大决策与事件的回顾》，中共中央党校出版社，1991 年版，第 215 页。

导地位非常巩固，公有制经济的发展和比重上升的速度也非常快。这非常有利于以国家为主导的工业化建设的展开。

第二，进行社会主义改造，不仅已经具备了必要的基础，而且也是解决社会生活中出现和积累的一些新矛盾的需要。

新中国成立初期相继展开的土地改革、镇压反革命、"三反"、"五反"等一系列民主改革和社会政治斗争，巩固了人民民主专政，为进行社会主义改造奠定了政治基础。而国民经济的恢复和国营经济已经在国民经济中占主导地位，又为社会主义改造奠定了必要的物质基础。同时，国民经济恢复时期，已经积累了利用和限制私有工商业、在农村中开展互助合作的许多经验，这些实际上成为对资本主义经济、个体农业进行社会主义改造的最初步骤。

在国民经济恢复发展的过程中，也暴露出一些问题："在农村，主要是土改以后农民分散落后的个体经济难以满足城市和工业对粮食和农产原料的不断增长的需要，而贫富分化开始出现又是共产党人不能不去考虑个体经济究竟向哪个方向发展的问题。在城市，工人阶级和国营经济同资产阶级之间限制和反限制的斗争已经经历几大回合，斗争并未结束而是时起时伏，对国家经济生活有很大影响。工业化的大规模发展引起这些矛盾的加剧，使党不能不考虑加紧和扩大农村的互助合作运动和城市限制资本的措施。这就不可避免地把对国民经济实行社会主义改造的任务提到日程上来。"① 这实际上反映了新民主主义经济体制已经不能适应工业化发展的需要。

第三，国际形势的影响。国际形势不仅影响我国工业化发展道路的选择，也制约着我国社会发展的方向。当时世界两大阵营的存在和尖锐对立，要求我国提出自己社会制度发展的明确目标。早在新中国成立前夕，中国共产党就宣布未来新中国的对外政策是实行政治上的"一边倒"，即坚决站在以苏联为首的世界民主阵营一方；同时又宣布在经济上采取灵活政策，在平等互利的基础上与世界各国发展经济关系。但是1950年6月爆发的朝鲜战争和中国的抗美援朝，造成了中国与以美国为首的资本主义世界的严重对立，在西方的军事威胁和经济封锁下，中国与苏联及东欧民主国家的关系更为亲密。中国更为需要苏联的支持。

世界两大阵营的对峙和中国别无选择地站在苏联一方，自然要影响到中国社会制度的选择和变化。当时我国实行的是新民主主义社会制度，在国际共产主义运动中只是被视为过渡形态。在当时的国际环境下，苏联不会容忍我国长期保持这种不符合传统社会主义理论和苏联模式的社会制度。

因此，当国际、国内形势发生变化时，尤其是随着大规模经济建设的到来，中国共产党自然要把工业化和社会主义改造问题提上议事日程，从理论和政策上对如何向社会主义过渡问题做出明确的回答。

---

① 胡绳：《中国共产党的七十年》，中共党史出版社，1991年版，第296页。

二、过渡时期总路线的形成及内容

过渡时期总路线从开始酝酿到正式提出，大约经历了一年左右的时间。1952年9月，毛泽东在中央书记处的一次会上首次公开提出新的过渡思想。1953年6月15日，毛泽东在中央政治局会议上说："党在过渡时期的总路线和总任务，是要在十年到十五年或者更多一些时间内，基本上完成国家工业化和对农业、手工业、资本主义工商业的社会主义改造。这条总路线是照耀我们各项工作的灯塔，不要脱离这条总路线，脱离了就要发生'左'倾或右倾的错误。"①

1953年8月，毛泽东在修改中央财经会议结论时，对过渡时期总路线作了更为完整的表述："从中华人民共和国成立，到社会主义改造基本完成，这是一个过渡时期。党在这个过渡时期的总路线和总任务，是要在一个相当长的时期内基本上实现国家工业化和对农业、手工业、资本主义工商业的社会主义改造。"② 至此，过渡时期总路线最终形成。同年9月24日，作为庆祝新中国成立三周年的口号将其公之于世。③

为了向全党和全国人民解释宣传过渡时期的总路线，毛泽东还审定修改了《为动员一切力量把我国建设成为一个伟大的社会主义国家而斗争——关于党在过渡时期总路线的学习和宣传提纲》（以下简称《宣传提纲》）。该提纲于1953年12月公开出版，广为发行，成为过渡时期总路线的权威解释。由此在全国掀起了学习过渡时期总路线的热潮。

根据《宣传提纲》对过渡时期总路线的表述和解释，它的基本内容包括以下四个方面：

第一，重新解释了民主革命与社会主义革命之间的关系，提出新民主主义革命的结束就是社会主义革命的开始。在此之前，中国共产党在理论和宣传上都认为，在新民主主义革命完成与社会主义革命开始之间，有一个以《中国人民政治协商会议共同纲领》为基础的发展新民主主义政治、经济和文化的阶段。

第二，全面吸收苏联共产党关于过渡时期的理论（即列宁1921年以前的思想和斯大林思想）。1955年3月毛泽东回顾说："中央委员会根据列宁关于过渡时期的学说，总结了中华人民共和国成立以来的经验，在我国国民经济恢复阶段将要结束的时候，即1952年，提出了党在过渡时期总路线。"④

第三，提出过渡时期总路线的实质是实现生产资料的社会主义改造，"就是

---

① 《建国以来毛泽东文稿》第4册，中央文献出版社，1990年版，第301页。
② 中共中央文献研究室：《建国以来重要文献选编》第4册，中央文献出版社，1993年版，第700~701页。
③ 胡绳：《中国共产党的七十年》，中共党史出版社，1991年版，第301页。
④ 《毛泽东选集》第5卷，人民出版社，1977年版，第138页。

使生产资料的社会主义所有制成为我国国家和社会的唯一的经济基础",① 逐步实现对农业、手工业和资本主义工商业的社会主义改造,是过渡时期的主要任务之一。

第四,为社会主义工业化而斗争。《宣传提纲》首次明确提出中国要实行的是"社会主义工业化"并解释了其含义,即:社会主义工业化具有两个重要特点,一是将发展重工业作为工业化的中心环节;二是优先发展国营经济并逐步实现对其他经济成分的改造,保证国民经济中的社会主义比重不断增长。

过渡时期总路线的提出,标志着中国共产党关于经济发展与制度变迁关系的认识发生重大转变,不再把新民主主义经济体制看做是一个相对稳定的经济制度,而是开始了向社会主义的转变,这时对私有制的社会主义改造则以逐步消灭私有制为目的。而实际的改造进程要比预期的大大加速。

第二节　农业社会主义改造进程的加快和迅速完成

一、农业社会主义改造指导思想的形成

新中国成立以后,随着国民经济的恢复和土地改革的完成,农民家庭生产进一步发展的主要障碍是普遍缺少生产资料和资金,而这个问题在短期内是政府和农民自己都无法解决的。因此,过去在解放区和战争年代曾经行之有效的农业互助合作组织,作为解决家庭生产困难的较好办法和集体经济的萌芽,得到提倡。1951 年 9 月,全国第一次互助合作会议召开。会后,起草了中共中央《关于农业生产互助合作的决议 (草案)》,该决议既将农业生产互助组织作为中国农村走向社会主义的过渡形式,又提出要注意保护农民从事家庭生产经营的积极性。《关于农业生产互助合作的决议 (草案)》初步设计了中国农业合作化的框架,要求党组织在农村积极领导群众,首先广泛建立季节性的简单互助组,然后有步骤地发展常年互助组和试办初级农业生产合作社;规定了互助合作运动中自愿互利原则和积极领导、稳步前进的方针。这一农业合作化的方针和步骤是得当的,也促进了农业经济的恢复和发展。

1951 年底,全国参加互助合作组织的农户共 2100.2 万户,占农户总数的19.2%。这些农户中,参加互助组的为 2100 万户,共组成 467.75 万个互助组;参加初级社的为 1588 户,共组成 129 个初级社;高级社仅有一个,共有 30 户农

---

① 《建国以来毛泽东文稿》第 4 册,中央文献出版社,1990 年版,第 405 页。

民。到 1952 年底，全国参加互助合作组织的农户发展到 4542.3 万户，占农户总数的 39.95%，但是其中绝大部分是参加互助组，参加初级社的农户仅为 57188 户，共组成 3634 个初级社，合作社在农业互助合作组织中所占比重仍然很低。①

1952 年冬和 1953 年春，农村掀起了第一次互助合作运动的热潮，许多地方发生了急躁冒进倾向，不顾条件地去发展初级社，引起群众的思想混乱，严重地影响了农民的生产积极性。鉴于这种情况，1953 年 3 月，中共中央决定对农村互助合作运动进行整顿，农业生产合作社仍停留在重点试办阶段。中央肯定并批转了华北局提出的"当前农业生产互助合作运动应以发展和巩固互助组为中心环节"。②据 1953 年 11 月的统计，当时参加农业互助合作组织的农户虽然已经达到 4790 万户，占全国农户总数的 43%，但其中绝大多数仍然是参加互助组，参加合作社的农户仅 27.3 万户，约占参加农业互助合作组织农户的 0.57%。③

这个时期的农业合作化是以互助组为主体，农民既有是否参加农业互助合作组织的选择权，也有参加哪种互助组织的选择权。而互助组是在自愿互利、不打破家庭经营核算原则下，实行平等互利的有偿互助，再加上组织规模小、自由结合、互助方式灵活等特点，因此受到广大缺乏生产资料或劳动力的农户的欢迎，它使农村的人力、畜力、物力和土地都能得到比较充分合理的利用。这个时期为数不多的初级农业生产合作社，由于尚处于重点试办、典型示范阶段，各方面条件都比较好，并且得到政府有关部门的大力扶助，生产投入一般比个体农户和互助组有较大幅度增加，因而其增产效果也很明显，一般建社的第一年，其平均亩产即能比当地的互助组增加 10% 以上。总之，1950~1953 年的互助合作运动，由于有助于解决长期战乱后农民家庭经营困难，也由于政府的方针政策比较得当、形式灵活多样，因此在当时农村生产资料严重不足的情况下，确实显示出它的优越性，而这种优越性又对 1953 年后中共中央有关经济发展的决策产生了较大影响。

二、农业社会主义改造步伐的加快

1953 年是开始大规模经济建设的第一年，因基本建设投资增加过快而引起的农副产品供应紧张，如何加快农业的发展，成为中央政府关注的重要问题。1953 年 10 月，中共中央农村工作部召开第三次全国互助合作会议。会议期间，毛泽东两次召集农村工作部负责人谈话，指出小农经济与社会主义工业化不相适

---

① 武力：《中华人民共和国经济史》，中国经济出版社，1999 年版，第 272 页。
② 国家农委办公厅：《农业集体化重要文件汇编》（上），中共中央党校出版社，1982 年版，第 184 页。
③ 同①，第 273 页。

应，提出各级党的一把手要亲自动手抓农业社会主义改造这件大事，县区干部的工作重点要逐步转到农业合作化方面来。与此同时，毛泽东也强调要根据实际情况和可能的条件，"积极领导，稳步前进"。同年底，中共中央通过《关于发展农业生产合作社的决议》。"决议"总结出初级社的十大优点，提出"必须采用说服、示范和国家援助的方法使农民自愿联合起来"，要求各地政府及有关部门"给农业生产合作社以适当的物资援助"。"决议"还要求到1954年秋，合作社应由1953年的1.4万个发展到3.58万个，即翻一番半。① 这个决议标志着农业互助合作运动的重心已由发展巩固互助组转变为发展巩固初级社。虽然如此，上述合作社发展计划还没有违背"积极领导，稳步前进"的方针，还是比较适当的。但是由于中央实际上鼓励"多多益善"，再加上1953年底开始大张旗鼓地宣传过渡时期总路线，遂使不顾条件、急于求成的"冒进"倾向在基层干部中再次滋长蔓延。1954年春，合作社已经增加到10万个，1954年秋收前，又新建立12万个合作社，结果农业合作社的数量比1953年增加了15倍，大大突破了原定计划。

　　1954年4月，第二次全国农村工作会议根据1954年春合作社发展情况，拟订1955年合作社发展计划为30万个或35万个，这个计划得到中央批准。但是到1954年11月第四次全国互助合作会议时，由于春季前建立的10万个合作社基本巩固，并有90%以上的合作社获得不同程度的增产，再加上中央制订"一五"计划八人小组向中央提出加快合作化以使农业发展与工业发展相适应的建议，这次会议遂提出到1955年春耕前，将合作社发展到60万个的目标。1954年12月，中共中央批转了上述计划。于是在1954年冬和1955年春，全国农村掀起了建社浪潮。到1955年3月，全国初级社发展到67万个，经过整顿减为65万个。②

　　由于农业合作社数量在这个阶段增加太快（在一年半的时间里由1.4万个增加到65万个），其中许多合作社的建社条件并不成熟，结果造成不少新社在经营管理方面遇到很大困难，存在较多问题，其中比较突出的问题有以下三个：帮助合作社建社整社的干部严重短缺；称职的财会人员严重缺乏；合作社的经营管理水平普遍较低。

　　针对合作社存在的上述问题，1955年1月10日中共中央发出《关于整顿和巩固农业生产合作社》的通知，决定整个运动转向控制发展、着重巩固阶段。通知发出后，虽然合作社的数量还在增加，但中央农村工作部的工作重心已转回整顿、巩固现有合作社，其重点是协助河北、浙江、山东等合作社发展较快的省搞好整顿工作。

---

　　① 国家农委办公厅：《农业集体化重要文件汇编》（上），中共中央党校出版社，1982年版，第215~227页。

　　② 武力：《中华人民共和国经济史》，中国经济出版社，1999年版，第275页。

毛泽东是同意对合作社进行整顿的。"停、缩、发"方针就是他在 1955 年 3 月总结时提出的,即当时议定:浙江、河北两省收缩一些,东北、华北地区一般停止发展,其他地区(主要是新解放区)适当发展一些。同年四五月间,毛泽东外出视察,并于 5 月 17 日在杭州召开了 15 个省市委书记会议。在此期间,毛泽东发现不少地方干部对合作化是积极的,用毛泽东的话来说,就是大家认为农业社"好得很",农业生产形势也不像原来听说的那样严重。这就使毛泽东感到中央农村工作部对农业合作化形势的反映不够真实。与此同时,1954 年水灾和粮食统购较多造成的农村粮食紧张,也被地方证明为许多喊缺粮的农民并不是真缺粮(毛泽东将其概括为:"所谓缺粮,大部分是虚假的,是地主富农以及富裕中农的叫嚣")。上述毛泽东对农村形势估计的变化,使他对邓子恢和中央农村工作部的合作化方针及整顿工作都产生了不同看法。在这种情况下,毛泽东通过自己的调查研究,并经过反复思考,终于在 1955 年 7 月 31 日中共中央召开的省市自治区党委书记会议上作了著名的《关于农业合作化问题》的报告。该报告在回顾和总结了新中国成立以来党的合作化方针和实践结果后,对邓子恢进行了严厉批评,认为在合作化问题上,邓子恢及有些人像小脚女人一样,已经落在了群众运动后面。毛泽东提出:农业合作化目前不是"下马"问题,而是赶快"上马"的问题。邓子恢在毛泽东批评后发言,表示拥护毛泽东的批评。以此为标志,中国的农业社会主义改造进入高潮。①

三、农业社会主义改造的提前完成

毛泽东《关于农业合作化问题》的报告实际上改变了农业合作化发展方针和进程。1955 年 8 月 1 日,毛泽东说:现在证明合作社在新区能发展,今冬明春明夏可大发展。准备工作加巩固工作就不会冒险。准备工作的第一项就是批判错误思想。8 月 26 日,毛泽东要求各省市自治区党委关于农业合作化问题的电报,由中央直接拟电答复,毛泽东开始亲自主管农业合作化运动。从 8 月 13 日到 10 月 2 日中共七届六中全会开幕前夕,毛泽东亲自起草中央批语,连续批转了湖北、安徽、山西、河南、浙江等 10 个省委学习《关于农业合作化问题》、批判右倾保守思想、重新部署合作社发展计划、加快发展速度等方面的报告。②

1955 年 10 月 4 日,中共中央召开以扩大农业合作化为主要议题的七届六中全会。会议通过了《关于农业合作化的决议》,该决议除了对农业合作化运动的方针政策作了具体规定外,还对合作化速度作了如下大致规划:在互助合作运动比较先进的地方,到 1957 年春季以前基本上实现半社会主义的合作化,即农民

① 武力:《中华人民共和国经济史》,中国经济出版社,1999 年版,第 277 页。
② 同①,第 278 页。

基本上都加入初级社；在全国大多数地方，在 1958 年春季前，先后基本上实现半社会主义的合作化。

从 1955 年 7 月 31 日毛泽东作了《关于农业合作化问题》的报告后，在全国范围内很快就掀起了一场农业合作化高潮，其势头之猛、速度之快，甚至超过了七届六中全会的规划。到 1955 年底，全国初级社的数量即由年中的 65 万个增加到 190 多万个，入社农户已占全国农户总数的 63% 左右。1956 年 1 月，毛泽东主编并亲自写了两篇序言和大量按语的《中国农村的社会主义高潮》一书公开出版，进一步推动了农业合作化运动。1956 年 3 月，全国基本上实现了农业合作化，入社农户占全国农户总数的 90%，年底则达到 97%。农业合作化速度之快，甚至超过了毛泽东的估计。①

初级社发展的辉煌成果，又诱发人们加快高级社的发展速度。1956 年 1 月中共中央提出的《一九五六年到一九六七年全国农业发展纲要（草案）》强调"对于一切条件成熟的初级社，应当分批分期地使它们转为高级社，不升级就妨碍生产力的发展"。同时要求合作基础较好并且已经办了一批高级社的地区在 1957 年基本上完成高级形式的农业合作化。其余地区……在 1958 年基本上完成高级形式的合作化"。② 于是 1956 年春全国农村又掀起了建立高级社的高潮。在 1955 年 7 月农业合作化高潮前，全国参加高级社的农民仅 4 万户，到 1956 年 3 月，参加高级社的农民已达 6000 万户，年底则达到 1074.2 万户，占入社农户总数的 90% 以上。③ 至此，以实行生产资料公有制为特征的农业社会主义改造基本完成，原来计划用三个五年计划完成的事情，现在不到一个五年计划就提前完成了。

初级社向高级社的过渡，是农业社会主义改造过程中的一个带有本质性的重要变化。因为初级社是私有制基础上的劳动人民集体经济组织，土地和其他生产资料可以作为股份参加分红，社员入退社自由，实行按劳分配为主和积累归公，初级社的规模也不大，1956 年以前平均每社 20 余户农民。这种股份制形式的经济组织，虽然在当时被称为"半社会主义性质"，但它与当时农村的部分经济发展要求还能适应，这也是 1951~1954 年初级社能够不断增加并巩固的根本原因。但是即使是初级社，它的普及也需要一个相当长的时间，需要一定的社会和经济条件。而高级社与初级社相比，不仅公有化程度高了，即土地和其他主要生产资料归集体所有，产权模糊了；而且规模也扩大了，平均每社拥有 200 户农民，相当于后来人民公社时期的生产大队。这种公有化程度高和组织规模过大，对于基

---

① 武力：《中华人民共和国经济史》，中国经济出版社，1999 年版，第 278 页。
② 中共中央文献研究室：《建国以来重要文献选编》，第 8 册，中央文献出版社，1994 年版，第 47 页。
③ 同①，第 279 页。

本上仍然处于传统农业水平的农村和农民来说，经营管理方面的困难和问题之多是可想而知的。

第三节　个体手工业社会主义改造的迅速完成

在社会主义三大改造中，对个体手工业的社会主义改造，既不像农业合作化那样汹涌澎湃，也不像资本主义工商业改造那样震天动地，而是在前两者所形成的社会氛围的刺激和影响下，快步跟进，也快速完成了社会主义的改造。

一、个体手工业改造形式的确定和初步进展

我国现代工业起步较晚，新中国成立以后，手工业生产在国民经济中仍然占有相当大的比重，据 1952 年的统计，全国手工业从业人员为 736.4 万人，加上兼营手工业生产的农民，约为 2000 万人，其产值为 73.17 亿元，占工业总产值的 21.36%，占工农业总产值的 8.84%。我国的手工业就其与农业分离的程度和与现代工业的关系来说，大致可分为四种类型：一是从属于家庭农业的家庭手工业；二是作为农民家庭兼业的手工业；三是独立经营的个体手工业；四是雇工经营的工场手工业。根据过渡时期总路线，手工业社会主义改造的对象主要是指第三种，前两种则纳入农业社会主义改造范畴，第四种纳入资本主义工商业改造的范畴。

新中国成立以前，中国共产党在革命根据地就曾建立和积极发展过手工业合作社。新中国成立以后，党和政府在积极恢复手工业生产的同时，重视通过合作组织来促进手工业走向现代化和集体化。1950 年 7 月，全国合作社工作者第一次代表大会在北京召开。在提交会议讨论的《中华人民共和国合作社法（草案）》中明确规定，城乡独立的手工业者和家庭手工业者组织手工业生产合作社。刘少奇在会议上的讲话强调，手工业合作社"主要是供给原料，推销成品，尽量不采取开设工厂的方式"。[①]朱德的讲话也强调先不要改变所有制形式。

1951 年 6 月，全国合作总社召开全国合作社第一次手工业生产会议。当时，手工业合作社还没有多大进展，据 1950 年底的统计，全国有 1326 个手工业生产合作社，社员 26 万人，股金 151 万元，县以上合作社总社附设加工工厂 651 个，估计基层社附设加工工厂约 4000 个左右，另外合作社通过供销业务也带动了一

---

① 中华全国手工业合作总社、中共中央党史研究室：《中国手工业合作化和城镇集体工业的发展》第 1 卷，中共党史出版社，1992 年版，第 40 页。

些手工业和副业生产。针对社会上存在的手工业无前途，将被大工业所取代，不愿意搞手工业合作社的认识，会议阐明了手工业在国民经济中的地位和作用，批评了忽视手工业生产的观点。同时，总结了组织生产合作社的经验，拟订了《手工业生产合作社示范章程（草案）》。这次会议推动了手工业生产合作的发展。

在国民经济恢复时期，个体手工业的合作化还处于重点试办、典型示范阶段。在此期间，只对同国计民生关系较大的棉织、针织、铁木工具等行业，重点试办手工业合作社，数量不多。对于一般行业，则从供销入手，通过供给原料，收购成品，组织生产合作小组。这种形式在当时是主要的。到 1952 年底，全国共建立手工业生产合作社 2600 多个，社员达到 25.7 万人，年产值将近 3976 万元。

1953 年，党在过渡时期总路线公布之后，我国手工业合作化运动进入了普遍发展阶段，手工业生产合作社的发展遂成为社会主义改造的主要形式。

1953 年 11 月，第三次全国手工业生产合作会议在北京召开，这次会议对于推动手工业合作化运动起到了很重要的作用。会议总结了新中国成立以来试办手工业合作组织的经验，明确提出了三种组织形式：一是手工业生产合作小组，即在原料采购、产品推销和接洽加工订货方面实行统一安排，而生产和核算则是独立的，其规模比较小；二是手工业供销合作社，即在生产上虽然仍保持原来生产方式和独立核算，但在原料采购和产品销售方面已实行合作制，其成员实际上已经成为合作社的来料加工者；三是手工业生产合作社，即实行"平股平权"、按劳分配为主，生产集中，统一核算。这种形式也被视为手工业合作组织的高级形式，在管理体制上，手工业生产合作组织像供销合作社一样，各合作社必须参加政府控制的合作社组织，并作为基层社，受上级组织的领导。这次会议明确了对手工业进行社会主义改造的方针政策，强调在方针上，应当是积极领导，稳步前进；在组织形式上，应当是由手工业生产小组、手工业生产供销合作社到手工业生产合作社；在方法上，应当是从供销入手，实行生产改造；在步骤上，应当是由小到大，由低级到高级。会议还确定手工业合作化的对象是手工业独立劳动者、家庭手工业者、手工业工人；手工业合作化的重点应是手工业比较集中的城市和集镇。

第三次全国手工业生产合作会议以后，手工业合作化运动与新中国成立初期的"发展一批，整顿一批"的波浪式前进做法不同，手工业合作化逐渐被纳入了国家的计划指导，逐步和国营工业、国营商业和合作社商业建立了供产销联系，通过加工订货、统购包销等形式进行生产经营。手工业合作化发展很快，截至 1954 年底，全国组织起来的手工业生产合作社、供销生产合作社、供销生产小组达 4.1 万多个，比 1953 年增加 8 倍多；组织起来的社（组）员达 113 万多人，比 1953 年约增加 2.7 倍。手工业生产合作组织的总产值 1954 年为 11.6 亿元，比

1953 年增加 1.1 倍左右。①

手工业合作化的迅速发展，也暴露了一些新的矛盾，这主要是手工业和大工业、手工业和农副业、手工业合作社和手工个体户之间，在供、产、销方面的矛盾。同时，由于 1953 年大规模经济建设导致经济进入紧运行状态，为缓解生产资料和消费资料供求矛盾，国家加强了计划管理，如对农产品统购统销，对大部分生产资料实行国家统购包销和计划供应，这样就使个体手工业在原料供应方面遇到较多困难。为及时妥善解决上述新情况与新问题，1954 年 12 月，中央手工业管理局在北京召开了第四次全国手工业生产合作会议。会议总结了 1954 年的手工业社会主义改造工作，根据新的情况，确定手工业社会主义改造的方针是"统筹兼顾，全面安排，积极领导，稳步前进"。会议决定 1955 年手工业社会主义改造的中心任务是：把手工业主要行业的基本情况继续摸清楚，分别轻重缓急，按行业拟订供产销和手工业劳动者的安排计划，以便有准备、有步骤、有目的地进行改造；整顿、巩固和提高现有社（组），每一县（市）要分别总结出主要行业的社会主义改造和整顿的系统的典型经验，为进一步开展手工业社会主义改造工作奠定基础。在上述两项工作的基础上，从供销入手，适当发展新社（组）。

1955 年，对各种手工业合作组织进行了全面整顿。通过全面整顿，全国手工业合作组织基础得到巩固，水平进一步提高，为以后的发展打下了良好的基础。截至 1955 年底，全国手工业合作社（组）达到 6.46 万个，比 1954 年增加了 2.29 万个，社（组）员达到 220.6 万人，比 1954 年增加了近 100 万人，合作组织的总产值达到 20.16 亿元，比 1954 年增长 74%。② 这时的生产合作社（组）80% 以上是巩固的，其余也都能站住脚。绝大多数社（组）都有民主选举的理事会和监事会（或组长），有一定的生产计划和管理制度，有公共积累，劳动生产率逐步提高，社员收入有所增加，在不同程度上显示出了许多优越性。其中有不少先进社，党的领导强，社的规模大，集中生产，分工协作，产品产量高、质量好，公共积累多，按劳取酬，并举办了各项文化福利事业，其中有的社已进行了初步的技术改造，拥有一定的动力和机具设备，实现了半机械化、机械化生产，成为当时手工业合作化的旗帜。

通过统筹安排以及对手工业各种合作组织的全面整顿，全国手工业原来供、产、销不平衡的混乱情况，有了很大好转。一部分主要手工业产品开始纳入地方工业计划之内。

---

① 中华全国手工业合作总社、中共中央党史研究室：《中国手工业合作化和城镇集体工业的发展》第 1 卷，中共党史出版社，1992 年版，第 239 页。

② 季龙：《当代中国的集体工业》（上），当代中国出版社，1991 年版，第 186~187 页。

二、手工业合作化运动的高潮

1955 年 7 月 31 日，毛泽东在中共中央召开的省、市、自治区党委书记会议上，作了《关于农业合作化问题》的报告。在广大农村很快掀起了社会主义改造的高潮，从而带动了资本主义工商业改造的高潮。形势逼人，手工业的社会主义改造非加快速度不可了。

11 月 24 日，陈云提出："对手工业的社会主义改造，要有一个全面规划的方案，不能做的太慢。农业合作社发展很快，私营工商业改造速度也加快，手工业的改造要赶上。"12 月 5 日，中共中央召开座谈会，刘少奇传达毛泽东的指示，要求各条战线批判右倾保守思想，加快社会主义改造和社会主义建设的步伐。同时，批评手工业社会主义"不积极，太慢了"，要求手工业合作化到 1957 年达到 70%~80%。12 月 20 日，刘少奇在听取中央手工业管理局负责人汇报时又指出，手工业改造不应比农业慢。与其害怕背供销包袱，还不如把供销包袱全部背起来好些。他要求手工业合作化在 1956 年、1957 两年搞完，说"时间拉长了，问题反多了"。

根据上述中央指示，1955 年 12 月 21~28 日，中央手工业管理局和中华全国手工业合作总社在北京召开了第五次全国手工业生产合作会议。会议决定"必须在'全面规划，加强领导'的方针下，坚决克服右倾保守思想，加速对手工业的社会主义改造，积极发展合作组织。要求组织起来的比重在 1956 年达到 74%，1957 年达到 90% 以上。同时，要求完全社会主义性质的生产合作社社员，1957 年达到社（组）员总数的 80% 以上，最迟在 1958 年把其余的半社会主义性质的生产合作社（组）全部过渡完毕"。中共中央很快批准了这次会议的报告，并在批示中指出："加快手工业合作化的发展速度，是当前一项迫切的任务。"[1]

第五次全国手工业生产合作会议结束后，全国掀起了手工业合作化的高潮。据统计，截至 1955 年 12 月底，全国共有手工业生产合作社 7 万多个，社员 200 多万人，约占手工业从业人员 785 万人的 25% 强，而且这些都是条件比较好，便于组织的部分，其余 75% 要在两年内组织起来，速度已经是太快了。

1956 年 1 月，手工业社会主义改造的高潮，汇合农业、资本主义工商业社会主义改造的高潮在全国兴起。首先是北京市，采取全市按行业一次批准合作化的办法，在 1 月 11 日、12 日两天之内，有 5.38 万多个手工业者参加了各种形式的手工业合作社，加上此前入社（组）的手工业者 3.6 万多人，全市手工业基本上完成了合作化。

---

① 中华全国手工业合作总社、中共中央党史研究室：《中国手工业合作化和城镇集体工业的发展》第 1 卷，中共党史出版社，1992 年版，第 362 页。

北京市的手工业改造高潮，迅速带动了全国。为了适应高潮到来的新形势，指导全国手工业合作化工作，中央手工业管理局和全国联社筹委会派出大批干部，到北京市调查研究，总结了手工业全行业合作化的主要经验和做法。随后，在全国掀起了手工业合作化高潮。仅 1956 年 1~2 月份，全国新发展的手工业合作社（组）员即达 200 多万人，等于新中国成立后几年来发展的社（组）员的总数。到 6 月底，全国组织起来的合作社（组）已超过 10 万个，社（组）员 470 余万人。合作化比重已达手工业总人数的 80% 左右，大大超过第一个五年计划规定的组织任务。高潮中全国有 144 个大中城市（占当时全国 161 个大中城市的 90%）、882 个县、市（占当时全国 2150 个县、市总数的 41%）的手工业全部或基本上实现了合作化。到 1956 年底，全国组织起来的手工业合作社（组）经过调整变为 9.91 万个，社（组）员也达到 509.1 万人，占归口手工业部门改造人员的比重达到 92%。[①] 至此，中国手工业基本上实现了从个体经济到集体经济的改造，初步建立起了社会主义集体工业经济。

第四节　资本主义工商业社会主义改造的迅速完成

对资本主义工商业的社会主义改造，采取的是加工订货、统购包销、公私合营等从低级到高级的国家资本主义形式。

一、私人资本开始向国家资本主义发展

国民经济恢复时期，在中国共产党对私人资本利用、限制政策下，已经开始通过多种形式把私人资本纳入国家资本主义的轨道。最早的形式是向私人资本加工、订货和收购产品。主要是帮助私营工商业克服生产经营上的困难；同时，国家为了掌握货源，稳定市场，满足国家建设和人民生活的需要，也要向资本主义工业企业加工、订货和收购它们的产品。据统计，1952 年加工、订货、统购、包销、收购的产值从 1949 年占私营工业总产值的 11.88% 上升为 56.04%，即私营工业的一半以上已经纳入了国家资本主义的初级形式。[②]

新中国成立初期，私营工业中也出现了国家资本主义的高级形式，即公私合营。当时的公私合营，主要来源有三：一是对有官僚资本投资和有敌伪财产的企

---

① 中华全国手工业合作总社：《手工业合作化后的主要任务》，财政经济出版社，1958 年版，第 5 页。

② 苏星：《新中国经济史》，中共中央党校出版社，1999 年版，第 164 页。

业进行清理、整顿、改组而成的；二是"五反"运动以后，将资本家违法所得转为公股实行合营的；三是一部分财务发生困难的大工厂，由于要求国家投资，也实行了公私合营，如永利化学工业公司。这一时期，国家对工商企业的公私合营是采取慎重发展方针的，主要工作是对现有公私合营企业进行清理整顿和加强管理。中财委专门为此发出指示，提出国家投资私营企业与之合营，必须有三个前提条件：一是符合国家经济发展计划；二是私营企业主完全自愿；三是企业有发展前途，投资效益高。1952年，公私合营的工业企业有997户，产值占全国工业产值的5%，但其资本额已占公私合营和私营工业全部资本的24.5%。[①]

国民经济恢复时期，还实现了私营金融业的全行业公私合营。新中国成立后，政府对私营银行、钱庄，一方面，实行严格的行政管理，限制其投机活动；另一方面，在国家银行领导下，疏导其资金，使之用于正当工商业的放款，并且逐步组织他们联合放款、联合经营业务。1952年"三反"、"五反"以后，私营银行、钱庄普遍经营困难，资本家纷纷要求把银行、钱庄交给国家实行全行业的联合管理。适应这一情况，国家于1952年12月对私营银行、钱庄实行了全行业的公私合营，组成公私合营银行，在中国人民银行领导下经营业务。私营金融业实行全行业公私合营以后，资本家交出了经营、财务、人事权，国家定期发给他们股息；对其代表人物，在政治上给予适当安排，物质上给予某些照顾；对一般私方人员和高级职员，根据"量才使用，适当照顾"的原则予以留用。对于全体职工，则采取包下来的政策。这样，就基本上完成了私营金融业的社会主义改造。

二、公私合营的扩展

1. 私营工商业社会主义改造方式的确定

1952年底至1953年春，毛泽东和中央开始考虑如何向社会主义过渡的问题。在这个背景下，1953年5月27日，中共中央统战部部长李维汉提交了《关于"资本主义工业的公私关系问题"给中央并主席的报告》，提出公私合营是私营工业过渡到社会主义的最有利形式。报告同时提出，对有利于国计民生和有发展前途的私营大工厂实行合营，在步骤上必须照顾需要、干部、资金、资本家自愿和政治影响等问题，有计划地进行，并设有一定的批准程序。李维汉的上述报告受到毛泽东的高度重视，并将其提交中央政治局扩大会议讨论，得到会议的赞同。

李维汉提出公私合营是改造资本主义企业的好办法，并被中央所接受，主要有三个原因：一是毛泽东和中央正酝酿过渡时期总路线，迫切需要寻找一种适合中国国情（主要指统一战线）而不同于苏联、东欧没收方式的渐进改造方式，而

---

① 苏星：《新中国经济史》，中共中央党校出版社，1999年版，第166页。

公私合营恰好满足了这个要求；二是企业内部，由于"五反"运动，资本家已不敢管理，而工人也不服从其管理，为国家通过参股接管企业创造了条件；三是从外部看，国家已经进入大规模经济建设，原料、资金短缺，由国家统筹安排必不可少，公私合营，即从内部控制企业，比加工、订货等从外部调控更有效，更易于将生产纳入国家计划，达到均衡生产。

1953 年 9 月 7 日，毛泽东邀集民主党派和工商界部分代表座谈。毛泽东在会上谈了他对资本主义改造的如下设想：第一，"经过国家资本主义，完成由资本主义到社会主义的改造"。第二，"稳步前进，不能太急。将全国私营工商业基本上引上国家资本主义轨道，至少需要三年至五年的时间，因此不应该发生震动和不安"，"至于完成整个过渡时期，即包括基本上完成国家工业化，基本上完成对农业、对手工业和对资本主义工商业的社会主义改造，则不是三五年所能办到的，而需要几个五年计划的时间。在这个问题上既要反对遥遥无期的思想，又要反对急躁冒进的思想"。第三，"实行国家资本主义，不但要根据需要和可能，而且要出于资本家的自愿，因为这是合作的事业，既是合作就不能强迫，这和对地主不同"。①

2. 私营工业的公私合营

按照上述设想，中央财经委员会于 1953 年 12 月召开了全国扩展公私合营企业计划会议。会后，李维汉向中央提交了《关于将资本主义工业纳入国家资本主义的轨道的意见》，这个汇报提纲提出在两个五年计划内基本上完成对雇佣 10 个工人以上私营工厂的公私合营。中央批准了这个提纲。1954 年国家发展公私合营工业企业的计划即是按照这个设想制订的。

1954 年底，全国公私合营工业企业的户数已经达到 1746 户，职工人数为53.3 万余人，产值 51.1 亿元，分别占全国公私合营和私营工业职工和总产值的23% 和 33%，实行公私合营的私营企业一般都是有发展前途并且职工人数在 100人以上的大型企业。② 由于截至 1954 年底所实行的公私合营都是单个企业分别进行的，当时称之为"吃苹果"（全行业公私合营称为"吃葡萄"），所选择的企业一般都是发展有潜力、产品有市场的大型企业，加上国家又注入资金，因此这些企业合营后的劳动生产率和利润一般都明显高于合营前。

3. 对私营商业的改造

1953 年由于上半年投资规模过大引起的市场紧张和农副产品供不应求，一方面使国家采取了对主要农产品"统购统销"，另一方面也使党和政府认为私营批发商业不利于国家的计划管理，应首先予以改造。于是以 1953 年底实行粮油统购统销为契机，国家首先对粮油私营批发商进行了令其转业或淘汰的改造。进

---

①《建国以来毛泽东文稿》，第 4 册，中央文献出版社，1990 年版，第 324~326 页。
②国家统计局：《中华人民共和国社会主义建设统计资料汇编》，1956 年版，第 59 页。

入 1954 年后，国家又通过对重要生产资料和工业原料实行国营商业控制的计划供应、禁止私商自营一般商品的进出口业务，又迫使一批私营大批发商转业或停业。私营大批发商被基本消灭后，从 1954 年下半年起，国家着手改造剩下的经营次要商品的较小批发商，即根据不同情况，对这些批发商采取"留、转、包"等不同的改造步骤和方式。"留"，就是继续保留一部分私营批发商，但是其业务则转变为受国营商业和供销合作社委托而代其批发；"转"，就是对有转业条件的批发商，引导他们把资金和人员转入其他行业；"包"，就是国家将无法继续经营而又不能转业的批发商及职工包下来，逐步安排工作。经过上述改造，到 1954 年底，私营批发商的改造工作基本完成，继续存在的私营批发商虽然户数还不少，但是除经营零星商品的小户外，一般都成为国营和合作社商业的代理机构。

三、全行业公私合营的迅速实现

1954 年，我国农业因严重自然灾害未能完成预定计划，从而使得 1955 年上半年工业因原料不足而不能完成计划。在农产品短缺而供给又掌握在国家手中的情况下，国家首先要保证国营企业和公私合营企业的资金和原料供给，因此，私营工业，特别是那些规模小、技术落后的企业，遇到较大困难。

1954 年底以来，私营企业面临的困难主要有以下四个：

一是原料缺乏，1955 年除了农产品原料短缺外，工业产品原料因经济紧运行和国家加强计划供应，私营工业也得不到充分供应。据国家统计局 1954 年 5~8 月对 10 人以上私营工厂的调查，因原料不足，私营工业的设备利用率如下：日用橡胶业 60%（重庆）；棉织业 60%（山东）；针织业 70%；缝纫业不到 50%；木材加工业 40%；面粉业 25%；碾米业 80%；机器榨油业 80%；卷烟业 25%；火柴业 15%。而私营工业绝大部分属于轻工业。[1] 另据 1955 年上半年对若干重点行业的调查，与正常开工情况下应达到的时间和产量对比，从设备利用率来看，机器制造业中的车床为 66%，钻床、铣床为 30%多，印染业卷染机为 49%，针织业手摇织袜机为 26%，木材加工业中圆锯为 35%；从生产能力利用率来看，棉布生产为 57%，食用植物油生产为 51%，卷烟生产为 37%，胶鞋、碾米、固本肥皂生产则为 20%左右，裸铜线生产仅为 6%，如按三班制计算，则设备利用率更低。[2]

二是资金不足。1952 年底国家完成对私营金融业的社会主义改造后，短期资金市场即完全控制在国家手中，国家对私营工商业的贷款实行了"以存定贷"的方针，即贷款额不得超过私营企业的存款。但是由于国家经济建设（特别是地方政府）资金尚严重不足，实际上很难顾上私营工业。1953 年人民银行的私营

---

①② 国家统计局：《十个职工以上的私营工业调查报告》，1955 年 2 月 22 日。

工商业存款比 1952 年增加 8000 余亿元（1955 年币制改革前币值，下同），而贷款却比 1952 年减少 19000 亿元，减少近 2/3，在人民银行贷款总额中的比重由 1952 年的 2.6% 降至 0.7%。[①] 据 1954 年 5~8 月份国家统计局对十人以上私营工厂的调查，私营工业资金缺乏，尤以中小户更严重。重庆市有十人以上私营工厂 559 个，其中资金充足的仅占 13.5%，资金能勉强维持生产的占 28.2%，资金较困难的占 54.6%。多数企业是靠银行贷款、预收国家工缴费和订金来维持生产的。

三是原有供销渠道被打乱。由于大多数私营工厂生产规模很小，没有承担国家的加工订货任务，其原料在过去基本上都是从市场购买，产品也是靠私营商业渠道销售。1954 年国家加强了私营商业改造，私营批发商大部分被改造后，商业渠道变化大，私营工业企业一下子失去原有的供销渠道，而国营商业和供销合作社因这些小企业的产品标准化程度低、批量少，交易成本高，不愿意收购或推销其产品，因此 1954 年大多数私营工厂产品销售渠道不畅。

四是经过两年的"吃苹果"（即对单个企业实行公私合营），剩下的私营工业企业多是规模很小、技术落后或效益差的企业。据统计，1954 年共有私营工业企业 133962 户，平均每个企业有职工 13.40 人，产值 7.72 万元；但是，在上述私营工厂中，职工在十人以上的企业只占总数的 31.3%，而职工在 50 人以上的企业只占企业总数的 3.74%。即使在这些十人以上的工厂中，仍有 60% 的企业使用手工工具，至于那些十人以下的小型工厂，绝大多数更是没有现代动力设备的手工业作坊，产品不能定型和按标准化大批量生产。国营和公私合营工业企业不仅在技术和生产规模上优于私营工业，而且在资金供给、原料供应、产品销售等方面也优于私营工业，使得私营工业所具有的灵活性难以发挥作用，在竞争中处于更不利的地位。据 1955 年上半年上海市对私营工业困难户的调查分析，因产品不合要求的占 28%，因原料不足的占 22%，因过去盲目发展而产品过剩的占 20%，因主要行业发生困难而相应发生困难的占 18%，因销路不畅发生困难的占 12%。[②]

尽管 1955 年上半年中央要求各地统筹兼顾、适当照顾私营工商业，但是由于剩下未合营的私营企业规模小、设备落后，产品标准化程度低和批量小，在原料缺乏、资金紧张的情况下，无论是地方政府还是国营商业机构，从经济的观点出发，都不会将原料和资金投向这些技术落后、产品标准化程度低、监督成本高的企业。由于私营企业并没有摆脱困境，而公私合营企业则可得到国家在原料、资金和销路方面的支持，因此对于中小企业来说，在如此困难的情况下，工人不用说了，即使企业主，也愿意合营，以求解脱。

为了解决上述问题，1955 年 4 月，中共中央批转了《关于扩展公私合营工

---

① 中国人民银行党组：《关于人民银行工作检查的总结报告》，1954 年 4 月 7 日。
② 国家统计局：《一九五五年上半年私营工业生产情况报告》，1955 年 8 月 27 日。

业计划会议和关于召开私营工商业问题座谈会的报告》。该报告提出对资本主义工商业改造应实行"统筹兼顾，全面安排"的方针。这就是在合营过程中，应着眼于整个行业，采取以大企业带中小企业，以先进带落后的办法，根据不同的情况进行改组、合并，然后再进行公私合营。这种按行业对私营企业进行整体改造、统筹安排的设想，实际上是全行业公私合营的开始。

1955 年下半年，在毛泽东的推动下，中国农村出现了农业社会主义改造高潮。农业社会主义改造高潮的出现，一方面，消灭了广大农村的私有经济，使私人资本主义工商业更加孤立，使其感到社会主义已是大势所趋；另一方面，也使党和政府产生了早日完成社会主义改造的急躁心情。10 月，毛泽东邀集全国工商联执委召开座谈会，希望私营工商业者认清社会发展规律，接受社会主义改造，把自己的命运与国家的前途结合起来，掌握自己的命运。不久，在全国工商联会议上，陈云又对全行业公私合营和定息等问题作了进一步说明。随后会议通过了《告全国工商界书》，要求全国各地工商业者响应党中央号召，积极接受社会主义改造。11 月，中共中央召开资本主义工商业改造问题座谈会和七届七中全会，会议确定了实行全行业公私合营的方针、政策和计划。根据会议部署，从 1956 年 1 月起，全国又掀起了资本主义工商业的社会主义改造高潮。1956 年 1 月 1 日，北京市的私营工商业者首先向政府提出实行全行业公私合营的申请，要求政府批准。到 1 月 10 日，仅用了 10 天时间，北京市就实现了全市私营工商业的公私合营。紧接着，这种方式就在全国各个城市迅速推广。1956 年 1 月底，私营工商业集中的上海、天津、广州、武汉、西安、重庆、沈阳等大城市，以及 50 多个中等城市，相继实现了全行业公私合营。1956 年 3 月底，除西藏等少数民族地区外，全国基本上实现了全行业公私合营。1956 年底，全国私营工业户数的 99%，私营商业户数的 82.2%，分别纳入了公私合营或合作社。

总之，在国民经济恢复的任务胜利完成以后，公有制经济成为中国整个新民主主义制度的基础，中国共产党强有力的领导、国家机器的普遍设立以及马克思主义为指导思想的意识形态的确立，都为中国社会主义改造的实施提供了强有力的保障。社会主义改造虽然存在着"要求过急，工作过粗，改变过快，形式也过于简单划一"的缺点，虽然遗留了许多历史问题，但它的胜利完成，促使了社会主义制度在中国的全面确立。瑕不掩瑜，对此，我们应该给予公正和客观的评价。

思考题：

1. 中国共产党在过渡时期的总路线是如何提出的？

2. 如何评价中国共产党对农业、手工业和资本主义工商业的社会主义改造？

第三章　"一五"计划的完成与计划经济体制的形成

第一节　第一个五年计划

编制和执行发展国民经济的第一个五年计划，是我国由新民主主义向社会主义过渡，实现过渡时期总路线的重大步骤。这是我国第一次制定和实施发展国民经济的五年计划，标志着我国进入了有计划发展国民经济的历史时期。

一、计划的编制

第一个五年计划开始实施于1953年，而其编制工作是从1951年开始的，到1955年7月由第一届全国人民代表大会第二次会议通过，前后经历了五年时间，并五易其稿。

第一次，1951年春天，在陈云组织领导下，中央财经委员会试编了纲要性的《关于制定1951~1955年年度恢复和发展中华人民共和国国民经济国家计划的方针的指示（草案）》，对国民经济的恢复和发展提出了轮廓性要求和部署。

第二次，1952年初，根据周恩来的提议，成立由周恩来、陈云、薄一波、李富春、聂荣臻、宋劭文组成的领导小组，主持"一五"计划的编制。7月，试编出《五年计划轮廓草案》。这一草案，只是粗线条地勾勒了计划轮廓。8月，以周恩来为团长、陈云和李富春为副团长的政府代表团，携带《草案》赴苏联，一则争取苏联的援助，二则征询苏联政府对这个计划草案的意见。

第三次，1953年初，鉴于原"轮廓"草案的资料根据仍有不足，陈云根据苏方提出的一些意见，组织中财委会同国家计划委员会、中央各部和各大区，在大量搜集资料的基础上，对原计划"轮廓"草案作了进一步的修改充实。当时，苏联援助的项目还没有最后确定下来，未能拿出一个完整的计划草案。

第四次，1953年6月，在边编制、边实施的过程中，国家计委根据中央的要求，并吸收苏联国家计委和经济专家的意见，对第一个五年计划轮廓草案作了重大修改，下调了原计划中的工业年均增长速度等指标，如把工业平均每年增长速度降至 14%~15%，并在计划中强调在重点发展工业的同时要加快发展农业和交通运输业等。

第五次，1954 年年初，中央决定调整领导编制"一五"计划工作的班子，成立以陈云为组长的八人小组，加快"一五"计划的编制。4 月初拿出《五年计划纲要（初稿）》，毛泽东认真审阅了初稿。8 月，在陈云主持下，八人领导小组连续举行了 17 次会议，对初稿逐章逐节地进行了讨论和修改。10 月，毛泽东、刘少奇、周恩来又聚会广州，用 1 个月时间，共同审议修改后的草案。11 月，由陈云主持召开中央政治局会议，仔细讨论了"一五"计划的方针任务、发展速度、投资规模、工农业关系、建设重点和地区分布，又提出了许多修改意见和建议。1955 年 3 月，中国共产党全国代表会议原则通过草案。6 月，中央委员会根据代表会议精神，对草案又进行了修改。7 月 30 日，全国人大一届二次会议审议并正式通过了"一五"计划。至此，编制"一五"计划的工作圆满结束。

"一五"计划是在边实施、边修改和补充的情况下编制出来的。由于对资源缺乏调查，统计资料很少，又没有建设和编制中长期计划的经验，整个编制过程费时较长。同时，正因为我们进行了许多准备工作，在执行两个年度计划的过程中又取得了不少的经验，使得第一个五年计划更加接近实际，因而也更加能够保证它的胜利完成。

向苏联学习是中国"一五"计划编制和实施的一个特点。"一五"计划的主要建设项目是苏联援建的 156 项建设工程项目。正式公布的第一个五年计划主要是吸取苏联的经验教训，同时总结中国自己的经验，经过多次修改和补充编制而成的，重视了国民经济的综合平衡，是一个较为成功的中期计划。

二、"一五"计划的基本任务、具体建设要求

"一五"计划的基本任务是：集中力量进行以苏联帮助我国设计 156 个单位为中心的、由限额以上的 694 个建设单位组成的工业建设，[①] 建立我国社会主义工业化的初步基础；发展部分集体所有制农业生产合作社，并发展手工业生产合作社，建立对农业和手工业的社会主义改造的初步基础；基本上把资本主义工商业分别纳入各种形式的国家资本主义轨道，建立对于私营工商业的社会主义改造的基础。其基本任务归结起来就是为实行过渡时期总路线开辟道路。

根据上述任务，计划规定，在"一五"期间，全国经济建设和文化教育建设

---

① 关于限额以上的建设单位：国家为了便于管理和掌握最大的基本建设单位，按照我国的具体情况，规定出各类基本建设单位的投资限额。凡一个建设单位，不论其为新建、改建和恢复，全部投资额大于限额者，则是限额以上的建设单位；小于限额者，即是限额以下的单位。

的支出总额为 766.4 亿元, 其中属于基本建设的投资为 427.4 亿元, 占总支出的 55.8%。工业是基建投资的重点, 占 58.2%。重工业又是工业基建投资的重点, 占 88.8%。农林水利在基建投资中占 7.6%, 运输邮电占 19.2%, 贸易银行占 3%, 文教占 7.2%, 城市公用事业占 3.7%。① 上述支出总额折合黄金达 7 亿多两, 这样的建设规模在中国历史上是空前的。

计划还规定, 工农业总产值要由 1952 年的 827.1 亿元增加到 1957 年的 1249.9 亿元, 增长 51%, 平均每年增长 8.6%。工业总产值由 1952 年的 270.1 亿元增加到 1957 年的 535.6 亿元, 平均每年增长 14.7%。农业及副业总产值由 1952 年的 483.9 亿元增加到 1957 年的 596.6 亿元, 增长 23.3%, 年均增长 4.3%。② 此外, 计划对运输邮电、社会商品流转额、教育、人民生活增长情况及社会主义改造的进展情况也作了具体规定和安排。

三、"一五"计划中对几个关系的处理

第一个五年计划的中心是工业化建设, 而重工业又是工业建设的重点。为了使五年计划建立在可靠的基础上, "一五"计划对国民经济的比例关系作了通盘考虑和部署, 对几个主要比例关系反复研究和平衡, 着重注意了以下一些问题:

1. 经济发展的速度和效益问题

讲求经济效益是贯穿于一切经济活动的中心问题。在制定"一五"计划草案的初期, 将经济增长指标定得过高, 后来经几次压缩, 终于使经济增长指标比较符合实际, 虽然仍比较紧张, 但是可以完成。另外, 这个时期虽然强调发展速度, 同时也注意提高经济效益, 并制定了不少措施和办法。总体来看, "一五"时期, 我国经济发展不仅速度快, 而且效益好。

"一五"时期国民经济建设经济效益较好, 归纳起来, 一是宏观经济决策正确, 二是微观经济管理措施得力。由于注意从实际情况出发, 指导工作谨慎。同时, 又在各企业加强经济核算, 努力增产节约, 反对铺张浪费, 抓好成本、劳动、财务管理, 因此取得了比较好的经济效益。

2. 经济发展的布局问题

旧中国经济布局极不平衡, 仅有的一点现代工业和交通主要集中在东部沿海地区。据 1952 年的统计, 我国沿海各省的工业产值约占全国工业总产值的 70%, 其中钢铁 80% 在沿海, 纺织 70% 在上海、天津、青岛三市。"一五"计划为了改变旧中国遗留下来的畸形布局和区域之间的极端不平衡, 在建设布局上作了明显倾斜。

---

①② 《关于发展国民经济的第一个五年计划》, 《人民日报》, 1955 年 7 月 8 日。

第一个五年计划时期，顾及可能发生的战争威胁，并且为了改变西部地区工业的落后面貌，国家实施了"在沿海地区的工业一般不扩建、新建"的方针，集中了基建投资的一半左右、限额以上建设单位的 53%用以发展内地工业。这一时期沿海新建企业少，投资比重下降，增长速度缓慢；内地新建企业多，投资比重上升，增长速度较快。由于沿海地区工业投资比重下降，新建企业相对减少，增长速度相对落后于内地。1952 年到 1955 年的平均发展速度（以 1952 年为基期），沿海地区为 142，内地为 155。① 沿海和内地工业总产值的比重也发生了变化。

3. 自力更生与争取外援的关系

中国大规模经济建设的任务艰巨繁重，需要引进的东西很多。一方面，中国是一个人口众多、经济落后的大国，这样的国情决定了只能坚持"自力更生为主、争取外援为辅"的基本方针。另一方面，"一五"时期，我国从苏联和东欧各国引进了一大批技术设备，在社会主义建设中曾起了重要作用，奠定了社会主义工业化的初步基础，提高了工业技术水平，加快了工业发展速度，增强了自力更生的能力。"一五"计划期间，虽然我们对苏联的援助期望较大，并且苏联也确实给予我国很大的帮助，但是，"一五"计划的原则仍然是建立在"自力更生为主、争取外援为辅"的基础上。"一五"期间，国家财政收入共为 1354.9 亿元，国外贷款为 36.4 亿元，外债占财政总收入的 2.7%。② 在苏联援助我国建设的项目中，仍有相当大部分的工作量和机器设备是由我国自己设计制造的。

4. 优先发展重工业与全面安排的关系

"一五"计划中轻重工业的投资比例为 1：7.3，高于苏联的前三个五年计划。"一五"计划之所以采取优先发展重工业的方针，是由当时的国情和工业结构决定的。①旧中国工业基础薄弱，重工业不发达，相对来说，轻工业比较发达；②轻工业生产能力有很大的潜力，资金也有很充足的后备力量；③原料供应不足。

经济建设必须抓好重点项目，但突出重点并非孤立地只发展重点。李富春在中共八大发言时指出："国民经济的各方面是一个有机地结合着的整体，是相互影响和互相制约的，任何一方的过分突出或过分落后，都会引起比例关系的失调，妨碍整个国民经济的发展"。③"一五"时期国民经济各部门的比例比较协调：重、轻、农总产值平均增长速度分别是 25.4%、12.9%和 4.5%。轻工业和农业的相应发展基本保证了人民生活消费的需要，基本保证了重工业发展对农业原料、粮食、资金、劳动力等的需要。

---

① 董辅礽：《中华人民共和国经济史》（上），三联书店（香港）有限公司，2001 年版，第 289 页。
② 李华兴、王泠一：《论毛泽东的独立自主与对外开放思想》，《史林》，1991 年第 3 期。
③ 中共中央文献研究室：《建国以来重要文献选编》，第九册，中央文献出版社，1994 年版，第 308 页。

第二节 "一五"计划期间的经济增长与波动

由于全国人民的共同努力，第一个五年计划得以提前完成。同时，"一五"期间，我国的经济增长有较大的起伏，体现了我国社会主义建设经验的不足。

一、经济增长与波动

表 3-1　1953~1957 年工业生产和基本建设情况

项　目	1953 年	1954 年	1955 年	1956 年	1957 年
工业总产值：总额（亿元）	450	515	534	642	704
比上年增长（%）	30.3	16.3	5.6	28.1	11.5
基本建设投资：总额（亿元）	90.44	99.07	100.36	155.28	143.32
比上年增长（%）	107.6	9.5	1.3	54.7	-7.7
国家财政收入：总额（亿元）	222.9	262.4	272.0	287.4	310.2
比上年增长（%）	21.3	17.7	3.7	5.7	7.9

资料来源：《中国统计年鉴》（1984），中国统计出版社，1984 年版，第23、301、417 页。

在"一五"计划编制过程中，对于增长速度的安排，原是本着稳步发展的指导思想来制定的。但是从增长速度看，五年中呈现出两个大起大落的过程。

1953 年，工业生产特别是基本建设的增长过快，当年投资规模计划增长70.57%，实际增长83.68%（按照 1982 年调整后的数字为107.6%），投资需求大大超过了各项物资的供给能力。"一五"计划的实施从一开始就出现了"过热"，原因是一些部门和地方产生了急于求成的思想，同时由于缺乏经验，编制 1953年国民经济计划时，动用了上年的财政结余，而这一部分财政结余，实际上已作为信贷资金来源贷给了工商部门，结果又被错误地用做基本建设投资。1953 年 6月，全国财政经济工作会议及时总结经验教训，采取措施，当年财政收支达到平衡，并略有结余。

1954 年的经济建设是在比较困难的情况下进行的。1953 年农业因遭受水灾大幅度歉收，减少了农产品原料供应和市场的消费供应，增加了国家财政支出（如救灾费用），减少了财政来源（如农业税），使工业建设中的原料和资金问题一时更加紧张，工业生产的供产销之间出现了不平衡。1954 年上半年的社会主义改造，合作社商业前进过快，某些地方又出现私商从业人员难以安排和城乡交流不畅的现象。针对这些问题，在下半年采取了贯彻重点建设的方针，集中使用资金、物资和建设力量，进一步加强经济核算制，厉行增产节约等措施。1954年基本建设计划指标比上年实际投资指标减少，即为负增长，而实际投资增长速度为 13.26%，也比 1953 年大大降低。

1955 年初计划增长 8.03%，年底修改为 1.19%，实际增长 2.65%，比 1954年继续下落。1955 年基本建设规模偏小有两方面的原因。客观原因是，1953 年和 1954 年，农业连续两年遭受自然灾害，在安排基本建设规模时不能不考虑这个因素。主观原因是，1955 年 7 月，中共中央发布了《关于厉行节约的决定》，全国开展了大规模的增产节约运动，降低了非生产性建设的设计标准。这一年，由于过分地压缩了基本建设规模和放慢了工业发展速度，钢材、木材、水泥等建筑材料出现了暂时过剩现象，消费品也出现"过多"问题。由于缺乏经验，不恰当地采取了出口建筑材料和商品"泻肚子"的办法来解决虚假的"过剩"问题。

"一五"计划的前三年，尽管遇到一些困难和挫折，但通过种种努力，这些问题基本得到及时纠正，经济建设取得了很大成绩，是我国有计划经济建设稳步发展的三年。经历了前两年的低潮后，1956 年出现了第二次冒进。

1956 年，基本建设投资陡增，经济建设再一次出现了急躁冒进现象。这一年的经济实际增长率为 59.13%（按照 1982 年调整后的数字为 54.7%），与年初计划指标大体相当，高于年中下调后的指标，远高于上一年的增速。1956 年 1月 1 日，《人民日报》发表了《为全面地提早完成和超额完成五年计划而奋斗》的社论。1 月 20 日至 2 月 7 日，国家计委召开了全国计划会议，根据当时反对右倾保守思想的精神，制定了 1956 年国民经济计划草案。这个计划考虑需要方面多，而对财力、物力可能条件却研究不够，把基本建设投资、增加职工工资和增放农业贷款的盘子打大了，出现了基建规模过大、职工人数增加过多、信贷突破计划的失误。1956 年国家预算执行结果，出现财政赤字 18.3 亿元；财政赤字引起银行投放增加，市场货币流通量比上年底增加 17 亿元，货币流通量的增加，又不得不动用相应物资，使该年的商业库存比上年减少 17 亿多元。

周恩来、陈云等及时发现并纠正了经济建设中的急躁冒进倾向。1956 年 2月 6 日，周恩来、李富春、李先念研究如何在计划会议和财政会议上压缩指标的问题。8 日，在国务院第四次全体会议上，周恩来再次对"急躁的苗头"提出警示。经过计划会议和财政会议的努力，1956 年度的基本建设投资压缩到 147 亿元。5 月，中共中央开会讨论第一届全国人大第三次会议（6 月召开）文件起草问题。会议最后决定，我国经济建设要实行既反保守、又反冒进，坚持在综合平衡中稳步前进的方针。6 月 20 日，根据会议精神，《人民日报》发表了题为《要反对保守主义，也要反对急躁冒进》的社论。一届全国人大三次会议和这篇社论，引起了全党和全国人民对于反冒进的注意和重视。至此，急躁冒进的势头基本上被遏制住了。

1957 年，实施"反冒进"政策，纠正了一时的急躁冒进倾向，认真执行了中共八大的方针，取得了很好的经济效果，固定资产投资总额下降为151.23亿元，比上年减少了6.57%（按照1982年调整后的数字为-7.7%），[①]财政收入增长7.9%。1957年的综合平衡工作是做得比较好的：财政收支平衡，略有结余，基本上达到了财政、信贷、物资平衡，保证了物价稳定；工农业产值比上年增长10%，超过计划4.1%；农业产值比上年增加20多亿元；商品货源大于当年社会购买力，保证了市场供应，并补充了三年挖掉的国家物资储备。[②]到年底，"一五"计划所规定的各项指标都已完成和超额完成。

二、"一五"计划的超额完成[③]

经过全国人民的共同奋斗，第一个五年计划提前一年超额完成。各项经济事业得到很大发展，社会主义工业化的基础初步建立起来，人民的物质文化生活水平有了提高。

1. 基本建设

"一五"时期内完成基本建设投资总额550亿元，其中国家对经济和文教部门的基本建设投资为493亿元，超过原定计划15.3%。五年内，实际完成的国家投资总额中，工业部门占56%，农林水利部门占8.2%，运输邮电部门占18.7%。工业部门基本建设投资中，重工业占85%，轻工业占15%。

五年内，按照规定建设的项目，除有个别调整外，绝大多数都已建成，并且增加了许多新的建设项目，五年内施工的工矿建设单位达1万个以上，其中，限额以上921个，比原定计划增加227个，1957年底全部建成投产的有428个，部分建成投产的有109个。这921个限额以上建设项目成为我国现代化工业的骨干，改变了我国工业以往残缺不全的状况，为实现我国社会主义工业化打下了初步基础。

2. 工业

1957年，工业总产值达783.9亿元，比1952年增长128.3%，年平均增长率达到18%（计划规定为14.7%），其中，生产资料生产1957年比1952年增长2.1倍，平均每年增长25.4%，生产资料生产在工业总产值中的比重由1952年的35.6%提高到1957年的48.3%。

由于数量众多的重要建设项目投产，生产能力增加，原有企业的市场也有显著增长，使主要工业产品的产量大幅度上升。在五年计划规定的46种主要工业

---

① 徐建青：《"一五"时期的投资与制度变革》，《当代中国史研究》，2005年第6期。
② 丛进：《曲折发展的岁月》，河南人民出版社，1989年版，第101页。
③ 本节参考柳随年、吴敢群：《中国社会主义经济简史（1949~1983）》，黑龙江人民出版社，1985年版，第177~190页。

产品产量中，有 27 种提前一年达到五年计划的指标。钢产量 1957 年达到 535 万吨，比 1952 年增长近两倍，为原定计划的 137%；煤炭产量 1957 年达到 1.31 亿吨，比 1952 年增长近一倍，为原定计划的 110%。没有完成计划的有原油、机车、食用植物油、火柴、卷烟、糖六种产品。

"一五"期间，工业生产所取得的成就，远远超过了旧中国百年来所达到的水平。工业在国民经济中的地位发生了显著变化，1957 年工农业总产值中，工业总产值所占的比重由 1952 年的 43.1% 提高到 56.7%；工业生产水平和技术水平也有明显提高，1957 年我国钢材自给率达到 86%，机械设备自给率达 60% 以上；1957 年与 1952 年相比，工人劳动生产率提高了 52%，12 个部门的产品成本降低了 29%。

3. 农业

"一五"期间，虽然农村地区经历了深刻的社会变革，1953 年、1954 年和 1956 年又遭受了严重的自然灾害，但由于国家从政策、财力、物力等方面加强了对农业的支持，为农业增产计划的完成创造了必要的条件。1953~1957 年，全国扩大耕地约 6000 万亩，扩大播种面积 1.24 亿亩。1957 年农副业总产值达到"一五"计划规定指标的 101%，比 1952 年增长 24.8%，平均每年增长 4.5%。粮食总产量达到 3900 亿斤，为计划的 102%；棉花总产量达到 3280 万担，为计划的 100.3%；经济作物大都没有完成计划。畜牧业和水产业也都有显著的发展。生猪存栏数 1957 年达 1.459 亿头，超过原定计划 1.3834 亿头的 5%；其他主要牲畜也大多超过计划产量。1957 年水产品总产量达到 312 万吨，超过原定计划 280 万吨的 61%。

由于农业得到长足发展，五年内虽然人口增加了 6000 多万，但我国仍然保证了粮食的自给，基本上保证了轻工业原料的自给。

4. 交通运输和邮电事业

"一五"期间，随着工农业生产的发展，交通运输和邮电事业也相应地发展起来。"一五"期间用于运输和邮电建设的投资为 90.1 亿元，占同一时期国家基本建设投资总额的 10.8%。[①] 到 1957 年底，全国铁路通车里程达 29862 公里，比 1952 年增加 22%。五年内，新建铁路 33 条，恢复铁路 3 条，新建、修复铁路干线、复线、支线和企业专用线共约 1 万公里；全国公路通车里程达 25.5 万公里，比 1952 年增加 1 倍；内河航运里程达 14.4 万多公里，比 1952 年增长 51.6%。[②] 空运线路增长 101.5%。与此相适应，现代化运输的货物运输量也大幅度增长，宝成铁路、鹰厦铁路、集二铁路和武汉长江大桥都于"一五"期间先后建成。邮

---

① 董辅礽：《中华人民共和国经济史》（上），三联书店（香港）有限公司，2001 年版，第 276 页。
② 国家统计局：《伟大的十年》，人民出版社，1959 年版，第 127 页。

电建设也超额完成了五年计划。邮电总长度、邮电业务总量都有较大增加,乡村邮电事业也得到很大发展。

5. 商业外贸

随着生产发展和人民收入的增加,商品流通相应扩大。社会商品零售总额从1952年的276.8亿元增至1957年的474.2亿元,增长71.3%(计划为80%左右)。主要消费品的零售量,1957年比1952年的增长情况是:粮食23%,食用植物油35%,盐31%,糖87%,棉布19%,胶鞋82%,机制纸54%,卷烟75%。猪肉、食用植物油、糖、棉布等许多生活消费品的社会零售额都低于计划规定的指标。"一五"期间,我国的商业通过采购工农业产品,供应工农业生产所需要的生产资料,扩大城乡物资交流,稳定市场物价,有效地促进了工农业生产的发展。"一五"期间,市场物价基本稳定。

"一五"期间,我国的对外贸易也有很大发展。1957年进出口贸易总额为104.5亿元,比1952年增长62%。整个"一五"时期生产资料在进口中所占比重年均达到92.36%,高于恢复时期年均84.7%的水平;消费资料所占比重仅为7.64%,较恢复时期的15.3%有较大下降。在出口贸易构成上,工矿产品的比重从1952年的18%上升到1957年的28%。

6. 人民生活水平

"一五"期间,相对于大规模经济建设的高增长,国民收入中的积累率并不高。1953~1957年分别为23.1%、25.5%、22.9%、24.4%、24.9%,平均为24.2%,仅比1952年提高2.8%。

1957年全国职工的年均工资达到637亿元,比1952年增长42.8%,超过原定计划。当时,实行的是低工资制,为了保障职工生活,国家对职工的生活福利给予了极大的关注。"一五"期间,国家投资新建职工住宅9454万平方米,按低房租供职工居住;为职工支付的劳动保险金、医药费、福利费共达103亿元。1957年全国人民的平均消费水平达到102元,比1952年的76元提高34.2%。农民1957年的收入比1952年增加27.9%左右。1957年城乡居民的储蓄存款比1952年增长2倍多。

此外,在科学、教育和出版、广播、电影、戏剧等文化艺术事业方面,都有很大发展。

第三节 计划经济体制的形成

从国民经济恢复时期到"一五"时期,我国开始形成并逐步确立了以生产资料公有制为基础、大统一小自由、大集中小分散的经济管理体制。这种体制的基本特征是生产资料所有制的单一化、管理权力的集中化、管理方法的行政化、经济运行的实物化以及对外联系的封闭化。在当时我国经济发展水平较低、经济结构比较单一的历史条件下，这种经济管理体制的产生有其一定的必然性和合理性，但随着生产力的发展，本身具有的一些弊端也逐渐显现。

一、新中国为什么会选择计划经济体制

新中国选择计划经济体制，并不完全是领导人的主观意志，也不只是对苏联模式的简单模仿，而是特定的历史背景、国际环境与主观选择多重因素综合的必然产物。

1. 社会主义实行计划经济的理论与苏联社会主义建设经验的影响

根据马克思、恩格斯对未来社会主义社会的设想，社会主义是与资本主义相对的社会经济形态，它的一个基本特征是社会经济的运行克服无政府状态而表现出有组织、有计划性。列宁把社会主义经济制度概括为"计划经济"。马克思列宁主义是中国共产党的指导思想，关于社会主义是计划经济的思想为中国共产党接受。

苏联社会主义建设的经验影响着新中国对经济体制的选择。20 世纪二三十年代，在面临帝国主义经济封锁和军事威胁的情况下，几乎没有任何外部资源可以利用的苏联通过实行计划经济，集中而有效地配置国内资源，实施重工业优先发展战略，在 30 年代末已基本实现工业化，这不仅使苏联的国力大增，也使苏联有能力抵御法西斯德国的进攻，并最终取得卫国战争的胜利。中国民主革命的成功，是学习苏联和接受马克思主义的结果，革命胜利后，如何实现工业化，中国面临着与苏联当年相似的情境。向苏联学习，走苏联创造的社会主义工业化道路，是新中国成立初期中国共产党和中央政府坚定不移的信念和政策。

新中国成立时选择的制度是新民主主义，但它不仅具有社会主义因素，其发展趋势也是社会主义，因此，在论述新民主主义经济时，毛泽东、刘少奇、张闻天等都提出新民主主义经济是有计划的经济。当然，新中国的领导人在选择计划经济的同时，并没有立即放弃市场调节，而实施的是一种计划经济与市场调节相结合的机制。只是当大规模经济建设展开后，这种机制面临着诸多无法克服的矛盾，致使市场调节的作用逐渐消失，进而形成完整的计划经济体制。

2. 为尽快实现工业化的必然选择

旧中国 100 多年遭受帝国主义侵略的悲惨历史，使中国人民深刻意识到"落后就要挨打"这一血的教训，实现工业化，谋求国家的富强是多少代中国人孜孜追求的梦想。新中国成立前夕，中国共产党在七届二中全会上郑重提出要"使中国稳步地由农业国转变为工业国"。为了达到迅速实现工业化这一目标，中国共产党和中央政府选择了优先发展重工业的工业化道路。重工业是资本密集和资源

密集型产业,优先发展重工业意味着国家要将大量的物资、资金和劳动力集中到发展重工业上来。然而,旧中国是一个社会经济十分落后的国家,工业和农业在国民经济中的比重,就全国范围来说,现代工业大约只占10%左右,农业和手工业占90%左右。仅有的工业又以轻工业为主,重工业所占比重很小,许多重要的工业产品都不能生产。再加上经历长期战争的破坏,工业基础更加显得脆弱。在这样一个经济落后且工业基础脆弱的基础上优先发展重工业,其所遭遇的困难和问题是前所未有的,从1953年起开展大规模经济建设,正式开始实施重工业优先发展战略后表现得非常明显。

首先是资金短缺。发展重工业,需要一个国家有足够的社会剩余和一定的积累率。在当时的环境下,我们可资利用的外来资金非常有限,"一五"期间,国家财政收入总计1354.9亿元,国外贷款为36.4亿元,外债仅占财政总收入的2.7%,[①] 我们必须主要靠自身的积累来筹集重工业发展所需要的资金。然而,经历旧中国100多年来遭遇的各种压迫掠夺和战争破坏,国家和人民手中的财富都消耗殆尽,社会剩余量很少,积累也很有限。新中国成立之初,经历最初的三年,国民经济成功地得到恢复,此后的大规模经济建设的展开也取得了辉煌的成就,但是整个国家的经济发展水平仍然十分低下。1952年,全国人均国内生产总值仅为119元,到1956年也仅为165元;1950年全国财政收入仅为63.17亿元,1956年为280.19亿元。[②] 社会能够提供的剩余和积累仍然十分有限,要为发展重工业提供资金保障并保持较高的经济增长率,资金供给是十分紧张的。

其次是市场供求关系紧张。资源短缺是发展重工业必须要面对的另一重大问题,20世纪50年代前期,整个国家所面临的资源短缺是全面的,不用说我们自己不能生产的机器设备等,就是我们能够生产的农副产品、布匹等也是如此,而且这种短缺是长期的。由于农业落后,农民的消费水平很低,1954年人均消费粮食373斤、肉类9.2斤、食油2.6斤、食糖0.8斤、蔬菜141斤;[③] 而且已经暴露出农业生产与大规模经济建设的不相适应,1953年,当大规模经济建设刚刚展开时,粮食等农副产品的供应已严重吃紧;因1954年农业遭遇自然灾害而歉收,致使1955年不得不缩减基本建设规模、降低工业发展速度。

最后,其他诸如技术水平低下、劳动力的结构性短缺等问题,也是发展重工业中所必须面对的。如此之多的困难和问题,显然通过市场方式是很难完全得以解决的,需要政府通过行政计划的方式进行干预,使有限的资金、资源能用到最需要的地方。1953年以后,正是因为面临如此之多的困境和问题,使政府加速

---

① 武力:《中华人民共和国经济史》,中国经济出版社,1999年版,第224页。

② 国家统计局国民经济综合统计司:《新中国五十年统计资料汇编》,中国统计出版社,1999年版,第3~4页。

③ 国家统计局:《1954年我国农家收支调查报告》,统计出版社,1957年版,第35页。

了计划经济体制形成的进程，权力进一步集中，计划管理的范围扩大且进一步完善。重工业规模巨大，在资金、资源短缺的情况下由政府直接组织是最经济的一种方式。

3. 国际环境的影响

新中国选择计划经济体制还与当时的国际环境有很大关系。首先，第二次世界大战结束后，整个世界形成了以美苏为首的两极对峙的冷战格局，以美国为首的资本主义阵营对新中国采取敌视的态度，对我国实行封锁禁运。如何抵御侵略，保障国家安全，便成为新中国领导人必须考虑的问题，即必须加强国防工业和重工业的建设。朝鲜战争的爆发，更加重了新中国领导人对国防安全的考虑。可以说，西方资本主义国家对我国的封锁禁运以及朝鲜战争的爆发，更加速了新中国领导人对优先发展重工业战略的选择。其次，20世纪50年代，苏联是唯一愿意和能够大规模援助我国的国家，苏联的经济体制决定了它的援助只对中国政府，而不是私营企业。苏联的援助方式以及"一五"、"二五"计划的工业建设重点和布局，都促进了中国向计划经济的转变。

二、计划经济体制初具雏形

国民经济恢复时期的主要任务是，恢复被长期战争严重破坏的国民经济，争取财政经济状况的根本好转。为了恢复国民经济，政务院采取措施统一全国财政经济，开始实施计划管理，计划经济体制已初具雏形。

1. 计划管理制度的初步建立

实施计划管理，首先有赖于计划管理机构的建立。1949年9月，根据中央人民政府组织法，在原有中央财经委员会的基础上，成立政务院财政经济委员会（简称中财委），负责指导财经各部门、人民银行及海关总署等一切有关经济部门的工作。中财委内设有财经计划局，这是最早的中央计划管理机构。1950年3月实行全国财经工作统一以后，中央财经各部及所属企业内也成立了负责计划统计工作的司、局、处、科、股等，确定了职责，开始编制有关专业的计划控制数字和专业发展计划。1952年，随着国民经济恢复任务的基本完成，国家即将转入大规模经济建设，11月，国家计划委员会成立，直属于中央人民政府，负责国家长期和年度计划的编制和执行。

地方政府也陆续建立了计划管理机构。东北地区最先开始对国民经济实行计划管理。1949年1月，东北人民政府成立了东北经济计划委员会。1949年至1951年间，东北财经各部及下属机构、各省及大区直辖市、县相继成立计划管理机构。

计划的编制是实施计划管理的重要步骤。恢复时期，由于没有经验，也缺乏基本的准确的统计资料和信息，计划的编制还处于很初步的阶段。1950年，各经济部门如铁道部、重工业部、贸易部、农业部等开始试编制部门计划,在汇总各部门的专业计划基础上,中财委试编出《1950年国民经济计划概要》。1951年和1952年也编制了年度的计划概要。1951年开始了第一个五年计划的编制。而全国性综合年度经济计划则是从1952年开始编制的。

计划的编制有其特定的方法和程序。恢复时期,已初步形成了一套计划编制方法和编制程序。1950年,各部门都确定了编制方法和程序。计划编制程序基本上分为三个步骤:首先自上而下布置编制计划的方针、任务与数字,然后自下而上地将编制计划草案逐级上报,再自上而下地逐级批准下达计划。1951年1月,政务院颁发了编制计划办法及有关表格,重申了编制程序。1952年1月,中财委颁布了《国民经济计划编制暂行办法》,重申了上述编制程序适用于编制全国的国民经济计划。

2. 权力初步集中

新中国成立以后,国家通过没收官僚资本,壮大了社会主义国营经济,掌握了国家经济命脉,也使国家初步具备了实施计划经济的条件,直接对国营经济下达指令性计划。

新中国成立初期,中央政府根据各地解放时间不一、政治经济形势差异较大的情况,将全国划分为六个大行政管理区,大行政区设有经济管理机构,具备相应的经济管理职能,这说明新中国成立初期地方政府具有较多的管理权限。另外,鉴于市场物价的剧烈波动,中央政府先后采取组织全国物资调运、加强市场管理、统一全国财政经济工作等措施,从根本上稳定了市场,控制了物价,同时,也在财政、国营商业、对外贸易等领域形成了高度集中的管理体制。

首先是形成了高度集中、统收统支的财政管理体制。1950年3月进行统一全国财政经济工作,将制定财政政策和财政制度的权限集中在中央。财力也集中在中央,在财政收入方面,除地方税收和其他零星收入抵充地方财政支出外,其他各项收入均属于中央财政收入,一律解缴中央金库;在财政支出方面,各级政府的财政支出,均由中央统一审核,逐级拨付,地方组织的财政收入同地方的财政支出不发生直接联系。各项财政收支,除地方附加外,全部纳入统一的国家预算。1951年,全国财政经济情况开始好转,财政体制也做了些改进。但直到1952年财政权限仍是高度集中统一的。

其次是国营商业建立起高度集中统一的管理体制。1950年2月开始,先后建立了15个专业总公司,在中央贸易部统一领导下,分别经营国内商业和对外贸易。各专业总公司根据业务需要,在省、专区、市、县设立分支机构,由总公司统一管理、统一经营,在全国范围内统一核算。各级专业公司的固定资产和流动资金,都由中央贸易部统一分配、调度和使用,各级专业公司的现金收支,一律实行贸易金库制,实行资金大回笼。地区之间、各级专业公司之间的商品调拨,均须按中央贸易部批准的各专业总公司的调拨计划执行,从而把国家掌握的物资，全部置于中央贸易部的控制之下。

最后是金融业的集中统一。1950 年 3 月统一财经时，指定中国人民银行为国家现金调度的总机构，一切军政机关和供应企业的现金，除留若干近期使用者外，一律存入国家银行；外汇牌价及外汇调度也由人民银行统一管理。1952 年 12 月，国家对私营银行、钱庄实行了全行业公私合营，组成公私合营银行，在中国人民银行领导下经营业务，从而使金融业基本上被置于中国人民银行的控制之下。

3. 计划经济与市场调节相结合的运行机制

国民经济恢复时期，我国建立的是新民主主义经济体制，这是一个在国营经济领导下，多种经济成分并存的经济形态，个体和私营经济占很大比重，因此计划经济还不可能取代市场调节，只是在有限的范围内起作用。同时计划本身也表现出多种形式，除国营大中型企业和国家基本建设开始实施指令性计划管理外，国家对于广大的个体经济、私营经济和合作社经济，主要是实行指导性计划。另外，由于个体、私营经济的广泛存在，要促进经济的恢复和发展，就必须充分利用个体、私营经济的积极作用，这就必须让市场机制发挥作用。因此，恢复时期国民经济是在计划管理与市场调节的共同作用下运行的，实行的是计划管理与市场调节相结合、指令性计划与指导性计划相结合、计划管理以市场为基础的管理体制。

三、计划经济体制的确立

1953 年，大规模经济建设展开，更要求国家集中权力对全社会资源进行有效配置，进而推动了计划经济体制的形成。同时，国家展开了对个体经济、私营经济的社会主义改造，从而构筑了计划经济体制形成的所有制基础。

1. 计划管理进一步完善

1953 年，国家计委开始工作，其职责和规模在不断扩大，除负责计划的编制和执行外，增设国家建设事业局和国家物资分配局，兼管 8 个工业部的工作，对外技术合作工作也由计委办理。1954 年 11 月，国家建委成立，负责基本建设方面的行政性与组织性的工作以及技术合作工作，但基本建设任务计划的确定和变更，投资的决定与增减，总的进度的掌握，仍归计委负责。与此同时，因中财委的作用逐渐缩小而被撤销，这年 6 月国家决定撤销大区一级行政机构，国家计委从过去面对六个大区的地方计划单位变成面对 28 个省市，工作机构进一步增加。

国家计委自成立后，要兼管长期计划和年度计划，往往忙于编制和修订计划，忙于日常的经济事务，缺乏系统的调查研究，缺乏远见，容易为某些一时的、局部的现象所影响，对经济发展的客观规律研究不够，结果计划下得迟，变得多。针对这种状况，1956 年 7 月，国务院成立国家经济委员会，专门负责年度计划的编制和执行，而国家计委则专心从事长期计划的编制。

先行一步的东北计划管理机构，为后来其他地区计划管理机构的建立提供了经验。1953 年起，其他各区陆续成立计划管理机构，到年底，省、市以上的计划机构已基本建立。1954 年 2 月，中共中央发出《关于建立充实各级计划机构的指示》，要求各大区行政委员会、各省（市）、省属市设立计划委员会，专署和县（旗）政府设计划统计科。但由于素质好、业务水平高的干部的缺乏，各级计划机构成立的进展比较缓慢，直到 1957 年才基本完成，28 个省、市、自治区都成立了计划委员会（西藏为计划局）；132 个省辖市，已有 126 个成立了市计委；191 个专署，已有 153 个成立了计委；2311 个县或相当于县的行政单位，已有 1835 个成立了计委，但是县级计划管理机构还不能适应计划经济的要求。

2. 权力进一步集中

1953 年，我国开始了大规模经济建设。随着重点建设的陆续开工，为保证重点建设施工对人力、财力和物力的需求，国家总的趋势是进一步将各项权力集中到中央政府。一方面，恢复时期在财政、国营商业等领域的高度集中统一体制，使地方权力过小，不利于地方积极性的发挥，国家对其进行了改革，相应实行了"统一经营，分级管理"的体制；另一方面，国家在其他领域将更多的权力集中在中央。新中国成立初期被赋予了很大权力的六大行政区党政机构，1952 年底开始逐步收缩其职能，到 1954 年 6 月终于被撤销，原由各大区掌握的经济管理职能向中央集中。权力向中央集中的情况大致如下：

在财政上，1951 年，政务院对高度集中统一的财政体制进行了调整，财政管理由统收统支开始走向统一领导下的分级管理，由收支两条线改为收支挂钩。财政收入和支出分为中央级、大行政区级和省（市）级三级财政。1953 年，大行政区改为中央的派出机构，同时进一步建立和健全了县级财政，财政体制的级次由原来的中央、大行政区、省（市）三级管理改为中央、省（市）、县三级管理，中央和地方的收支也作了相应的调整。地方被赋予了一定的财政权力，但是由于中央政府承担着国家重点经济建设的支出，全国财政收入大部分集中在中央，仍属于集中型财政。

在商业上，1953 年，废止了经济恢复时期高度集中体制，通过建站核资，推行经济核算制，下放若干管理权限，形成统一领导、分级管理的体制。国营商业企业改变按行政区划调拨商品制度，按经济区域建立批发站；建立总公司和省公司直属的采购供应站，形成以一级站为核心，二级站为骨干，三级站为基础的遍布全国大、中、小城市，联结城乡的三级专营批发的体系；核定资金，废止贸易金库制度和资金大回笼制度，实行经济核算；商品实行分级管理，废止商品大调拨制度。

在金融上，从 1953 年起，中国人民银行在各级建立信贷计划管理机构，着手编制和执行统一的综合的信贷计划。同时开始实行"统存统贷"的信贷管理体制。1956年，为克服"统存统贷"统得过死的弊病，根据"统一领导，分级管理，适当扩大地方权限"的原则，给予地方分行一定的贷款规模确定权，并把城镇存款超计划完成部分与部分贷款挂钩。

在工业上，随着大行政区的撤销，原来基本上归各大行政区管理的大型国营工业企业陆续收归中央各工业部直接领导。到1957年，中央各部门直接管理的工业企业，从1953年的2800多个增加到9300多个，户数约占中央和地方管理工业企业总户数的16%，而产值却占49%。[①]

在基本建设上，"一五"期间，基本建设项目中绝大部分，直属中央各工业部门管理，投资和建设任务由中央各工业部门直接安排。少数地方建设项目，如地方工业和城市建设，分别由地方工业部、城市建设部直接安排。在"一五"期间预算内基本建设拨款中，属于中央项目的占79%，属于地方项目的占21%；同期国家投资约占基本建设总投资的90%。

在物资分配上，从1953年起，全国重要的生产资料，实行中央统一分配制度。中央统一分配的生产资料中，按其重要程度，又分为统配物资和部管物资。中央和省、市管理的国营企业、公私合营企业等，对凡属中央统一分配的物资，均纳入国家物资分配计划，实行统筹统支，平衡分配。对于企业生产建设所需的统配、部管物资，基本上是按企业的隶属关系，即按条条为主的体制进行分配。1953年中央统一分配的物资为227种，1957年为532种。

在农产品的购销上，实行统购统销。1953年12月开始，除西藏和台湾外，全国城乡开始实行粮食统购统销。统购统销政策主要包括计划收购、计划供应、国家严格控制粮食市场、对粮食统一管理。1953年11月、1954年9月，国家相继对油料、棉花、棉布实行统购统销。1956年，统购统销范围进一步扩大。

在劳动管理上，恢复时期，面对城市大量失业人口的压力和劳动力结构性短缺，国家开始对劳动力市场进行控制；"一五"时期，国家进一步加强了劳动管理。1954年大区撤销以前，劳动管理权限，是在中央的方针政策指导下，以地区管理为主；1954年以后逐步过渡到以中央集中管理为主。1953年由各大区和中央各主管工业部分别编制劳动计划，报经国家批准后由地区、部门分别按各自的计划执行。1954年以后，职工人数计划由国家逐年批准下达，劳动计划和劳动管理权逐渐集中于中央。1955年，停止从社会上录用新职工。1956年，国家对公私合营企业的职工实行了"包下来"的政策。

在工资制度上，新中国成立初直至1954年，各地没有统一的工资制度，职工的分配制度是供给制和工资制两种制度并存。1953年虽然对劳动工资开始计

---

① 柳随年、吴敢群：《中国社会主义经济简史（1949~1983）》，黑龙江人民出版社，1985年版，第164页。

划管理，但国家只控制企业的工资基金总额和工资等级标准，企业可以在国家按年度下达的工资基金范围内，自行安排职工升级。1954 年各大区撤销后，工资管理集中到中央劳动部统一管理。1955 年，将供给制一律改为工资制，统一了国家机关工作人员的工资制度。1956 年全国工资改革会议决定，取消工资分制度，实行直接以货币计算的工资标准；统一制定国家机关、事业、企业的工资标准；职工工资标准，职工定级、升级制度均由全国统一规定，地方、企业无权决定。

3. 计划经济与市场调节的消长

随着计划管理的加强和完善，国家将各个领域的控制权力逐渐向中央集中，中央政府逐步扩大以行政性计划的方式对社会资源配置的范围，当计划方式覆盖全社会，并成为资源配置的最主要方式时，计划经济体制最终形成。需要注意的是，在计划经济体制形成过程中，我国并没有采取单一的指令性计划方式，同时市场调节的作用也是逐步衰微的。

在社会主义改造完成以前，尤其是 1955 年夏季以前，由于个体、私营经济仍然广泛存在，这不仅使市场调节仍发挥作用，也使计划本身很难采取单一的指令性方式，而仍是指令性计划与指导性计划相结合。对于国营企业和生产国家安排的产品的一部分公私合营企业，国家直接下达指令性指标（包括总产值、主要产品产量、新种类产品试制、重要的技术经济定额、成本降低率、成本降低额、职工总数、年底工人达到数、工资总额、平均工资、劳动生产率和利润），企业生产所需的主要生产资料由各部门按计划供应，产品由商业、物资部门收购或调拨；在财务上，国家对国营企业实行统收统支。对于一般公私合营和私营工商业、运输业，供销合作社商业以及一部分手工业，则实行指导性计划，国家主要通过各种经济政策、经济措施、经济合同等手段把它们的经济活动纳入国家计划。在农业方面，国家主要靠价格政策、农贷政策、预购合同、税收政策加以调节，引导农民实现计划。粮、棉、油实行统购统销后，特别是农业合作化后，对征购任务下达指令性计划。

市场机制发挥作用的基础是多种经济成分并存，当社会主义改造逐步推进时，也意味着市场调节作用的逐渐衰微。当然，直到 1955 年夏天之前，社会主义改造是逐渐推进的，因此市场调节的衰微是一个逐渐的过程，而且市场作用的缩小，基本上沿着从上到下的顺序先后退出的，首先是资金市场，其次是生产资料市场、劳动力市场，最后才是部分生活消费品市场。直到 1956 年社会主义改造完成以后，国营企业和公私合营企业已经形成了生产单一计划、供应统一调拨、销售统购包销、财政统收统支、劳动统包统配的体制，农业和手工业也逐步纳入国家计划。这表明市场调节作用已基本被取消，高度集中的计划经济体制基本上建立起来了。

第四节　可贵的探索

一、中共八大前后对社会主义经济体制的探索

1956 年中国共产党在取得执政地位后召开第一次党的全国代表大会——中国共产党第八次全国代表大会。随着我国社会主义改造的完成，社会主义制度在我国基本建立，计划经济运行中一些缺点偏差开始出现，社会利益矛盾开始凸显。国际方面，1956 年苏共召开第 20 次代表大会尖锐地批判了斯大林在领导苏联社会主义建设中的严重错误。中国共产党对此虽不完全赞同，但同时认为这对破除对苏联经验的迷信、寻求中国自己的社会主义建设道路有重要意义。探索适合中国国情的社会主义建设道路，成为一个迫切的、根本性的历史任务。在这样的历史背景下，中共八大召开前后，即 1956 年和 1957 年上半年，中国共产党在探索适合中国情况的社会主义道路方面进行了有益探索。

1956 年 4 月毛泽东提出《论十大关系》，标志着中国共产党在实践中探索本国建设社会主义道路的开始，为八大的召开做了比较充分的准备。中共八大的召开，使得这一探索有了进一步的发展。

1. 工业化战略和政策方面

这次探索，在工业化战略和政策方面，提出了综合平衡、稳步前进的建设方针和四大平衡理论、农轻重协调发展的方针、积累与消费二者兼顾原则。

针对 1955 年底之后建设事业中一度出现的急躁冒进偏差，1956 年 6 月中央政治局会议在刘少奇主持下，确认了此前中央会议在讨论 1955 年国家决算和1956 年国家预算报告稿时所提出的既反保守又反冒进，坚持在综合平衡中稳步前进的方针。随后，根据中央领导指示，《人民日报》6 月 20 日发表了《要反对保守主义，也要反对急躁情绪》的社论，提请人们正确理解中央提出的又多、又快、又好、又省的方针，不要把它片面化和绝对化。

《论十大关系》着重论述经济关系主要涉及的三个关系，即重工业和轻工业、农业的关系；沿海工业和内地工业的关系；经济建设和国防建设的关系，提出"要适当地调整重工业和农业、轻工业的工资比例，更多地发展农业、轻工业"。并提出"新的工业大部分应该摆在内地，使工业布局逐步平衡，并且利于备战，这是毫无疑义的。但是沿海也可以建立一些新的厂矿"。这些论述实际上提出了与当时苏联不同的中国工业化战略。

中共八大在认真总结"一五"计划时期经济建设经验教训的基础上，重申了

既反保守又反冒进，即在综合平衡中稳步前进的经济建设方针，强调要把计划放在既积极又稳妥可靠的基础上，突出重点又统筹安排，切实保证国民经济各部门和各方面能按比例均衡地发展。1957年1月，陈云在省级党委书记会议上提出建设规模要和国力相适应，要重视研究国民经济的比例关系，经济计划应注意保持财政收支、银行信贷和物资供需三大平衡。资源安排总体要按生活、生产、基建这样的顺序来合理分配、排队使用，反映出一要吃饭、二要建设的工作方针。

2. 经济体制方面

《论十大关系》中关于"国家、生产单位和生产者个人的关系"以及"中央和地方的关系"的论述，则涉及了经济体制改革问题，提出要改变国家过度集中的倾向，适当扩大地方和企业的权限，发挥好中央和地方两个积极性。中共八大进一步明确了改进经济体制的思想，在所有制结构方面，提出以公有制经济为主体，个体私营经济为补充的设想；在对计划经济的认识方面，提出直接计划与间接计划相结合、计划管理与自由生产相结合的设想；对中央与地方、政府与企业的关系，开始着手解决中央集权过多的问题。

陈云在八大的发言中对我国社会主义经济体制进行了进一步的有益探讨，提出在工商业经营、生产计划和市场方面分别实行三个主体、三个补充的体制设想。八大会议充分肯定了陈云的设想，其意见为大会《关于政治报告的决议》所吸纳。[①]《关于政治报告的决议》将有关"主体"和"补充"的认识，作为在实现社会主义工业化任务的过程中，必须明确加以解决的经济政策问题提了出来，确定在我国社会主义经济生活中，要分别以国家经营和集体经营、计划生产、国家市场为主体，同时以个体经营、自由生产、自由市场为补充。这实际上蕴涵了多种经济成分并存，以计划经济为主、市场调节为辅的重要思想，成为后来经济体制改革的理论与政策的先导。

从总体上看，八大前后中国共产党对社会主义经济建设道路的有益探索，向正确的方向迈了重要一步，成为这一时期党对社会主义整体认识的一个历史性坐标。然而，这些设想在其后的实践中，由于受到"大跃进"和人民公社化运动的影响，并没有真正付诸实施。

二、1957年经济体制的调整和改革设想

新中国成立以后，在统一全国财经工作的基础上，逐步建立起中央权力高度集中的经济管理体制。这种体制对于集中全国有限的资源恢复国民经济、巩固新生的政权、进行重点建设起到了重要的作用。但是，这种体制对经济统得过死，严重束缚地方和企业积极性的弊端日益显露出来。

---

① 胡绳：《中国共产党的七十年》，中共党史出版社，1991年版，第347页。

在对经济管理体制改革问题进行了大量调研和取得共识的基础上，1957年秋，陈云主持起草了关于改进工业、商业、财政管理体制的三个规定草案。1957年10月，中共八届三中全会通过《关于改进工业管理体制的规定（草案）》、《关于改进商业体制的规定（草案）》、《关于改进财政管理体制和划分中央和地方对财政管理权限的规定（草案）》，总的精神是调整中央与地方、国家和企业的关系，即适当把一部分工业管理、商业管理、财政管理的权力下放给地方，以便发挥它们的主动性和积极性，因地制宜地完成国家的计划；调整政府与企业的关系，适当扩大企业主管人员对企业内部的管理权限。这三个文件于1957年11月8日经国务院第61次全体会议通过，1957年11月14日召开的全国人大一届第84次常委会批准，自1958年起施行。

《关于改进工业管理体制的规定》的主要内容：第一，适当扩大省、自治区、直辖市管理工作的权限。①调整现有企业的隶属关系；②增加各省、自治区、直辖市人民委员会在物资分配方面的权限；③地方政府参与原属中央各部管理、现在下放给地方政府的企业的利润分成；④人事管理方面，增加地方政府的管理权限。第二，适当扩大企业主管人员对企业内部的管理权限。①在计划管理方面减少指令性指标，扩大企业主管人员对计划管理的职责；②国家和企业实行利润分成，改进企业的财务管理制度；③改进企业的人事管理制度。

《关于改进商业管理体制的规定》的主要内容：第一，地方商业机构的设置，由地方根据具体情况决定。把各商业机构改变为行政与企业管理合一的组织形式。第二，中央各商业部门设在生产集中的城市或口岸的采购供应站（一级批发站、大型冷库、仓库），实行以中央各商业部门领导为主，地方领导为辅的双重领导。第三，中央各商业部所属加工企业，除了某些地方认为管理有困难的以外，全部移交给地方，由地方商业直接管理。第四，国务院每年只颁布收购计划、销售计划、职工总数、利润指标四个商业计划标准。同时，允许地方在收购计划和销售计划总额的执行中，有5%上下的机动幅度。第五，中央各商业部门的企业利润，与地方实行二八分成。第六，商品价格管理实行分工，一部分商品价格划归地方管理。第七，为鼓励地方积极完成国家的出口计划和争取超额出口，中央将所得外汇分别给地方一定比例的提成。

《关于改进财政管理体制和划分中央和地方对财政管理权限的规定》的主要内容：第一，确定地方财政收入范围。地方财政收入分为三种：一是地方固定收入，基本是1953年"划分收支、分级管理"划定的范围；二是企业分成收入及地方参与企业利润20%分成的部分；三是调剂分成收入，各省市前两项财政收入解决正常年度支出不足的部分，用中央掌握的商品流通税、货物税、营业税、所得税、农业税和公债收入按不同比例进行调剂，予以补足。第二，确定计算地方正常年度支出的办法。第三，分成的计算办法和分成比例三年不变。第四，地方财政结余全部留给地方。地方可以用自己的收入办一些基本建设，但要纳入国家整个基本建设计划。第五，规定地方机动财力收入的限度，估计三年累计地方可得到 30 亿~36 亿元，执行一年后根据情况再进行基本调整。第六，对民族自治区适当予以照顾。

改革管理体制的三个文件表明，我国在高度集中的计划经济体制建立不久就认识到这种体制存在着弊端，力图探索适合中国实际情况的社会主义建设道路。但是，由于历史阶段和认识水平的限制，这一时期对经济管理体制弊端的认识还主要停留在中央与地方的权力划分上。计划管理体制的改革还是探索性的，在计划经济的框架内进行的，其基本前提不是对计划经济的削弱，而是强化。

此外，权力下放后，地方作为利益主体，往往是从本地而不是全局角度出发行使权力、配置资源，因此，很容易发生经济结构的比例失调。此时，上收之前下放的权力往往又被认为是解决问题的法宝，并常常导致比之前更为严格的集中统一，从而由此造成"一统就死，一死就放，一放就乱，一乱就收"的恶性循环。

思考题：

1. 新中国第一个五年计划的顺利实施及对几个重要经济关系的处理具有哪些积极指导意义？

2. 为什么说新中国计划经济体制的形成具有一定的必然性？

3. 中国共产党第八次全国代表大会前后对社会主义经济管理体制进行了哪些有益探索？

第四章 "大跃进"和人民公社化

1956 年底，社会主义改造出乎意料地快速顺利完成，使以毛泽东为代表的党中央认为中国经济体制的问题已经解决，中国的问题只是落后的生产力不能适应人民日益增长的物质文化的要求。1957 年第一个五年计划大部分指标的超额完成，又使毛泽东滋长了过于乐观的情绪，忽视了中国经济建设的艰巨性和长期性，企图采用民主革命和社会主义革命中行之有效的"群众运动"方式开展经济建设，以使经济发展来一个大的跃进。毛泽东的愿望是良好的，但是超出了中国的国力与国情，最终导致了经济的大混乱。

第一节 社会主义建设总路线的形成

1958 年 5 月，中国共产党八大二次会议正式公布了被概括为"鼓足干劲，力争上游，多快好省地建设社会主义"的社会主义总路线，这标志着此前以工业化和对私有制经济进行社会主义改造为基本内容的过渡时期总路线被取代。由于社会主义建设总路线产生于"反右"运动之后和批评"反冒进"的不正常气氛中，它对于"大跃进"的形成起到促进作用，并实际成为"大跃进"的旗帜，被列为"三面红旗"之一。①

一、"超英赶美"的发展战略

新中国成立后，毛泽东对中国的工业化和富强始终抱着迫切和"只争朝夕"的心情。随着社会主义改造和"一五"计划的顺利完成，毛泽东更加坚定了自己关于中国经济可以迅速发展的信念。1955 年冬，将要掀起社会主义改造高潮时，毛泽东在《〈中国农村的社会主义高潮〉的序言》中，对社会主义建设的速度问题提出了一些过急的设想，并且不适当地批评了右倾，认为中国工业化的规模和速度，"已经不能完全按照原来所想的那个样子去做了，这些都应当适当地扩大和

---

① 1959 年庐山会议以后，社会主义总路线与"大跃进"和"人民公社"并称为"三面红旗"。

加快"。① 毛泽东把这些思想概括为又多、又快、又好、又省地建设社会主义的口号。同年冬，中共中央提出了又多又快又好又省地建设社会主义的方针。1956年初毛泽东主持制定的《农业发展纲要四十条》也反映了这种思想。

1956年初，在社会主义改造高潮中，要求过急、步子过快等问题进一步发展，经济建设中也出现了急躁冒进的倾向，生产中片面追求"多"、"快"，忽视"好"、"省"。周恩来、陈云等及时发现并纠正了上述倾向，强调要全面贯彻执行"多快好省"的方针，并提出了既反保守又反冒进，即在综合平衡中稳步前进的经济建设方针。由于这一方针得到了很好的贯彻，1956年上半年经济建设中的问题迅速得到解决，1957年国民经济得到健康发展。

毛泽东当时没有反对周恩来等的"反冒进"的不同意见，但实际是不赞成的。1957年9月，他在中共八届三中全会上批评"反冒进"把"多快好省"的口号扫掉了，把《农业发展纲要四十条》和"促进委员会"也扫掉了，是"右倾"，是"促退"。他认为要争取把苏联走过的弯路避开，比苏联搞的速度更快一点，质量更好一点。

1957年11月，毛泽东率中国代表团赴苏联参加十月革命40周年庆祝大会和12个社会主义国家共产党和工人党的代表会议及64个国家共产党的代表会议。在庆祝十月革命40周年大会上，赫鲁晓夫提出苏联15年赶超美国。受其启发，毛泽东征得在北京的中央领导人同意后，在11月18日的64个国家共产党的代表会上也提出，15年后，中国的钢产量可以或者超过英国。随后，在12月召开的中国工会第八次全国代表大会上，刘少奇代表党中央致辞。在致辞中说："在15年后，苏联的工农业在最重要的产品的产量方面可能赶上或者超过美国，我们应当争取在同一期间，在钢铁和其他重要工业产品的产量方面赶上或者超过英国。"② 随后《人民日报》1958年的元旦社论进一步宣传了15年赶超英国的口号，并增加了再用20年到30年赶上美国的内容。这就形成了15年超过英国、40~50年赶上或超过美国的发展战略，超英赶美变成了"大跃进"的目标。

二、批判"反冒进"与急于求成思想的发展

由于对周恩来等在1956年的"反冒进"的不满，毛泽东在1957年9月召开的中共八届三中全会上公开对"反冒进"进行批评。此后直到1958年5月的中共八大二次会议，毛泽东在多次会议上对"反冒进"进行批评，一次又一次地批评"反冒进"，实际上从思想上和工作方法上为"大跃进"扫除了障碍，这一阶段可以称为是"大跃进"的准备阶段。

---

① 中共中央文献研究室编：《建国以来毛泽东文稿》第5册，中央文献出版社，1991年版，第485页。
②《新华半月刊》，1958年第1期，第2页。

1958 年 1 月，中共中央召开部分省市委书记参加的杭州会议和 9 省 2 市书记参加的南宁会议；3 月，在成都召开中共中央工作会议，即成都会议（4 月的武汉会议是成都会议的继续）。在这些会议上，曾经研究了第二个五年计划和 1958 年的年度计划，讨论过工作方法等，但会议的重点是批评"反冒进"，而且批评的调子越来越高。在南宁会议上，毛泽东说："反冒进的性质是在 1956~1957 年这个时期关于建设规模、建设速度问题上的方针性错误。反冒进给群众的积极性泼了冷水。""不要提反冒进这个名词，这是政治问题。"① 在成都会议上，毛泽东宣称："反冒进是非马克思主义的，冒进是马克思主义的，反冒进没有摆对一个指头与九个指头的关系。不弄清这个比例关系就是资产阶级的方法。"②

在批评"反冒进"过程中，毛泽东提出了一系列推动"大跃进"的理论。这些理论，集中地反映在南宁会议前后形成的《工作方法六十条（草案）》中，其中最著名的当数"积极平衡论"。早在 1956 年，毛泽东从辩证法的角度，就提出平衡是相对的、暂时的，而不平衡则是绝对的，平衡总是被不平衡打破，又在新的基础上建立起新的平衡。在 1958 年南宁会议上，毛泽东再次从平衡只是相对的，不平衡是绝对的辩证观点出发，批评"反冒进"没有积极处理平衡与不平衡的关系，是消极平衡。2 月 28 日，《人民日报》发表社论《打破旧的平衡，建立新的平衡》。社论指出，有两种平衡的方法，"一种方法，是采取积极的态度解决不平衡，不断地提高落后的指标和定额，使它适应先进的指标，向先进的定额看齐，这是积极的平衡。另一种方法，是采取消极的态度解决不平衡，总是企图压低先进的定额和指标，使它迁就落后的指标，向落后的指标看齐，这是消极的平衡"。社论最后提出"我们必须反对庸俗的平衡论或均衡论，反对消极的平衡方法"，要求"从庸俗的平衡论的思想束缚中解放出来"。③ 这篇社论比较明确地阐述了毛泽东的观点。

南宁会议和成都会议不仅为"大跃进"提供了理论依据，而且提出了一些高指标和"左"的政策。首先，南宁会议上提出生产计划三本账。中央两本账，一本是必成的计划，这一本公布；第二本是期成的计划，这一本不公布。地方也有两本账。地方的第一本账就是中央的第二本，这在地方是必成的；第二本在地方是期成的。评比以中央的第二本账为准。其次，南宁会议上提出，各地方的工业产值（包括中央下放的厂矿、原来的地方国营工业和手工业的产值，不包括中央直属厂矿的产值），争取在五年内，或者七年内，或者十年内，超过当地的农业产值。成都会议则明确要求"各省、自治区应该在大力实现农业跃进规划的同时，争取五年或者七年的时间内，使地方工业的总产值赶上或超过农业总产值"。

---

① 赵士刚：《共和国经济风云》（上），经济管理出版社，1997 年版，第 407 页。
② 丛进：《曲折发展的岁月》，河南人民出版社，1989 年版，第 112 页。
③《新华半月刊》，1958 年第 6 期，第 121~122 页。

还要求全国普遍开展农具改革运动，"在七年内（争取五年内做到）基本上实现农业机械化和半机械化，实现农业生产力的大发展"。①最后，成都会议上提出要把小型的农业合作社适当地合并为大社："我国农业正在迅速地实现农田水利化，并将在几年内逐步实现耕作机械化，在这种情况下，农业生产合作社如果规模过小，在生产的组织和发展方面将发生许多不便。为了适应农业生产和文化革命的需要，在有条件的地方，将小型的农业生产合作社有计划地、适当地合并为大型的合作社是必要的。"②

三、社会主义建设总路线

在这种急于求成、追求赶超的气氛中，社会主义建设总路线逐步形成。1958年3月，毛泽东在成都会议上正式提出"鼓足干劲、力争上游、多快好省地建设社会主义"的总路线。5月，中共八大二次会议正式通过这条总路线及其基本点，其基本点是：调动一切积极因素，正确处理人民内部矛盾；巩固和发展社会主义全民所有制和集体所有制；巩固无产阶级专政和无产阶级的国际团结；在继续完成经济战线、政治战线和思想战线上的社会主义革命的同时，逐步实现技术革命和文化革命；在重工业优先发展的条件下，工业和农业同时并举；在集中领导、全面规划、分工协作的条件下，中央工业和地方工业同时并举，大型工业和中小型工业同时并举。通过这些，尽快地把中国建设成为一个具有现代化工业、现代化农业和现代化科学文化的伟大的社会主义国家。③

这条总路线，是"大跃进"的总路线。它虽然吸取了1956年前后社会主义建设道路探索上取得的积极成果，反映了中国共产党和广大人民迫切要求改变我国经济文化落后状态的普遍愿望，但实际上是一个比较空泛的政治动员性的经济建设口号，其目标很完美（"多、快、好、省"），但实施手段很空，"鼓足干劲，力争上游"只是一种主观愿望，既无法量化和监督检查，又容易脱离客观实际。而且，这条总路线实质上强调的是速度，《人民日报》社论这样说："用最高的速度来发展我国的社会生产力，实现国家工业现代化和农业现代化，是总路线的基本精神。""速度是总路线的灵魂"。④刘少奇在中共八大二次会议工作报告中提出，使我国工业在15年或者更短的时间内，在钢铁和其他主要工业产品的产量方面赶上和超过英国；使我国农业在提前实现全国农业发展纲要的基础上，迅速地超过资本主义国家；使我国科学和技术在实现《十二年科学发展规划》的基础上，

---

① 谢春涛：《大跃进狂澜》，河南人民出版社，1990年版，第41页。
② 国家农委办公厅：《农业集体化重要文件汇编》（下），中共中央党校出版社，1982年版，第15页。
③ 《新华半月刊》，1958年第11期，第6页。
④ 《人民日报》社论：《力争高速度》，1958年6月21日。

尽快地赶上世界上最先进的水平,① 充分地体现了总路线的精神。

第二节 "大跃进"和人民公社化的发动

一、制定高指标推动"大跃进"

中共八大二次会议的召开,对发动"大跃进"起了推动作用,标志着"大跃进"运动的开始。中共八大二次会议后,"大跃进"运动在全国范围内从各方面开展起来,主要表现在继续修改和提高生产计划指标,片面追求工农业生产和建设的高速度。

修改和提高生产计划指标主要始于 1958 年 3 月的成都会议,此后直到 8 月的北戴河会议,各项经济指标一直在不断地修改和提高中。下面列出"二五"计划和 1958 年年度计划的修改,以见一斑。

关于第二个五年计划,中共八大一次会议在"二五"计划建议中规定的"二五"计划期间要完成的国民经济各项指标是:工农业总产值增长 75%,工业产值增长 1 倍左右,农业总产值增长 35%,钢产量到 1962 年达到 1050 万~1200 万吨,煤 1.9 亿~2.1 亿吨,粮食 5000 亿斤,棉花 4800 万担。基本建设投资增长 1 倍左右,国民收入增长 50%。② 这是一个比较适当,经过努力可以完成的计划。1958 年 5 月,在八大二次会议后,国家计委调整的"二五"计划指标为:工业总产值计划平均每年增长 26%~32%,农业总产值平均每年增长 13%~16%,国民收入比"一五"时期增长 1 倍左右,基本建设投资预算支出为 1500 亿~1600 亿元。主要产品产量到 1962 年达到:钢 2500 万~3000 万吨,煤 3.8 亿~4.2 亿吨,粮食 6000 亿~7000 亿斤,棉花 6500 万~7500 万担。③ 这与八大一次会议所提出的计划相比,作了大幅度的提高,但这并不是"二五"计划指标提高的终结,1958 年 8 月国家计委提出"二五"计划意见书,规定的指标更高:工业总产值平均每年增长 53%,农业总产值增长 30% 左右。各项主要产品产量,到 1962 年达到:钢 8000 万吨,煤 9 亿吨,粮食 15000 万斤,棉花 15000 万担;基本建设投资 3850 亿元。④

---

① 《新华半月刊》,1958 年第 11 期,第 7 页。
② 苏星:《新中国经济史》,中共中央党校出版社,1999 年版,第 365~368 页。
③ 刘国光:《中国十个五年计划研究报告》,人民出版社,2006 年版,第 142 页。
④ 赵德馨:《中华人民共和国经济史》(1949~1966),河南人民出版社,1989 年版,第 478 页。

1958 年 2 月，第一届全国人大五次会议批准关于 1958 年度的国民经济计划，主要指标是：工业比 1957 年预计增长 13.9%（包括手工业），农业增长 6.1%；钢 624 万吨，增长 19.2%；煤 15000 万吨，增长 17.2%；粮食 3920 亿斤，增长 5.9%；棉花 3500 万担，增长 6.7%；基本建设投资 145 亿元，增长 17.8%。3 月成都会议拟定的 1958 年的第二本账，其中规定生产增长速度为：工业 33%，农业 16.2%，钢 35.5%，煤 30.1%，粮食 16.6%，棉花 24.8%，基本建设投资 41.5%。① 5 月中共八大二次会议又对成都会议通过的 1958 年计划的第二本账做了修改，提出 1958 年钢产量要超过 710 万吨（1957 年底定为 610 万吨，成都会议第二本账是 700 万吨），煤产量达到 18000 万吨（1957 年底定为 14872 万吨，成都会议第二本账是 16737 万吨）。1958 年 5 月，中央政治局会议又决定将 1958 年钢的产量指标，由八大二次会议决定的 710 万吨，提高到 800 万~850 万吨。6 月，经济计划部门向中央提出"两年超过英国"的报告，其中 1958 年钢产量为 1000 万吨。最终 1958 年钢产量定为翻一番，即 1100 万吨（后定为 1070 万吨）。②

高指标可望而不可即，但又要去完成，于是各种特殊的办法应运而生。农业中的浮夸风、瞎指挥，工业中的全民大炼钢铁的狂热便是高指标下的必然结果。

二、农业"大跃进"和亩产"卫星"

"大跃进"首先是从农业开始的。1957 年 9 月召开的中共八届三中全会基本通过了《一九五六年到一九六七年全国农业发展纲要（修正草案）》。这年秋冬季，为落实农业发展纲要，开展了大规模的农田水利基本建设和积肥运动。投入水利建设的劳动力，10 月份 2000 万~3000 万人，11 月份 6000 万~7000 万人，12 月份 8000 万人，1958 年 1 月达到 1 亿人，③ 拉开了农业"大跃进"的序幕。

在国民经济指标不断拔高的带动下，农业指标也被提高。从 6 月中旬开始，刚成立的各大协作区先后召开了农业协作会议。华东区首先提出，该区 1958 年的粮食产量将达到 1200 亿斤，比 1957 年增长 69%。此后，其他各大协作区也纷纷跟进。湘、鄂、赣、粤、桂五省区协作会议估计，春收作物和早稻增产 1 倍多。1958 年 8 月 25 日，农业部党组提供给北戴河会议的报告称：1958 年粮食总产量超过 8000 亿斤，比 1957 年的 3700 亿斤增加 4000 多亿斤，增长 1 倍以上。④

为了达到农业增产的目的，采取的主要措施是"土地大翻身"和高度密植。中央要求各地区在今后两三年内必须把一切可能深耕的土地全部深耕一遍，并且

① 刘国光：《中国十个五年计划研究报告》，人民出版社，2006 年版，第 147 页。
② 武力：《中华人民共和国经济史》，中国经济出版社，1999 年版，第 423 页。
③ 薄一波：《若干重大决策与事件的回顾》（下），中共中央党校出版社，1993 年版，第 681 页。
④ 同③，第 688 页。

每三年再轮流深耕一次，深耕标准是一尺以上，土层太薄的要在两三年内"借客土"把土层加厚到一尺以上。高度密植，如在某些省区曾要求每亩晚稻苑数增加到 4 万、5 万或者更多。然而违背科学规律的蛮干并没能带来高产，于是高指标带来了各级干部的浮夸风。从 6 月开始，各地大放农业高产"卫星"，《人民日报》予以连续报道：

6 月 12 日，河南省遂平县卫星农业社首放小麦亩产 3530 斤的"卫星"。

6 月 30 日，河北省安国县南娄底乡卓头村社小麦亩产 5103 斤。

7 月 23 日，河南省遂平县和平农业社"发射"小麦高产"卫星"的消息，小麦亩产 7320 斤。

8 月 13 日，湖北省麻城县麻溪河乡和福建省南安县胜利乡"发射"早稻和花生"高产卫星"，亩产分别达到 36900 斤和 10000 斤。

9 月 18 日，广西省环江县红旗人民公社"发射"的中稻高产"卫星"，亩产最高达到 13 万多斤。

当时，作为党报的《人民日报》，为了配合"大跃进"的"高指标"，也宣传："人有多大胆，地有多大产"；"没有万斤的思想，就没有万斤的收获"；"地的产是人的胆决定了的"；"只怕想不到，不怕做不到"。同时还宣称，现在"我国粮食增产多少，是能够由我国人民按照自由的需要来决定了"，"只要我们需要，要生产多少就可以生产多少粮食出来"。[①] 这些违反科学的宣传，助长了在农业生产和实际经济工作中的虚报浮夸不良风气，从而使"左"的错误泛滥开来。

三、工业"大跃进"与全民大炼钢铁

由于浮夸风和对农业发展形势极端错误的估计，当时认为，农业和粮食问题已经基本解决，农业在逼工业。于是，1958 年 8 月，中共中央在北戴河召开的政治局扩大会议上，便提出各级党委今后工作的中心应该转移到工业方面来。

北戴河会议是 8 月 17~30 日举行的。会议讨论 1959 年的国民经济计划，第二个五年计划，当前的工业生产、农业生产和农村工作问题，商业问题，教育方针问题及加强民兵工作等问题。会上通过的《中共中央关于 1959 年计划和第二个五年计划问题的决定》，要求 1959 年和 1958 年相比，工农业总产值增长 68%，其中工业总产值增长 91%，农业总产值增长 44%。钢产量达到 2700 万~3000 万吨，粮食产量 8000 亿~10000 亿斤。决定提出，1962 年钢产量达到 8000 万吨到 1 亿吨，粮食产量达到 15000 亿斤或者更多一点。在 1958~1962 年的第二个五年计划期间，我国将提前建成为一个具有现代化工业、现代化农业和现代化科学文化的伟大的社会主义国家，并创造向共产主义过渡的条件。

---

① 武力：《中华人民共和国经济史》，中国经济出版社，1999 年版，第 423 页。

这次会议，通过并公开发表了两个重要文件，一个是《中共中央政治局扩大会议号召全党全民为生产1070万吨钢而奋斗》的会议公报，一个是《关于在农村建立人民公社问题的决议》。

1958年的钢产量在1957年的535万吨基础上翻一番，达到1070万~1150万吨，在北戴河会议以前就定下来了。但到开会时发现，任务十分紧迫。当时已经过去8个月，全国只生产出450万吨钢，要在剩下的4个月内生产600多万吨钢，正常情况下是不可能完成的。一是时间短，任务重；二是当时我国钢铁工业的生产能力差，满足不了钢产量计划指标提高一倍的要求。当时，连毛泽东都担心完不成，曾用"夕阳无限好，只是近黄昏"来表达他的心情。为了实现这个不切实际的指标，8月16日，毛泽东发出书记挂帅，全民全党搞钢铁的号召。9月1日，《人民日报》发表了《立即行动起来，完成把钢产量翻一番的伟大任务》的社论。党中央先后4次召开电话会议催促。

在党中央和毛泽东的号召下，一场各行各业群众性大炼钢铁的活动，在全国范围内轰轰烈烈地开展起来。各地纷纷组织"大兵团作战"。全国参加大炼钢铁的人数不断猛增，9月份全国参加大炼钢铁的人数由8月份的几百万人猛增到5000万人，建立了大小土高炉60多万座；到10月底，炼钢人数达到6000万人。最多时达到9000万人上阵，砍树挖煤，找矿炼铁。工厂、公社、机关、学校、部队都建起了土高炉，办起了炼铁厂，小土焦炉到处都有。当时，不仅炼铁和炼钢大搞小（小转炉、小土炉）、土（土法炼钢）、群（群众运动），在地质、煤炭、电力、机械、交通运输等方面也搞起了"小土群"，出现了全民大办地质、全民大办小煤窑、全民大办交通运输、全民大办水利等热潮。对大型现代化企业，也提倡大搞群众运动，叫"大洋群"。

和农业一样，大炼钢铁放"高产卫星"。据《人民日报》披露，1958年9月14日，贵州省首放"卫星"，宣布生产生铁14000吨，提前超额完成了9月份9000吨的生产计划。河南省宣布，仅9月15日一天，全省就炼铁1893.92吨。9月29日是中共中央确定的放"卫星"日。这天，各种"卫星"一齐上天。全国钢的日产量近6万吨，铁的日产量近30万吨，出现了9个日产生铁超过万吨的省，73个日产生铁超过千吨的县和两个日产5000吨钢、一个日产4000吨钢的省。中共中央又确定，10月15日到21日为"钢铁生产高产周"。这样一来，钢铁"卫星"越放越大。《人民日报》宣称：在这一周内钢的平均日产量比以前增加了303%；其中钢的最高日产量曾达到10万多吨，生铁的最高日产量曾达到37万多吨。

经过几千万人的日夜苦干，1958年12月19日，正式宣布提前完成钢产量翻番的任务，共生产钢1073万吨。年底钢产量为1108万吨，生铁产量为1369万吨。在1108万吨钢中，合格的钢产量只有800万吨；在1369万吨生铁产量中，土铁达416万吨，占30.4%。绝大多数土钢、土铁质量很差，含硫量大大超过冶金部的规定,很难加工和使用。[①]

土法炼铁,成本高,经济效益极差,对资源破坏严重。每一吨铁的成本,大高炉是 100 元,小高炉则是 345 元,国家的调拨价格为 150 元。从 1958 年 9 月 1 日起,小高炉生产调拨价提高到 200 元,亏损部分由国家财政补贴。当年财政补贴达 40 亿元,亏损则达 50 亿余元以上。为生产土铁、土钢,过量开采煤炭和矿石,滥砍滥伐大量树木,砸掉许多铁锅和铁器,这些损失是无法计算的。由于全民大炼钢铁,减少了农业的劳动力,本来农作物普遍长势良好,丰收在望,但因缺少劳动力致使大批的粮食和棉花烂在地里。同时,由于工业生产"以钢为纲",其他工业"停车让路",致使生产也受到严重影响。

四、人民公社化运动与"共产风"

建立人民公社是从农业生产合作社并大社开始的。1957 年冬至 1958 年春,全国农村掀起了大搞农田水利建设的热潮。在高潮中,各地农民群众和农村干部,对农业生产合作社的组织和制度作了一些改变。有些地区把几个农业生产合作社联合起来组成大社,并且扩大了经营范围;有些地区自动打破社界、乡界以至县界,进行大协作。这些自发的、只是在某些地区的变化,引起了毛泽东的重视。在成都会议上,他重新提出了 1955 年讲过的小社并大社的主张。1958 年 4 月 8 日,政治局会议批准了这次会议通过的《中共中央关于把小型的农业合作社适当地合并为大社的意见》。

成都会议后,全国各地迅速开始了小社并大社的工作。各地并起来的大社,初期叫法多种多样,有的叫集体农庄,有的叫合作农场,有的叫国营农场或共产主义农场。人民公社这个名称是毛泽东选定的。7 月 16 日,《红旗》杂志发表了题为《在毛泽东同志的旗帜下》的文章,这篇文章说:"毛泽东同志说,我们的方向,应该逐步地、有秩序地把工、农、商、学、兵组成一个大公社,从而构成我国社会的基层单位。"实际上,这是在向全国传达毛泽东关于人民公社的构想。于是,全国一些地方就出现了由小社并大社再转为大搞公社的热潮。1958 年 8 月 9 日,毛泽东在山东视察时说:"还是人民公社好,它的好处是,可以把工、农、商、学、兵结合在一起,便于领导。"8 月 13 日,《人民日报》公开发表毛泽东上述谈话的内容。于是"人民公社好"迅速传遍了全国。

1958 年 8 月下旬,北戴河会议批准的《中共中央关于在农村建立人民公社问题的决议》,规定了人民公社实行政社合一、工农商学兵相结合的原则。对办公社的步骤、办法,决议也作了具体规定,还说:"看来,共产主义在我国的实

---

① 柳随年、吴敢群:《中国社会主义经济简史(1949~1983)》,黑龙江人民出版社,1985 年版,第 235 页。

现，已经不是什么遥远将来的事情了，我们应该积极地运用人民公社的形式，摸索出一条过渡到共产主义的具体途径。"决议公布后，在全国范围内掀起了大办人民公社的高潮。

1958 年 9 月底，全国已基本实现人民公社化。全国 29 个省、市、自治区中，除西藏外，有 12 个省、市、自治区 100%的农户加入了人民公社；12 个省、区已有 85%以上农户加入了人民公社；3 个省、区（贵州、宁夏、新疆）在国庆节前也可基本实现公社化；只有云南一省计划在 10 月底完成。截至 9 月 29 日统计：全国建起人民公社 233973 个，加入农户 12200 多万户，占总农户的 90.4%。到 11 月初，参加公社的农户已占全国农户总数的 99.1%。于是在 8 月下旬到 11 月初的两个多月内，全国就实现了人民公社化。人民公社的规模很大，全国平均 28.5 个农业社合并成一个人民公社，平均每个公社有农户 6100 余户，其中 1 万至 2 万户的大社有 532 个，2 万户以上的公社有 51 个。人民公社既是一种经济组织，也是一级政权机构。公社的公有化程度高，它不但负责农业生产，而且对工、商、学、兵等进行统一管理。农业合作社合并为公社后，统一核算。公社实行组织军事化、行动战斗化、生活集体化，大搞公共食堂，实行工资制和供给制相结合的分配制度。

在 1958 年下半年的农村人民公社化运动中，一些地区制定和宣布了各自实现共产主义的计划：河北省徐水县提出 1963 年进入共产主义；山东省寿张县计划在两年后实现共产主义；10 月 28 日，山东省范县负责人在万人大会上宣布：1960 年过渡到共产主义。人民公社强调"一大二公"，"政社合一"导致权力过分集中，急于实现两个过渡，助长了贫富拉平、分配上的平均主义、无偿调拨生产资料的"一平二调"、"共产风"，破坏了等价交换原则，严重侵犯了集体和群众的利益，挫伤了农民的生产积极性。人民公社运动是一次远远超出生产力发展阶段的生产关系的转变，带有浓厚的空想社会主义色彩，给国民经济带来非常不利的影响。

五、第一次经济管理体制改革的得失

1956 年，当我国的计划经济体制形成时，毛泽东就敏锐地发现高度集中的体制不利于发挥地方、人民群众的积极性，提出要对现有经济体制进行改革，以改变权力过于集中在中央，管得过多、统得过死的状况。经过一年的探索，1957 年底国务院下达了关于工业、商业、财政管理体制改革的三个文件，并决定从 1957 年开始实施。其总的精神是调整中央与地方、国家与企业的关系，把工业、商业、财政方面的一部分管理权力下放给地方和企业，以便充分发挥它们的积极性和主动性。

1958 年，在"大跃进"的不正常气氛中，上述设想被匆忙轻率地实施。中央在很短的时间内把许多的经济管理权力下放给了地方。主要措施有：

1. 把大部分中央所属的企业交给地方管理

1958 年，中央各部所属的企事业单位，从 1957 年的 9300 多个减少到 1200 个，下放了 88%；中央直属企业的工业产值在整个工业总产值中所占比重，也由 1957 年的 39.7%降为 13.8%。

2. 下放计划管理权，实行"以地区综合平衡为基础的、专业部门和地区相结合的计划管理制度"

为了让地方能自成体系，过分扩大了地方管理权限。1959 年，国家计委管理的工业产品，由 1957 年的 300 多种减少到 215 种；中央财政收入中由中央直接征收的比重从 40%降至 20%；中央统配、部管物资由 532 种减为 132 种，减少了 75%；供销工作也改由地方为主来组织。

3. 下放基本建设项目审批权

地方兴办限额以上的建设项目，只需将简要的计划任务书报送中央批准，其他设计和预算文件一律由地方审查批准；某些与中央企业没有协作关系、产品不需要全国平衡的限额以上建设项目，由地方批准，只需报中央备案；限额以下的项目，完全由地方自行决定。1958 年 7 月，中央又提出对地方基本建设投资实行包干制度。即在包干范围内，基建投资由地方自行决定、自我增殖。

4. 下放财权和税收权

中央财力从"一五"时期平均占 75%，降低为只占 50%左右，地方和企业预算外资金从 1957 年相当于预算内收入的 8.5%提高到 1960 年的 20.6%。

5. 下放劳动管理权，商业、银行等管理权，下放教育管理权等权力

这一轮的放权由于局限在单一公有制和计划经济的体制内，局限于中央与地方的分权，没有真正向企业放权培养独立的商品生产主体，更没有形成市场环境。再加上这次经济体制变革是在"大跃进"中大干快上的氛围中进行，所以它不但没有促进经济发展，反而导致宏观经济的混乱。

第三节 纠正错误、反右倾和继续"大跃进"

随着"大跃进"和人民公社运动的展开，毛泽东和党中央逐渐觉察到许多错误。于是，1958 年 11 月起，毛泽东和中共中央致力于纠正这些错误。然而，1959 年的庐山会议上开始的"反右倾"打断了这一进程，"大跃进"继续进行。

一、对农村人民公社性质和体制的纠偏

人民公社是"大跃进"期间突然兴起并迅速推广的新型农村政治和经济体制，对此中国共产党是缺乏思想准备的，也没有国内外可供借鉴的经验教训。党中央和毛泽东只能在迅速推广和试验中去总结和完善这个新生体制。到 1959 年 7 月庐山会议前，人民公社已经存在了一年的时间，在此期间，以毛泽东为代表的党中央逐渐在以下三个问题上明确了人民公社的性质和体制。

1. 划清了两个界限

针对有些人认为人民公社是全民所有制，可以无偿调拨劳力、产品和有些人把社会主义与共产主义等同起来的错误看法和做法，党中央和毛泽东在一系列会议上，从理论和政策上作了深刻的论述和认真的解决。11 月 28 日至 12 月 10 日，中共中央在武昌召开了八届六中全会，通过了《关于人民公社若干问题的决议》，提出："首先，农业生产合作社变为人民公社，使原有的集体所有制扩大了和提高了，并且带上了若干全民所有制的成分，但是，这并不等于已经把农村中的集体所有制变成了全民所有制。现在全国农村已经公社化了，但是要在全国农村实现全民所有制，还需要经过一段相当的时间。""其次，由社会主义的集体所有制变为社会主义的全民所有制，并不等于由社会主义变为共产主义。农业生产合作社变为人民公社，更不等于由社会主义变为共产主义。"并且明确地指出，这两个过渡，"都必须以一定程度的生产力发展为基础"，我国现在还不具备这个基础，不应当无根据地宣布农村人民公社"立即实行全民所有制"，甚至"立即进入共产主义"。①

2. 明确了坚持价值规律和承认商品生产与交换存在的必要性

针对有些人认为人民公社既然已经是全民所有制，商品生产、商品交换就没有存在的必要的错误观点，毛泽东在第一次郑州会议上提出了批评。中共八届六中全会通过的《关于人民公社若干问题的决议》规定："社员个人所有的生活资料（包括房屋、衣被、家具等）和在银行、信用社的存款，在公社化以后，仍然归社员所有，而且永远归社员所有。"

决议指出："继续发展商品生产和继续保持按劳分配的原则，对于发展社会主义经济是两个重大的原则问题，必须在全党统一认识。有些人在企图过早地'进入共产主义'的同时，企图过早地取消商品和商品交换，过早地否定商品、价值、货币的积极作用，这种想法是对于发展社会主义建设不利的，因而是不正确的。"

---

① 中共中央文献研究室编：《建国以来重要文献选编》，第 11 册，中央文献出版社，1995 年版，第 603~607 页。

在第一次郑州会议上，毛泽东针对当时出现的否定价值规律的倾向，明确指出：价值法则是客观存在的法则，我们对于社会产品，只能等价交换，不能实行无偿占有。违反了这一点，终究是不行的。价值规律、等价交换在社会主义时期是一个不能违反的经济法则，违反了它，就是无偿地占有别人的劳动成果。这是我们所不许可的。毛泽东还说：在社与队、队与队、社与国家之间，在经济上只能是买卖关系，必须遵守等价交换的原则。①

3. 解决了人民公社管理体制问题

中共八届六中全会后，虽然在全国农村进行了整社工作，但是农村的"共产风"并没有完全解决；由于在整社过程中不适当地开展反对本位主义和瞒产私分的斗争，引起农民的严重不满，造成国家同农民的关系十分紧张，粮食瞒产私分现象普遍存在。毛泽东在研究中认识到要解决这些问题，只解决人民公社的性质问题是不够的，还必须进一步解决人民公社的管理体制问题，因为这次"共产风"的总根子"是我们在生产关系的改进方面，即是说，在公社所有制方面，前进得过远了一点"。②

在1959年2月召开的第二次郑州会议上，毛泽东指出，我们同农民的关系在一些事情上存在着一种紧张状态的原因，是"我们对于农村人民公社所有制的认识和我们所采取的政策"存在问题，"现在，我们的人误认为人民公社一成立，各生产队的生产资料、人力、产品，就都可以由公社领导机关直接支配。他们误认社会主义为共产主义，误认按劳分配为按需分配，误认集体所有制为全民所有制。他们在许多地方否认等价交换。他们在公社范围内，实行贫富拉平，平均分配；对生产队的某些财产无代价地上调；银行方面，也把许多农村中的贷款一律收回。'一平、二调、三收款'，引起广大农民的恐慌。"③毛泽东的上述分析和论述，说到了人民公社错误的一些实质问题，为解决人民公社内部管理体制问题指明了方向。毛泽东在讲话中还批评了平均主义和过分主义集中两种倾向。

第二次郑州会议起草了《关于人民公社管理体制的若干规定（草案）》，规定了整顿和建设人民公社的方针是："统一领导，队为基础；分级管理，权力下放；三级核算，各计盈亏；分配计划，由社决定；适当积累，合理调剂；物资劳动，等价交换；按劳分配，承认差别；"④"三级所有，队为基础"的方针，对于纠正公社化运动以来体制混乱状况，起到了积极作用，使生产队（其规模相当于原来高级社）有了自主权、所有权，在一定程度上制止了"共产风"的发展，基本解

① 武力：《中华人民共和国经济史》，中国经济出版社，1999年版，第442页。

② 国家农委办公厅：《农业集体化重要文件汇编》（下），中共中央党校出版社，1982年版，第145页。

③ 中共中央文献研究室：《关于建国以来党的若干历史问题的决议注释本》，人民出版社，1985年版，第331~332页。

④ 胡绳：《中国共产党的七十年》，中共党史出版社，1991年版，第371页。

决了公社内部各队之间的平均主义问题。但是，这种体制仍不完全适合当时我国农村生产力的水平，也不利于充分发挥农民生产的积极性。

第二次郑州会议后，各地在继续整社中又提出一些新问题。为了检查整社工作，进一步解决人民公社管理体制存在的问题，并为召开中共八届七中全会做准备，从 1959 年 3 月 25 日到 4 月 1 日，中共中央在上海召开了政治局扩大会议。会议制定了准备提交给八届七中全会通过的《关于人民公社的十八个问题》的会议纪要。4 月 2 日到 5 日，中共八届七中全会讨论通过了《关于人民公社的十八个问题》的会议纪要，对人民公社的管理体制作了原则规定，除了重申第一次郑州会议以来提出的方针政策外，主要内容有：

以生产队为基本核算单位，以生产队下面的生产小队为包产单位，生产小队有部分的所有制和管理权限，它对土地、耕畜、农具和劳力等有固定的使用权，超产收入，除按一定比例上缴生产队外，其余由小队使用和支配；认真清理人民公社成立以来的各种账目，县联社、公社无偿调用生产大队、生产队无偿调用社员私人的财物，这些账都应当结算清楚，如数归还或者作价归还原主；银行收回的没有到期的贷款，一律退回。原高级社或私人所欠的借贷款，原则上谁欠谁还，已从公社统一扣还的，应当退回；实行供给制与按劳分配相结合的分配制度，要完善现行的工资制度，对供给制进行适当的限制；要保证用于农业生产的劳力不少于总数的 80%，从事其他生产和服务的劳力则不能超过 20%，城市、工矿应停止从农村招工，并把可以缩减的临时工退回农村。上述规定，进一步明确和发展了第二次郑州会议的正确决定，对于缓和政府同农民的紧张关系，充分发挥农民的生产积极性，恢复和发展农业生产，起了重要作用。

由于采取了以上措施，初步解决了人民公社体制方面存在的问题，进一步缓解了党、政府同农民的关系，调动了农民生产的积极性，发展了农业生产。但是，由于没有从指导思想上深刻认识"左"的错误，仍然肯定人民公社，所以，纠"左"是不彻底的。

二、压缩工农业生产指标

1958 年 11 月 21 日到 27 日，中共中央在武昌召开政治局扩大会议。毛泽东在会议上提出要"压缩空气"，要把根据不足的高指标降下来，提醒大家不要相信假话。要破除迷信，但不要破除科学。在毛泽东讲话精神指导下，中共中央在随后召开的八届六中全会上作出了《关于 1959 年国民经济计划的决议》，决定调整计划指标。1959 年计划主要指标经过调整后：钢产量由 2700 万~3000 万吨降为 1800 万~2000 万吨；铁由 4000 万吨降为 2900 万吨；钢材由 1900 万~2000 万吨降为 1400 万吨；机床由 30 万台降为 13 万台；原油由 800 万吨降为 420 万吨；

原煤由 3.7 亿吨提高到 3.8 亿吨；基本建设投资总额由 500 亿元降为 360 亿元。[①]
全会提出，1959 年要把冲天干劲和科学精神结合起来，一方面要继续反对保守，破除迷信，提倡敢想、敢说、敢做，鼓足干劲，力争上游；另一方面要"压缩空气"，反对浮夸，提倡"十分指标，十二分措施"，提倡经济工作一定要愈做愈细致，一定要尽可能接近和符合实际。

1959 年 4 月，中共八届七中全会在上海召开，这次会议对 1958 年武昌会议拟定的计划指标作了调整。在工业方面钢产量由原来 2000 万吨降为 1800 万吨，其中好钢为 1650 万吨；原煤由 4 亿吨降为 3.8 亿吨，与此相适应，也变动了其他一些主要工业产品的指标。农业方面，粮食产量维持原来的数字，仍为 1.05 万亿斤，棉花也维持原来的数字，仍为 1 亿担。其他一些农产品指标都比原来的数字调低了一些。在基本建设方面，投资由原来的 360 亿元减为 260 亿~280 亿元；限额以上项目由原来的 1500 个减为 1000 个左右。[②] 上述计划草案指标仍然很高。

中共八届七中全会后，党中央和毛泽东在听取了中央财经小组汇报的基础上，同意将原定钢产量指标 1800 万吨降为 1300 万吨，钢材由 1150 万吨降为 900 万吨。1959 年 6 月 13 日，中共中央发出《关于调整 1959 年主要物资分配和基本建设计划的紧急指示》，除了重申上述降低钢和钢材产量指标外，又决定原煤由 3.8 亿吨降为 3.4 亿吨；铜由 11 万吨降为 9 万吨；发电量由 410 亿~420 亿度降为 390 亿~400 亿度；基本建设投资由 260 亿~280 亿元减为 240 亿元，限额以上建设项目由 1092 个减为 788 个。[③] 这个"紧急指示"发出后，各地贯彻得不够有力，截至 7 月 2 日，全国各重点工业企业还有 70% 以上的领导干部没有看到或传达这份中央文件。为此，中共中央在 7 月 7 日又发出《关于抓紧传达中央 6 月 13 日紧急指示的通知》，要求立即严肃检查，凡未作传达的，至迟必须在 7 月 15 日以前认真地作一次传达。

从 1958 年冬以来对 1959 年国民经济计划多次进行调整，虽然在计划安排上没有摆脱急于求成、盲目"大跃进"的"左"的思想影响，尤其是在粮食、棉花方面仍保持过高的指标，其他一些指标也有过高的情况，但是，钢铁等产量指标和基本建设投资总额等指标，经过几次压缩，较原来的数字接近实际些。这对于缓解 1958 年"大跃进"造成的国民经济困难，起了重要作用。

三、庐山会议的转折

党中央探索纠"左"的进程，因为庐山会议的召开而发生转折。1959 年 7

---

① 武力：《中华人民共和国经济史》，中国经济出版社，1999 年版，第 446 页。
②③ 同①，第 447 页。

月 2 日至 8 月 16 日，中共中央先后在庐山召开了政治局扩大会议和八届八中全会。庐山会议分前期和后期。后期是从 7 月 23 日毛泽东在政治局扩大会议上错误地发动对彭德怀等人的批判，到 8 月 16 日八届八中全会结束这一段时间。

庐山会议的前期仍然是继续纠"左"。会议开始时，毛泽东指出当时的形势是"成绩很大，问题不少，前途光明"。鉴于庐山会议前期，实事求是地、认真地总结经验教训的空气不浓厚，又听说会议到 7 月 15 日结束，担心纠"左"达不到预期目的，彭德怀于 7 月 14 日给毛泽东写了一封信，陈述自己的意见。彭德怀的信分两部分，第一部分肯定了 1958 年的成绩，第二部分强调"如何总结工作中的经验教训"。他说："现时我们在建设工作中所面临的突出矛盾，是由于比例失调而引起各方面的紧张。就其性质看，这种情况的发展已影响到工农之间、城市各阶层之间和农民各阶层之间的关系，因此也是具有政治性的。""过去一个时期，在我们的思想方法和工作作风方面，也暴露出不少值得注意的问题。"并且提出了浮夸风的普遍蔓延和小资产阶级狂热性带来的"左"的错误等问题。①

7 月 16 日，毛泽东批示将彭德怀的信印发给会议。在对此信讨论时，黄克诚、周小舟分别在小组会上发言，认为信的总的精神是好的，表示同意。张闻天在小组会上作了长篇发言，明确表示支持彭德怀信中的意见。而毛泽东认为，彭德怀等不是跟他一起去纠正工作中的缺点错误，而是对"大跃进"和人民公社表示怀疑和反对，是向他和党中央的领导"下战书"，因而是右倾的表现。8 月 2 日至 16 日，在毛泽东的提议下，中共中央举行了八届八中全会，通过了《关于以彭德怀同志为首的反党集团的错误的决议》、《为保卫党的总路线，反对右倾机会主义而斗争》等文件，认定彭、黄、张、周组成"反党集团"，犯了"具有反党、反人民、反社会主义性质的右倾机会主义路线的错误"。②这样，庐山会议后期不但错误地批判了彭德怀等人，而且更进一步把"反右倾"斗争扩大到全国各地区党政机关和基层干部中去。从此，纠"左"进程不仅被打断，而且鼓励了"左"倾错误在其他方面的发展。

四、庐山会议后的继续"跃进"

在政治压力下，全国掀起了"再跃进"的高潮，"左"倾错误重新泛滥起来。在经济方面，主要表现在以下几个方面：

第一，再次提高指标。由于不断"反右倾、鼓干劲"，许多原本降低的生产

---

① 中共中央文献研究室：《关于建国以来党的若干历史问题的决议（注释本）》，人民出版社，1985年版，第 340~341 页。

② 胡绳：《中国共产党的七十年》，中共党史出版社，1991 年版，第 378 页。

指标又不断加码，要求尽快超额完成年度计划，提前两年实现原定"二五"计划的主要指标。在基本建设方面又上了一批新项目，追加了投资。工交方面、农业方面也都提出了不切实际的高指标。

第二，再次掀起各种"大办"的高潮。庐山会议后，在全国再次掀起各种"大办"高潮。大办钢铁，大办农业，大办粮食，大办县、社工业，大办水利，大办交通，大办教育，大办城市人民公社，大办公共食堂，等等。党中央要求在城市也要大办人民公社，普遍推行城市公共食堂化。各种"大办"，使"一平二调"的"共产风"再度盛行。平调范围越来越大，土地、粮食、房屋、生产工具、畜力、劳力以及生活用具等，都无偿调用。平调单位，省、地、市、县、公社和生产队，一级比一级平调严重。

第三，重搞"小洋群"、"小土群"。1958 年为了完成钢铁任务，全国大搞"小土群"（即小转炉，小土炉；土法炼钢；群众运动）。1960 年的"小洋群"是由"小土群"发展起来的。"再跃进"时期把发展"小洋群"当做是实现 1960 年钢铁工业生产继续"跃进"的一项重要措施，要求在 1960 年内全国所有有煤铁资源的县、市，至少要搞起一个以煤铁为中心的"小土群"、"小洋群"基点，有条件的人民公社也要尽可能举办"小土群"的采煤、采矿、炼铁企业。当时还提出了小煤窑、小铁矿、小高炉、小转炉、小铁路"五小成群"的要求，在有条件的地方要搞小有色金属矿、小化工、小水泥、小水电，等等。据统计，1960 年 21 个省、市、自治区的 1820 多万职工中"小洋群"的职工多达 686.6 万人，在钢铁等工业部门中占了很大的比例。无论是"小土群"，还是"小洋群"，在大炼钢铁运动中，都造成资源、资金和人力等方面的巨大浪费。

第四，1960 年"再跃进"的一个特点是大搞全民技术革命运动。1960 年 3 月 22 日，中共中央批转《鞍山市委关于工业战线上的技术革新和技术革命运动开展情况的报告》。批示说：鞍钢是全国第一个最大的企业，"过去他们认为这个企业是现代化的了，用不着再有所谓技术革命，更反对大搞群众运动，反对两参一改三结合的方针，反对政治挂帅，只信任少数人冷冷清清地去干，许多人主张一长制，反对党委领导下的厂长负责制，他们认为'马钢宪法'（苏联一个大钢厂的一套权威性的办法）是神圣不可侵犯的。"现在这个报告，"不是马钢宪法那一套，而是创造了一个鞍钢宪法。鞍钢宪法在远东，在中国出现了"。[①] 批示要求全国的大中企业要向鞍钢学习。按照以上的要求，全国各地区、各部门迅速掀起了一个全民性的技术革新和技术革命运动的热潮。根据 24 个省、市、自治区从 1960 年 1 月到 3 月上旬的不完全统计，仅工业交通部门的职工，就提出技术革新建议 2530 多万件，已经实现和正在实现的 965 万件。搞技术革新和技术革命本身没有错，问题是这个时期开展技术革新和技术革命运动，是通过瞎指挥，不

---

① 中共中央党史研究室：《中共党史大事年表》，人民出版社，1987 年版，第 304~305 页。

尊重科学，急于求成，浮夸来搞的。

"再跃进"并没有带来经济的跃进，反而造成了国家经济生活的一片混乱。各种灾难性后果接踵而至，导致我国不得不进入调整时期。

第四节　"大跃进"的成就及其严重后果①

经过广大干部群众努力生产，"大跃进"期间也的确取得了一定的成就。然而"大跃进"并没有使我国国民经济按照预期快速发展，反而使我国陷入困境。

一、"大跃进"在经济建设方面的成就

持续三年的"大跃进"和人民公社化运动，应该说动员了空前规模的人力、物力、财力，从某种意义上说，它使我国的工农业生产在一个短时期内，有了迅速的发展和变化。

第一，建成了一批重要工业项目，生产能力大为提高。由于在"大跃进"期间，中央和地方在各个工业部门投入了大量资金，先后施工的大中型工业项目达到 2200 个左右，其中完成和部分完成并投入使用的有 1100 个。施工的小型工业项目约 9 万多个。重工业部门在这个时期尤其得到了加强，1960 年同 1957 年相比，煤炭部直属煤矿的正规矿井由 294 对增加到 568 对；全国 55 立方米以上的高炉由 43 座增加到 334 座，有效容积由 1.4 万立方米增加到 5 万立方米；平炉由 42 座增加到 83 座；新建了石油化工设备、拖拉机制造、精密仪器制造、有机合成等过去没有的重要工业部门。新的工业品种大量增加，工业品的自给程度有了很大提高。

第二，工业的物质技术基础有了加强，技术水平有了提高。1960 年同 1957 年相比，全民所有制工业企业的固定资产原值由 334.6 亿元增长到 721.8 亿元，增长了 1.16 倍；工业企业的工程技术人员人数由 17.5 万人增加到 40 多万人，增加 1 倍多。

第三，工业地区布局有了进一步改善。在工业总产值中，沿海地区工业产值的比重由 1957 年的 67.9%下降到 65.3%，而内地则由 32.1%上升到 34.7%。

第四，农村工业第一次有了迅猛的发展。到 1960 年，社办工业企业总数达到 11.7 万个，占工业企业总数的 46.1%，占集体工业企业总数的 74.1%。② 虽然

---

① 本节参考武力：《中华人民共和国经济史》，中国经济出版社，1999 年版，第 456~462 页。
② 汪海波、董志凯：《新中国工业经济史（1958~1965）》，经济管理出版社，1995 年版，第 73~74 页。

这些企业大部分在调整时期下马,但是毕竟为后来社队企业(乡镇企业)的发展奠定了基础、积累了经验。

第五,农业的基本建设和技术改造取得了一定的成效。从1958年初开始,广大农村掀起了兴修水利的高潮。由于没有量力而行,半拉子工程很多,当时的经济效果很差;有的工程事前对水文地质勘测不够,草率上马,遗留问题很多,但这些工程的大部分经过修改续建,后来也确实发挥了作用。特别是这几年对黄河的治理应该说是有成效的。

二、"大跃进"给国民经济带来的严重后果

当然,"大跃进"给我们国家和民族造成了严重的灾难是不可否认的,我们必须从中汲取深刻的教训。"大跃进"的直接后果是国民经济重大比例的严重失调和国民经济的大倒退。

1. 工农业比例失调

1957~1960年,按不变价格计算,我国工农业总产值由704亿元增加到1650亿元,增长1.3倍,而农业总产值却由537亿元下降到415亿元,下降22.7%。工业与农业的产值比例由5.7:4.3变为8:2。由于片面发展重工业,进一步加剧了国民经济的比例失调,轻工业明显下降,农业遭到严重破坏。1959年我国粮食产量只有3400亿斤,比1958年的实际产量4000亿斤减少了600亿斤。1960年全国粮食产量下降为2870亿斤,低于1951年的2874亿斤。1960年6月15日,国务院财贸办公室给党中央的报告说,北京、天津、上海、辽宁等大城市和工业区的粮食周转库存非常薄弱,北京只能销7天,天津只能销10天,上海几乎没有大米库存,辽宁的10个主要城市只能销8~9天。由于严重缺粮,有相当一部分城乡居民患了浮肿病。更为严重的是,由于天灾人祸,当时全国有一些农村地区出现了大量的非正常人口死亡现象。

2. 积累与消费的比例失调,基本建设规模过大,积累过高

1960年全国基本建设投资总额389亿元,比1959年投资又增多39亿元。1958~1960年基本建设投资合计996亿元,比"一五"计划五年的总和550亿元还多81%。"一五"计划时期,在国民经济收入使用额中,积累率只占24.2%。而1958~1960年的三年,积累率分别提高到33.9%、43.9%、39.6%,这三年积累额共达1438亿元,比"一五"时期全部积累率还增加44%。1959年和1960年两年积累率,是新中国成立以来最高的。这就挤了农业和轻工业,影响了人民群众的生活。同时,超过了人力、物力、财力的可能,造成了劳动力、原材料等许多方面的比例失调。

3. 工业交通内部的比例失调

三年"大跃进"期间,片面强调"以钢为纲",盲目追求钢产量指标,造成

了工交内部许多生产环节之间的比例严重失调。一是重工业内部比例失调。钢铁生产挤占了大量能源、原材料和交通运输,造成其他部门无法正常生产。二是工业与交通运输的比例失调。1957~1960年,工业总产值增长1.3倍,生铁产量增加3.6倍,铁矿石产量增加4.8倍,煤产量增加2.03倍,而全国货运量只增加1.1倍,满足不了煤、铁增长的需要。三是轻重工业比例失调。"一五"计划期间,轻重工业总产值的比例,平均为59.2∶40.8。而1957~1960年,轻工业总产值所占比重则从55%下降到33.4%,重工业总产值由45%增加到66.6%。

4. 国家财政赤字严重

为了满足"大跃进"建设资金的需要,国家通过财政、信贷等方面筹集资金。1958~1960年三年,财政赤字分别为21.8亿元、65.8亿元、81.8亿元;在财政总支出中所占比重分别为5.3%、11.9%、12.5%。三年财政赤字共计169.4亿元。1961年仍有赤字10.9亿元。用增发钞票的办法弥补赤字,结果造成通货膨胀。1957年末的货币发行量为53亿元,1959年上升到75亿元,1960年上升到96亿元。由于增发了钞票,国家掌握的商品购买力的差额高达74.8亿元,占当年社会购买力的10.4%。银行的信贷也严重不平衡,银行不得不大量发行货币,1958年以来,三年投放大于回笼,到1960年末货币流通量增加了81.7%,这是新中国成立以来最高的。

5. 市场供应紧张,人民生活严重困难

20世纪60年代初,全国城乡居民的消费水平明显下降。1960年,居民的消费水平比1959年下降13.6%;人均主要食品消费量与上年相比,粮食由373斤下降到327斤,下降了12.3%;食油由4.5斤下降到3.7斤,下降了18%;猪肉由6斤下降到3.1斤,下降了48%。[1] 上述数字可能仍然偏高。因为实际上1960年因食品供给不足,引起了普遍严重的饥馑。有的地方每人每天只能吃六两粮食,不得不以瓜菜代食充饥,结果普遍营养不良,不少人因此患病死亡。根据《中国统计年鉴(1986)》统计,1960年全国人口死亡率达到25.43‰,比1957年高近1.5倍,但是根据1964年第二次全国人口普查的资料推算,1960年前后的死亡率比25.43‰还要高10个千分点左右。据统计,1960年人口死亡率超过40‰的省份就有5个:安徽、贵州、四川、甘肃、青海,严重的地区死亡率甚至超过100‰。估计1960年前后全国人口净减少约2000万人。[2] 如此严重局面的出现,主要是"人祸"造成的,正如刘少奇所说的"三分天灾,七分人祸"。因为即使自然灾害和"大跃进"造成农业大减产,但是如果采取正确措施,仍可避免上述严重饥馑。例如,1959年我国粮食净出口达到415.55万吨,是"一五"

---

① 房维中:《中华人民共和国国民经济和社会发展计划大事辑要》,红旗出版社,1987年版,第163页。

② 参见许涤新:《当代中国的人口》,中国社会科学出版社,1988年版,第9、49、73页。

计划期间年均出口量的两倍，1960 年粮食净出口仍达 265.4 万吨，高于"一五"计划时期最高出口年度（1956 年最高，为 250.2 万吨）。①

思考题：

1. 试述"大跃进"和人民公社化发动的历史背景和指导思想。

2. 简述"大跃进"时期经济体制变革及其后果。

3. 试述"大跃进"的成就及其后果。

---

① 国家统计局：《中国统计年鉴（1983）》，中国统计出版社，1983 年版，第 422、438 页。

第五章 国民经济的调整与恢复

三年"大跃进"的失误，使中国的国民经济遇到了严重困难，由此导致了1961~1965年对国民经济的调整。由于党中央提倡调查研究和实事求是作风，上下一心，在国际环境恶化的不利条件下，再一次创造了恢复发展的奇迹，使国民经济仅用约三年的时间就从困境中走了出来，出现良好的发展势头。但生产关系的调整仍未突破单一的公有制，经济体制在某些方面的调整受阻，同时，国民经济的调整也受到了来自国内外各种因素的影响。

第一节 调整国民经济决策的形成

经历了从1960年夏天到1961年1月初几个月的讨论，中共中央确立了国民经济实施"调整、巩固、充实、提高"的方针，从而取代了"以钢为纲，全面跃进"的战略决策。

一、"调整、巩固、充实、提高"方针的提出

1958~1960年的三年"大跃进"，使得我国经济遭到严重破坏，国民经济处于严重的全局失衡状态，生活必需品的短缺已经达到普遍饥馑程度。尽管当时在政治高压下，人们不敢否定"大跃进"，也不可能从根本上认识到经济建设指导思想上的"左"的错误，但是严峻的经济形势迫使党和政府不得不提出国民经济的调整问题。

1960年6月，中共中央在上海举行扩大会议，讨论1960年国民经济计划，总结10年来的经济建设工作。会上毛泽东作了《十年总结》的讲话，承认在前一阶段存在着一些错误，而且认为自己也要负一定的责任，要下决心改正错误。毛泽东的讲话，实际已经包含了某些调整的思想。

1960年7~8月，中共中央在北戴河召开工作会议，初步讨论了国民经济调整问题。毛泽东在会上说：农村以生产队为基本核算单位的三级所有制，至少五年不变，死死地规定下来，再不要讲三年、五年从基本队有制过渡到社基本所有

制。要有部分的个人所有制，总要给每个社员留点自留地，使社员能够种菜，喂猪、喂鸡、喂鸭。会议通过了李富春、薄一波提出的《1960年第三季度工业交通生产中的主要措施》，即调低一般产品的生产，集中力量保证钢、铁、煤、运输的生产，以解决第二季度以来主要产品下降、基本建设战线过长、物资使用分散的问题。会议还通过了《关于全党动手，大办农业、大办粮食的指示》、《关于开展以保粮、保钢为中心的增产节约运动的指示》等文件，确定压缩基本建设战线，保证钢铁等工业生产；认真清理劳动力，加强农业第一线，保证农业生产的方针。

北戴河会议讨论运输问题时，李富春曾根据前段时间的生产情况，提出应该对工业进行整顿、巩固、提高。8月中下旬，李富春在起草的国家计委《关于1961年国民经济计划控制数字的报告》中提出：1961年国民经济计划的方针应以整顿、巩固、提高为主，增加新的生产能力为辅；压缩重工业生产指标，缩短基本建设战线，加强农业和轻工业的生产建设，改善人民生活。8月30日至9月5日，国务院审议了这个报告，周恩来对这个方针提出了完善的意见。他认为，与其讲整顿，不如提调整，并建议增加"充实"二字，从而形成了完整的"调整、巩固、充实、提高"八字方针。9月30日，中共中央在转发国家计委党组《1961年国民经济计划控制数字的报告》的批语中提出：1961年，我们要"使各项生产、建设事业在发展中得到调整、巩固、充实和提高"。这是党中央第一次正式提出调整国民经济的"八字方针"。

二、经济调整方针的确立

1961年1月14~18日，中共中央在北京召开了中共八届九中全会。李富春作了关于1960年国民经济计划执行情况和1961年国民经济计划主要指标的报告，报告讲了1960年国民经济计划完成的情况，同时，指出存在的困难和问题：粮食和其他农产品都减产了；三年连续"大跃进"产生了新的不平衡，特别是工业和农业之间的不平衡；没有认真贯彻以农业为基础的方针，某些计划指标定得偏高，基本建设战线拉得太长；有些权力下放得偏多过下，有些制度破而未立，有些制度没有严格执行；领导干部工作作风主观片面、官僚主义；干部队伍不纯；等等。据此，他提出：1961年国民经济计划的安排，必须更好地贯彻执行以农业为基础、把农业放在首要地位的方针，争取农业丰收，特别是争取粮食的丰收。同时，对各个部门和各个方面实行"调整、巩固、充实、提高"的方针，争取国民经济在三年"大跃进"的基础上，各部门之间的比例关系得到进一步的协调，生产和建设的质量得到显著的进步。他认为1961年的国民经济安排，要努力加强农业战线，适当缩短工业战线。在工业生产、建设的安排中，要先生产、后基建，先采掘、后加工，先维修、后制造，先配套、后主机，先质量品种、后数量，以便在现有数量的基础上加强薄弱环节，填补缺门，完成配套，维护设备，增加品种，改善质量，降低成本，提高劳动生产率。[1]

全会根据1960年计划的执行情况，对1961年计划指标作了一些调整：国家预算内基本建设投资安排167亿元，比上年预计数减少103亿元；当年施工的大中型项目定为900个，比原来设想减少300个，比上年实际减少700个；钢指标由2010万吨调低为1900万吨；煤由原计划的4.25亿吨调高到4.36亿吨；粮食由原计划3900亿斤调高到4100亿斤，棉花仍为3200万担。[2]

全会正式决定从1961年起，在两三年内实行"调整、巩固、充实、提高"的方针，提出："全国必须集中力量加强农业战线，贯彻执行以农业为基础的方针，大办农业、大办粮食。""适当缩小基本建设的规模，调整发展速度，在已有的胜利的基础上，争取巩固、充实和提高的方针。"[3]

中共八届九中全会前后，全国上下对当时困难的程度和调整的意义还有不同的认识，全会调整后的1961年的国民经济计划仍然是一个大跃进的计划，但毕竟国民经济的指导方针已经由"以钢为纲"、"全面跃进"向调整转变。中共八届九中全会，标志着我国开始进入国民经济调整时期。

第二节　国民经济调整方针的实施

从1961年到1965年的国民经济调整时期，大体经历了三个阶段：1961年初至8月为第一阶段，是调整、徘徊阶段；1961年9月至1962年底为第二阶段，是后退阶段；1963年到1965年为第三阶段，是恢复与发展阶段。

一、1961年的初步调整

尽管1961年初党中央就正式决定实行调整方针，但是在三年"大跃进"和1959年"反右倾"那种经济过热和政治气氛中，人们对于国民经济的调整，并不是一下子就能有充分的认识，有些人还对经济形势持盲目乐观态度，不甘心后退；有些人则害怕犯右倾错误而受批判，不敢后退。因此，经历1960年底到1961年夏天几次会议的讨论，1961年的国民经济计划指标尽管始终在降低，但

---

① 中共中央文献研究室：《建国以来重要文献选编》第14册，中央文献出版社，1997年版，第25、27、30页。

② 房维中：《中华人民共和国经济大事记》（1949~1980），中国社会科学出版社，1984年版，第295页。

③《中国共产党第八届中央委员会第九次全体会议公报》，《新华月报》，1961年第2期，第1~2页。

仍存在规模过大、指标过高的问题。直到这年 7 月至 8 月国家计委在北戴河召开的全国计划会议，这一问题才基本得到解决。这次会议强调要坚持缩短重工业战线，加强农业和轻工业战线，坚决缩短基本建设战线；会议重新讨论拟定了1961 年、1962 年的国民经济计划的控制数字，使计划指标基本上降低到国民经济能够承受的合理区间。这次会议为后来做出后退的决策作了准备。

1961 年 9 月前，由于认识上的不统一，没有对工业生产、基本建设指标坚决削减，主要抓了恢复农业、调剂市场、精简职工等方面的调整工作。

1. 努力恢复农业

1960 年 8 月发出动员全党大办农业、大办粮食的指示后，党中央于 1960 年11 月又发出了《关于农村人民公社当前政策问题的紧急指示信》。1961 年在各级领导同志深入调查研究的基础上，中共中央于 3 月和 5 月先后在广州和北京召开了工作会议，讨论和修订了《农村人民公社工作条例（草案）》（简称"农业六十条"），发到全国农村讨论和试行。这些文件的主要精神是：

（1）调整人民公社的所有制和分配关系，重申以生产大队为基本核算单位的三级所有制是现阶段农村人民公社的基本制度。在收入分配方面，取消了过去实行部分供给制的规定。1961 年 5 月，明确提出停办食堂。

（2）坚决实行退赔政策。要求对人民公社化运动以来"平调"社队和社员个人的各种财物和劳力进行认真清理，坚决退赔。

（3）减少粮食征购，减轻农民负担。针对农村粮食吃紧的问题，采取少购少销政策。1961 年粮食征购量比 1960 年减少 212 亿斤，同时对农业税率进行适当调整，使全国平均农业税的实际承担率从 1957 年的 11.6% 下降到 10% 以下。

（4）提高农副产品的收购价格，规定适当的购销政策。1960 年开始对主要产粮区实行超购加价奖励办法，全国平均加价 5%。1961 年 1 月 2 日决定提高农副产品的收购价格，平均提高的幅度粮食为 20.5%，油料为 13%，生猪为 26%，家禽和蛋为 37%。部分省市还对烤烟、麻、茶叶等农产品收购价上调了 30%~50% 的幅度。

2. 努力稳定和调剂市场供应

（1）大力压缩社会集团购买力，减轻市场商品供应的压力。到 1961 年底，社会集团购买力压缩到 49.4 亿元，比上一年减少 26 亿元。

（2）对部分消费品的供应实行高价政策。1961 年，在全国供应高价糖果并在全国 100 多个城市开设了高价饭馆，后来又陆续决定将自行车、钟、表、酒、茶叶、针织品等也以高价出售一部分。据统计，1961 年和 1962 年两年间，共销售高价商品 74.5 亿元，增加财政收入 38.5 亿元。对回笼货币、保证职工基本生活起到了很好的作用。

（3）增加流通渠道，改进商业工作。1961 年 5 月，中央拟定了《关于改进商业工作的若干规定（试行草案）》（简称"商业 40 条"），明确指出国营商业、供销合作社商业和农村集市贸易是现阶段我国商品流通的三条渠道，积极恢复"大跃进"以来已撤销或合并的供销合作社、合作商店和合作小组，有领导地开放农村集贸市场。

3. 减少职工和城镇人口

在 1960 年集中劳力、加强农业第一线的基础上，为了调整城乡关系，减轻农村供应压力，平抑市场物价，紧缩财政支出和货币投放，着重对城镇人口进行了压缩。要求 1961 年城镇人口在 1960 年底 1.3 亿人的基础上，减少 1000 万人；职工人数在 1960 年 5044 万人的基础上，减少 960 万人。减少城镇人口的关键在减少职工。当时要求各级机关裁并机构、减少层次，使现有人员减少 1/3 到 1/2，要求各机关、企业、事业单位的职工，特别是 1958 年以来从农村招收的职工，凡是能够回农村的，都要动员回农村支援农业生产。许多家在农村、新参加工作不久的职工，积极响应号召回乡务农。到 1961 年底，全民所有制单位职工总数比上年净减少 873 万人，全国城镇总人口由上年的 13073 万人减为 12707 万人，净减少 366 万人。到 1962 年春，因精简人员使农业生产第一线的劳动力增加 2913 万人，农村劳动力占农村人口总数的比重增加到 39%。

1961 年 8 月以前的调整，就其进展情况看，农业方面成效较大，工业方面因诸多原因又徘徊了半年多时间，丧失了调整时机。

二、1962 年调整进入决定性阶段

为了解决调整工作中的徘徊局面，中共中央于 1961 年 8~9 月间在庐山召开了工作会议，这次会议认为整个工业尤其是重工业必须后退，而且要退够，只有这样，才能调整好比例关系，才能使国民经济健康发展。这次庐山工作会议是调整的真正开始。

但是，由于多年"反冒进"、"反右倾"的影响积重难返，为使调整落到实处，还需要进一步统一党内认识。为此，党中央于 1962 年召开了一系列会议，主要有七千人大会、西楼会议和 5 月的北京会议。

七千人大会是指 1962 年 1 月 11~2 月 7 日在北京举行的扩大的中共中央工作会议。参加会议的有各中央局，中央各部门，省、市、地、县及重要厂矿的负责干部，解放军的一些负责干部，共 7000 余人。刘少奇代表党中央作了书面报告和讲话，他的书面报告分析了 1958 年以来所取得的成就，工作中的缺点错误及其原因，强调指出，1962 年是对国民经济进行调整工作最关紧要的一年，我们必须做好以下各项调整工作：从各方面加强农业；积极增加轻工业和手工业生产；继续精简职工，压缩城镇人口；继续缩短基本建设战线；调整工业企业的生产任务；努力改善市场供应；尽可能增加原材料生产；切实改进企业管理工作；彻底清理物资，由国家统一调剂使用；认真贯彻执行中央制定的农业、工业、商

业等各项工作条例和规定。这次扩大的中央工作会议，对于统一全党思想，纠正1958年以来工作中的错误，动员和组织全党全国人民进一步贯彻"调整、巩固、充实、提高"八字方针，克服经济困难，恢复和发扬党的优良传统作风等方面，都起了重大作用。但是大会对经济困难的严重性的估计尚不一致，有些人甚至过早地认为"最困难的时期已经渡过"。

2月21日至23日，中共中央在北京举行政治局常委扩大会议（西楼会议），专题讨论1962年国家预算和调整任务及措施，陈云提出了制止通货膨胀，尽力保证城市人民的最低生活等六项克服困难的措施，强调要把今后10年经济规划分为两个阶段，从1960年算起大约五年时间为恢复阶段，后一阶段是发展阶段。西楼会议及陈云的讲话，对当时进一步统一认识，切实贯彻调整方针起了巨大作用。

为进一步统一全党的思想，实施调整国民经济计划的部署，5月7~11日刘少奇在北京主持召开了中央工作会议，会上刘少奇、周恩来、朱德和邓小平讲话强调了要充分认识困难，并采取积极的措施克服困难。会上同意中央财经小组报告中提出的实行调整工作的具体方针，其中包括：对整个国民经济进行大幅度的调整，要退够；对于财政经济状况的根本好转，要争取快，准备慢；还强调了加强农业生产战线，努力恢复农业生产。

从1961年8~9月庐山中央会议到这次北京中央工作会议，前后历时9个月，终于统一了全党对经济调整工作的认识，下定了坚决后退的决心。正是这一点，使得1962年的经济调整工作进入了决定性阶段，并成为国民经济摆脱困境的重大转折点。

1962年，由于中央决心大，全党认识基本统一，调整工作全面铺开。调整工作主要围绕着几方面进行：

1. 大力压缩基本建设战线

首先，压缩基本建设规模。1961年基本建设总额安排为123.3亿元，比1960年（384亿元）已削减了67.9%，1962年又压缩为67.6亿元，即在1961年的基础上又砍掉了45.2%，退到只能维持简单再生产的程度。其中国家投资由89.8亿元削减为56.6亿元，砍掉了37%。在压缩国家预算内的基本建设投资的同时，还采取了各种措施严格控制地方和企业用自筹资金进行基本建设。1960年，全国自筹资金投资86.9亿元，占全部投资额的22.4%，1961年压缩到33.6亿元，1962年进一步压缩到11亿元，只占全部投资额的15.6%。通过对国家预算内外基本建设投资的压缩，1961年总投资下降到127.42亿元，比1960年减少67.2%；1962年基本建设投资为71.26亿元，比1961年又减少了44.1%。[①]这是"一五"时期以来投资额最低的一年。

---

① 国家统计局：《中国统计年鉴（1984）》，中国统计出版社，1984年版，第301页。

其次，大量削减建设项目、缩短建设战线。对在建工程进行排队，坚决停建、缓建一批项目。凡是当时生产尚不十分急需的，或原料、能源、运输等条件在两三年内不能解决的停建；生产上急需，原料、能源、运输等条件基本上没有问题，因受当年人力、财力、物力限制的缓建。对继续施工的项目，在投资方向上进行合理调整，集中财力、物力，坚决保证煤铁矿山、矿井、石油、天然气、化工、支农等重点项目按计划建设，按计划投产，其他项目则采取缩小、放慢、合并等措施。经过调整，建设项目大幅削减，以工业建设为主的全国施工的基本建设项目，1960年达8.2万多个，1961年减为3.5万多个，1962年又进一步削减为2.5万多个。同时投资方向也得到了调整，为整个国民经济的调整，争取财政经济状况的好转，创造了一定的物质条件。

2. 降低工业生产计划指标，改善工业生产内部结构

1961年9月以来，对1962年工业生产建设计划，特别是原煤、钢、铁、木材等主要工业品生产指标，一再降低使调整基本上落到了实处。1962年5月，中央财经小组的调整报告提出的1962年计划指标同1960年比较，工业总产值下降47%，重工业总产值下降57%，钢产量下降68%，原煤、木材和发电量等短线产品产量因采掘、采育比例失调的影响，也大幅度下降，只有原油略有增产；轻工业总产值下降26%，主要由于经济作物严重减产，使棉纱、棉布、卷烟、食糖等轻工业产品产量不得不大幅降低。

由于工业生产大幅度下降，大多数工业企业任务不足，能力过剩，人浮于事。针对这种情况，中央决心"拆架子""收摊子"，不怕伤筋动骨，大刀阔斧地对工业企业进行关、停、并、转，基本原则是保留骨干企业，重点裁并中小企业。农村社队企业、县办工业企业大批清理、停办，省、自治区、直辖市和中央直属工业企业按行业统一排队调整，该关闭、合并、缩小、改变任务的，坚决关闭、合并、缩小和改变任务。实施上述措施后，工业企业数大幅减少，其中，全民所有制工业企业数1961年、1962年两年共减少4.3万个，为1960年末总数9.6万个的44.8%。[①]

对工业企业的关、停、并、转，不仅使企业数量大量减少，而且也是一次工业大改组和工业内部结构的调整。重工业的企业数目减少，生产能力也大部分调减。在1962年的调整中，企业裁并幅度大的是冶金、建材、化工和机械工业，企业数目分别减少70.5%、50.7%、42.2%和31.6%。生产能力调整幅度最大的是钢铁冶炼、水泥加工和机械工业中的重型设备、电钻设备、汽车、机床、电动机等17种长线产品，它们的综合生产能力都减少了50%左右。

支农工业得到加强。中共八届九中全会决定，国民经济各部门都应毫无例外地加强对农业的支援，重工业部门尤其应当加强对农业的支援。重工业部门必须

---

① 国家统计局：《中国统计年鉴（1984）》，中国统计出版社，1984年版，第193页。

先安排好与农业生产直接有关的农业机械、农具、化肥、农药等行业，再安排其他行业，积极增加农业生产资料的供应。1962年10月中共八届十中全会再次提出，工业部门的工作要坚决地转移到以农业为基础的轨道上来，要制订计划，采取措施，面向农村，把支援农业、支援集体经济放在第一位；要有计划地提高直接为农业服务的工业的投资比例；要适应农业技术改革的要求，帮助农业有步骤地进行技术改造，为加速实现我国农业现代化而奋斗。

提高轻工业发展速度。不但在燃料、电力的分配上优先保证轻工业生产的需要，还着重解决了原料供应的问题。主要的措施是：①努力促进经济作物生产的恢复和发展，增加轻工业产品的农产品原料。②充分发展和利用各种非农产品原料，尽可能地增产以工业品为原料的日用品。为了改变轻工业产品的原料结构，减少对农业原料的依赖，加强了以工业品为原料的轻工产品生产能力的建设。③合理分配原材料，特别是农产品原料，把有限的资源优先安排给那些原材料消耗低、产品质量高的轻工业企业，争取用有限的原材料多生产出好的产品。

3. 继续精简职工，压缩城镇人口

1962年财政经济的困难还很严重，职工人数仍大大超过经济水平，特别是农业的生产水平。5月中央政治局常委会议，再次提出把城镇人口减少到同农业提供商品粮、副食品的可能性相适应的程度，要求全国职工人数再减少1056万~1072万人，城镇人口再减少2000万人。这一精简任务要求在1962年、1963年内基本完成，1964年上半年扫尾。会后为了完成精简职工的任务，把这一工作与国民经济的调整特别是工业的调整和企业的裁并结合起来进行，工业企业的关、停、并、转工作有计划、有步骤地进行。通过努力进展很大，截至1962年10月，大中城市和重要企业减少职工的任务已经基本完成或者接近完成，精简工作的重点转移到专区、县、公社、大队管理的企业和事业单位。

4. 进一步调整农业政策

1962年2月，中央发出了《关于改变农村人民公社基本核算单位问题的指示》，决定农村人民公社一般以生产队（即小队，相当于原初级社）为基本核算单位，实行以生产队为基础的三级所有制，至少30年不变。中共八届十中全会通过了《农村人民公社工作条例（修正草案）》，正式规定了农村以生产队为基本核算单位的政策。1962年11月，中央又发出《关于发展农村副业生产的决定》，指出各地可根据当地的传统习惯，根据现有原料、设备、技术、资金和劳动力等条件，因地制宜、有步骤地发展副业生产。所有这些措施和规定，大大地调动了农民的生产积极性，对迅速恢复和发展农副业生产，尽快摆脱国民经济困境，起到了重要的作用。

1961年9月以来，特别是1962年七千人大会以后，由于中央统一认识，下决心退够，采取的一系列果断措施对国民经济进行大规模调整取得了显著成效，经济形势开始好转。

（1）农业生产扭转了前三年连续下降的状况，开始回升。1962年，农业总产值达到430亿元，比上一年增长了6.2%；粮食总产量达到3200亿斤，比上年增加了250亿斤，增长了8.5%；油料产量达到4007万担，比上年增长10.4%，年底生猪存栏数达到近1亿头，比上年增加了2440多万头。全国约有1/4的县农业生产已恢复或超过1957年的水平。①

（2）工业与农业、轻重工业之间的比例关系有所改善。1962年工业总产值850亿元，其中轻工业产值395亿元，重工业产值455亿元；轻工业产值在工业总产值中的比重由上年的42.5%提高到47.2%，重工业的比重相应由57.5%下降到52.8%；农业产值在农、轻、重的产值中所占比重由上年的34.5%提高到38.8%，轻工业由27.8%提高到28.9%，重工业由37.7%下降到32.3%。②

（3）财政收支平衡，略有结余，货币流通量有所减少，市场物价逐渐下降。1962年财政收入完成313.6亿元，比上年增加42.5亿元；财政支出305亿元，比上年减少61.7亿元。收支相抵结余8.3亿元，扭转了连续四年出现大量赤字的状况。③货币流通量也有所减少，1962年社会商品零售总额与上年基本持平，但年末货币流通量却比上年减少19.2亿元，减少了15%，全国集市贸易价格也比上年下降了35%。

（4）城乡人民的生活水平略有回升。到1962年全国人均粮食的消费水平提高了3.5%，人均棉布的消费水平也比1961年提高了2.5尺。由于日用工业品和手工业品供应的增加，到1962年不少原来供应不足的商品已基本能够满足需要。

三、1963~1965年的继续调整

经过1962年的大幅度调整，国民经济已经渡过最困难的时期，并在某些方面开始出现回升。但是，经济严重困难的局面并未根本改变，主要表现在：①国家经济实力还未完全恢复。1962年国民收入只有924亿元，按可比价格计算，尚未达到1957年水平（低19.4%）。②农业生产刚刚开始恢复，还相当薄弱。农产品尚未达到1957年的水平，还不能满足国民经济发展的需要，温饱问题仍很突出。③工业内部结构还没有调整到合理程度，特别是一些基础产业如木材、煤炭、有色金属、特殊钢等还很薄弱，轻工业的发展与人民基本生活需要仍有相当差距。④市场供应紧张状况也没有根本改变，物价继续上涨，基本生活必需品的供应还不充足完备，城乡人民生活存在着不少困难。④

---

① 国家统计局：《中国统计年鉴（1983）》，中国统计出版社，1983年版，第149、162、163、178页。
② 同①，第242~246页。
③ 同①，第217页。
④ 董辅礽：《中华人民共和国经济史》（上），三联书店（香港）有限公司，2001年版，第399~400页。

　　针对这种情况，党中央于 1963 年 9 月召开工作会议，决定再用三年时间，对国民经济继续实行"调整、巩固、充实、提高"的方针，并把 1963~1965 年，作为第二个五年计划到第三个五年计划的过渡阶段。在这个过渡阶段，经济工作的主要任务和目标是：农业生产达到或超过 1957 年的水平；工业生产水平在 1957 年基础上提高 50% 左右；国民经济各部门的主要比例关系，如工业和农业、工业内部、农业内部以及消费和积累之间的关系，应力争在新的基础上，取得基本协调，主要是工业的各个部门，要认真做好填平补齐，使之成龙配套，并要搞好设备更新和专业化协作；国民经济各部门的经营管理工作走上正常的轨道。

　　这一阶段，国民经济在继续调整的同时，突出了巩固、充实、提高的任务，企业的经营管理、产品的品种质量、设备革新、提高生产技术水平等，成了各部门工作的重点。

　　1. 继续调整工业结构

　　首先，通过调整投资的分配结构，进一步改善工业内部的比例关系，逐步建立比较协调和门类齐全的工业体系。1962 年基本建设大步后退，1963 年投资规模开始回升，在投资回升的同时，注重投资分配结构的改善，主要是继续降低冶金和机械工业的投资比重，提高煤炭、石油、化学工业和纺织工业的投资比重，适当引进冶金和电子工业等技术，有重点地进行原子能工业开发和建设。经过几年努力奋战，1964 年我国成功地爆炸了第一颗原子弹。1963~1965 年与"二五"时期相比，工业基本建设投资有较大变化，其中冶金部门的投资占工业部门的投资比重由 23.2% 降到 16.1%，煤炭工业由 11.9% 增加到 12%，石油工业由 3.4% 增加到 11.6%，纺织工业由 2.7% 增加到 3.8%，化学工业由 7.6% 增加到 11.2%。[①]

　　继续加强支农工业，提高农业机械的生产能力，加快农用化肥和农药的生产。1963~1965 年，化肥、农药、拖拉机的生产量都有很大增加。化肥 1963 年为 64.8 万吨，1964 年为 100.8 万吨，1965 年为 172.6 万吨；化学农药 1963 年为 10.8 万吨，1964 年为 12.9 万吨，1965 年为 19.3 万吨；拖拉机和手扶拖拉机 1963 年为 0.87 万台和 0.02 万台，1964 年为 0.98 万台和 0.09 万台，1965 年为 0.96 万台和 0.36 万台。[②]

　　继续加快发展轻工业生产。轻工业从 1963 年起产值逐年增加，1963 年为 404 亿元，1964 年为 476 亿元，1965 年达到 703 亿元。[③]

　　加强矿山建设，调整采（开采）掘（掘进）比例，提高采矿业基本建设效益。1963 年，全国施工的大中型新煤井有 67 处，多分布在煤炭产量较少的华

① 国家统计局：《中国统计年鉴（1984）》，中国统计出版社，1984 年版，第 311 页。
② 国家统计局：《中国统计年鉴（1983）》，中国统计出版社，1983 年版，第 246~248 页。
③ 同②，第 217 页。

东、中南、西北各省。1964~1965 年，新开煤井 37 处，设计生产能力 2078 万吨；建成投产矿井 65 处，设计生产能力 1709 万吨。大规模的煤矿建设，保证了原煤产量的稳定增长。1965 年，原煤产量为 2.32 亿吨，接近 1958 年的水平。1963 年建设的有色金属和黑色金属矿山有 60 多个重点工程，包括铁、锰、镁、铜、铝、锡、铅、锌等矿，使国民经济急需的有色金属工业迅速恢复和发展。到 1965 年，产量已经超过历史最好水平。同时也加快了非金属矿的建设速度，大大提高了这些较为稀缺产品的生产能力。①

2. 加强设备修理和生产能力配套

"大跃进"期间，不少产品产量的迅速增长，是以拼设备、挤维修、挤配件生产为代价的。1960 年各种设备的完好率下降到惊人的地步，有的设备新增加数量还抵不上损坏的数量。在新增产品中，又只重视主机的生产，忽视配套的生产，结果是形不成生产能力。为了充分发挥已有设备的能力，并使新建的、扩建的企业能得到成套设备，尽快地投入生产和正常生产，设备的维修和配套便成为调整的主要内容之一。

首先，加强设备维修工作。把设备维修列为工业部门的重点工作，并按轻重缓急进行排队，先集中力量修复农业机械、汽车、矿山掘进和剥离所需的设备以及生产短线产品的设备，然后修理其他的设备；充实修理力量，把一部分转入制造、转为生产主机的工厂转回来承担维修任务或生产配件，把一部分机械工业企业转产配件和进行维修；进口一些机型比较特殊的备品配件。经过采取这些措施，到 1964 年底，失修的设备大部分修复。黑色金属和有色金属矿山的设备完好率达到 80%左右，一般企业的设备完好率达到 85%~90%。②

其次，有计划地进行填平补齐、成龙配套工作，努力形成综合生产能力。1963 年以后，国家强调重工业内部要在现有数量的基础上，加强薄弱环节，填补缺门，完成配套工作。对于基础工业企业，主要解决配套工程与辅助设施问题；对于机械工业则着重于现有生产能力的扩大和现有工程的成龙配套，填平补齐，如集中发展化肥设备、精密机床、炼油设备、军工配套设备和原子能设备、仪器仪表等短线产品；电力工业集中力量，增加配套，提高工程质量，补齐了 200 多万千瓦的机组设备，使已有的 1300 万千瓦发电设备基本实现安全、满发、稳发。③

值得注意的是，这一时期为配合国民经济的调整，积极组织引进新技术。20 世纪 60 年代初，由于苏联停止了对我国的技术援助，我国转而向西方国家引进新的技术。1962 年 9 月，我国从日本引进了第一套维尼纶设备，开始了主要

---

① 汪海波：《新中国工业经济史（1958~1965）》，经济管理出版社，1995 年版，第 127~128 页。
② 同①，第 128~129 页。
③ 同①，第 129~130 页。

从西方国家引进先进技术设备的时期。从 1963~1966 年，我国先后与日本、美国、法国、意大利、联邦德国、奥地利、瑞典、荷兰等国签订了 80 多项工程的合同，用汇 2.8 亿美元。同期，我国还从东欧各国引进成套设备和单项设备，用汇 2200 万美元。两者合计 3 亿多美元，其中成套设备 50 多项，用汇 2.8 亿美元，占用汇总额的 91%。这一时期的技术引进，成套设备项目中中小型居多而大型的少，且主要用于现有企业的技术改造和填补缺门；重视引进支农项目和轻工业原料项目；配合国内工业生产建设的巩固、充实和提高，引进国内空白的关键技术，如基础化学工业、合金钢冶炼、特种钢材轧制等我国工业生产技术中明显的薄弱环节。

四、国民经济恢复和调整任务的完成[①]

从 1961~1965 年，国民经济经过五年的调整，取得了巨大成就。1965 年，全国工农业总产值为 1984 亿元，其中农业总产值 590 亿元，工业总产值 1394 亿元。与 1957 年相比，工农业总产值增长 59%，农业增长 10%，工业增长 98%。更重要的是经过调整，国民经济中各种结构和相互比例实现了较为协调的态势。具体表现在以下几个方面：

1. 工农业结构得到改善

1960 年工业与农业的产值比是 4∶1，到 1965 年这个比例下降到 2∶1，基本上接近当时我国工农业发展的客观要求。

2. 农业内部结构也有较大改善

1965 年粮食总产量达 3890 亿斤，比 1960 年的 2870 亿斤增产了近 1000 亿斤，基本上同 1957 年 3900 亿斤相等。粮食净征购达 672 亿斤，已经达到 1957 年的水平，比 1952 年增加了 158 亿斤。1965 年，主要粮食作物如棉花、烤烟、甜菜等经济作物也大幅度增产。棉花生产 4195 万担，比 1957 年增产 27%；烤烟生产 744 万担，增产 45%；甜菜生产 3968 万吨，增产 32%。

3. 工业内部结构趋向合理

轻重工业产值的比例从 1960 年的 33∶67 调整到 1965 年的 51∶49，大体上各占一半。化肥、农药和农机等支农工业产值在工业总产值中的比例，由 1957 年的 0.6% 上升到 1965 年的 2.9%，重工业内部的采掘与加工工业之间的比例也回到 1957 年的水平，使由 "大跃进" 造成采掘与加工工业比例严重失调得到纠正。

经过调整和发展，我国的工业体系建设和技术都取得了较大进步。冶金工业

---

① 这部分内容参考武力：《中华人民共和国经济史》，中国经济出版社，1999 年版，第 612~615 页。

的发展，使中国制造业所需金属材料如钢材等已经基本立足于国内；机械工业发展了新品种，提高了成套能力，形成了冶金设备、采矿设备、石油化工设备、金属切削机床、工程机械、仪器仪表等十几个基本行业，组成了门类比较齐全的机械制造体系；能源工业形成了煤炭、石油、电力三足鼎立的结构；化学工业除了加快发展化肥、农药等产品外，还通过从西方引进成套设备和技术，建立了自己的石油化学工业；电子工业、原子能工业、航天工业也都在这个时期得到发展，成为国民经济的重要工业部门。

由于在国民经济调整上取得了巨大成就，1964年12月，周恩来在全国人大三届一次会议上指出："现在，调整国民经济的任务已经基本完成，工农业生产已经全面高涨，整个国民经济已经全面好转，并且将要进入新的发展时期。"[①]

第三节　经济体制的调整

国民经济调整时期，为了纠正"大跃进"的失误、调整经济结构和促进经济恢复，党和政府对"大跃进"时期的经济体制进行了调整，包括工业中的再次集中工业经济管理权限、试办托拉斯，农业中的人民公社体制的调整和试行包产到户。经济体制的调整在某些方面应该说做出了有益的探索，同时也使经济体制重新回到以中央集权和行政性计划管理为特征的计划经济模式。然而，调整中某些措施逐渐引起毛泽东的不满，并最终成为毛泽东发动"文化大革命"的重要原因。

一、工业财贸体制的调整

1. 工业经济管理权的再次集中

"大跃进"时期，经济管理权限的过快、过急下放，推动了"大跃进"，也造成了经济更大的混乱。国民经济调整时期，为了恢复和发展国民经济，特别是工业经济，客观上要求改变"大跃进"时期所形成的工业管理体制。这种改变的指导思想是强调全国一盘棋，实行高度的集中统一，以克服工业生产中的分散、无序状态。根据这一指导思想，在工业管理权限的集中方面，主要措施包括以下几个方面：

（1）上收一批下放不当的企业。"大跃进"期间，把一些产、供、销面向全国

---

① 中共中央文献研究室：《建国以来重要文献选编》第19册，中央文献出版社，1998年版，第456页。

的大型骨干企业下放给地方管理后，因地方政府很难保证这些企业的正常生产条件，而企业之间以前形成的协作关系也被破坏了，不少物资、资金被挪用，造成企业不能完成国家计划，中央的财政收入大幅度减少。针对上述情况，1961 年以后，一些工业部门陆续调整了部分企事业单位的隶属关系，主要是将若干工矿交通企业由地方领导或中央与地方的双重领导改为由部直接领导，各部直接领导企业数量大量增加，直属企业的产量在行业中所占比例也大幅度上升。到 1963 年，全国 120 个机械工业骨干企业中有 110 个由第一机械工业部上收；冶金部直属的大型钢铁企业有 24 个，到 1966 年，直属企业的钢产量占全国钢产量的 65.6%，生铁产量占 86.8%。在轻工业方面，从 1961~1965 年共上收企业 308 个，其中烟草行业收回全部 61 个企业；盐业收回 39 个企业，其生产量占全国产量的 70% 以上。1963 年纺织工业部把 1958 年下放给地方的 10 个纺织机械厂和分公司全部收回，由纺织机械制造局直接管理。从 1958 年管理权限下放后，中央直属企事业单位只剩下 1200 个，到 1965 年，包括中央各部在"大跃进"期间和以后新建企业，增加到 10533 个。中央各部直属企业的工业总产值占全国工业总产值的 42.2%，其中属生产资料部分占 55.1%。①

（2）加强计划的集中统一管理。在这期间，工业方面的计划集中统一管理，强调按照"全国一盘棋，上下一本账"的方针，改变了"大跃进"期间"两本账"的做法，克服了各自为政，层层加码，指标愈加愈高，国家计划失控的现象；改变了"大跃进"期间自下而上编制计划的程序，恢复"两下一上"的程序，即先由国务院颁发控制数字，然后自下而上编制计划草案，最后由国务院批准下达计划；中央还增加了计划指标，扩大计划范围，如由国家计委管理的工业产品从 215 种恢复、增加到 400 种左右，这些产品的产值占工业总产值的 60% 左右。

（3）加强基本建设的集中统一管理。主要是收回基本建设项目审批权、投资计划管理权，严格基本建设程序，加强对基本建设拨款的监督。上述措施有力地实现了压缩基本建设规模、缩短基本建设战线这一调整目标，使基本建设规模与当时国家的财力、物力基本相适应。

（4）加强财政、信贷的集中统一管理。在财政方面，首先强调集中财权，改进财政管理体制；其次是改进企业财务管理体制，恢复和健全企业成本、资金管理制度，加强经济换算。关于银行信贷工作的集中统一，主要是配合财政的集中统一而进行的，强调加强财政、银行工作的集中统一，把国家资金管紧，严格控制货币发行，严格财经纪律。

（5）加强了物资流通的集中统一管理。在物资流通体制上，建立全国统一的

---

① 周太和：《当代中国的经济体制改革》，中国社会科学出版社，1984 年版，第 99、100、295、341、380、417、418 页。

垂直领导的物资管理系统,统一管理统配物资的销售工作,统一设置和管理中转仓库,扩大物资管理范围。在组织物资流通方式上,试行按经济区域统一组织物资供应,组织定点供应和直达供货,对试办的专业化公司物资供应进行试点,建立生产资料服务公司等。

工业经济管理权限的再次集中,对于促进国民经济的调整和恢复起到了积极作用。但是,权力的过分集中必然暴露出地方、企业的积极性受到压抑而不能发挥的弊病。正是看到这一点,毛泽东在 1964 年 8 月再次强调要向地方和企业下放权力。于是,在调整后期,中央又重新扩大了地方和企业的管理权限,这一进程后因"文化大革命"的爆发而中断。

2. 试办"托拉斯"

组建 "托拉斯"的尝试也是这一时期重要的经济管理体制变化。1960 年春,中央领导人在讨论"二五"计划后三年规划时,刘少奇等中央领导感到应该从上层建筑和生产关系方面进行一些调整,在生产的组织方式和管理方式上进行改革,以克服集中计划经济体制带来的弊端,其意图在于尝试用经济的办法,而不是行政的办法管理工业企业。但是,在这以后,由于当时国民经济正在调整之中,对组织托拉斯的问题没有作具体部署。

1963 年,国民经济开始好转,中央决定对工业经济管理体制进行改革,逐步减少行政管理办法,增加经济管理办法,在公交企业组织托拉斯。根据党中央和国务院的部署,1963 年夏,国家经委开始着手这一工作。12 月,召开全国工业、交通工作会议,就试办托拉斯的问题进行讨论和征询意见。在反复研究的基础上,国家经委于 1964 年 6 月草拟了《关于试办工业、交通托拉斯的意见报告(草案)》,7 月正式向中央提交了这个报告。8 月 17 日,党中央、国务院批转了经委党组的这个报告,并要求各中央局,各省、市、自治区党委,中央各部、委、国家各部委党委、党组参照执行。

在国家经委的报告之前,1964 年 4 月 30 日,中央批准煤炭工业部党组向国家经委和中央书记处提交的关于华东煤炭工业公司组织领导关系的请示报告,我国试办的第一个托拉斯企业正式成立。国家经委的方案出台以后,正式的托拉斯纷纷组建起来。由于情况的不同,它们各具特色。第一批获准试办的 12 个托拉斯中,全国性 9 个,地区性 3 个,其中烟草公司和医药公司具有全行业的性质,集中管理全国所有的烟厂和药厂;地质机械仪器公司仅限于管理原有的中央直属企业;其余 6 个全国性托拉斯,除管理原有中央直属企业外,还上收了数量不等的地方企业。与此同时,部分省、市也试办了一些由地方管理的托拉斯,如黑龙江的糖业公司,辽宁省的柞蚕丝绸工业公司,北京的玻璃总厂和塑料总厂,天津的机床工业公司、造纸公司和燃料化学公司,上海的轻工业机械公司、标准件公司和丝绸公司等。1965 年,国务院又试办了石油工业公司、仪器仪表工业公司和木材加工工业公司等。

试办的托拉斯组建之后，即着手改组生产组织，改革管理制度，建立适合社会化大生产和专业化分工协作的经营管理方式，促进了设备的利用和生产技术水平的提高。试办的时间虽然不长，但却收到了较好的经济效果。1964 年 8 月正式列入托拉斯的中国烟草工业公司，对全部卷烟工业企业实行集中统一管理，统一经营烟叶的收购、复烤、分配和调拨。卷烟厂由 104 个调整为 62 个，职工人数由 5.9 万多人减为 4.1 万多人，而卷烟生产能力却从 330 万箱提高到 480 万箱，卷烟牌号由杂乱的 900 多种减为 274 种。1964 年劳动生产率比 1963 年提高了42.4%，卷烟的加工费用降低了 21%。而且，烟草工业公司还协同农业部门抓烟叶种植取得良好的成效。中国汽车工业公司，成立于 1964 年 10 月，将全国汽车行业初步组织起来，组成了长春、北京、南京和重庆 4 个分公司，济南和武汉 2个汽车制造总厂和以长春、北京、南京 3 个分公司为中心的包括地方厂在内的专业化协作网。公司实行统一领导、统一规划，按专业化协作的原则，对企业进行了调整和改造，使汽车生产大幅度增长。1965 年全国汽车产量达到 4 万多辆，比 1964 年增长 40% 多。同时，试制成功 15 种新型号汽车。汽车配件销售业务由公司统一管理后，配件供应情况也明显好转。华东煤炭工业公司实行统一管理以后，公司的经营管理得到了改善，1965 年第一季度开始扭转连续四年亏损的局面，盈利 500 万元。

托拉斯经过一年来的试办，取得了一定的成绩，但同时也遇到了一些问题和矛盾，主要有全国或跨地区性的托拉斯与地方的矛盾，托拉斯内部统一经营与所属企业分级管理的矛盾，托拉斯同原有经济管理体制的矛盾。因此，需要对经验加以总结，对出现的问题，找到应对的对策。然而，正当中央决定试办托拉斯，并以此为契机，逐步改变中央经济管理权力过分集中而束缚生产力发展的经济体制时，"文化大革命"开始了。随之，这个具有深远意义的探索就终止了。

二、农村经济体制的调整

1.人民公社体制的调整

在人民公社运动中，农村大刮"共产风"、"浮夸风"、"瞎指挥风"、"命令主义风"、"干部特殊化风"，农业生产陷入困境。这些都和过分集中和规模过大的人民公社有着密切关系。调整时期，关于农村的体制变革主要围绕着改善人民公社体制进行。1962 年 2 月，中共中央发出《关于改变农村人民公社基本核算单位问题的指示》，决定将基本核算单位由生产大队下降到生产队（有条件的仍可保持大队为基本核算单位），而公社和大队所经营的主要是拖拉机站、种子站、水利灌溉设施以及生产队无力或不宜经营的非农产业。关于生产队的规模，指示规定：生产大队一般相当于原来的高级社；生产队则一般以二三十户为宜，在平原和地少人多的地区可以多些，在山区、丘陵地区和地多人少的地区可以少些。

1962 年中共八届十中全会正式通过的《农村人民公社工作条例（修正草案）》（简称"农业六十条"），又明确规定人民公社的规模是一乡一社。该修正草案还规定："生产队是人民公社中的基本核算单位，它实行独立核算，自负盈亏，直接组织生产，组织收益分配。这种制度定下来以后，至少三十年不变。"至此，农村基本形成了至 1978 年改革前长达近 20 年的"三级所有，队为基础"和"政社合一"的农业生产经营制度。

2."包产到户"的出现及其被制止

上述人民公社体制的调整，虽然对于纠正"大跃进"的失误和调动农民的积极性起到了一定的作用，但是由于这种调整没有从根本上改变经营管理上的行政命令、生产上的集体劳动（又称"大呼隆"）和分配上的"大锅饭"，其监督成本、管理成本仍然很高，效益仍然较低。因此，当面对"大跃进"导致的食品严重短缺和饥馑，部分干部和农民开始在生产队里推行"大跃进"以前曾经行之有效的以"包产到户"为特征的农业生产责任制。

1961 年 4 月，安徽省委书记曾希圣从实际出发，为恢复生产、渡过难关，经过毛泽东的同意，率先在安徽省推行"包产到田"的责任制并取得明显成效。1962 年实行"责任田"（社员以户为单位承包生产队的土地，实行超产全奖，减产全赔，实际上就是包产到户）的生产队已占生产队总数的 90.1%。据估计，当时全国实行包产到户的生产队约占总数的 20%。包产到户适应农业生产的特点，调动了农民的生产积极性，提高了农业产量。据 1961 年 10 月安徽省 36 个县的典型调查，实行"责任田"的 36 个生产队，粮食平均产量比上年增产 38.9%；而另外 36 个条件大体相同、未实行"责任田"的生产队，平均亩产只比上年增产 12%。[①]

这次大规模包产到户从一出现就有争论，并由基层一直争论到中央。刘少奇、邓小平、陈云、邓子恢等都支持包产到户，但毛泽东却仅将其作为渡过经济困难的权宜之计，并没有全国推广之意。在 1962 年 8 月召开的中共中央工作会议和 9 月召开的八届十中全会上，毛泽东一再强调阶级斗争和资本主义复辟的危险性，并对包产到户提出批评。会后，包产到户受到越来越严厉的批判，在强大的政治压力下被迫取消了。

---

① 武力：《中华人民共和国经济史》，中国经济出版社，1999 年版，第 515 页。

第四节　国际、国内局势对经济调整的影响

1961~1965 年的国民经济调整，总体上看是比较顺利的，也取得了巨大成就。然而，调整之路并不平坦，这期间对外关系的恶化、强调阶级斗争以及频繁的政治运动，对国民经济调整的影响越来越大，后期调整战略实际上已被放弃。同时，调整时期"左"的思想的发展和阶级斗争的人为扩大，为"文化大革命"的发生提供了一定的基础。

一、激励方式改变

20 世纪 60 年代初，在国内经济困难、国际压力加大的情况下，出现了大庆、大寨这样勇于克服困难的典型，体现了人民群众在困难和压力面前，自力更生、战胜困难的精神。通过宣传、学习这些典型，更好地从精神上去激励人民勇于面对困难，取得了一定的效果。但是，在调整后期，将精神激励与物质刺激对立起来，又产生了不小的负面影响。

1. "工业学大庆"

大庆油田是我国工业史上的一个奇迹。1959 年 9 月 26 日打出第一口井，1960 年进入大规模会战。会战初期，全国有 500 多家工厂为大庆生产机电产品和设备，有 200 多个科研、设计单位和企业在技术上给以支援，总计有 4 万多人集中到松嫩平原上这个生活条件非常艰苦的地方。从 1960 年到 1963 年，国家对大庆油田共投资 7.1 亿元；同期大庆上缴利润 9.44 亿元、折旧 1.16 亿元，合计 10.6 亿元，投资回报如此之快之高，在世界石油开采中也是少有的。另外，大庆油田在没有外国专家参与的情况下，其技术和管理也达到了很高水平。大庆油田的建成，扭转了中国内地长期贫油的历史，对实现石油基本自给起到了决定性作用。

大庆油田的建成充分体现了中国共产党一直大力提倡的"自力更生、艰苦奋斗"精神，尤其是会战中提出的"先生产后生活"的无私奉献口号，"宁肯少活 20 年，拼命也要拿下大油田"的决心，以及"有条件要上，没有条件创造条件也要上"的工作态度，都是 20 世纪 60 年代经济建设面临重重困难而迫切需要的精神状态。另外，大庆职工还提出了工作不讲条件、不讲时间、不讲报酬、不分级别等"十不"精神，非常符合毛泽东理想中的社会主义企业精神超越资本主义企业的优越性；他们总结的"三老"（当老实人、说老实话、做老实事）、"四严"（严格的要求、严密的组织、严肃的态度、严明的纪律）、"四个一样"（黑夜和白

天工作一个样、坏天气和好天气工作一个样、领导在场和不在场工作一个样、没有人检查和有人检查工作一个样）的工作作风，对于缺乏有效监督和激励机制的国营企业职工来说，无疑是一种最好的道德约束。

1964 年 2 月 5 日，中共中央在《关于传达石油工业部"关于大庆石油会战情况的报告"的通知》中指出："大庆油田的经验虽然有其特殊性，但是具有普遍意义……它的一些主要经验，不仅在工业部门中适用，在交通、财贸、文教各部门，在党、政、军、群众团体的各级机关中也都适用，或者可做参考。"① 1964年 12 月，周恩来在三届全国人大一次会议的《政府工作报告》中再次提出向大庆学习的号召。

随着毛泽东对"阶级斗争"认识的不断升级，企业学习大庆运动开始过分强调政治思想工作的作用，并将其与追求物质利益对立起来。1966 年 1 月 11 日，《人民日报》发表社论《全国都能学大庆》，社论说："学大庆、赶大庆、超大庆，各地区、各企业又必须牢牢抓住一个共同点，这就是突出政治。毛泽东同志说：政治就是阶级对阶级的斗争。突出政治，就是以阶级斗争为纲，突出阶级斗争。"

2. "农业学大寨"

新中国成立以前，大寨是太行山区一个穷山村，属于山西省昔阳县。1953年秋，在党支部书记陈永贵的领导下，大寨制定了 10 年造地规划。全村干部、群众团结一心，自力更生，艰苦奋斗，提前实现了规划，粮食亩产由 1952 年的237 斤逐步提高到 1962 年的 774 斤，提前实现了中共中央 1956 年制定的《农业发展纲要》规定的目标。1963 年 8 月，大寨遭受特大洪灾，70%的房窑倒塌，庄稼几乎全部倒伏，23%的梯田土层被冲光。陈永贵带领大寨人振奋精神，不分男女老少，立即开展了艰苦卓绝的抗灾斗争，"白天治坡，夜间治窝"，他们提出并实现了"三不要"（即不要国家的救济粮、救济款、救济物资）、"三不少"（即原计划的国家征购粮、集体储备粮、社员口粮都不减少）。结果除了少量完全被冲垮的梯田绝收外，粮食亩产仍然达到了 700 多斤的高产，社员半年后就搬进了新居。

1963 年 11 月 9 日，山西省委向全省农村和城市的各级党组织发出学习大寨的通知。山西省委要学习大寨人的藐视困难、敢于革命的气概，自力更生、奋发图强的意志，以国为怀、顾全大局和帮助友邻的风格。随后，大寨精神被广为宣传。1964 年 5 月中旬，毛泽东在中共中央工作会议上提出，农业主要靠大寨精神，自力更生。1964 年底，周恩来在全国人大三届一次会议的《政府工作报告》中正式提出学大寨。报告将大寨精神概括为："大寨大队所坚持的政治挂帅、思想领先的原则，自力更生、艰苦奋斗的精神，爱国家、爱集体的共产主义风格，

---

① 中共中央文献研究室：《建国以来重要文献选编》第 13 册，中央文献出版社，1998 年版，136 页。

都是值得大大提倡的。"于是，全国掀起了农业学大寨运动。

大寨在 20 世纪 60 年代前期被树为农村集体经济的榜样，国家要求全国农业学大寨，不是偶然的，其中有着深刻的经济原因。首先，由于国际、国内形势紧张，而此时农业尚未过关，需要国家加大投资。而国家又不愿意增加投资，甚至还希望用农业剩余来支援工业化，因此大寨不要国家投资、自力更生发展生产并为国家做出较大贡献的事迹就非常符合国家的愿望。其次，社会主义改造完成，特别是"大跃进"以后，由于否定"包产到户"、批判"利润挂帅"、"物质刺激"，集体经济如何调动社员的积极性既是一个迫切需要解决的重要问题，又只能从精神激励中寻找办法，而大寨所表现出来的以集体为重、以国家为重、不计较个人利益的精神正好满足了这种精神激励的需要。大寨干部坚持长年参加生产劳动、以身作则、干群关系融洽正是国家提倡的。大寨充分利用丰富的人力资源，大力开展农田基本建设，的确是利用了我国农业的优势（劳动力富裕）来解决种植业的根本问题，其增产经验带有普遍意义，符合当时国家希望通过建立高产、稳产田来解决吃饭和抗灾的设想和规划。

3. "全国学人民解放军"

军队性质所表现出来的不计较个人收入的得失、不实行物质刺激的特点，必要时为国家牺牲个人利益甚至幸福的奉献精神，统一步调、严明的纪律、下级服从上级的组织纪律，都是国营企事业单位和人民公社所不能比的，因此，当批判"物质刺激"和强调精神激励到极端时，"全国学习人民解放军"就自然走上了历史舞台，成为 20 世纪 60 年代经济建设的一个特殊现象。

1963 年 3 月 5 日，以毛泽东的"向雷锋同志学习"题词为标志，全国各行各业掀起了学习雷锋活动，由此拉开了学习解放军的序幕。1963 年底至 1964 年初，全国工交工作会议在北京召开，这次会议提出"学习解放军，加强政治思想工作"的口号，强调"思想政治工作是经济工作和一切工作的生命线"。

在全国人民学解放军中，还要求国家工业各部门像军队那样，设政治部、政治处和政治指导员。据 1965 年 9 月召开的全国财贸政治工作会议宣称，财贸政治工作机构已经基本建立起来，政治干部已经大部分配备起来。全国县以上各级党委财贸政治部已经建立了 90%左右，财贸行政部门的政治工作机构已经建立了 80%左右；基层单位的政治教导员和政治指导员已经配备了 60%~70%。于是，在各单位政治问题被突出，"许多单位的政治工作开始摆上了首位，不问政治的单纯业务观点受到了批判"。①

---

① 《全国财贸政治工作会议》，《人民日报》，1965 年 10 月 17 日。

二、"以阶级斗争为纲"的提出与社会主义教育运动

1961 年以来，为了克服困难，党中央开放了农村集市贸易，恢复了合作商店，允许试行"包产到户"，使得自 1962 年起商品经济的暗潮涌动，这对单一公有制和计划经济体制形成威胁，同时也与毛泽东提倡的"政治挂帅"的中国式经济建设道路格格不入，这必然使他对个体经济和商品经济的复活予以压制。

1962 年 7 月至 8 月中共中央在北戴河召开中央工作会议和 9 月中共八届十中全会，毛泽东离开会议本来主要讨论农业、财贸、城市等问题，进一步贯彻调整方针的议题，重提阶级和阶级斗争，认为社会主义社会仍然存在阶级和阶级斗争。在抓阶级斗争的题目下，毛泽东还批判了所谓"三风"（即"黑暗风"、"单干风"、"翻案风"），[①] 以"走资本主义道路"的罪名压制了党内领导层中对"大跃进"错误的继续纠正和对"包产到户"的支持。

中共八届十中全会发表的会议公报转述了毛泽东关于阶级斗争的论述："在无产阶级革命和无产阶级专政的整个历史时期，在由资本主义过渡到共产主义的整个历史时期（这个时期需要几十年，甚至更多的时间）存在着无产阶级和资产阶级之间的阶级斗争，存在着社会主义和资本主义这两条道路的斗争。被推翻的反动统治阶级不甘心于灭亡，他们总是企图复辟。同时，社会上还存在着资产阶级的影响和旧社会的习惯势力，存在着一部分小生产者的自发的资本主义倾向，因此，在人民中还有一些没有受到社会主义改造的人，他们人数不多，只占人口的百分之几，但一有机会，就企图离开社会主义道路，走资本主义道路。在这些情况下，阶级斗争是不可避免的。这是马克思列宁主义早就阐明了的一条历史规律，我们千万不要忘记。这种阶级斗争是错综复杂的、曲折的、时起时伏的，有时甚至是很激烈的。这种阶级斗争，不可避免地要反映到党内来。国外帝国主义的压力和国内资产阶级影响的存在，是党内产生修正主义思想的社会根源。在对国内外阶级敌人进行斗争的同时，我们必须及时警惕和坚决反对党内各种机会主义的思想倾向。"[②]

毛泽东认为不仅广大干部有着各种资本主义的思想，而且在人民中也广泛存在。但批判"三风"的精神只传达到党内 17 级以上的干部，广大人民群众和基层干部也应该受到教育。因此，在中共八届十中全会上，毛泽东再次提出要进行"社会主义教育运动"，以巩固 "社会主义"。但会后各地仍将经济调整放在首

---

① "三风"即"黑暗风"、"单干风"、"翻案风"。"黑暗风"指西楼会议和五月中央工作会议对经济形势的估计；"单干风"指包产到户（主要批判邓子恢）；"翻案风"主要是指 1962 年 6 月彭德怀写给毛泽东和中共中央的申诉信，也兼及甄别平反的"一揽子"做法。

② 中共中央文献研究室：《建国以来重要文献选编》第 15 册，中央文献出版社，1997 年版，第 653~654 页。

位，许多地方并没有立即开展社会主义教育运动。1963 年 2 月，在中共中央工作会议上，毛泽东提出了"阶级斗争，一抓就灵"的论断，并鉴于苏联的情况，认为我国也存在修正主义的可能，提出开展社会主义教育运动。这次会议之后，在城市开展了"五反"（反对行贿、反对偷税漏税、反对偷工减料、反对盗骗国家财产、反对盗窃国家经济情报）运动，在农村普遍进行了一次社会主义教育运动。

中央工作会议以后，全国各地都根据中央的部署，在城市开展了"五反"运动，在农村开展了"四清"（即清账目、清仓库、清财务、清工分）和社会主义教育运动的试点。从 1963 年运动开展的情况看，这场运动一开始被强调是以反修、防修为目的的一场政治运动，但主要内容却是以经济为主，各地尽管出现了打人和乱搞斗争的问题，但总体看，运动尚属平稳。

在这场运动中，由于以阶级斗争眼光看待问题，使社会主义教育运动在1963~1964 年发生了震惊一时的事件，即甘肃白银公司和天津小站地区的所谓"夺权事件"，这进一步加深了中央领导对阶级斗争的严重估计。1964 年下半年，毛泽东对于人民公社与国营企业领导权也进行了错误的判断，认为国家有1/3 的权力不在我们手里。由于毛泽东对问题的严重性估计过高，12 月中共中央工作会议在讨论社会主义教育运动时，毛泽东与刘少奇就社会主义教育运动的性质问题产生了严重分歧。刘少奇认为"四清"与"四不清"是主要矛盾，人民内部矛盾与敌我矛盾交织在一起；毛泽东则提出运动的性质是社会主义与资本主义的矛盾，提出"重点是整党内走资本主义道路的当权派"，会议最终采纳了毛泽东的意见，错误地提出运动的重点是"整党内那些走资本主义道路的当权派"。

到 1966 年上半年，全国结束"四清"运动的有 694 个县、市（其中包括少数只搞了一部分的地区），占总数的 32%；已经搞了 40% 以上的有辽宁、河北两个省；北京、上海基本结束。加上随后开展的单位，全国开展"四清"运动的重点地区超过 1/3 以上。其他地区，则普遍开展了面上的运动，即"小四清"。全国的厂矿企业，大体上也是这种情况。①

显然，由于对社会主义经济体制改革和存在问题认识的局限，以毛泽东为代表的党中央逐渐走上以"阶级斗争"方式来解决经济管理中的问题的道路，不仅堵塞了调整初期出现的经营管理形式甚至所有制结构多样化和利用市场机制的探索，而且对所谓"资本主义"和"修正主义"的危险估计越来越严重，其防治办法也越来越"左"，"文化大革命"只不过是其逻辑发展的必然结果。这不能不影响国民经济的全面调整和发展。

---

① 薄一波：《若干重大决策与事件的回顾》（下），中共中央党校出版社，1993 年版，第 1134 页。

三、从解决吃、穿、用到备战

从 1963 年开始的继续实行全面调整工作，最初提出的方针是"解决吃穿用，加强基础工业，兼顾国防和突破尖端"。到 1964 年，由于国际形势的变化，中共中央过高地估计了帝国主义发动侵略战争的可能性，于是要求全国的经济工作重点转向战备的轨道，在"三线"地区进行大规模的以军事工业为主体的战略后方建设，从而使我国的经济建设又进行了一次不亚于调整的转轨。

"三线建设"从 1964 年开始部署，1965 年正式实施。强调要将沿海的工厂搬到内地去，搬迁的工厂实行大分散、小集中的原则；要集中力量建设内地，重点是西南地区，其目标是建立一个比较完整的战略后方基地；"三线建设"要以"国防建设第一"。这样，我国经济建设，尤其是工业建设的中心，从 1965 年开始，实际上由解决"吃、穿、用"转变为备战。相应地，国家的投资方向也作了较大调整。这一点，对调整时期工业乃至整个经济建设的成就都有某种不利的影响。

思考题：

1. 试述从 1961 年的初步调整到 1962 年的决定性调整。
2. 简述国民经济调整时期经济体制的变革。

第六章 "文化大革命"时期的 国民经济(上)

1966 年，正当我们克服了国民经济中的严重困难，胜利完成经济调整的任务，开始执行发展国民经济第三个五年计划的时候，"文化大革命"发生了。持续长达 10 年之久的"文化大革命"再次打断了经济发展的正常进程，给国民经济和人民生活造成了巨大损失。

第一节 "左"倾错误的发展与 "文化大革命"的发生

"文化大革命"是毛泽东发动的。他发动"文化大革命"的理论基础是主要内容为"以阶级斗争为纲"的"左"倾理论，这一理论又建立在毛泽东对社会主义认识的基础上。

一、"左"倾理论的形成和发展

"左"倾理论出现于中国共产党八大后。1956 年 9 月召开的中共八大一次会议对国内主要矛盾做出了正确判断，认为是人民对于建立先进的工业国的要求同落后的农业国之间的矛盾，是人民对于经济文化迅速发展的需要同当前经济文化不能满足人民需要的状况之间的矛盾。但 1957 年随着反右派运动的开展，这一正确判断被改变。在 1957 年 9 月召开的中共八届三中全会上，毛泽东提出，当前我国社会的主要矛盾仍是无产阶级和资产阶级的矛盾、社会主义和资本主义道路的矛盾，改变了八大的正确判断。这年 7 月，毛泽东在《一九五七年夏季的形势》一文中写道："这一次批判资产阶级右派的意义，不要估计小了。这是一个在政治战线和思想战线上的伟大的社会主义革命。单有一九五六年在经济战线（在生产资料所有制上）的社会主义革命，是不够的，并且是不巩固的。匈牙利事件就是证明。必须还有政治战线上和思想战线上的彻底的社会主义革命。"①这里实际包含了按政治思想划分阶级的思路。进而毛泽东在1958年3月召开的成都中共中央工作会议上提出了两个剥削阶级的论点，5月，中共八大二次会议按照毛泽东的意见进一步断言，"整风运动和反右派斗争的经验再一次表明，在整个过渡时期，也就是说，在社会主义社会建成以前，无产阶级同资产阶级的斗争，社会主义道路同资本主义道路的斗争，始终是我国内部的主要矛盾"。并且宣布我国社会有两个剥削阶级和两个劳动阶级，两个劳动阶级是指工人和农民，两个剥削阶级，"一个是反对社会主义的资产阶级右派、被打倒了的地主买办阶级和其他反动派"，另一个是"正在逐步地接受社会主义改造的民族资产阶级和他的知识分子"。②1958年11月，毛泽东在武昌会议上说，作为经济剥削的阶级容易消灭，现在我们可以说已经消灭；另一种是政治思想上的阶级，不易消灭，还没有消灭。八大一次会议的正确判断的被改变以及新的阶级划分思想，成为中国共产党在阶级斗争问题上一次又一次犯扩大化错误的理论根源。

此后，经过庐山会议、中共八届十中全会，"左"倾错误观点得到进一步发展。1959年庐山会议召开，毛泽东在错误地发动对彭德怀批判的同时，把社会上的阶级斗争直接引到党内，从而为"资产阶级就在共产党内"的错误论点埋下了种子。1962年8月6日，中共中央在北戴河召开中央工作会议，毛泽东在第一天的讲话中就提出了阶级斗争问题，改变了会议原定主题，把北戴河会议引向以讨论阶级斗争为中心。阶级斗争问题也就成了9月在北京召开的中共八届十中全会的主要议题，会上毛泽东断言在整个社会主义历史阶段资产阶级都将存在，并且有着资本主义复辟的危险性，因此，无产阶级同资产阶级之间、社会主义道路同资本主义道路之间的斗争是长期的。阶级斗争要年年讲、月月讲、天天讲。而且还把与他不同的意见，批判为"黑暗风"、"单干风"、"翻案风"，并把这种分歧看成是走资本主义道路还是走社会主义道路的斗争，甚至认为这就是在党内，在上层出现的修正主义。毛泽东关于整个社会主义历史阶段都存在阶级斗争这一论断，后来被称作党的"基本理论和基本实践"，在"文化大革命"中被称作"我党在整个社会主义历史阶段的基本路线"。③毛泽东在党的八届十中全会上的讲话，表明他已把"以阶级斗争为纲"的思想系统化、理论化了。

这一理论不仅已经系统化，而且也被付诸实践。1963年初，毛泽东就亲自布置开展农村的社会主义教育运动。所谓社会主义教育，就是搞两个阶级、两条道路的斗争，以后明确重点是抓走资本主义道路的当权派。之后，又搞城市的社会主义教育。另外，在文艺界，在整个思想战线，从1962年开始，开展了一个

①《建国以来毛泽东文稿》第6册，中央文献出版社，1992年版，第548页。
② 中共中央文献研究室：《建国以来重要文献选编》第11册，中央文献出版社，1995年版，第286、288页。
③ 胡绳：《中国共产党的七十年》，中共党史出版社，1991年版，第406页。

又一个批判，从最初的文学艺术领域进而扩展到哲学（杨献珍）、经济学（孙冶方）、历史学（翦伯赞、吴晗）、教育学等各学术领域。

1965 年 1 月发布的《农村社会主义教育运动中目前提出的一些问题》中，对全国阶级斗争形势的估计是，我国城市和农村都存在着严重的、尖锐的阶级斗争。这个文件还提出，要抓住阶级斗争这个纲、抓住社会主义和资本主义的两条道路斗争这个纲。这个文件还第一次创造了"走资本主义道路的当权派"这个概念。这几年的阶级斗争实践，确实在告诫人们阶级斗争形势非常严峻：农村政权有 1/3 不在我们手里；工厂企业里有一个相当大的多数，领导权不在马克思主义者和工人群众手里；学校是资产阶级知识分子独霸的一统天下；文学艺术界的大多数已经跌到修正主义的边缘；中国存在一个"吸工人血"的"官僚资本主义者阶级"，党内存在"走资本主义道路的当权派"；党里、政府里和军队里已经混进了一大批资产阶级代表人物，反革命修正主义分子。

正因为对党和国家政治状况的这种错误估计，尤其是认为是党中央出了修正主义，党和国家已面临资产阶级复辟的现实危险，而又觉得过去的阶级斗争办法都不能解决问题，毛泽东认为只有用"文化大革命"这种形式，公开、全面、由下而上地发动广大群众，才能把所谓被"走资派"篡夺了的权力夺回来。

二、毛泽东设想的社会主义模式

毛泽东强调阶级斗争，是为了防止中国资本主义复辟，这除了在当时的世界环境里我们受到资本主义世界的威胁外，更主要的是基于毛泽东对社会主义的认识，与他有不同的认识，就会被当做非社会主义的、资本主义的，那就要进行斗争。

毛泽东对社会主义的认识，即对什么是社会主义、怎样建设社会主义的认识带有空想的成分。1958 年，毛泽东提出了以"一大二公"为特点的人民公社构想：人民公社实行政社合一，工农商学兵融为一体，生活集体化，农村城市化，城市农村化，劳动人民知识化，知识分子劳动化，限制"资产阶级法权"。

1966 年 5 月，毛泽东在"五七指示"中又重新提出他的社会构想，设想把中国各行业、各单位都办成共产主义的大学校，在校内以一业为主，兼学别样，形成一个个亦工、亦农、亦文、亦武相对独立的社会基层单位。在这里不仅每个基本单位在结构上、功能上大体一致，而且基本单位组织内的成员也能得到全面发展。这样，工农之间的差别、城乡之间的差别、脑力劳动和体力劳动之间的差别就可以在工、农、商、学、兵融为一体的"共产主义大学校"中得以消失，亿万全面发展的社会主义新人得以造就。

这种带有空想成分的社会主义模式还表现在对商品经济的排斥和对个人收入平均分配的追求。毛泽东对社会主义商品经济的认识，存在着矛盾和反复。"大跃进"期间,他一度认为,不能孤立地看商品生产,商品和社会主义经济相联系,就不出资本主义,而出社会主义。"文化大革命"时期,他又把商品经济与资本主义混为一谈,与社会主义经济对立起来,甚至把小商小贩、手工业者当做资本主义来看待,认为"小生产经常的、每日每时的、自发的和大批的产生资本主义和资产阶级"。在农村割"资本主义尾巴",限制家庭副业,批判"三自一包";在城市批判"物质刺激"、"利润挂帅"。

在分配问题上,他认为"中国属于社会主义国家。新中国成立前跟资本主义差不多。现在还实行八级工资制,按劳分配,货币交换,这些跟旧社会没有多少差别,所不同的是所有制变更了"。提出"我国现在实行的是商品制度,工资制度也不平等,有八级工资制,等等。这只能在无产阶级专政下加以限制"。

在如何建设社会主义的问题上,首先,毛泽东怀着"只争朝夕"的心情,认为中国可以在社会主义制度下以超常速度发展。[1] 因此,当 1956 年周恩来等对经济建设中的急躁冒进进行纠正时,毛泽东是不同意的。1957 年 9 月中共八届三中全会开始,毛泽东多次对"反冒进"进行批评,批评"反冒进"也就成了"大跃进"的前奏。紧接着掀起了"大跃进"的高潮,"大跃进"中人民公社的建立,表明是要用改变生产关系来推动生产力。"大跃进"的失败并没有使毛泽东放弃这种超越社会发展阶段的设想,仅仅纠正了一些具体措施。其次,毛泽东相信运用群众运动是建设社会主义的重要手段,认为既然我们可以用群众运动的方法打碎一个旧世界,也同样可以用这一方法建设一个新世界。

毛泽东从他对社会主义的理解出发,凡是与他相对立的观点和做法,都被认为是"右倾的"、资本主义的。庐山会议上,彭德怀等被定为右倾机会主义集团;国民经济调整时期,刘少奇等中央一线领导人与毛泽东发生分歧,也被认为是两条路线的斗争。再加上对当时苏联国内情况的不恰当估计,认为苏联已经变成修正主义了,复辟资本主义了,在国内进行展开"反修"、"防修"斗争,更加重了进行阶级斗争的必要性。因此,他认为,发动"文化大革命"对于"巩固无产阶级专政,防止资本主义复辟,建设社会主义,是完全必要的,是非常及时的"。[2]

而毛泽东之所以能够发动"文化大革命",是因为长期以来,在中国共产党内,在全国人民中形成了对毛泽东的个人崇拜,在此基础上,毛泽东在党和国家的领导制度中形成了个人专断作风,致使他发动"文化大革命"没有人能够反对。而个人崇拜、个人专断又植根于中国这个长期以来小农经济占统治地位、有着几千年封建专制历史的传统。

---

[1] 胡乔木:《中国为什么犯二十年的"左"倾错误》,《胡乔木文集》(第二集),人民出版社,2007年版。

[2]《中共八届十二中全会公报》,《人民日报》,1968 年 11 月 2 日。

第二节 "文化大革命"头三年造成的
严重经济破坏

1966 年 6 月，"文化大革命"突然爆发。"文化大革命"初期的大串连、"停产闹革命"等造成的混乱局势给国民经济带来巨大的灾难。"全面内战"使国家和社会出现了失控的局面。由于各行各业的混乱，国民经济严重倒退。

一、运动初期对国民经济的干扰和破坏

1966 年 5 月中共中央政治局扩大会议和 8 月中共八届十一中全会的召开，标志着"文化大革命"的全面发动。这两次会议相继通过了《中国共产党中央委员会通知》（即《五·一六通知》）和《中国共产党中央委员会关于无产阶级文化大革命的决定》（即《十六条》）两个纲领性文件，对所谓"彭真、罗瑞卿、陆定一、杨尚昆反党集团"和对所谓"刘少奇、邓小平司令部"进行了错误斗争。强调充分运用大鸣、大放、大字报、大辩论这些形式，广泛动员群众揭发和斗争。"文化大革命"发动后，全国上下陷入一片混乱之中。

在"革命无罪，造反有理"的号召下，各地许多大中学校纷纷掀起了"造反"浪潮，并开始建立红卫兵组织，致使教育、文化等部门出现混乱局面，基层党委不能进行正常的领导工作。8 月 18 日，毛泽东首次在北京天安门接见来自全国各地的红卫兵和学校师生。自此，"文化大革命"作为一个群众性的政治运动，在全国迅猛发展起来，红卫兵冲向社会，走上街头，开展破"四旧"（即所谓旧思想、旧文化、旧风俗、旧习惯），破坏寺院、毁坏文物等打、砸、抢行动，打乱了社会的安定秩序。10 月，在全国掀起批判资产阶级反动路线浪潮中，各级党政机关普遍受到造反派的冲击，许多领导干部受到批斗，机关工作陷入无人负责、难以运转的瘫痪、半瘫痪状态。11 月初，王洪文等人在上海成立的工人造反派组织"工总司"制造了"安亭事件"，它竟得到了毛泽东的支持，产业工人开始了"造反"和"串连"，工矿企业"停产闹革命"的活动，使"文化大革命"造成的大混乱进一步升级。

这种混乱局面，冲击了社会生活的各个方面，对 1966 年下半年的经济发展，带来了许多不利影响。

首先，1966 年 9 月到 11 月的大串连高潮，大大加重了交通运输的负担，导致交通阻塞。全国各地数以千万计的红卫兵先后涌到北京，并纷纷奔向各地串连，使铁路、公路、水运的客运量急剧增加。由于坚守"革命第一"的原则，交

通运输先要满足大串连的需要，其他运输业务都必须让路，结果，不少货物积压待运。铁路运输方面，1966年年底估计有1000万吨物资被积压待运。欠运的物资，主要是江南地区和三线建设需要的煤炭、木材、水泥、钢铁、矿山建筑材料、食盐、农副产品等物资。公路运输也普遍紧张，黑龙江省11月、12月汽车货运量共有900万吨，但运力只有500万吨，有98万吨粮食集中不起来，7万吨甜菜运不到糖厂；湖北省第四季度汽车货运量共有204万吨，但只能安排130万吨；湖南省积压物资77万吨，山东和四川各积压物资30万吨左右，河北和安徽各积压物资20万吨。水运、港口物资积压也十分严重，上海港积压14万吨，广州港积压14万吨，重庆港积压3.4万吨。这些都对生产、建设和人民生活带来了严重影响。西南地区由于水泥运不进去，成昆线有63个隧道口停工，攀枝花选矿厂工地有4500工人停工，华东电网11月22日煤炭库存量只够9天周转量。[①]据估计，红卫兵串连的直接开支和间接损失（阻碍运输给国民经济造成的损失）达75亿元至100亿元，[②]可谓损失甚巨。12月1日中共中央、国务院发出通知，从12月21日起，"革命师生"吃饭、乘车不再免费，大串连的浪潮才渐渐退去。

其次，在"文化大革命"的冲击下，生产指挥系统不能正常调度，原有生产秩序受到不同程度的破坏，工农业生产和基本建设开始受到影响。这一年年底，大体上有5%~10%的工业企业的领导班子瘫痪，工业生产中出现设备维护差、事故增多、产品质量下降，少数青工、徒工擅离生产岗位等现象。从这年下半年开始，机械工业在制品大量减少，设备维修完不成计划，协作关系中断，直接对下半年生产发展造成危害。基本建设的经济效益开始下降，1966年新增固定资产比1965年减少20亿元。固定资产交付使用率由1965年的93.6%下降到70.4%，大中型项目的投产率由1965年的22.9%下降到18.1%。[③]

尽管有许多干扰和破坏，1966年国民经济仍有大幅度的增长，各项生产建设事业都完成和超额完成了国家计划。这年的工农业总产值达到2327亿元，比上年增长17.3%。农业总产值达641亿元，比上年增长8.6%；工业总产值达到1686亿元，比上年增长20.9%。粮食达到4280亿斤，比上年增长10%；棉花达到4673.5万担，比上年增长11.4%；钢达到1532万吨，比上年增长25.3%。国家预算内基本建设投资完成178.3亿元，比上年增加24亿元。国家财政收入558.7亿元，比上年增长24.4%，支出541.6亿元，收大于支17.1亿元。[④]之所以

---

① 国家计委档案：《全国计划、工业交通会议简报》第1期，1966年11月27日。转引自武力：《中华人民共和国经济史》，中国经济出版社，1999年版，第643~644页。

② 赵士刚主编：《共和国经济风云》（下），经济管理出版社，1997年版，第224页。

③ 柳随年、吴敢群：《中国社会主义经济简史（1949~1983）》，黑龙江人民出版社，1985年版，第350页。

④ 同③，第352页。

仍有大幅度的增长,原因主要有两个方面:第一,"文化大革命"对1966年经济的影响,带有局部的性质。这年的动乱主要集中在上层建筑领域,真正影响到经济领域特别是基层的工作是在第四季度开始的。第二,周恩来始终坚持抓革命、促生产的方针,把住经济工作的关。从动乱一开始,周恩来最关心的是生产建设遭到破坏,多次发出通知要求广大工人、社员、科技人员和其他劳动者坚守工作岗位,如9月2日发出《关于铁路企业单位分期分批地开展文化大革命运动和整顿车站、列车秩序的通知》,14日下达《关于抓革命促生产的通知》(工业六条)和《关于县以下农村文化大革命的规定》(农业五条),规定铁路分局及以下单位可暂缓开展"文化大革命",工厂职工的文化革命可在业余时间去搞,农村破"四旧"、立"四新"运动,应在农闲时专门安排一段时间把它搞好。这些文件的下达,对抵制社会动乱给工农业生产的冲击起了非常重要的作用。1966年11月17日召开的全国计划、工业交通会议上,围绕着工业交通企业如何进行"文化大革命",如何"抓革命、促生产",与会者与中央文革小组展开了激烈的争论。大多数与会者强烈反对陈伯达草拟的《关于工厂文化大革命的十二条指示(草案)》(简称"十二条")提出"允许工厂成立派系组织"、"允许学生到工厂串连"等条款,表示工厂不能中断生产。会议主持人谷牧根据会议意见和周恩来的讲话精神,起草了《工交企业进行文化大革命的若干规定》(简称"十五条"),规定工厂不能停产闹革命,工人参加"文化大革命"只能在业余时间,学生不能到工厂串连。陈伯达和中央文革小组却反对和指责"十五条"。最后,毛泽东同意"十五条"的基本意见,表示工矿企业要分期、分批、业余闹革命,学生不能前去串连。

但是,"文化大革命"的进一步发展,很快就从根本上打乱了经济发展的进程。随着"打倒一切、全面内战"的进行,经济陷入全面的灾难之中。

二、"打倒一切、全面内战"给经济带来的灾难

1967年、1968年,"文化大革命"进一步展开,出现了"打倒一切、全面内战"的政治局面。

1967年1月初,上海市的一批造反派组织,夺取了上海市委、市人委的领导权。这一夺权行动得到了毛泽东的支持,进而在全国各地区、各部门刮起向"走资本主义道路的当权派"夺权的"风暴"。为了夺取各级党政的领导权,各派之间展开了激烈的派性斗争,致使夺权难以实现。为了保证夺权的早日实现,1月25日,中共中央、国务院、中央军委、中央文革小组作出了《关于人民解放军坚决支持革命左派群众的决定》,《决定》传达毛泽东的指示,命令军队介入地

方的"文化大革命",执行"三支两军"任务。① 军队介入地方"文化大革命"并没有效地控制住混乱局面,反而造成了造反组织与军队的纠纷和冲突。

7月,局势进一步恶化。7月22日,江青向造反派组织提出"文攻武卫"的口号,公然煽动武斗。从此,全国武斗急剧升级,形成"全面内战"的局面。天津塘沽港因两派武斗完全瘫痪,40多艘外国轮船被困在港内;苏州财贸部门发生武斗,市内半数粮店停止供粮;四川泸州地区几派连续几个月动用枪炮武斗,造成几千人死亡,工农业设施被严重毁坏;山西两大派群众组织切断铁路公路运输,抢劫银行,割据一方;广西造反派几次抢夺大批援越物资和枪支弹药用于武斗;东北几大派群众组织出动坦克,互相炮轰,甚至占领机场,打坏飞机。严重的局势使毛泽东下决心改变支持群众造反夺权的方针,采取了一系列控制局势的强制性措施。他在视察南方中呼吁各派群众组织要实现大联合,要抓革命、促生产、促工作、促战备,还下令逮捕了煽动动乱的中央文革成员王力、关锋、戚本禹等人。根据他的指示,中共中央多次发出解散跨行业、系统的群众组织,严禁武斗、抢夺枪支、破坏国家财产的通令、布告,并出动军队强制执行。因此,9月以后局势稍有缓和,但到1968年3月,在反对"右倾翻案风"的煽动下,造反派组织之间的派性斗争和武斗流血事件重新加剧,若干地区的局势再度恶化。8月,毛泽东不得不再一次采取紧急措施加以制止,组织工人、解放军宣传队进驻各基层单位,随后9月全国各省市都建立了革命委员会,全面动乱的局面才得到控制。

1967年、1968年的"打倒一切、全面内战",打乱了正常的社会秩序、生产秩序和工作秩序,使这两年的经济形势急剧恶化。

第一,经济指挥和管理机构基本瘫痪,国民经济实际上处于无政府状态。夺权以后,从上到下原有的一套经济指挥和管理系统失灵,大批有经验的干部"靠边站",计划管理和经济管理已经难以为继。1967年度的计划安排,是在1966年底召开的全国计划会议、工交会议上讨论的,中央一直没有审批。1967年头几个月事态的发展使这个计划已根本无法实现。6月,在全国生产供应会上被迫宣布,当年计划指标如果确实完不成,可以顺延到第二年。由于形势极度混乱,1968年甚至年度计划也没有制定,成为我国建立计划经济以来唯一没有国民经济计划的一年。

各级经济委员会和业务部门的瘫痪,使日常的生产调度和业务工作的集中领导十分困难。1967年9月,设立了国务院工交办事组,主要是研究制定工业生产方面的重要方案,处理工业生产、交通运输中急需调度的有关事宜,实际上所起作用不大。

第二,交通运输阻塞,煤炭生产下降,打乱了正常的经济生活秩序。铁路运

---

① "三支两军"指支左、支工、支农、军训、军管。

输原本就十分紧张，一些铁路沿线地区发生大规模武斗后，严重影响铁路运输，平均日装车数直线下降。1967年2月份平均日装车数为3万多车，到7月中旬只有2.9万多车，9月份下降到1.9万车，为计划的46%。水运、公路运输也不安宁。大连曾有8条船被抢，1967年七八月份，各个港口有100多条船不能卸货，有些短途运输也停止了。煤炭生产也极不正常，由于生产指挥系统瘫痪，大规模武斗和工人大量离开生产岗位，煤炭产量节节下降。1967年1月，煤炭部直属各矿务局平均日产量只有45万吨，2月上旬减到40.3万吨，中旬减到38.8万吨，8月15日，进一步降到22.8万吨，到1967年12月，煤炭部直属各矿务局煤炭日产水平只达到正常生产水平的50%左右。煤炭生产下降，使煤炭供应十分紧张，对用煤部门不能按计划供应，库存普遍下降到正常周转所需的水平以下。1967年第四季度，铁路运输和发电用煤，分配数为原计划的75%左右，中央工业、地方工业分配数为原计划的60%左右。煤炭供应困难，铁路运输紧张，直接影响到钢铁、电力等基础工业部门，进而影响到其他部门，使整个国民经济无法正常运转。

第三，许多企业停工停产。1967年初，因煤炭供应不足，全国就有一批企业停工停产，如全国唯一的车轮轮箍厂1月份已停产，全国60多座水泥窑停产13座，马鞍山钢铁厂有3座高炉、2座平炉停产。到7月份，全国钢铁厂中除本溪、太钢两个企业较好外，其他钢铁企业，如鞍钢、武钢、湘钢、重钢等，都处于停产半停产状态。到这年的11月份，全国32座大型高炉已有14座停产，4套大型轧机有2套停开，29套成品轧机有14套停开。[①]

两年的动乱，带来了严重后果。1967年、1968年两年全国工农业生产总值及主要工农业品产量都出现全面下降的局面。全国工农业生产总值1967年为2104亿元，比上年下降了9.6%，1968年又进一步降为2015亿元，比1967年又下降4.2%。其中，工业总产值1967年比上年下降13.8%；1968年比1967年下降5%，仅为1966年的81.8%。农业总产值1968年比1966年下降1%。钢产量1967年为1029万吨，较上年减少503万吨，1968年又下降到904万吨，较上年减少125万吨。原煤产量1967年为2.06亿吨，较上年减少0.46亿吨。原油产量1967年为1388万吨，比上年减少67万吨。发电量1967年为774亿度，比上年减少51亿度，1968年又下降到716亿度，比上年减少58亿度。1967年粮食、棉花总产量大体维持了上年的水平，1968年粮食产量2.09亿吨，比上年减少876万吨，减产4%。1967年、1968年两年国民收入、财政收入都大幅减少，财政收入1967年比上年减少24.9%，出现赤字22.5亿元，1968年又比上年减少35.3%，在大幅度压缩了财政支出的情况下（支出水平仅为1966年的2/3）才维

---

① 柳随年、吴敢群：《中国社会主义经济简史（1949~1983）》，黑龙江人民出版社，1985年版，第356~361页。

持了财政收支的平衡。以 1953 年到 1965 年 13 年间工农业总产值实际平均增长速度计算，1967 年、1968 年两年工农业总产值应该达到 5220 亿元，而这两年工农业总产值只有 4119.8 亿元，损失的工农业总产值达到 1100 亿元。[①]

国内市场供应紧张，人民生活水平下降。在 1966 年国家商业库存比较充裕的情况下，1967 年和 1968 年两年，粮食、食用植物油、猪肉、鲜蛋、水产品、棉布、缝纫机、自行车、手表等重要消费品的社会零售额都有不同程度的减少。1968 年社会商品零售总额只有 737.3 亿元，下降 4.3%，人均消费只有 132 元，下降 3.7%。[②] 1968 年城镇居民棉布定量供应指标，全国平均每人只有 9 尺，比 1967 年减少 4.6 尺。[③]

第三节　"三个突破"与新的经济调整

中共九大召开后，国家政治局势稍趋稳定，经济开始缓慢复苏。但1970 年经济建设掀起的一场跃进，又使国民经济比例严重失调，1971 年出现了职工人数、工资支出总额、粮食销量"三个突破"。林彪集团覆灭后，周恩来抓住有利时机，从 1972 年到 1974 年对我国经济实施新的调整，国民经济出现好转势头。

一、1969~1970 年：经济在困境中恢复

到 1969 年，"文化大革命"已"轰轰烈烈"开展了三年。毛泽东认为，以"大乱"改变原有社会政治状况的目的已初步达到，下一阶段应该走向"大治"。为证实"文化大革命"对经济的"促进"作用，必须改变前两年经济倒退的局面。三年的社会动乱，也搅乱了人民群众的正常生活，社会上人心思定。另外，1969 年 3 月中苏两国在珍宝岛发生大规模的边界武装冲突，备战迫在眉睫，战备也需要比较稳定的社会环境。1969 年 4 月中共九大召开后，国家政局稍稳，经济开始缓慢复苏。为稳定社会，发展经济，中共中央、国务院采取两项果断措施：一是发布各种通令，整顿生产秩序，恢复和加强全国各地区的经济计划领导班子，强力整顿仍在动乱的地区；二是针对一批被停顿的"三五"计划重点工程，连续批发文件，召开相关会议，组织军队参与接管，严令限期完成。1970

---

① 参见刘国光等主编：《中国十个五年计划研究报告》，人民出版社，2006 年版，第 294~295 页。

② 房维中：《中华人民共和国国民经济和社会发展大事辑要（1949~1985）》，红旗出版社，1987 年版，第 278 页。

③ 赵德馨：《中国经济通史》第 10 卷（上），湖南人民出版社，2002 年版，第 293 页。

年，国务院在比较稳定的社会环境中，为发展经济又采取了几项主要措施。

其一，稳定农村政策。1970年8月国务院召开了有1200多人参加的北方地区农业会议，提出"六十条"中关于人民公社的政策仍然适用，必须贯彻执行；对于中央早已规定的三级所有、队为基础的制度、自留地制度，一般不要动；在保证集体经济占绝对优势的条件下，社员可以经营少量的自留地、家庭副业；要坚持按劳分配的原则，反对平均主义；在服从国家统一计划的前提下，要允许生产队因地制宜灵活种植；等等。①在"文化大革命"背景下，会议也强调肃清"三自一包"、"四大自由"余毒，但着眼点是抵制极"左"思潮对农业的冲击，对促进农业的恢复和发展起了重要的作用。

其二，加速内地和"三线"建设。1970年国家预算基本建设投资完成额中，内地建设投资为197.98亿元，"三线"建设投资为163.13亿元，分别占总投资的67.1%和55.3%。②

其三，加快地方"五小工业"（小钢铁、小机械、小化肥、小煤窑、小水泥企业）的发展。国家财政计划在五年内安排80亿元专项资金，扶持"五小工业"。政府还给予企业利润留给地方、减免税收、给予贷款、补贴等政策。1970年全国近300个县办起小钢厂，有90%的县建立了农机修造厂。一些不发达地区还建立了一批纺织、榨糖、日用化工、小五金、小百货等轻工业。③

其四，改革组织管理体制，下放企业。1970年的体制改革，主要表现为中央企业、事业单位的大规模下放。经过这次下放，在不太长的时间里，就把包括鞍钢、大庆油田、长春汽车制造厂、开滦煤矿、吉林化学工业公司等大型企业在内的2400多个单位下放给省、市、自治区管理，有的又进一步下放到市、县。中央各部所属的民用企业只留下700个左右。

由于采取了上述一系列措施，从1969年开始，国民经济开始扭转1967年、1968年连续两年倒退的状况。1969年，工农业总产值为2495.5亿元，比上年增长23.8%，比1966年增长7.2%。其中农业总产值642亿元，比上年增长1.1%，工业总产值1835.5亿元，比上年增长34.3%。除粮、棉外，工农业产品产量都有较大幅度增加。但仍然没有达到1966年的水平。1970年，工农业生产取得了大幅度的增长，各项主要经济指标大部完成或超额完成了年度计划和"三五"计划。工农业总产值3137亿元，比1969年增长25.7%，其中工业总产值2421亿元，比1969年增长30.7%；农业总产值716亿元比1969年增长11.5%；国家财

---

① 国家农委办公厅：《农业集体化重要文件汇编》（下），中共中央党校出版社，1982年版，第891~892页。

② 王年一：《大动乱年代》，河南人民出版社，1988年版，第364页。

③ 柳随年、吴敢群：《中国社会主义经济简史（1949~1983）》，黑龙江人民出版社，1985年版，第370~371页。

政收入 662.9 亿元，结余 13.5 亿元（均按可比价计算）。①

二、"三个突破"的出现

1970 年的经济量取得了较大进展，但在经济进展中隐藏着许多矛盾，存在着不少问题。到 1971 年，问题更加严重。

1970 年经济体制的大变动，调动了地方的积极性，又一次促进了地方小工业的大发展。但是，由于缺乏整体计划和统一管理，各地纷纷上马建设项目，基建规模迅速扩张，经济比例严重失调。经济建设的急躁冒进，导致许多严重问题：基建规模过大，使积累率过高。1970 年国家计划内安排投资 228 亿元，比 1969 年实际增长 47%，加上地方自筹资金，全年基本建设投资实际完成总额达 295 亿元，比 1969 年猛增 109 亿元。积累率急剧上升，由 1969 年的 23.2%迅速提高到 32.9%，人力、物力紧张。内地建设过急过快，沿海发达地区受到限制，削弱了沿海地区的发展。重工业发展挤了农业、轻工业和非生产性建设。1970 年农业投资只占全部投资的 8.4%，轻工业投资只占全部投资的 3.7%，非生产性建设投资只占全部投资的 11.7%，其中住宅投资占全部投资的 2.6%，为新中国成立以来最低，消费与积累比例失调。②

1970 年经济建设实际上掀起了一场跃进。这次急躁冒进不仅是计划经济固有的"投资饥渴症"的反映，还有一些特殊的政治因素："文化大革命"造成了几年的经济下滑，领导人希望用经济的快速增长来证明"文化大革命"的正确性。广大干部群众也急于挽回几年政治活动造成的损失。③但是，1970 年建设项目上马虽多，但投产率却从上年的 18.1%下降到 16.7%。经济运行的一些深层次问题也暴露出来。如粮食和经济作物产量不能适应工业区发展和人口增长的需要；原材料工业特别是钢铁工业不能适应加工工业的需要；交通运输和电力供应紧张；产品质量下降，设备失修，事故增多；等等。④

1971 年，在极"左"方针指导下，不顾"文化大革命"造成的经济困难，不重视和解决已显露的问题，反而盲目制定了不切实际的高指标。如"三五"计划基本建设投资规模为 850 亿元，"四五"计划纲要草案却安排了 1300 亿元，增长了 51%；粮食产量 1970 年只有 4799 亿斤，却要求 1975 年达到 6000 亿~6500 亿斤，平均每年增长 200 亿斤以上；钢产量 1970 年只完成了 1779 万吨，却要求 1975 年达到 3500 万~4000 万吨，每年增产 340 万~440 万吨，五年内翻一番。在

① 刘国光：《中国十个五年计划研究报告》，人民出版社，2006 年版，第 299~300 页。

② 柳随年、吴敢群：《中国社会主义经济简史（1949~1983）》，黑龙江人民出版社，1985 年版，第 376~377 页。

③ 武力：《中华人民共和国经济史》，中国经济出版社，1999 年版，第 671 页。

④ 苏星：《新中国经济史》，中共中央党校出版社，1999 年版，第 589~590 页。

当时的情况下，这些指标都很难实现，但各部门还层层加码。

作为"四五"开局之年，1971年的主要经济指标都完成了。工农业总产值3520亿元，为计划的105%，比上年增长12%。其中，农业增长3%，工业增长14.9%。粮食产量为5003亿斤，棉花产量为4210万担，只完成计划的86.7%和84.2%。由于盲目追求高速度，盲目扩大国防工业，国民经济结构严重失调问题更为恶化。其主要表现就是国民经济出现了"三个突破"，即职工人数突破5000万人，工资支出突破300亿元，粮食销量突破800亿斤。1970年和1971年，原计划增加职工306万人，实际增加了983万人，超出计划两倍以上。1971年全国工资总额按计划应控制在296亿元内，实际达到了302亿元。1971年粮食销售量计划为794亿斤，实际达到855亿斤。[①]

"三个突破"超过了国家财力、物力的承受限度，给经济运行带来严重后果。一是挤掉了农业劳动力；二是工业劳动生产率下降；三是增加了货币投放，加剧了市场供应的紧张。[②]从宏观方面看，积累率过高，农轻重比例更加不合理；基建规模过大，降低了经济效益。

三、新的经济调整

1971年的"九一三"事件后，林彪集团覆灭，周恩来主持中央工作。他抓住有利时机，以批判林彪极"左"思潮的形式，对我国经济进行调整。在周恩来的主持下，国务院采取了一些重要措施。

第一，恢复制定经济管理规章制度，加强国家宏观控制。1972年初，全国计划会议在周恩来指示下制定出一系列重要措施，主要有：加强国家计划，整顿企业管理，落实各项政策，反对无政府主义等。在企业管理方面，提出要恢复和健全岗位责任制、经济核算制、考勤制度、技术操作规程、质量检验制度、设备管理和维修制度、安全生产等7项重要规章制度。1973年2月，国家计委起草了《关于坚持统一计划，加强经济管理的规定》，提出加强统一计划领导，搞好综合平衡，反对各行其是；严格控制基建规模，不许乱上项目；中央集中控制职工总数、工资总额、物价等，各地无权自定；中央下放的大中型企业不能再层层下放；企业实行党委领导下的厂长负责制；坚持按劳分配原则，广泛推行计时工资加奖励、计件工资等10条原则。文件草稿在讨论中得到了28个省、市、自治区代表的赞成，由于张春桥等人的阻挠，文件没能下达，但使广大经济管理干部统一了认识。

第二，修改"四五"计划指导指标，调整经济结构。从1972年到1974年，

---

① 刘国光：《中国十个五年计划研究报告》，人民出版社，2006年版，第313页。

② 苏星：《新中国经济史》，中共中央党校出版社，1999年版，第590~591页。

国务院逐步改变以战备和"三线"建设为中心的战略，降低"四五"计划制定的高指标。1973 年 5 月中央工作会议决定修改"四五"计划。7 月 1 日国家计委提出了修正"四五"计划轮廓，拟定了《第四个五年国民经济计划纲要（修正草案)》，降低了"四五"计划中的主要经济指标。"四五"计划修正草案适当改变了以备战和"三线"建设为中心的经济建设指导思想；要求把效益、品种、质量、配套放在第一位；重视沿海地区的发展；要求加强统一计划管理。"四五"计划修正草案调整了部分高指标，将工业总产值由原定的 4000 亿元下调到 3300 亿元，将原定的工业年平均增长速度由 12.8%下调到 7.7%；将原定的 3500 万~4000 万吨的钢产指标，压低到 3000 万吨；将原定粮食产量 6000 亿~6500 亿斤下调到 5600 亿斤。1973 年 6 月 20 日，国家计委向国务院提交《关于国民经济计划问题的报告》修改稿，提出年内要把大中型建设项目由 1500 个左右压缩到 1200 个左右；并建议三年内将军政费占国家财政的比重从 1972 年的 25.2%降低到 20%左右。1973 年 12 月 7 日，国家计委提出《关于 1974、1975 年国民经济计划的一些设想》，再次调整经济指标，工农业总产值调整为 4430 亿元，其中工业总产值 3200 亿元，农业总产值 1230 亿元，粮食 5500 亿斤，棉花 5000 万担，钢 3000 万吨，原油 7000 万吨，原煤 4.4 亿吨，发电量 1900 亿度，化肥 3000 万吨，棉线 1200 万件，铁路货运 9 亿吨。①

　　第三，加强对职工工资、职工人数的控制。1972 年 4 月至 6 月，国家计委和国务院先后发出关于严格控制增加职工和加强工资基金管理的两个文件，规定：未经国务院批准，新增职工人数不得超过计划。凡未经批准超计划招收的职工及违反政策增加工资的，银行有权拒绝支付，并向上反映。同时，国家还动员了一部分 1970 年超指标招收的职工返回农村。1972 年 8 月 19 日，国家计委向中央提出了《关于当前国民经济中几个问题的报告》，再次提出职工人数增加过多的问题，建议严格控制职工人数。1973 年国家计委提出《关于 1974、1975 年国民经济计划的一些设想》时，继续要求控制职工人数。

　　1972~1973 年两年的经济调整，国民经济出现好转。一是基本建设规模压缩下来，各部门失调的比例关系有所改善；二是 1973 年国民经济计划完成较好。1973 年成为"文化大革命"以来经济效益最好的一年，工农业总产值达 3967 亿元，完成计划 102.8%。其中工业总产值 2789 亿元，完成计划 102.3%，比上年增长 9.5%；农业总产值 1179 亿元，完成计划 103.9%，比上年增长 8.4%。经济效益也有了提高，全民工业劳动生产率在连续两年下降后，比上年提高 3.3%，固定资产交付使用率也比上年提高 13%。工业产品质量严重下降的情况有了改变。"三个突破"基本得到控制，1973 年全民职工人数和工资总额分别只比上年增长 2.6%和 4.1%，大大低于前两年的平均数 8.5%和 11.2%。农业丰收，国家粮

---

　　① 刘国光：《中国十个五年计划研究报告》，人民出版社，2006 年版，第 324~325 页。

食库存比上年增加了93.5亿斤。[①]

第四节 "文化大革命"后三年经济的起伏波动

刚有好转的经济由于1974年再度受到"批林批孔"运动冲击，经济建设又一次下滑。1975年邓小平实施整顿后，经济发展出现起色，但又遭到"反击右倾翻案风"运动的破坏。1976年，国民经济趋于停滞。

一、"批林批孔"运动再度冲击经济

中国经济经过调整后刚刚有所好转，1974年再度受到"批林批孔"运动的冲击。"批林批孔"是毛泽东提出来的，主要目的是想借宣传历史上所谓的法家坚持变革和儒家反对变革来维护"文化大革命"。因为"九一三"事件后，不少人开始对"文化大革命"持怀疑、观望甚至抵制、反对的态度，毛泽东非常担心"文化大革命"被否定。毛泽东在一些具体问题上支持过纠正"左"的错误，在全局问题上一直坚持"文化大革命"理论，不容许从根本上否定"文化大革命"。这就限制了对极"左"思潮的批判和对"左"的错误的纠正。江青一伙则别有用心，妄图利用毛泽东提出的"批林批孔"运动夺取党和国家最高领导权。1974年1月18日，经毛泽东批准，由党中央转发江青主持选编的《林彪与孔孟之道》，"批林批孔"运动在全国展开。

江青集团的写作班子写了大量批孔和批儒评法的文章，含沙射影攻击周恩来。他们以批判孔子"克己复礼"、"兴灭国、继绝世、举逸民"为名，攻击周恩来前一时期的工作。"批林批孔"运动使极"左"思潮再度泛滥，不少领导干部又一次受到冲击，地方帮派势力甚至乘机搞"第二次夺权"，打、砸、抢、抄之风再次甚嚣尘上。1974年2月1日，《人民日报》刊载上海港务局的《要当码头的主人，不做吨位的奴隶》大字报，冲击正常的生产秩序。接着，出现了"不做定额的奴隶"、"不做制度的奴隶"、"不做平方米的奴隶"、"不为错误路线生产"的极"左"口号。全国出现了不上班、不劳动、搞串连、拉山头、打内战的局面。

"批林批孔"对经济建设造成巨大的影响。1974年1~5月，全国重点煤矿欠产835万吨，比上年同期下降6.2%；钢欠产188万吨，比上年同期下降9.4%；化肥欠产185万吨，比上年同期下降3.7%。铁路货运量欠运2100万吨，比上年同期下降2.5%；在"要当码头的主人，不做吨位的奴隶"口号下，港口劳动生

---

① 刘国光：《中国十个五年计划研究报告》，人民出版社，2006年版，第325页。

产率下降，1974 年 1 月后，全国在港船舶经常保持在 240~250 艘，其中有 40 艘超过 1 个月，最长的超过 100 天。1~5 月，全国财政收入比上年同期减少 5 亿元，财政支出比上年同期增加 25 亿元，出现 5 亿元财政赤字；全国工业总产值仅完成全年的 35.7%，外贸逆差 6.7 亿元，市场商品供应紧张。①

　　由于"批林批孔"的混乱，1974 年国家大部分指标都没有完成。全国工农业总产值为 4024.3 亿元，完成计划的 95.6%，仅比上年增长 1.4%，其中工业总产值完成计划的 93.2%，仅比上年增长 0.3%；农业总产值完成计划的 101.5%，比上年增长 4.2%。主要工农业产品中，除粮食和黄、红麻完成计划外，其他经济作物均未完成计划，大部分重工业和轻工业产品都未完成计划。与上年相比，主要工农业产品减产，棉花减产 4%，钢减产 16.3%，原煤减产 1%，棉纱减产 8.4%，铁路货运量下降 5.3%，新增固定资产交付使用率下降 5.3%。国家财政出现 7.7 亿元赤字。②

二、1975 年的整顿

　　"批林批孔"造成的社会动荡与经济混乱，引起了毛泽东的忧虑。1974 年 10 月毛泽东指示："把国民经济搞上去"。1975 年 1 月，中共十届二中全会举行，根据毛泽东的提议，全会选举邓小平为中共中央副主席、中央政治局常委，确定了邓小平在四届人大以后主持经济工作的地位。1975 年 1 月 13 日，周恩来抱病在第四届全国人民代表大会上作了《政府工作报告》，重申了"两步走"的国民经济发展宏图，重提实现四个现代化的战略。四届人大是从乱到治的一个转折。

　　四届人大后，邓小平主持国务院工作。他根据毛泽东"把国民经济搞上去"和"安定团结"的指示，以问题最为严重的铁路运输和钢铁工业为突破口，大刀阔斧地整顿混乱的局势。1975 年 2 月 15 日到 3 月 8 日，中共中央召开全国省、市、自治区主管工业的党委书记会议，邓小平提出解决铁路问题的三项措施：一是加强集中统一；二是建立必要的规章制度，增强组织纪律性；三是反对派性。3 月 5 日，中共中央发出了《加强铁路工作的决定》（9 号文件）。会后，铁道部长万里带领工作组，前往问题特别严重的徐州铁路局，雷厉风行地调整领导班子，逮捕了顾柄华等一批坏分子，徐州铁路局面貌很快得到改观，结束了连续21 个月完不成任务的局面。随后，万里又前往昆明、郑州，对铁路系统进行整顿。到 4 月份，仅用 1 个月的时间，堵塞严重的几个铁路局都疏通了，全国 20

---

① 柳随年、吴敢群：《中国社会主义经济简史（1949~1983）》，黑龙江人民出版社，1985 年版，第 398~399 页。

② 房维中：《中华人民共和国国民经济和社会发展计划大事辑要（1949~1985）》，红旗出版社，1987 年版，第 355 页。

个铁路局有 19 个局完成装车计划，列车正点率也大大提高。①

整顿铁路初见成效后，邓小平又对准钢铁工业进行整顿。1975 年 5 月 8 日到 29 日，中共中央召开钢铁工业座谈会。邓小平提出钢铁工业要解决四个问题：第一，必须建立一个坚强有力的领导班子；第二，必须坚决同派性作斗争；第三，必须认真落实政策；第四，必须建立必要的规章制度。冶金部根据会议精神，对全国钢铁企业展开全面整顿，重点是包钢、武钢、太钢等大钢铁公司。6 月份，钢铁工业整顿初见成效，全国每天的钢产量超过了全年计划水平。②

钢铁工业整顿出现成效后，邓小平将整顿工作推向全部工业战线。8 月 3 日，邓小平在国防工业重点企业会议上作了重要讲话，工业战线整顿全面铺开。按照他的指示，工交系统的冶金、煤炭、石油、化肥、电力、机械、森林工业、水产、建材、纺织、交通、铁道、邮电等 13 个部门，确定了需要调整领导班子的 379 个单位，到 7 月底，铁道、煤炭、冶金三个重点部门已调整了 133 个，占工交系统已调整数的 54%。工交系统的经济形势出现了明显好转，而且一个月比一个月更好。原油、原煤、化肥、发电、铁路货运等 5 月、6 月都创造了月产量的历史最高水平。③

在对工业整顿的同时，也对农业进行了整顿。9 月 15 日，邓小平在全国农业学大寨会议上强调了发展农业的重要性，指出农业搞得不好要拉国家建设的后腿，并提出落实农村干部政策等正确主张。9 月 27 日，在农村工作座谈会上，邓小平讲"农业要整顿"，"整顿的核心是党的整顿。整顿主要放在整顿各级领导班子上，农村包括公社、大队一级"。会后，各地区抽调了上百万干部到农村社队帮助整顿。为了落实党在农村的经济政策，中央还专门发出文件，强调不能把社员正当的家庭副业当做资本主义去批判。通过采取这些整顿措施，调动了广大农民的积极性。④

这期间，邓小平还抓了科技、教育、文艺、军队、国防等领域的整顿工作。

1975 年的整顿工作，从 3 月份展开，7 月、8 月、9 月份进入高潮，在极短的时间内取得了明显的成效。铁路运输基本上"四通八达，畅通无阻"，到 6 月底，在一季度严重减产的情况下，上半年全路货运量仍比上年增长 8.6%，煤炭、木材等重点物资运输实现时间过半，完成任务过半。⑤ 1975 年 5 月和 6 月，原油、原煤、发电量、化肥、水泥、内燃机、造纸等连续创造月产量历史最高水平。上半年全国工业总产值完成全年计划的 47.4%，财政收入做到收支平衡，略有盈余。1975 年年底，工农业总产值达 4467 亿元，比上年增长 11.5%，其中工

---

① 柳随年、吴敢群：《中国社会主义经济简史（1949～1983）》，黑龙江人民出版社，1985 年版，第 404 页。

②③ 武力：《中华人民共和国经济史》，中国经济出版社，1999 年版，第 728 页。

④ 同①，第 407 页。

⑤ 李际祥：《当代中国的铁道事业》，当代中国出版社，1990 年版，第 77 页。

业总产值比上年增长 15.1%，农业虽然部分地区遭受特大洪水仍增长 4.6%。[①]

三、"反击右倾翻案风"使国民经济再遭挫折

整顿初期，毛泽东是支持邓小平的，但他心中始终不能忘怀的是如何在经济基础上巩固"文化大革命"的成果、防止"资本主义复辟"，提出了"关于无产阶级专政下继续革命的理论"。江青集团则利用毛泽东的"关于无产阶级专政下继续革命的理论"，发动了攻击邓小平的"反经验主义"活动。正当全面整顿逐步铺开的时候，1975 年 11 月，毛泽东从支持邓小平突然转向以批邓为目标的"反击右倾翻案风"。毛泽东的态度发生逆转的原因，是因为他要坚持以阶级斗争为纲，要维护"文化大革命"以来的"左"倾政策和理论，不能容忍邓小平系统纠正"文化大革命"错误的做法。1975 年 11 月，从清华大学开始，全国掀起了"反击右倾翻案风"的运动。

邓小平对国民经济实行整顿的各项措施都被批判为"为右倾翻案"。实现四个现代化被批判为资本主义化，抓生产被批判为唯生产论，加强管理被批判为"管、卡、压"，加强经济核算被批判为利润挂帅，贯彻按劳分配被批判为物质刺激，从国外引进技术设备被批判为崇洋媚外。大批干部被揪斗，经济管理机关瘫痪，企业合理规章制度被废除，生产秩序混乱。1976 年 2 月至 3 月，中共中央召开了传达毛泽东批判邓小平的重要指示的三次"打招呼会"。会议期间，江青擅自召集了各地区负责人会议，诽谤邓小平在经济领域的整顿是"对内搞修正主义，对外搞投降主义"，诬蔑出口石油、进口成套设备和船舶是"垄断资产阶级"、"国际资本家的代理人"。协助邓小平进行各个领域整顿工作的胡乔木（国务院）、胡耀邦（中国科学院）、万里（铁道部）、张爱萍（国防科委）等人在会议期间都遭到批判，离开了领导岗位。[②]

1976 年 1 月 8 日，周恩来总理逝世。清明节爆发了天安门事件。"四人帮"污蔑邓小平为黑后台。4 月 7 日，中共中央政治局通过两个决议，任命华国锋为中国共产党中央委员会第一副主席、中华人民共和国国务院总理，撤销邓小平党内外一切职务。邓小平推行的整顿工作遭到全面否定和批判。

在"反击右倾翻案风"的冲击下，刚好转的经济形势急转直下，生产秩序陷于混乱，许多地区的领导人被批斗。1976 年 1 月、2 月份，铁路没有完成货运计划，3 月上中旬，全国 20 个铁路局有 9 个局没有完成装车计划。郑州、兰州等帮派分子控制的铁路枢纽又严重堵塞京广、陇海、津浦等干线通过的物资，都比实际运力少 1/3 到 1/2。煤炭运不出去，一些地方发生群众排队购煤甚至哄抢现

---

① 参见刘国光：《中国十个五年计划研究报告》，人民出版社，2006 年版，第 330 页。
② 武力：《中华人民共和国经济史》，中国经济出版社，1999 年版，第 736 页。

象，上海存煤一度只能维持 4 天。1 月到 5 月，钢产量欠产 123 万吨，化肥、棉纱等也没有完成原定计划。1976 年 7 月 28 日，河北省唐山、丰南发生 7.8 级强烈地震，242769 人死亡，164851 人重伤，唐山市沦为一片废墟，国家直接经济损失近 100 亿元。①

1976 年 9 月 9 日毛泽东辞世。10 月 6 日，叶剑英和华国锋反复商议后，并与李先念、陈云、徐向前、聂荣臻、王震等人及中央政治局部分成员通过各种方式交换意见，采取断然措施，一举粉碎了"四人帮"，结束了"文化大革命"。

由于天灾和人祸，1976 年的全国经济风雨飘摇。全年工农业总产值仅比上年增长了 1.54%，主要工农业产品中多种产品没有完成计划，其中棉花仅完成 79%，钢仅完成 79%，发电量完成 96.3%，铁路货运量完成 93%。棉布、硫酸、矿山设备、发电设备、机床、汽车、拖拉机的产量比上年都有较大幅度的下降。国家基本建设投资比上年减少 32.3 亿元，固定资产交付使用率比上年下降 5%，建成大中型项目比上年减少 82 个，是新中国成立以来效益最差的一年。全国国营企业亏损额 177 亿元，国家财政收入比上年减少 39 亿元，出现财政赤字 29.6 亿元。② 国民经济停滞不前。

思考题：

1. 简述"文化大革命"爆发的原因。

2. 试论"文化大革命"的政治冲击与经济波动。

3. 比较 1972~1974 年周恩来以批林彪极"左"思潮形式的调整与 1975 年邓小平在"把国民经济搞上去"、"安定团结"指示下的整顿。

---

① 武力：《中华人民共和国经济史》，中国经济出版社，1999 年版，第 738~739 页。
② 参见国家统计局：《中国统计年鉴（1983）》，中国统计出版社，1983 年版。

第七章 "文化大革命"时期的国民经济（下）

"文化大革命"的 10 年间，由于"左"的错误思想占据统治地位，加上林彪、江青集团的干扰和破坏，国民经济遭受了重大损失。然而，全国广大干部、群众对"左"的错误思想的抵制，特别是 1971 年以后周恩来、邓小平相继主持中央工作，纠正"左"的错误，对国民经济进行整顿，对国民经济的恢复发展起到了促进作用。因此，10 年间国民经济仍保持着不算太慢的增长速度，而且在某些方面还取得了重大成就，"三线"建设极大地提升了西部地区的生产力水平，缩小了东西部经济发展水平的差距；国防尖端与高技术产业取得重大突破；地方工业、社队企业有了很大发展；"四三"方案的实施，形成了新中国成立以后的第二次引进国外先进技术的高潮。

第一节 "三线"建设

从 1964 年到 1980 年，我国在内陆的十几个省、自治区开展了一场以战备为中心，以工业交通、国防科技工业为基础的大规模基本建设，称为"三线"建设。所谓三线，是指根据国防与国防建设的需要，将全国由沿海、边疆地区划分为一、二、三线。其中一线指沿海和边疆地区；三线指内陆腹心地区，大致是以甘肃省乌鞘岭以东、山西省雁门关以南、京广铁路以西和广东韶关以北的区域；二线指介于一、三线之间的中部地区。"三线"建设前后持续 10 余年，其规模之大，时间之长，动员之广，在我国建设史上是空前的，对以后的国民经济结构和布局，产生了深远影响。

一、国际局势的变化与"三线"建设的决策

1963 年 2 月，国家计委开始研究编制"三五"计划时，李富春提出，第三个五年计划的奋斗目标应集中力量解决人民的吃穿用。这得到了毛泽东和中央领导人的赞同。然而，到 1964 年，毛泽东却改变了原来的想法，从最初强调注重

于解决吃穿用，而转向强调加强战备，提出要下决心搞好"三线"建设。这一转变与当时的国际局势紧密相关。

　　进入 20 世纪 60 年代，中国的周边局势骤趋紧张。60 年代初，美国在台湾海峡派军舰、飞机不断侵犯中国海领空，进行军事挑衅。在美国支持下，台湾国民党当局也一再叫嚣"反攻大陆"，并不断袭扰大陆。1962 年 10 月，在中印边境东、西两段，印度军队同时向中国军队发动大规模进攻，我边防部队被迫进行自卫反击，收复了被占领土。1964 年 8 月，美国又开始对越南民主共和国进行轰炸，直接威胁中国安全。在北边，随着中苏关系的恶化，中苏两国接壤的 7300 多公里的边境线气氛也紧张起来，边境争端事件不断发生。中国周边局势的恶化，使毛泽东不能不更多地考虑国家安全问题。正在这个时候，1964 年 4 月 25 日，军委总参谋部作战部就经济建设如何防备敌人突然袭击提交了调查结果报告，这份报告列举了这方面的一些严重问题，如中国的工业、大中城市过于集中在沿海地区，主要铁路枢纽、桥梁和港口码头也多在大中城市附近，所有水库的紧急泄洪能力都很小，这些都不利于应付敌人的突然袭击。这份报告送到毛泽东手上时，时间恰好在国家计委向毛泽东汇报"三五计划初步设想"前后。毛泽东关于"三五"计划的战略考虑也正在这段时间发生变化，应该说在周边局势日趋紧张的背景下，这份报告对毛泽东战略思想的变化起了很大的作用。

　　1964 年 5 月 11 日，毛泽东听取计委关于"三五"计划的汇报时，提出了一个思想，认为国民经济有两个拳头、一个屁股。农业是一个拳头，国防工业是一个拳头，基础工业是屁股。要使拳头有劲，屁股就要坐稳，显然提高了国防工业的地位。5 月至 6 月的中央工作会议上，毛泽东进一步提出，只要帝国主义存在，就有战争危险。决定战争胜利的不是原子弹，而是常规武器。据此，他提出要搞"三线"工业基地的建设，一、二线也要搞点军事工业。这个建议，得到与会者的一致拥护。根据这个建议，国家计委重新修改了"三五"计划的初步设想，于 1965 年 3 月草拟了"三五"计划安排情况的《汇报提纲》。这个提纲提出了以备战和"三线"建设为核心的关于第三个五年计划的安排原则，强调第三个五年计划是建立独立的比较完整的工业体系和国民经济体系的关键时期。必须从应付战争出发，争取时间，着重解决好改变布局、加快"三线"建设，首先是国防建设；大力发展农业，大体解决吃穿用；加快建设以钢铁和机械为中心的基础工业，把屁股坐稳；猛攻科学技术关，有重点地掌握 60 年代的新技术等问题。这份《汇报提纲》意味着加快"三线"建设决策的确立。

二、"三线"建设的部署和实施

　　"三线"建设的最终目的，是要建设一个工农结合、为国防和农业服务的战略后方工业基地。为此，党中央和毛泽东形成了一系列重要的经济建设指导思想。首先，强调加强"三线"建设时要做两手准备，即战备和长期建设，"一方面备战，一方面还要搞长期规划，要备战和长期结合"。其次，还要注意到照顾人民的利益，对老百姓不能搞得太紧张。总之，第一是老百姓，第二是打仗，第三是救灾。后来毛泽东把它概括为"备战、备荒、为人民"。

根据这些指导思想，"三线"建设在基本建设投资结构的安排上，首先是满足国防工业和交通运输关键项目的资金需要，在这一前提下安排好基础工业和机械工业建设的投资以及其他方面的投资；在建设的布点与选址上，则确定的是靠山、分散、隐蔽原则。按毛泽东的说法，就是"依山傍水扎大营"，大分散、小集中。"三线"建设本身就是"大分散"，但项目适当集中，以利生产协作。还要充分利用"三线"地区原有小厂或经济调整时期停建缓建的工程，以节约耕地，节省投资，争取时间。

"三线"建设的总体部署，确定分阶段实施。首先集中人、财、物，以西南的川、黔、滇和西北的陕、甘为主攻方向，然后向中南"三西"地区（湘西、鄂西、豫西）推进。1965 年，"三线"建设拉开帷幕，1966 年大规模展开，形成"三线"建设的第一次建设高潮，建设取得很大进展。在西北、西南三线部署的新建、扩建、续建的大中型项目达到 300 余项，涉及钢铁、有色金属、石油、化学、建材、纺织、轻工等工业，及铁道、交通、民航、水利等工程，其中重要项目有攀枝花钢铁工业基地，成昆铁路，以重庆为中心的常规兵器工业基地，以成都为中心的航空工业基地，以重庆至万县为中心的造船工业基地，陕西的航空工业、兵器工业基地，甘肃的航空工业基地、酒泉钢铁厂等。但是，"文化大革命"的爆发，打乱了"三线"建设的规划进程，"三线"建设陷入瘫痪半瘫痪状态。

1969 年 3 月，中苏两国在中国黑龙江珍宝岛发生大规模边界武装流血冲突，苏联又扬言要对中国实施核打击。面对严峻的战争威胁，毛泽东号召要准备打仗，由此掀起全国大规模的战备高潮。因"文化大革命"而陷入瘫痪半瘫痪的"三线"建设作为战备的主要任务迅速得到恢复、扩大，形成了 1969~1971 年的"三线"建设第二次高潮。"三线"建设的多数项目都是在这一时期投入或建成的，这些项目以国防工业和为其配套的一大批民用工业新建工程为主，还有因"文化大革命"干扰而未能完成的一批续建工程，包括成昆、湘黔、襄渝、南疆、青藏（西宁至格尔木段）、阳安、京原、焦枝、枝柳铁路，湖北葛洲坝水利枢纽工程，湖北十堰第二汽车厂，四川西昌航天发射基地等。

这次"三线"建设的高潮，带动了国民经济由"文化大革命"前期的停滞不前和倒退向相对有序的建设转化，但也产生了不少问题，最突出的是建设规模过大，尤其是军事工业的盲目上马和扩大，严重占用了民用工业的资金、设备和人力。造成这种状况的原因，一是由于中苏边境冲突后为加强战备更得到强调，这突出地体现在 1970 年的年度计划和第四个五年计划中。1970 年计划规定用于"三线"建设的投资和项目占全国计划的一半以上，争取在 1972 年把战略基地基本上建设起来。"到 1975 年，大三线地区将建成一个部门比较齐全、各有特点、工业和农业发展的强大的战略后方"。"四五"计划又是一个各项指标偏高的计划，同时提出"三线"地区国防科技工业的投资每年达到 25 亿元，比"三五"计划期间的年均投资增加 48%。二是过度紧张的战备使林彪集团的权力急剧膨胀起来，他们直接插手国务院部委工作，对这一时期经济建设产生严重影响。他们提出一个庞大的国防计划，接着在"三线"地区安排了一大批军工建设项目，军事工业生产盲目扩大，使得因"文化大革命"本已不正常的国民经济体系雪上加霜，更加混乱。

1971 年 9 月林彪集团出逃事件发生后，周恩来主持中央工作，针对前一时期因"文化大革命"动乱和过分强调战争威胁造成的问题，进行了经济调整，主要是加强统一领导，健全规章制度。与此同时，国际形势趋于和缓，也要求改变原来以战备为中心进行"三线"建设的战略。由此，"三线"建设进入收尾阶段。国家经济建设中心由"三线"地区适当向沿海地区转移，扩大对农业和解决人民生活问题的投资。1975 年 10 月，国家计委在《十年规划要点》中确定的第五个五年计划"三线"建设任务，主要是充实和加强，而不是铺新摊子。1976 年 1月，李先念在全国计划会议上呼吁，要十分重视搞好"三线"建设，充分发挥已经建设起来的生产能力，把"三线"建设成硬三线。当时，"三线"建设有不少遗留问题尚待解决，"三线"地区已建成的生产能力要充分发挥，形成整体优势，也还需要必不可少的后续投入。然而李先念的呼吁没有受到应有的重视，它的落实在无形中打了折扣。

三、"三线"建设的成就与问题[①]

1. "三线"建设的成就

历时 10 余年的"三线"建设，国家投入了巨额资金。1966~1978 年间，"三线"地区基本建设投资累计 1623.20 亿元，占同期全国基本建设投资总额 3999.78 亿元的 40.58%。到 70 年代末，三线地区的工业固定资产由 292 亿元增加到 1543 亿元，增长 4.28 倍，约占当时全国工业固定资产的 1/3。[②]"三线"建设取得了辉煌的成就，原本基础工业薄弱、交通落后、资源开发水平低下的"三线"地区，初步建成了以能源交通为基础、国防科技为重点、原材料与加工工业相配套、科研与生产相结合的战略后方基地。

第一，"三线"建设建立了巩固的国防战略后方。"三线"建设期间，"三线"

① 本节参考马泉山：《新中国工业经济史（1966~1978）》，经济管理出版社，1998 年版，第 264~272 页。

② 武力：《中华人民共和国经济史》，中国经济出版社，1999 年版，第 687 页。

地区建立了雄厚的国防科技工业生产基础和一大批尖端科研试验基地，如以重庆为中心的常规兵器工业基地体系，分布在四川、贵州、陕西的电子工业基地，四川等地的航天工业基地等。由过去只能生产一般轻兵器、电子元器件、雷达通讯导航设备和一般歼击机等，到逐步形成了生产门类齐全、综合配套能力强、能制造重兵器和坦克车辆、高级歼击机以及战略武器等重大军品的科研、生产、试验基地。1975年，"三线"地区国防工业固定资产、技术力量和设备水平都超过了一、二线地区，在整个国防工业的生产能力中，"三线"地区占50%以上，其中核工业约占全国的70%，航空工业占全国的60%，兵器和航天工业约占全国的一半。"三线"地区成为我国巩固的战略后方。

第二，"三线"建设使比较落后的"三线"地区，在短时期内初步建立了门类比较齐全的工业生产体系，形成了一批新的工业基地和可观的生产能力，提高了"三线"地区的生产力水平。

在交通运输方面，先后建成了一批重要的铁路、公路干线和支线。从1965年起相继建成的川黔、贵昆、成昆、湘黔、襄渝、阳安、太焦、焦枝和青藏铁路（西宁至格尔木段）等10条干线，加上支线和专线，共新增铁路8046公里，占全国同期新增里程数的55%，使"三线"地区的铁路占全国的比重，由1964年的19.2%提高到34.7%。这一时期，公路建设也得到很快发展，新增里程数22.78万公里，占全国同期的55%。这些铁路、公路的建设，较大地改变了西南地区交通闭塞的状况，既适应了当时战备的需要，也对以后该地区的建设起到了重要作用。

在基础工业方面，建成了一大批机械、能源、原材料工业重点企业和基地。1965~1975年，"三线"地区初步形成了重庆、成都、贵阳、汉中、西宁等新的机械工业基地；能源工业主要有贵州六枝、盘县、水城地区和陕西渭北地区的煤炭基地，湖北的葛洲坝水电站，甘肃的刘家峡、八盘峡水电站，贵州的乌江渡水电站，陕西秦岭火电站等；原材料工业方面，钢铁工业是"三线"工业投资最多的，形成了攀枝花、重庆、成都钢铁基地。

第三，"三线"建设还促进了内地省区的经济繁荣和科技文化进步，给内地以后的建设带来了发展机遇。攀枝花、六盘水、十堰、金昌等过去是人烟稀少的荒山僻野，现在成为著名的新兴工业城市。铁路的开通，矿产资源的开发，科研机构和大专院校的内迁，使长期不发达的内地和少数民族地区涌现了几十个中小工业城市，社会经济、文化水平得到显著提高，缩小了内地与沿海地区的各种差距，人民生活水平有一定的增长。

2. "三线"建设存在的问题

由于对战争形势估计过于严重和"文化大革命"错误路线的干扰，"三线"建设中也存在着不少问题。

第一，在片面强调战备的要求下，建设规模铺得过大，战线拉得过长，超过了国家的承受能力。特别是 1969~1971 年，新建和内迁的大中型项目达 1000 多个，资金、设备、原料难以到位，一部分工程只好下马，还有些则长期不能投产，带来了经济损失。

第二，进程过快、过急，有些项目未进行资源环境的调查和论证，就匆忙动工，造成了严重后果。如陕西的一个飞机部件装备厂，投建前未弄清地质条件，结果发生大规模滑坡，损失 1000 多万元，并留下长期隐患。

第三，过分强调战备需要，忽视经济效益和长期生产要求。一些现代化工业企业远离城市，按照"靠山、分散、进洞"的原则建设在山沟里，造成生产管理、协作十分不便。如设计任务为年产 10 万辆军用越野汽车的湖北第二汽车厂，被视为安全性要求较高的重点项目，其 24 个专业厂分为 4 片布置在东西 20 多公里、南北 10 多公里、面积 200 平方公里的 19 条山沟的范围内，各片之间都有一定距离，各片各专业厂之间也隔山相望。还有不少企业建在山洞中，阴暗潮湿，严重影响产品质量和职工健康，日用品供应也十分困难。各个企业为了解决生活需要，都必须拿出资金建设"小而全"的商店、医院、学校等封闭社会设施，造成重复浪费。

第四，在"文化大革命"的干扰下，不惜代价地片面追求政治目标，打乱了正常的经济管理制度，造成了一些不应有的损失。如陕西阳安铁路，是我国的第二条电气化铁路，全长 358 公里，修建中就有 1512 人受重伤，384 人牺牲。

第二节　国防尖端工业、地方工业的崛起

一、国防尖端技术的新突破

早在 20 世纪 50 年代中期，为了增强国力，提高国际地位，中国已经开始了核能和航天等当代国防尖端技术的研究和开发。进入 60 年代，美苏两个核超级大国更加紧了核军备竞赛，对无核国家实行核讹诈政策。中国领导人愈加感到了掌握核技术、打破核垄断刻不容缓。1962 年 11 月 7 日，中共中央决定成立以周恩来为首、国务院 7 位副总理和 7 位部长级干部参加的中央专门委员会，加强对这一工作的统一领导。承担这项任务的中国工程技术人员、工人和中国人民解放军指战员，几乎是在争分夺秒地工作。1964 年 10 月 16 日，中国终于成功地进行了第一次核试验，成功地爆炸了完全由自己研究、设计和制造的第一颗原子弹装置。与此同时，航天技术也获得了重要突破。

第一颗原子弹装置爆炸成功后，在中央专门委员会指导下，有关各部门制订

了一系列计划。二机部（主管核工业）计划首先完成空投原子弹、导弹核武器的试验，争取在 1968 年进行中国第一颗氢弹爆炸试验，到 70 年代中期研制成功供地地战略导弹使用的核弹头；七机部（主管航天工业）拟定了在 1965~1972 年研制出 4 种地地导弹，同时发展卫星运载火箭的计划；六机部（主管船舶工业）计划在 1972 年研制成功第一艘中国核潜艇，并下水试航；中国科学院提出，争取在 1970 年前后发射中国第一颗人造卫星。1965 年，中央批准了上述计划，将其纳入了国防科技 "三五" 计划。

然而，在 "文化大革命" 的激烈动荡时期，国防科技工作遭到严重的冲击。一方面，国防科技工作的领导人罗瑞卿等被打倒和批斗，科研院所的许多归国专家和技术人员被扣上 "资产阶级权威" 和 "里通外国分子" 等罪名，或关押审查或下放劳动，一批重要试验被迫停止，造成严重后果。另一方面，林彪集团利用其所控制的权力，大肆鼓吹极 "左" 思潮，借口政治和战备需要，发出种种不符合科学常识和客观规律的命令，打乱了原定计划和秩序。面对严峻形势，毛泽东、周恩来批准采取特殊措施，保障国防尖端科技人员的安全，对国防工业系统实行军事管制，规定不准串连、不准夺权、不准停产，进行正面教育。由于有了这些措施的保护，加上广大国防科研人员在困难条件中的坚持和努力，这些高新技术工业部门继续取得进展。

在核工业方面，1966 年 10 月 27 日，中国成功地完成了第一次导弹核武器试验，实现了原子弹、导弹 "两弹结合"。12 月 28 日，氢弹原理爆炸试验取得完全成功，标志着中国氢弹技术的突破。1967 年 6 月 17 日，中国成功地进行了第一颗氢弹爆炸试验，标志着中国核武器发展进程有了一个质的飞跃，距离进行第一颗原子弹爆炸试验的时间只有 2 年零 8 个月。1970 年，周恩来向二机部提出了搞核电站的问题，确定建设核电站要采取 "安全、适用、经济、自力更生" 的方针。1971 年 9 月，中国自己建造的第一艘核潜艇安全下水，这是中国掌握核动力技术，试验原子弹、氢弹成功后，核工业取得的又一项突出成就。除了军事意义之外，发展中国核电事业的经济意义也是很明显的。

在航天工业方面，1965 年国防科委提出了开展卫星研制工作的报告，获得中央批准。1968 年 2 月，中国空间技术研究院正式成立，钱学森任院长。但由于受到了 "文化大革命" 的影响，运载火箭的研制未能按期完成。1970 年 1 月，一、二两级火箭飞行试验成功，4 月 24 日，中国第一颗人造地球卫星 "东方红一号" 发射成功，这是中国航天空间技术的一个重要里程碑，中国从此成为世界上进入航天时代的第一个发展中国家。继 "东方红一号" 发射成功之后，在空间技术上又取得了一系列成果，其中最具突破性意义的是返回式遥感卫星的成功研制。1975 年 11 月 26 日，第一颗返回式卫星在甘肃酒泉发射场成功发射，准确入轨，28 日 11 时安全落在四川预定地区。中国卫星发射技术实现了第二次飞跃。

20 世纪 60 年代中期至 70 年代，是我国国防科技事业发展取得多方面重大突破的一个里程碑阶段，先后制成和试验成功了第一颗原子弹、第一个导弹核武器、第一颗氢弹、第一艘核潜艇、第一颗人造卫星和第一颗返回式人造卫星，为改革开放时期的科学技术赶超世界先进水平，实现现代化目标，奠定了坚实的基础和提供了宝贵的经验。

二、地方工业的振兴

1958 年在"大炼钢铁"的同时，全国掀起了"大办工业"的热潮。这次"大办工业"的发端，始于 1958 年 3 月的成都会议，毛泽东强调各省在五年、七年或十年内地方工业产值要超过农业产值。为鼓励和支持地方办工业，提出了大中小型规模的企业并举、利用现代技术的"洋"法生产和落后技术的"土"法生产并举的方针。6 月，党中央要求各协作区应当尽快地分别建立大型的工业骨干和经济中心，形成具有比较完整的工业体系的经济区域。中央的决定直接推动了全国"大办工业"热潮的兴起和发展，以致"县县办工厂，乡乡办工厂，规模之大，声势之壮，前所未有"。①"大办工业"的热潮，成就了地方工业的第一次大发展。然而，由于不讲科学、盲目办厂，既造成了惊人的浪费和损失，也使地方工业难以为继，很多根本没有办厂条件的，或者亏损严重的工厂不得不关闭。60 年代前半期，在国民经济调整中，地方工业随着对整个工业的调整、后退，其发展也受到抑制。

60 年代中期，中央重新提出要重视和支持发展地方工业，特别是要重视和支持发展应用适用技术、规模又不大的小钢铁厂、小机械厂、小化肥厂、小水泥厂、小水电站等五种小型工厂。由于许多地区有着发展工业的有利条件，加上专区、县政府的积极性，"五小"工业便很快发展起来，并突破了原来所指范围，"五小"工业的概念遂成为发展专区、县小型工业的泛称。

"文化大革命"期间，尽管整个国民经济遭受重大损失，但是地方工业获得了又一次的发展。两大因素推动了这次地方工业的发展：第一，发展地方工业成为战备的一个重要组成部分。毛泽东多次强调发展地方工业的重要性，打起仗来就可以靠地方自力更生。第二，支援农业，发展农业机械化，成为这一时期大力发展地方工业的又一推动因素。1966 年 3 月，毛泽东提出农业机械化问题以各省、市、自治区自力更生为主，中央只能在原材料等方面，对原材料不足地区有所帮助。4 月，中央把支持发展地方工业，特别是支持发展地方钢铁厂、煤矿、电站、机械厂、化肥厂等"五小"工业，作为支援农业的重要任务，要求工业交通各部门及其直属企业都要支持"五小"企业的发展，地方工业更应当把支援农

---

① 国家经委党组：《关于一九五八年度计划第二本账的报告》，1958 年 3 月 7 日。

业放在第一位。

为了支持地方工业的发展,中央政府陆续出台了有关的政策和措施。如1970年前后,大刀阔斧地改革权力过分集中于中央的经济管理体制,向地方政府大批下放中央企业,扩大了地方经济管理权限。第四个五年计划期间,还增拨80亿元作为支持地方"五小"工业发展的专项资金,由省、市、自治区统一掌握使用。规定新建县办企业,在两三年内可以享受优惠政策。

因此,"文化大革命"期间,以备战和抓紧农业机械化事业为契机,地方工业重新活跃起来。1967年和1968年两年,因"文化大革命",地方工业建设受到干扰,但小型钢铁厂的建设仍有可观进展。进入70年代,地方工业发展条件大为改善。1970年,地方工业发展速度之快,前所未有。这一年,有将近300个县、市办起了小钢铁厂,20多个省、市、自治区建起了手扶拖拉机厂、小型动力机械厂和各种小型农业机具配件厂,90%左右的县建立了自己的农机修造厂。全国建成投产的小化肥厂有150个,小水泥厂300个左右,正在建设的小水电站12000多座。1971年,地方工业进一步发展。据统计,全国已有半数以上的县建立了小钢铁厂、小煤矿、小化肥厂、小水泥厂和小机械厂。70年代,"五小"工业和城乡集体工业出现了蓬勃发展的局面,成为工业发展的一支重要力量。

三、农村社队工业的发展

社队工业是指农村人民公社和生产队所办的工业,其前身是个体农户和农业生产合作社的副业、手工业。1958年,因要求地方工业总产值赶上和超过农业总产值,农业生产合作社办工业,被视为实现这一目标的必要手段之一,为农村工业的大发展提供了契机。人民公社化实现后,社社乃至队队都出现了办工业的热潮。一个个小炼铁厂、小矿山、小煤窑、小农机修造厂和其他小型工业企业,如雨后春笋般兴起。全国几乎每一个农村人民公社都兴办了一批小工厂,从业人员达到1800万人,当年工业产值约60亿元。1959年社办工业企业发展到70多万个,工业产值超过100亿元。然而,这种不顾条件的大办社队工业对农业生产造成了巨大损害。

在随后的经济困难和调整时期,政府为了恢复加强农业,对农村人民公社社队工业采取了整顿、收缩的方针。在一个时期内严格限制举办,社队工业因此而连年萎缩,1961年社队工业单位数由上年的11.7万户下降为4.54万户,工业产值下降为19.8亿元;1963年下降为1.07万户和4.2亿元,产值下降到了最低点。

60年代中期,国民经济得到恢复,社队工业也因农业生产尤其是粮食生产的恢复而重新崛起。"文化大革命"期间,除了农业机械化事业的刺激和推动外,"文化大革命"中的特殊机遇则成了社队工业发展的一个重要条件。从城市到农村安家落户的2000多万名干部、职工和其他城镇居民,"文化大革命"中从机关、研究机构、大专院校下放的各类人员和来自各地的上山下乡知识青年，为农村带来了科学文化知识和大量信息，他们在城市和乡村之间架起了一座沟通的桥梁。人民公社办工业或者问计于他们，或者直接聘请他们当顾问、当师傅。他们也踊跃献计献策，出力帮忙。当时，国家工业生产不足，日用品短缺，生产资料也很紧张，用户的需要都很紧急，市场空缺急需填补，社队工厂出产的产品即使质量不好，也不难找到销路。再加上"文化大革命"中农村所受冲击相对要小一些，所有这些造就了农村社队工业再度崛起的有利条件。

　　"文化大革命"期间，社队企业的规模由小到大，工业门类也越来越多，突破了最初确定的就地取材、就地生产、就地销售的"三就地"发展原则。在社队工业发达地区，已涵盖了粮食转化行业，农副产品加工行业，小型矿业、能源和建筑材料等行业，为农业生产服务的制造、修理行业，传统工艺、各类编织等劳动密集型行业，为大工业协作配套或拾遗补缺的行业，为城乡市场服务的轻纺、五金以及当地土特产加工等行业，供出口创汇或为外贸部门加工服务的行业等。① 社队工业的总产值由 1971 年的 92.56 亿元，增加到 1978 年的 381.97 亿元，比 1971 年增长 312.7%。1971 年，社办工业在人民公社农、林、牧、副、渔等各业总产值中的比重还只有 6.9%，1976 年已经提高到 16.9%。② 农村社队工业的发展，在满足城乡市场需要，为大工业和人民生活服务，为出口创汇作贡献，多余劳动力实现就地转移以减轻城市压力，促进社会的安定等许多方面所发挥的作用，都是国营工业所不能代替的，也是力所不能及的。当然，发展壮大中的农村社队工业，对国营工业除了有互补的一面，还有竞争和摩擦的一面。

第三节　引进国外先进技术

一、技术引进的恢复

　　"一五"计划期间，由于以美国为首的西方国家对中国的经济封锁，中国只能从苏联、东欧国家引进技术。在苏联的帮助下兴建的 156 个重要项目，奠定了中国工业化的最初基础。50 年代末 60 年代初，中苏交恶，中国从苏联引进技术的道路被断绝。此后，中国同西方国家的关系有所发展，打开了同西方国家贸易往来和开展经济技术交流的路子。1963~1966 年，中国政府先后同日本、英国、

---

① 马泉山：《新中国工业经济史（1966~1978）》，经济管理出版社，1998 年版，第 364~365 页。
② 同①，第 365~367 页。

法国、意大利、联邦德国、瑞典、荷兰等国，签订了总价值为 2.8 亿美元的 80 多项工程的合同。这些合同，主要是 1000 万美元以下的中小型项目，但多数都是中国所缺乏的关键性的先进技术。"文化大革命"开始后，这一进程被中断。

60 年代末 70 年代初，世界经济形势发生了较大变化。西方资本主义国家面临着新一轮经济危机，苏联、美国争夺世界霸权的活动遭到越来越多国家的抵制，原有的社会主义和资本主义阵营两大经济体系逐渐趋向解体，代之而起的是发达国家和发展中国家之间日益增多的经济往来。随着中美关系缓和，中国重返联合国，大批西方国家纷纷与中国建交，打破了国际敌对势力长期以来对中国的封锁。这一切扫除了中国发展与西方技术经济交流活动的障碍，从西方国家引进先进技术的工作，重新被提上日程。

二、"四三方案"的拟定和实施

1971 年 9 月，周恩来在毛泽东的支持下，主持中央日常工作。他在整顿恢复经济中，把恢复与发展对外经济技术交流工作，推进从西方国家引进中国需要的先进工业技术，进口急需的机器设备，作为一个重要方面。1972 年 1 月，根据周恩来的指示，李先念听取了余秋里召集国家计委及有关部委负责人研究后的汇报，决定抓住西方国家在经济危机中急于出口的有利时机，针对国内需要，进口成套化纤、化肥技术设备。1 月 22 日，李先念向周恩来报送国家计委《关于进口成套化纤、化肥技术设备的报告》，建议引进我国急需的化纤新技术成套设备 4 套、化肥设备 2 套，以及部分关键设备和材料，约需 4 亿美元。2 月 5 日，经周恩来批示呈报毛泽东，毛泽东立即圈阅批准了这个报告。此后，拟议中的引进规模不断扩大。5 月 5 日，冶金工业部在申请进口一米七大型钢板冷轧机的基础上，建议同时进口配套的热压机，解决国内压钢能力严重不足的问题。8 月 6 日，国家计委根据李先念的批示，正式提出《关于进口一米七连续式轧板机问题的报告》，估计约需 4 亿美元。11 月 7 日，国家计委又提出一份《关于进口成套化工设备的请示报告》，建议再进口 6 亿美元的 23 套化工设备。周恩来在审阅这份报告时，要求将另一份总额为 33 亿美元的进口方案送他一并考虑。至此，新中国成立后又一次大规模的技术设备引进工作的酝酿已臻于成熟。

1973 年 1 月 5 日，国家计委向国务院提交了根据周恩来的指示和意图拟定的《关于增加设备进口、扩大经济交流的请示报告》。报告在对前一阶段已经决定的项目和拟再新增加的项目进行统筹规划的基础上，拟就了一个大致的统一的引进方案：建议在未来三五年内，从日本、联邦德国、英国、法国、荷兰、美国等国家，引进一批大型化肥、化纤、石油化工产品成套生产设备，综合采煤设备，电站设备和一米七轧机等技术比较先进的机器设备。初步匡算，引进这批设备，约需 43 亿美元。后来，人们把这一引进方案称为"四三方案"。方案正式批准后，又陆续追加了一部分项目，总金额增加到51.4亿美元。

"四三方案"引进项目包括：13套大型化肥成套生产设备，4套大型化纤成套生产设备，3套大型石油化工生产设备，1个烷基苯工厂设备，43套综合采煤机组设备，3座大型电站设备，一米七轧机整套生产设备以及透平压缩机、燃气轮机、工业汽轮机和斯贝发动机等项目。这些项目的引进，在很大程度上增加了我国在化工、化纤、冶金、能源等领域的生产能力，反映了中国政府在国际环境因素一旦发生变动之后，急欲大力加强农业、轻工业，满足人民吃、穿、用需要的考虑；同时着眼于把引进项目放在加强石油化工、化肥、钢铁等行业的中间产品的生产能力上，以节约使用外汇。

列入"四三方案"的少数项目，在1972年就开始实施了，多数项目则集中在1973~1975年实施。1974年以后"四三方案"的实施一再遭遇来自江青集团的阻挠，最后的引进规模仅为计划用汇额51.4亿美元的77%，即实际成交金额连同出口信贷项目应付利息在内，合计为39.6亿美元。引进项目中，除单机支付现汇外，成套设备项目大部分利用西方国家银行的卖方信贷，采用延期付款方式，把引进国外的技术同利用国外的资金结合了起来。

引进的成套生产设备，兴建了一批骨干工业项目，其中，大型项目26个，如一米七轧机工程、北京石油化工总厂、上海石油化工总厂一期工程、辽阳石油化纤厂和黑龙江石油化工总厂等。1978年底，一批项目建成投产，开始发挥作用。70年代末，"四三方案"的绝大部分引进项目，都已建成投产。1982年底，"四三方案"项目全部建成投产。

三、"四三方案"的历史作用与局限

新中国成立后，西方资本主义国家对中国采取封锁禁运的政策，断绝了中国从西方国家引进先进技术的可能性，引进之途唯有苏联、东欧国家。50年代末60年代初，随着中苏交恶，这条引进之路也断绝了。60年代前期，中国又开始从西方国家引进技术，但是刚刚开始不久就被"文化大革命"打断了，直到70年代初，毛泽东、周恩来在打开中美关系的同时，重新启动了对外经济技术交流活动。在这次对外经济技术交流活动中，"四三方案"的制订及其贯彻执行，再次打开了中国与西方主要资本主义国家进行经济技术交流的大门。"四三方案"主要引进的是大型的化工、化纤、冶金、采煤等成套设备和先进技术，促进了国内基础工业，尤其是化肥、石油化工、冶金工业的发展，为我国80年代经济建设的腾飞提供了必要的物质条件。

当然，"四三方案"是我国初次大规模从西方资本主义国家引进先进技术设备，又集中在较短时间内，也存在着诸多问题。首先，从当时国家财政经济状况及其他方面的条件看，一次引进的规模有些过大，投资高峰错不开，给年度国民经济计划的安排增加了一定的困难。其次，从整体看，前期工作做得不够，项目论证存在一些漏洞，某些决策有些失误；有些项目外方提供的设计或设备存在质量问题，拖延了工期；有些项目则是在国内资源和配套工程还没有完全落实的情况下，急于对外成交，留下后患。最后，对于制造技术的同时引进与先进管理方法的借鉴学习重视不够，甚至有所忽视。

第四节 经济管理体制的变革

一、第二次"放权"改革

1970 年，中央政府开始了一场以向地方下放权力为中心内容的经济体制大变动。这次经济体制大变动，除了试图改变中央统得过多、过死的原有动机外，还有两个促成因素。一是所谓"以战备为纲"，强调各地方都要建立独立完整的国防工业体系。1970 年 2 月至 3 月召开的全国计划会议提出，根据战备需要，把全国划分为 10 个协作区，各自建立适应独立作战的工业体系，做到"自己武装自己"。既然要求各地方各自为战、自成体系，势必同国民经济调整后形成的"条块结合、条条为主"的经济管理体制发生尖锐矛盾，从而客观上要求改变这种体制，把管理经济、管理企业的权力以及财权、物权、投资权等，更多地下放给地方。二是经济建设中急于求成，盲目追求高指标、高速度的"左"倾思想再度抬头。1970 年全国计划会议讨论制定的《第四个五年计划纲要（草案）》，不切实际地确定 1975 年钢产量要达到 3500 万吨至 4000 万吨（比 1970 年增长 106%~135%），生产能力要达到 4000 万吨以上。为了实现"四五"计划目标，各部门都在酝酿着要大上、要翻一番，如电力、轻工等部门先后提出 1975 年产量翻一番的高指标；燃料工业部也提出"大干三年，扭转北煤南运"的口号，要求到 1972 年江南九省煤炭基本实现自给。要实现这些目标，必须向地方下放权力，将原来直属中央各部的企业都下放给地方统一管理，并扩大地方的投资权、招工权、生产计划权、物资分配权等，充分调动地方的积极性。正是在这种背景下，1970 年，一场以向地方下放权力为中心的经济体制大变动，随即在全国急速推行。

二、改革的内容

1. 下放企业

这次经济体制的变动是从下放企业、调整企业隶属关系开始的。早在1969年，毛泽东亲自批示把鞍山钢铁公司下放给辽宁省。1970年3月，国务院规定工交各部的直属企业、事业单位绝大部分下放给地方管理；少数由中央和地方双重领导，以地方为主；极少数的大型或骨干企业，由中央部门和地方双重领导，以中央部为主。要求部直属企业下放工作在1970年内进行完毕。随之，全面展开了一场企业下放的运动。在很短时间内，将包括大庆油田、长春汽车厂、开滦煤矿、吉林化学工业公司等关系国计民生的大型骨干企业在内的2600多个中央直属企业、事业和建设单位，不加区别地下放给各省、市、自治区管理，有的又层层下放到专区、市、县。随着工业企业的下放，商业部也将所属一级批发站全部下放给省，省属二级批发站下放给专区。外贸部在各地的企业也全部下放地方，实行双重领导，以地方为主。1965年，中央直属企业曾经增加到10533个，其工业产值占全民所有制工业总产值的46.9%，占全国工业总产值的42.2%。经过1970年的大下放，中央各民用工业部的直属企业、事业单位只剩下500多个，其中工厂142个，中央直属企业的工业产值在全民所有制工业总产值中的比重下降到8%左右。这次企业下放，不加区别，下放过多，一些显然不应该下放、关系国计民生的大型骨干企业也下放了。结果地方管不了，不得不仍由中央部门代管，继续按"条条"下达生产计划、供应物资，地方实际上主要管劳动和资金，造成中央、地方多头、多层管理，人权、财权、物权、计划权相互脱节，使企业形成"多头领导"，"婆婆多"、办事难的状况更加发展。下放过急、过猛，组织工作没有跟上，打乱了原有协作关系，新的协作关系又未能及时建立起来，使企业的正常生产秩序难以维持，生产经营的经济效果大大降低。

2. 实行财政收支、物资分配和基本建设投资的"大包干"

我国的经济管理体制，在很大程度上是以企业的隶属关系为转移的。随着企业的下放，计划管理、财政、物资、信贷、劳动工资等管理权也随之下放。这次权力下放，在财政收支、物资分配和基本建设投资方面实行了"大包干"制。

财政收支"大包干"。《第四个五年计划纲要（草案）》规定，实行财政收支大包干。在国家统一预算下，对省、市、自治区试行定收定支，收支包干，保证上缴（或差额贴补），节余留用或者全额分成、收入留成的办法。1971年全国开始实行"财政收支包干"的体制。国家财政收入除中央部直接管理的企业收入和海关关税归中央外，其余全部划归地方；国家财政支出除中央部门直接管理的基本建设、国防战备、对外援助、国家物资储备等支出归中央外，企业也全部划归地方，由地方统筹安排。各地方的预算收支经中央综合平衡，核定下达，收入大于支出的，按包干数额上缴中央财政；支出大于收入的，由中央财政按差额数量给予补贴。在执行中，超收或节余都归地方支配使用，短收或超支由地方自求平衡。这种"大包干"的财政体制，在大批中央企业、事业单位下放地方管理的条件下，大大地扩大了地方的财政权限。但这种体制因各方收入打不准，容易造成各地方苦乐不均，包而不干，地方机动财力过于分散等问题。1970年后，财政体制几经变动，基本的一点就是试图以"大包干"为原则，寻求解决中央和地方财权关系的适当方式。

物资分配"大包干"。所谓物资分配"大包干"，即在国家统一计划下，实行地区平衡，差额调拨，品种调剂，保证上缴的办法。这次物资管理体制的变动，目的在于扩大地方的物资管理权，并与企业隶属关系的变动相适应。首先，调整和减少国家统一分配和中央各部管理的物资种类。1966年统配、部管物资为579种，1972年减为217种，减少了60%以上。其次，将下放企业的物资分配和供应工作移交地方管理。但是，由于许多下放企业的产品面向全国，生产计划不得不仍由中央部安排，而中央部制定计划时不知道地方能给企业多少物资，地方分配物资时，又不知道中央给企业安排多少生产任务，生产任务与物资供应的衔接发生了困难。并且，这些企业所需的物资数量大、品种多、质量高，且协作面广，地方也管不了，不得不仍由中央部代管，称之为"直供企业"。这种"直供企业"全国就有2000个。从1976年起，下放企业的物资分配供应工作就不再交地方管理了。最后，在国家统一计划下，实行地区平衡、差额调拨、品种调剂、保证上缴的办法。实行物资"大包干"，一定程度上扩大了地方在物资平衡、分配、供应方面的权力，有利于地区内物资的统筹安排和合理使用。但是，由于物资管理上的分散，造成地区间物资调度困难。

基本建设投资"大包干"。1970年，国家为了支持地方发展"五小"企业，实现自给自足、自成体系，提出了要"实行基本建设投资大包干"，即按照国家规定的建设任务，由地方负责包干建设。投资、设备、材料由地方统筹安排，调剂使用，结余归地方。地方暂时办不了的少数重点项目，实行双重领导。

与企业的管理权、财权、物权、投资权的下放相适应，在拟定《第四个五年计划纲要（草案）》时，还提出了计划的制订，在中央的统一领导下，实行由下而上，上下结合，块块为主，条块结合的办法，在地区和部门计划的基础上，制定全国统一计划的设想。但是，由于下放的大批中型企业产供销面向全国，经济联系面广，生产技术复杂，地方无法安排，生产计划不得不仍由中央各部负责安排。因此，计划管理上"条条为主"的状况基本上没有改变，以"块块为主"的局面并未形成。

3. 简化税收、信贷和劳动工资制度

1970年召开的全国财政银行工作座谈会提出要改变国营企业的工商税收制度，一个行业一般按一个税率征收，并在一些地区进行了试点。1972年为扩大试点，国务院颁发了《中华人民共和国工商税条例（草案）》，规定这次税制改动的主要内容为：①合并税种，把工商统一税及其附加、城市房地产税、车船使用牌照税、盐税、屠宰税合并为工商税。税种合并后，对国营企业只征收工商税，对集体所有制企业只征收工商税和所得税，改变了对一个企业征多种税的做法。②简化税目、税率。税目由过去的 108 个减为 44 个；税率由过去的 141 个减为 82 个。③一部分税收管理权下放给企业，地方有权对当地新兴工业、"五小"企业、社队企业以及综合利用、协作生产等确定征税或减免税。

在简化税收制度的同时，也对信贷管理制度采取了简化措施，包括合并机构，下放权力，改变信贷方式，简化利率种类，调整利率水平等。

简化劳动工资制度。1971 年，在整个经济体制变动的同时，国务院作出决定，改变全民所有制企业、事业单位的临时工、轮换工制度。在常年性的生产和工作岗位上的临时工，凡是企业、事业单位生产和工作确实需要，本人政治历史清楚，表现好，年龄和健康状况又适合于继续工作的，可以转为固定工。1969 年将企业综合奖改为附加工资，相应地取消了原规定按计划完成提取奖励基金的制度，改为按职工标准工资总额的一定比例提取职工福利基金。与此同时，也在实际上取消了计件工资制度。这就使我国的工资制度进一步单一化，分配上的平均主义有了新的发展，严重影响了生产效率的提高。

这次经济体制变动的目的仍在于企图改变原有经济体制中的弊病，也确实调动了地方的积极性，有利于发展地方工业。但它是在"左"倾错误思想的严重干扰和政治动乱破坏的背景下进行的，因而注定是要失败的。原有的弊病不仅没有得到实质改善，反而又增加了乱与散的新问题。

第五节　"文化大革命"时期国民经济的总体评价

如何估计"文化大革命"时期的国民经济状况，学术界有不同的观点。一种观点认为，经过 10 年"文化大革命"，从总体上看，整个国民经济已濒临崩溃的边缘；另一种观点则认为尽管 10 年"文化大革命"使国民经济遭受重大损失，但经济还是有缓慢发展的。综合分析现有的研究成果，显然，后一种观点要更客观、更准确些。

一、"文化大革命"使经济发展遭受重大损失

10 年"文化大革命"确实给国民经济大发展造成了重大损失，这主要表现在以下几个方面：

1. 经济发展速度缓慢，损失严重

"文化大革命"中，由于夺权、派性引发的大规模武斗，出现了破坏机器设备、炸毁铁路桥梁、抢夺武器弹药、砸毁文物古迹等种种恶性事件，造成了严重的直接经济损失，由此引发的停工、停产、减产所造成的大规模的间接经济损失，更是难以估计。

"文化大革命"时期的 1967~1976 年，社会总产值年平均增长 6.8%，其中1967 年、1968 年出现倒退，分别比上年下降 9.9% 和 4.7%，1974 年和 1976 年比上年分别只增长 1.9% 和 1.4%。工农业总产值年均增长 7.1%，国民收入年均增长4.9%。各项经济指标的平均年增长速度都低于"文化大革命"前的 1953~1966年和之后的 1977~1982 年。社会总产值年均增长率分别比前者的 8.2% 和后者的8.9% 要低；国民收入的年均增长率分别比前者的 6.2% 和后者的 7.5% 要低。据估算，由于政治动乱的破坏，仅 1974~1976 年三年间，就损失工业产值 1000 万元，损失财政收入 400 亿元。如按正常年份的增长速度估算，"文化大革命" 10 年间国民收入的损失达 5000 亿元。[1]

2. 经济效益大幅度下降

"文化大革命" 10 年间，由于产业结构不合理，经济管理体制僵化，加上政治动乱，企业管理的规章制度被废除，正常的经济秩序被打乱，使得这个时期经济效益全面下降。

劳动生产率增长缓慢，甚至下降。全民所有制工业全员劳动生产率平均每年的增长速度："一五"时期为 8.7%，1963~1965 年为 23.1%。"文化大革命"期间的"三五"时期为 2.5%，"四五"时期为 -0.3%，大大低于 1950~1984 年 4.5% 的平均水平。[2]

设备利用率低。以钢铁部门为例，1976 年中国炼钢能力应在 3000 万吨左右，可是实际年钢产量只有 2046 万吨。说明有 1/3 的炼钢能力没有发挥作用。

基本建设效益下降。固定资产的形成率很低，投资效益极差。这 10 年间，共计新增固定资产 1736.48 亿元，而固定资产交付使用率只有 59.6%，大大低于"一五"时期的 83.6% 和 1963~1965 年的 87.2% 的水平，甚至低于 1958~1962 年"大跃进"和三年困难时期的 71.5%。基本建设投资增加的国民收入减少，1950~1966 年，每百元基本建设投资增加的国民收入为 47.28 元，1967~1976 年为28.93 元，下降了 38.8%。按照新中国成立后 17 年百元基本建设新增国民收入水平计算，1967~1976 年因基本建设效益下降，减少国民收入 533.43 亿元。[3]

---

① 董辅礽：《中华人民共和国经济史》（上），三联书店（香港）有限公司，2001 年版，第 579~580 页。

②《中国工业经济统计资料》，中国统计出版社，1985 年版，第 128 页。

③ 赵德馨：《中华人民共和国经济史（1967~1984）》，河南人民出版社，1989 年版，第 193~194 页。

3. 国民经济比例关系失调

积累与消费比例失调。"文化大革命"期间，由于"左"的指导思想，片面追求生产的高指标，势必造成积累率过高。"一五"期间积累率为 24.2%，"三五"期间积累率为 26.3%，"四五"期间进一步增高至 33%，其中 1971 年达 34.1%。1966 年至 1976 年的 11 年中，有 8 年的积累率在 30% 以上。在积累内部，生产性积累和非生产性积累也存在着严重失调状况。"一五"期间的非生产性积累为 40.2%，而"三五"和"四五"期间却分别下降为 22.5% 和 22.4%，结果住宅、教育、文化卫生保健等方面大量欠账，给人民生活造成了很大困难。①

农、轻、重比例关系失调。由于过分强调加强战备，造成农轻重比例严重失调。在全国投资总额中，重工业所占比重，"一五"时期只占 36.1%，而"三五"和"四五"期间分别达到 51.1% 和 49.6%。由此在工农业总产值中，重工业从 1966 年的 32.7% 上升到 1976 年的 38.9%，农业从 35.9% 下降到 30.4%，轻工业从 31.4% 下降到 30.7%。农业、工业内部也存在着严重的比例失调问题。②

交通运输业和工农业生产比例失调。"文化大革命"时期，由于过分突出内地新线铁路建设，忽视运输繁忙地段铁路旧线的改造，使铁路主要干线运输能力同生产发展失调。1966~1976 年，工农业总产值增长了近 1 倍，其中工业总产值增长了 1.25 倍；全部货物周转量仅增长 77%，其中，铁路货运量只增长 28.2%。这与"一五"时期交通运输先行，工农业总产值增长 67.8%（其中工业总产值增长 1.28 倍），而全部货物周转量增长 1.38 倍（其中铁路货物周转量增长 1.24 倍），形成鲜明的对照。③

4. 人民生活水平长期得不到相应提高

"文化大革命"时期，由于国民收入增长缓慢，积累率居高不下，人口又急剧增加，必然对人民生活水平的提高造成严重影响。从统计资料看，1976 年同 1966 年相比，城乡居民主要消费品的人均消费水平是：粮食由 189.57 公斤增加到 190.28 公斤，仅增加了 0.71 公斤；食用植物油由 1.76 公斤降到 1.595 公斤；猪肉由 7.04 公斤增加到 7.38 公斤，仅增加了 0.34 公斤；食糖由 1.84 公斤增加到 2.33 公斤，仅增加了 0.49 公斤；各种布由 6.63 米增加到 7.85 米，仅增加了 1.22 米；煤炭由 104.38 公斤降到 95.58 公斤。④"文化大革命"前经过几年调整，商品的供应本来已有不少取消了配给票证，"文化大革命"时期又不得不恢复甚至增加。

---

① 董辅礽：《中华人民共和国经济史》（上），三联书店（香港）有限公司，2001 年版，第 583~584 页。

② 同①，第 584~585 页。

③④ 同①，第 586 页。

二、"文化大革命"时期国民经济的缓慢发展

如上所述，"文化大革命" 10 年间，我国国民经济蒙受了重大损失，与"文化大革命"前正常的经济建设时期相比，我国失去了 10 年的宝贵时间，国家综合国力没有得到相应的提高。但是，也应该看到，这 10 年间，国民经济仍然有所发展。从统计数据看，1967~1976 年，社会总产值年均增长 6.8%；工农业总产值年均增长 7.1%，其中工业为 8.5%，农业为 3.3%；工农业总产值指数与上年相比，除 1967 年、1968 年外，其余各年均为正增长。国民收入年均增长 4.9%，其中工业为 7.2%，农业为 2.5%。

工业方面，到 1976 年，全国主要工业产品产量与 1966 年相比的增长情况是：钢 2046 万吨，增长 33.6%；原煤 4.83 亿吨，增长 91.7%；原油 8716 万吨，增长 499%；发电量 2.31 亿千瓦时，增长 146%；化肥 524.4 万吨，增长 117.7%；水泥 4670 万吨，增长 131.8%；机床 15.7 万台，增长 186%；汽车 13.52 万辆，增长 141.9%。全国工业总产值指数，1976 年与 1966 年相比，增长 128%。

农业方面，1976 年粮食产量 5726 亿斤，比 1965 年增加了 1836 亿斤。在人口迅速增长的情况下，人均粮食产量由 544 斤增加到 610 斤，增长了 12.1%。全国农业总产值指数，1976 年比 1966 年增长 24.5%。[①]

科学技术方面，1966 年 5 月 9 日成功地进行了第一次含有热核材料的核试验，10 月 27 日成功地进行了第一次发射导弹核武器试验。1967 年 6 月 17 日成功地爆炸了第一颗氢弹。1969 年 9 月 23 日成功地进行了第一次地下核试验。1970 年 4 月 23 日成功地发射了第一颗人造地球卫星。1972 年研制成功第一艘核潜艇。1975 年 11 月 28 日，发射的人造地球卫星正常运行后返回地面。1975 年袁隆平等人育成的一代籼型杂交水稻种通过鉴定。

除国防尖端技术取得重大成就外，地方工业、社队工业获得较快发展，"三线"建设在加强国防的同时，也极大地增强了西部地区的生产能力，缩小了东西部之间的差距，有利于区域经济的协调发展。

三、正确评价"文化大革命"对经济发展的影响

毫无疑问，阻碍"文化大革命"时期经济发展的主要原因，是"文化大革命"对经济领域的剧烈冲击和破坏。但也应考虑其他一些因素对这一时期经济发展的影响，这些因素大致可以分为两类，第一类因素会对这一时期经济发展形成制约。首先，自 20 世纪 50 年代以来，为了实现工业化，我国实施了重工业优先

---

① 以上数据根据国家统计局《中国统计年鉴（1991）》各表计算，中国统计出版社，1991 年版。

发展战略。"文化大革命"中除头两年外，工业投资和积累率保持在一个较高水平，大规模的投资建设时期，经济增长速度必然受到制约，人民生活水平不可能大幅度提高。其次，国际环境的影响。由于国际局势的紧张，中国的外部环境的恶化，毛泽东提出了加强战备，进行"三线"建设的建议，得到中央的一致赞同。在"三线"建设中，加强战备得到强调，"三线"建设的部署首先考虑到的是适应战备的需要，如分布原则是"靠山、隐蔽、进洞"，其次才是考虑比例关系的合理和经济效益的提高，因此，必然是为了国家的安全而牺牲了经济效益。最后，改变历史造成的工业布局不合理的影响。由于历史的原因，内地特别是西部地区工业基础十分薄弱，"文化大革命"10 年间，内地和西部地区的建设得到极大加强。由于这些地区的工业交通基础薄弱，基建投资所显现的经济效益必然比投资沿海地区要小，见效也慢，这必然对经济发展有一定的制约。

第二类因素在一定程度上会使经济发展保持一个较高的速度。"文化大革命"期间，为了调动地方的积极性，再次进行经济体制改革，大规模向地方下放权力，尽管它造成了经济很大的混乱，但却给地方工业、社队工业的崛起创造了条件，成为"文化大革命"期间经济发展的一大亮点，不仅有利于"文化大革命"期间经济发展保持不太慢的速度，也为改革开放后乡镇企业的崛起奠定了一定的基础。

思考题：

1. 试述"三线"建设决策的历史背景，如何评价"三线"建设的历史地位？

2. 试述"文化大革命"时期地方工业和社队工业的发展。

3. 试述 20 世纪六七十年代中国在国防尖端工业上所取得的成就。

4. 试评述"文化大革命"时期经济管理体制改革。

5. 如何评价"文化大革命"时期国民经济的发展？

第八章　国民经济的前进和徘徊

"文化大革命"给中国带来的影响并没有随着它的结束而立即结束。一方面，长达10年的内乱使得"左"倾错误思想不仅占据统治地位，而且深入人心，意味着"左"的错误在一定时间、一定程度上还会延续；另一方面，因痛心于"文化大革命"所造成的损失而激发人们急切地想夺回已经损失的时间，同时反思过去建设中的经验教训。受这种状况的影响，"文化大革命"结束后的1977年、1978年，国民经济在迅速得到恢复的同时，因经济建设指导思想上"左"的失误而导致国民经济各项比例关系失调的严重后果。

第一节　国民经济的迅速恢复

"文化大革命"给中国的国民经济造成了灾难性的后果。工矿企业生产和交通运输陷入混乱，商业流通堵塞；由于片面强调"以钢为纲"和"以粮为纲"，造成原材料、能源工业和交通运输业发展的严重不足，经济作物和林牧副渔业受到严重排挤；积累和消费的比例严重失调，"文化大革命"后期的年平均积累率竟高达34%，致使人民的物质生活长期得不到应有的改善，中国的国民经济已经陷入全局性的恶化局面。因此，"文化大革命"结束以后，恢复国民经济的任务便摆在全国人民面前。

一、经济思想领域的拨乱反正

要使国民经济得到恢复，首先要清除"文化大革命"所造成的政治上和思想上的混乱，以恢复安定团结的局面。为此，1977年初，在全国范围内大张旗鼓地开展揭发批判"四人帮"罪行的运动。围绕这一运动，着重解决领导班子中存在的组织不纯、思想不纯、作风不纯的问题，从组织上清查"四人帮"的帮派体系，清除他们盘踞在中央部门、地方的各级经济领导部门和企业中的势力，夺回被他们篡夺的那一部分领导权，使许多受林彪、江青集团打击、迫害的各级领导干部重新回到各级领导岗位，特别是以邓小平为代表的老一辈革命家的职务得到恢复，党和国家的政治、经济指挥系统和领导系统得以重建，为国民经济的恢复提供了政治上、组织上的保障。

清理被"四人帮"和"文化大革命"搞乱了的经济思想和经济管理秩序，澄清被他们颠倒了的思想理论是非，则为国民经济恢复和发展提供了思想上的保障。1977 年 3 月，国家计委根据全国计划会议讨论的意见，起草了《关于 1977 年国民经济计划几个问题的汇报提纲》，其中针对当时经济领域的思想混乱，提出了 10 个问题在全国开展大讨论，这 10 个问题是：要不要坚持党的基本路线；要不要党的领导；要不要全心全意依靠工人阶级；要不要搞好生产；要不要规章制度；要不要社会主义积累；要不要实行各尽所能、按劳分配的原则；要不要无产阶级自己的专家；要不要引进新技术；要不要坚持计划经济。这次大讨论对于澄清人们的思想混乱起到了一定的积极作用。在这次大讨论的基础上，理论界通过揭批"四人帮"，开始在生产力、商品经济、按劳分配和经济规律四个理论问题上辨明是非。

1. 为"唯生产力论"正名

在"四人帮"看来，如果积极地搞经济建设，发展生产力，而不是搞阶级斗争，就是搞"唯生产力论"，就是为了颠覆无产阶级专政、复辟资本主义。"四人帮"否定生产力在历史发展中的决定性作用，攻击所谓"唯生产力论"，实际上是借以打倒从中央到地方担负经济工作领导责任的各级干部，甚至打击从事生产实践活动的工农群众，造成中国社会生产力的极大破坏。

1977 年 1 月 26 日，《光明日报》发表的煤炭工业部大批判组《"四人帮"是破坏煤炭生产的大祸害》一文指出，"四人帮"污蔑广大干部和群众积极发展生产力，推进社会主义建设，是搞"唯生产力论"，这就既破坏了生产，又破坏了革命，目的是搞乱人们的思想，把国民经济搞垮，以便他们乘机篡党夺权，复辟资本主义。1977 年 8 月和 1978 年 2 月举行的中共十一大和五届全国人大一次会议，强调把国民经济搞上去，重申把中国建设成为社会主义现代化强国，这表明坚持发展生产力是正确的，有利于澄清一些糊涂观念。许多经济学家发表演讲、文章和著作，阐述马克思主义的基本原理，指出在社会生产中，生产力是第一性的，如果按照承认物质是第一性的观点称之为"唯物论"，那么，承认生产力是社会发展的决定性因素的观点也可以称之为"唯生产力论"。这样，"唯生产力论"就是一种正确的观点，它是历史唯物论的一个基本观点，对它的"批判"是根本错误的。通过批判使人们认识到，"四人帮"批判的"唯生产力论"，是在批判社会主义生产，批广大群众建设社会主义的积极性，批马克思主义的历史唯物论。历史唯物主义的本来面目得以恢复，打破了加在人们身上的精神枷锁，使人们敢于和愿意努力发展社会生产力。

2. 为发展商品经济正名

尽管社会主义是商品经济的看法由来已久，但在国内理论界不仅长期不是主流，而且时时处于受批判的地位。1975 年，"四人帮"利用毛泽东关于"学习无产阶级专政理论"的号召掀起的批判"资产阶级法权"运动，把商品经济说成是"资本主义的温床"，大加挞伐，使我国的商业严重萎缩，生产领域不敢面向市场需求，流通领域不敢组织正常的为消费者服务，对外进出口总额很低，主要是设备的拾遗补缺，不敢谈以创汇为主。

粉碎"四人帮"后，经济学界召开了多次会议，发表许多文章，对"四人帮"的有关论点进行批判，并对理论问题展开讨论。这些批判和讨论主要围绕三个问题展开：一是在社会主义社会，商品生产是否具有客观必然性；二是社会主义社会中的商品经济与资本主义社会中的商品经济能否画等号；三是社会主义社会中的商品制度是不是产生资本主义和资产阶级的经济基础。许多经济学家认为，不同社会发展阶段中的商品生产，有着共同性的东西。我们既要注意社会主义社会中的商品生产和历史上存在过的商品生产的共同性，更要注意它的特殊性。1978 年 5 月 22 日，《人民日报》发表国务院财贸小组理论组的文章《驳斥"四人帮"诋毁社会主义商品生产的反动谬论》，针对"四人帮"混淆社会主义和资本主义商品经济的差别，把商品生产等同于资本主义的观点，根据斯大林和毛泽东的论断，指出：社会主义商品生产与资本主义有着本质区别，因此它的发展不会产生资产阶级，社会主义国家可以利用商品经济的基本规律——价值规律为自己服务；社会主义商品生产是中国发展的不可逾越的必经阶段。随后，中国经济学界在无锡举行讨论社会主义商品生产和价值规律问题的会议，使揭批"四人帮"诋毁社会主义商品生产的斗争进一步深入。

通过批判和讨论，人们初步认识到社会主义商品生产和小商品生产、资本主义商品生产有着本质的区别；社会主义条件下不是要限制商品生产和交换，而是要大力发展。当然，"文化大革命"结束后的最初两年，还只是初步澄清了关于社会主义商品生产认识上的混乱，对这个问题的深入讨论是在中共十一届三中全会以后。

3. 坚持按劳分配的社会主义原则

在按劳分配问题上，"四人帮"形成了一套诋毁按劳分配的理论体系。这些理论集中到一点，就是否认按劳分配是社会主义的原则，硬说它是"资本主义因素"，是产生资本主义和资产阶级的经济基础和条件，是生产力发展的障碍。它造成了人们思想上的混乱，挫伤了劳动者的生产积极性。

1977 年 2 月，由国家计委经济研究所同中国科学院经济研究所、国家劳动总局、北京大学、北京师范大学、北京师范学院、北京经济学院和北京市委党校共同发起了全国性的经济理论讨论会，揭发批判"四人帮"在按劳分配方面的谬论。此后，经济学界为了批判"四人帮"诋毁按劳分配的理论体系，在 1977~1978 年期间，举行了四次全国性的理论讨论会。其中第三次于 1977 年 10 月底到 11 月初举行，参加会议的除了 135 个在京单位 500 多位理论工作者和实际工作者以外，还有 23 个省、市、自治区的 130 多个单位 300 位理论工作者。①《人民日报》、《光明日报》等报刊还选载了一批讨论文章，把讨论推向了社会。在这四次全国性的大型会议召开的先后，还举行了一系列小型的、中型的和各地方举办的按劳分配理论讨论会。关于按劳分配问题的讨论，是拨乱反正过程中发动早、范围广、持续时间长的一场大讨论。

这场讨论初期主要集中在对"四人帮"关于按劳分配问题谬论的批判，同时进行了一些理论的探讨，如讨论关于按劳分配和物质利益的关系、按劳分配和资产阶级法权的关系、按劳分配是否产生资本主义和资产阶级等。随着讨论的深入，讨论逐渐具体化，如探讨按劳分配的一般性质问题、按劳分配和劳动报酬形式特别是奖金和计件工资问题、农村贯彻按劳分配及其形式问题等。

1978 年 5 月 5 日，由胡乔木组织撰写、以特约评论员名义署名的文章《贯彻执行按劳分配的社会主义原则》在《人民日报》发表，系统地阐述了马克思主义经典著作对按劳分配问题的论述，做出了全面的总结。文章批判了"四人帮"制造的种种谬论，指出按劳分配是社会主义生产关系的一个不可缺少的方面，它能够促进生产力的发展，提高劳动生产率，不仅不会产生资本主义，而且是消灭资本主义的重要条件。文章还具体地肯定了当时采用的计时工资、计件工资、工分、奖金、津贴等形式。这篇文章与其后发表的《实践是检验真理的唯一标准》在理论界都引起了很大反响。

4. 提倡尊重客观经济规律，按客观经济规律办事

鉴于过去忽视、不尊重经济规律，中共十一届三中全会前，党内一部分领导同志已经开始考虑关于按经济规律办事，提高经济管理水平等问题。1978 年 7 月 7 日，华国锋在全国财贸学大庆学大寨会议的讲话中指出："在社会主义计划经济的条件下，正确利用价值规律，对于促进社会主义生产的发展，十分重要。""不利用价值规律，违背这个规律，我们的经济工作就不能正确有效地进行，就不能以最少的消耗取得充分的效果，就必然产生严重的浪费和亏损，破坏社会主义生产，受到客观规律的惩罚。"他还批评了一些僵化的观点："有些同志对研究、掌握和运用社会主义经济规律的重要性还缺乏应有的认识，甚至以为政治挂帅可以不顾客观规律，承认经济规律就是否定政治挂帅，这种观点是完全错误的。"②

10 月 6 日，《人民日报》发表胡乔木的文章《按照经济规律办事，加快实现四个现代化》，文章实际上反映了中央的精神，强调一定要尊重客观经济规律，指出经济规律首先是"有计划按比例的规律"，要扩大经济组织和手段的作用，认真实行以农业为基础的战略，提高经济学理论的研究和普及。文章提出了学习外国先进经验的必要性："只有把社会主义制度的优越性同发达的资本主义国家的

---

① 赵德馨：《中华人民共和国经济史（1967~1984）》，河南人民出版社，1989 年版，第 397 页。
②《人民日报》1978 年 7 月 12 日。

先进科学技术和先进管理经验结合起来，把外国经验中一切有用的东西和我们自己的具体情况、成功经验结合起来，我们才能迅速提高按照客观经济规律办事的能力，才能够加快实现四个现代化的步伐。"文章还明确提出要推广合同制、发展专业公司、加强银行作用、发展经济立法和经济司法。

经过国家计委党组的同意，薛暮桥于 1978 年下半年开始写作的《中国社会主义经济问题研究》，系统地总结了我国过去 20 多年违背客观经济规律所遭受的挫折和损失，特别强调了建设社会主义必须遵循客观经济规律。

1976 年 10 月至 1978 年 12 月这段时间中，围绕着揭批"四人帮"以及其中所涉及的马克思主义理论的讨论，澄清了被搞乱了的理论是非，使中国经济理论的发展回到正确的轨道上来。尽管这些讨论还是初步的，但是它对 1977~1978 年经济的恢复和发展起到了促进作用，也为实现中国经济历史性转折准备了前提条件。

二、恢复和发展经济的政策和措施

"文化大革命"结束后，广大干部和群众怀着夺回被"四人帮"损失的时间的急切心情，以极大的热情投入到经济建设中。党中央、国务院以及一些省、市、自治区采取了一些有利于经济恢复的政策、措施和制度，如从 1976 年底开始，党中央、国务院相继召开农业、计划、铁路、工业、财贸、冶金、煤电、运输、粮食等一系列全国性的生产建设方面的会议，强调要整顿企业，重建各级生产指挥系统，恢复和发展生产。各级政府采取的措施主要有以下几个方面：

1. 全面清理和落实农村经济政策

1977 年 11 月和 1978 年 2 月，安徽省委和四川省委分别制定《关于当前农村经济政策几个问题的规定（试行草案）》和《关于目前农村经济政策几个主要问题的规定》，提出继续清理落实的各项经济政策。其主要内容是：恢复和建立各项规章制度，加强人民公社的经营管理；尊重生产队的自主权，减轻生产队和社员的负担；坚持按劳分配，保证社员分配兑现；开展多种经营；积极而又慎重地对待基本核算单位由生产队向生产大队过渡；在保证集体经济占绝对优势条件下，允许和鼓励社员经营少量的自留地和正当的家庭副业。其中，重点是贯彻按劳分配的原则。安徽与四川两省从 1977 年的分配兑现入手，保证社员群众能多劳多得，增产能增收。安徽、四川两省的经验被报道以后，在全国引起强烈反响，对各地落实农村经济政策起到了有力的推动作用。1978 年 6 月，中央批转湖南省湘乡县委关于减轻农民负担的报告，指出农民负担过重是一个在全国相当多的地方普遍存在着的严重问题，各地都要根据当地的情况认真加以解决，并作出维护社员和生产队正当权益的规定。同年 7 月，中央批发陕西省委《关于旬邑县少数干部强迫命令、违法乱纪问题的调查报告》，调查报告中说，旬邑县少数干部作风粗暴,经常打骂和扣罚社员的粮款,严重地损害了社员群众的利益。对此,中央指出,农村干部违法乱纪的情况,不只是旬邑县有,全国其他一些地方也程度不同地存在着,各地都要采取严肃认真的态度,切实解决好这方面的问题。中共中央这些文件的贯彻执行,受到农村广大社员、干部的热烈拥护。落实按劳分配政策,减轻农民负担,尊重生产队自主权,反对瞎指挥,允许发展家庭副业,开展多种经营等政策的贯彻执行,有利于调动广大农民的生产积极性,促进了农村经济的复苏。①

2. 对工业、交通企业进行大规模整顿

1977 年 2 月至 5 月,党中央、国务院连续召开了几个以对工业、交通企业的整顿为中心内容的会议。2 月召开的全国铁路工作会议指出,铁路是国民经济的大动脉,全国要大治,工农业要大上,铁路必须做到畅通无阻,安全正点,多拉快跑,当好先行。铁路运输上去了,整个国民经济就火了。为此,必须狠抓整顿,迅速恢复和建立行之有效的规章制度。这次会议后对铁路运输再度进行了整顿,调整了铁道部和各地铁路枢纽的领导班子,肯定了 1975 年铁路整顿发出的 9 号文件《关于加强铁路工作的决定》是一个好文件。由于清除了帮派分子,成效很快显现出来。到 1978 年,铁路货运量和总货运量分别达到 11 亿吨和 24.9 亿吨的历史最高水平,铁路平均日装车数为 62234 车,比 1976 年增长 28.2%。②

继铁路工作会议后,4 月初,国务院召开全国冶金工作会议,会议就贯彻"鞍钢宪法"、搞好企业整顿问题进行认真的讨论。会议要求各个冶金企业都要在党委领导下,建立起由领导干部负责的、有权威的生产指挥系统,都要把岗位责任制等各项制度建立健全起来。所有企业都要放手发动群众,开展社会主义劳动竞赛,大搞增产节约运动,继续大打矿山之仗,打好降低消耗仗,打好设备整修仗,打好基本建设歼灭战和科技攻关仗。这次会议以后,经过大量整顿工作,鞍钢、武钢、本钢、攀钢等重点钢铁企业的"老大难"面貌有所改变。全国钢铁生产逐步回升。到 9 月份,全国钢铁产量超过历史最高月水平。③

4 月至 5 月,党中央和国务院先后在大庆和北京召开有 7000 人参加的全国工业学大庆会议。会议要求通过建设和普及大庆式企业,推动企业整顿工作。1977 年先把那些关系国民经济全局的重点企业的领导班子整顿好,通过广泛开展劳动竞赛和增产节约运动,使各项技术指标在短时期内达到历史最好水平和国内先进水平。由于未能从根本上摆脱"左"的思想影响,会议在许多方面把大庆的经验同阶级斗争、路线斗争联系起来,提出了一些不适当的要求。但大庆许多

---

① 参见赵德馨:《中华人民共和国经济史 (1967~1984)》,河南人民出版社,1989 年版,第 378~379 页。

② 国家统计局:《中国统计年鉴 (1983)》,中国统计出版社,1983 年版,第 306~312 页。

③ 同①,第 380 页。

好经验的推广，对企业的整顿起了积极的促进作用。

1978 年 4 月，中央将《关于加快工业发展若干问题的决定（草案）》（简称"工业三十条"）发到全国各工业管理机关、各工业交通企业试行。这个文件是在 1975 年邓小平指示制订的"工业二十条"基础上修订的。决定提出了整顿企业的"六条标准"：①揭批"四人帮"的斗争搞得好不好；②好的领导班子是否建立起来了；③企业职工的社会主义积极性是否调动起来了；④资产阶级歪风邪气刹住了没有；⑤以责任制为核心的各项规章制度是否建立和严格执行；⑥八项经济技术指标（即产量、品种、质量、消耗、劳动生产率、成本、利润、流动资金占用）和设备完好率及利用率是否有显著进步。决定还明确规定了企业的任务、制度、工作方法和管理政策。"文化大革命"时期遭到破坏的各项经济制度基本得到恢复和落实。各地根据此文件的精神，进一步抓紧进行整顿企业的工作，并分期分批地对初步整顿的企业进行验收。通过整顿，企业的面貌发生了较大变化，一批"老大难"的、关系全局的重点企业，如鞍钢、包钢、郑州铁路局、上海港等，比较快地改变了落后面貌。

3. 经济体制的局部调整

由于"文化大革命"对整个国民经济体制的破坏很大，以及整顿经济秩序和恢复经济的需要，粉碎"四人帮"后即着手对经济体制进行局部性调整，主要是对工业企业的隶属关系进行了一些调整，加强了铁路、邮电、民航等部门的集中统一领导。铁路运输重新由铁道部集中统一指挥，使铁路运输严重堵塞现象得以迅速解决；关系国民经济全局的重点工业企业由原中央和地方双重领导调整为以中央领导为主，其他企业则由地方或地方为主进行管理。同时，将"文化大革命"中下放的部分企业收回中央管理；对部分财政、税收、物资的管理权也收回中央。[①]

4. 整顿市场、物价，提高城镇职工的工资和生活福利待遇

在 1977~1978 年两年时间里，对于市场、物价和人民生活方面，国家也采取了一些措施。1977 年 7 月，国家计委转发了商业部《关于商业、粮食系统检查和整顿市场物价中提出的一些政策问题的意见》，强调了物价必须稳定，主要提出了以下几个方面意见：①认真检查和整顿部分消费品质量下降，变相涨价问题；②加强粮、油价格管理，做好按质论价工作；③坚决稳定蔬菜购销价格；④加强对饮食、修理服务行业的价格管理；⑤加强市场煤炭的价格管理；⑥收购农副产品不得提级提价、压级压价、变相提价或变相压价；⑦必须按照物价管理权限，执行国家牌价，不得擅自定价和随意调价。1978 年 1 月，国务院发出了《关于当前市场物价问题的通知》，要求坚持计划价格，反对自由价格，要坚决打击利用价格搞贪污盗窃、投机倒把；要认真地安排好关于人民生活必需品的生

产和供应；一定要按质论价，不得擅自提价等，以稳定物价。[①]

在稳定市场、稳定物价的同时，还提高了城镇职工的工资和生活福利待遇。1977 年 8 月 10 日，国务院发出《关于调整部分职工工资的通知》，规定从 10 月 1 日起提高部分职工工资。"文化大革命" 10 年中，工资一直被冻结，只在 1971 年底对占总数 30% 的职工提高过一次工资，主要还是出于粉碎林彪集团后的政治需要。这次调整则范围比较大，使占全国职工总数 60% 的 3000 多万人的工资都得到了提高。1978 年 2 月 21 日，国务院又批准发出 "为法定节假日加班的工人发给两倍标准工资" 的通知。5 月 7 日，国务院发出通知，决定实行奖金和计件工资制度。

针对 "文化大革命" 时期对人民生活 "欠账" 过多的现象，中央要求各地关心人民的福利生活，各地粮食和副食品不能自给的，要作出切实规划，在几年内做到自给。华国锋曾特别指出：哪个地区如果有条件、有资源能够办到而长期没有办到，不能自给，那些领导同志 "就应该觉得脸上无光，吃饭睡觉也不能安心"。1978 年 10 月 11 日，邓小平在全国工会九大上集中论述了提高工人福利的问题。他说："工会要努力保障工人的福利"。"工会组织要督促和帮助企业行政和地方行政在可能的范围内，努力改善工人的劳动条件、居住条件、饮食条件和卫生条件，同时要在工人中间积极开展各种形式的互助活动。"[②]

三、国民经济的恢复

由于上述这些政治上、组织上、思想理论上以及经济政策措施的改进和变化，加上全国人民的努力，国民经济摆脱了 1976 年下降的趋势，得到迅速恢复和增长。

1. 农业的恢复

1977 年，虽然遭受了严重的自然灾害，但由于广大农民的生产积极性提高，农业仍然取得了较好的收成。农业总产值达到 1339 亿元，比上年增长 1.7%；1978 年，农业获得了大丰收，总产值达到了 1459 亿元，比上年增长了 9.0%，这样的增长速度，在新中国成立以后是不多见的。主要农产品的产量如表 8-1 所示。

1978 年粮食生产增长幅度较大，油料的产量达到历史最高水平。1978 年的粮食、棉花、油料产量分别比上年增长 14%、19%、22%。两年来，全国农业机械拥有量、化肥施用量都有较大幅度的增长。1978 年全国农村大中型拖拉机达到 55.7 万台，手扶拖拉机达到 137 万台，农用排灌动力机械达到 6658 万马力，

---

① 曾璧钧、林木西：《新中国经济史（1949~1989）》，经济日报出版社，1990 年版，第 296~297 页。
② 《邓小平文选》第 2 卷，人民出版社，1995 年版，第 138 页。

平均每公顷耕地施用化肥 89 公斤。①

表 8–1　1977~1978 年主要农产品产量②

产品	单位	1978 年	1977 年	1978 年比 1976 年增长（%）
粮食	万吨	30475.0	28275.0	6.4
棉花	万吨	216.7	204.9	5.5
油料	万吨	521.8	401.5	30.2
甘蔗	万吨	2111.7	1775.3	27.0
甜菜	万吨	270.2	245.6	–7.8
黄红麻	万吨	108.8	86.1	43.8
蚕茧	万吨	22.8	21.6	18.1
茶叶	万吨	26.8	25.2	15.0
猪（年末数）	万头	30129.0	29178.0	4.9
羊（年末数）	万只	16994.0	16136.0	7.4
大牲畜（年末数）	万头	9389.0	9375.0	1.1
水产品	万吨	466.0	470.0	4.0

2. 工业的恢复

工业生产逐步回升，1977 年，工业总产值为 3728.3 亿元，比上年增长 14.3%；1978 年达到 4230.8 亿元，比上年增长 13.5%。主要工业产品产量情况如表 8–2 所示。

表 8–2　1977~1978 年主要工业产品产量③

产品	单位	1978 年	1977 年	1978 年比 1977 年增长（%）
原煤	亿吨	6.18	5.5	28.0
原油	万吨	10405	9364	19.4
发电量	亿度	2565.5	2234	26.3
钢材	万吨	2208	1633	50.6
生铁	万吨	3479	2505	55.8
钢	万吨	3178	2374	55.3
水泥	万吨	6524	5565	39.7
化肥	万吨	869.3	723.8	65.8
农药	万吨	53.3	45.7	36.3
汽车	万辆	14.91	12.54	10.3

①② 赵德馨：《中华人民共和国经济史（1967~1984）》，河南人民出版社，1989 年版，第 384 页。
③ 同①，第 383 页。

产　品	单位	1978 年	1977 年	1978 年比 1977 年增长(%)
拖拉机	万台	11.35	9.93	54.0
棉布	亿米	110.29	101.51	24.8
食糖	万吨	226.7	181.6	37.4
自行车	万辆	845	743	27.8
缝纫机	万架	486.5	424.2	33.7
手表	万只	1351	1104	48.2

1977~1978 年，主要工业产品产量增长速度是比较快的，1978 年，80 种主要产品产量有 65 种完成和超额完成了计划，特别是原材料、燃料和动力以及关系到人民生活改善的一些轻工产品增长幅度较大。在数量增加的同时，效益也有提高。工业部门物质消耗占总产值的比重，由 1976 年的 66.3%下降到 64.9%。社会劳动生产率，1976 年比 1975 年下降 4.5%，1978 年则比 1977 年增长 10.5%。[①]

3. 交通事业的恢复和发展

1977~1978 年，交通事业也有了较快的恢复和发展。到 1978 年底，全国铁路通车里程达到 5 万公里，公路通车里程达到 89 万公里，民用航空线达到 14.9 万公里，内河通航里程达到 13.6 万公里。随着工农业生产的恢复与发展，货物周转量有显著增长。1978 年，铁路货物周转量 5333 亿吨公里，公路货物周转量 3779 亿吨公里，空运货物周转量 9700 万吨，沿海主要港口吞吐量 2 亿吨。这些都比 1976 年有较大的增长。[②]

4. 商业、对外贸易的恢复和发展

1977~1978 年，商品的收购和销售都有明显增加。到 1978 年底，商业部门收购商品总额为 1740 亿元，其中工业品 1280 亿元，农副产品 460 亿元。社会商品零售总额 1527.5 亿元，猪肉、食糖、棉布、化纤布、煤炭等主要消费品零售量都有较大幅度的增加，自行车、手表、缝纫机、收音机、电视机等耐用消费品零售量增长速度更快。在商品供应状况改善的同时，部分主要副食品，如肉、禽、蛋和水产品等的供应仍比较紧张，日用工业品花色品种少，不能适应人民生活日益增长的要求。

在国内商业恢复和发展的同时，对外贸易也有较快的恢复和发展。到 1978 年，进出口贸易总额达 355 亿元，其中，出口 167.6 亿元，进口 187.4 亿元。非贸易收入大于支出 21 亿元。全年外汇收支平衡，略有结余。[③]

① 国家统计局：《中国统计年鉴（1991）》，中国统计出版社，1991 年版，第 62~63 页。
②③ 赵德馨：《中华人民共和国经济史（1967~1984）》，河南人民出版社，1989 年版，第 385 页。

5. 经济总量的增长和人民生活水平的提高

由于工农业生产的较快恢复，交通事业的发展，国内市场供应的好转和外贸事业的发展，使整个国民经济有了较大的增长。如表8-3所示。

表8-3　1977~1978年国民经济的增长速度①

年份	社会总产值	工农业总产值	农业总产值	工业总产值	国民收入
1977	10.3	10.7	1.7	14.3	7.8
1978	13.1	12.3	9.0	13.5	12.3

人民生活水平也有了一定提高。1977年底，全国部分职工提高了工资级别，1978年在部分企业实行计件工资和奖励制度，多数单位发了年终奖金。两年来工资总额增加较多，1978年全民所有制职工工资总额达469亿元，职工年平均工资为644元，比1976年的605元增加了39元，比1965年的652元低8元，比1957年的637元多7元。农民从集体分得的收入，1977年为65元（其中现金为12.8元），1978年为74元（其中现金为13.6元）。人均口粮1977年为407斤，1978年为422斤。全国居民平均消费水平由1976年的161元增加到1978年的175元，是1961年以来增长幅度最大的。

当然，这两年经济的增长是恢复性质的，是在多年停滞、下降以后的回升，经济结构不合理，经济发展水平还很低。1978年人均国民收入仅为315元；人均粮食为637斤，仅略高于1957年的612斤；人均棉花4.5斤，低于1957年的5.2斤；人均油料10.9斤，低于1957年的13.2斤；人均猪牛羊肉17.9斤，高于1957年的12.5斤。但是毕竟已经从"文化大革命"的经济停滞中走了出来，为1978年以后经济的高速增长奠定了一定的基础。

第二节　"左"倾错误的持续与
经济建设的"新跃进"

"文化大革命"结束后的最初两年，一方面，国民经济得到迅速恢复；另一方面，由于未能全面清理长期以来"左"的错误思想，经济工作又出现新的失误，致使过去经济建设中所遗留的问题不仅没有来得及解决，而且更加严重。

---

① 李德彬：《中华人民共和国经济史简编》，湖南人民出版社，1987年版，第507页。

一、经济领域"左"倾错误的持续

"文化大革命"结束后，"左"倾错误在政治、经济、文化等各个领域没有得到根本清除，而且还在持续。导致这种状况的原因是多方面的，首先，多年来党内的"左"的错误在"文化大革命"时期被推向极致，且深入人心，它所造成的政治、思想、理论上的混乱，不容易在短期内消除。因此，在这两年中，一些"左"的方针仍在继续，如中央一方面在粉碎"四人帮"后强调要大力发展生产力，贯彻按劳分配原则；另一方面又在党的十一大政治报告中仍然写进了批判"资产阶级法权"和"唯生产力论"的内容。其次，粉碎"四人帮"以后，广大干部群众从长期被压抑的状态下解放出来，1977~1978 年经济恢复比较快。这使得一部分人对于顺利发展的一面看得比较多，而对"文化大革命"造成的严重后果和矛盾估计不足，特别是对当时国民经济比例关系严重失调、人民生活困难很多、经济管理不善、经济效益低下等问题和困难，缺乏清醒的认识，助长了"左"的思想继续发展。最后，当时集中共中央主席、国务院总理、中央军委主席三个要职于一身的华国锋在全党全国工作的指导思想上继续犯着"左"的错误。华国锋等在主观上仍然沿用"文化大革命"时期的一些"左"的政策和手段，推行"文化大革命"中制定的一些经济目标，特别是以坚持"两个凡是"继续强调贯彻毛泽东在世时的一些带有"左"倾色彩的经济制度和理论，如继续用"抓革命"来"促生产"，要求"抓住阶级斗争这个纲，一步步地做好社会主义革命和社会主义建设的工作"，在具体的经济部署上，就是大搞"工业学大庆"和"农业学大寨"。华国锋是在用阶级斗争的办法来抓经济建设。同时，不顾中国国情和客观经济规律，在经济建设的决策上盲目地提出一些不切实际的口号和不能实现的高目标。这是当时经济指导工作中继续出现"左"的错误的根本原因。

经济领域中"左"的错误主要表现在用抓阶级斗争的办法来促经济建设和盲目追求高指标、高速度两个方面。下面主要分析盲目追求高指标、高速度错误决策的形成及其所造成的后果。

粉碎"四人帮"以后，当国内政治局面初步安定和经济刚刚恢复时，长期以来形成的固有思路，发动新的跃进的思想就出现了。1977 年 4 月 11 日，《人民日报》社论《全面落实抓纲治国的战略决策》提出："一个新的跃进形势正在形成。"接着，4 月 19 日《人民日报》的社论《抓纲治国 推动国民经济新跃进》提出达到和赶超"三个水平"的口号，即"首先达到和超过本单位历史最高水平；再赶超全国同行业的最高水平；进而赶超世界先进水平"。

9 月 11 日，华国锋召集国务院负责人举行会议，研究加快经济建设速度问题。他批评国家计委的工业增长幅度"太保守"，要求"要开足马力，挽起袖子大干"，"明年的积累要加快"。他还说，不能满足今年工业增长 10%，要争取更高速度，12%的速度也不满足，要争取更高的速度。甚至说，假如工业只增长10%，你们就不要来向政治局汇报。

10月26日，《人民日报》发表评论员文章《速度问题是一个政治问题》，要求用"革命加拼命的精神，争时间，抢速度，大大加快我国国民经济发展的步伐"。1978年的两报一刊发表元旦社论，提出了一个尖锐的问题：建设的速度问题，不是一个单纯的经济问题，而是一个尖锐的政治问题。加快经济建设的速度，是国际国内阶级斗争的需要，是历史赋予我们的光荣使命。这篇社论为1978年的跃进定了基调。1978年2月，华国锋在五届全国人大一次会议的政府工作报告中提出："工业学大庆、农业学大寨的群众运动蓬勃发展，一个新的跃进形势已经到来了。"

急于求成、追求高速度的指导思想，落实在实际行动上，首先就是提出违背中国国情、超过国家综合国力的经济跃进计划，制定一大批经济建设的高指标。1977年11月24日至12月11日，全国计划会议在北京召开，会议研究了长远规划，向政治局提出了《关于经济计划的汇报要点》。汇报要点提出：从1978年到2000年的23年中，分三个阶段打几个大战役，到20世纪末使我国的主要工业产品产量分别接近、赶上和超过最发达的资本主义国家，各项经济技术指标分别接近、赶上和超过世界先进水平。具体安排是：第一个阶段即1978~1980年，重点抓农业和燃料、动力和原材料工业，使农业每年以4%~5%的速度，工业每年以10%以上的速度持续地大步前进。第二个阶段即1981~1985年，展开基本建设的大计划，工交方面，新建和续建120个大型项目，包括30个大电站、8个大型煤炭基地、10个大油气田、10个大钢铁基地、9个大有色金属基地、10个大化纤厂、10个大石油化工厂、十几个大化肥厂，以及新建续建6条铁路干线，改造9条旧干线，重点建成秦皇岛、连云港、上海、天津、黄埔5个大港口。这一阶段，粮食生产达到8000亿斤，钢产量达到6000万吨，原油达到2.5亿吨，煤炭达到9亿吨，发电量达到5000亿度。提出按照这个建设方案，基建投资将相当于过去28年的总和。汇报要点提出：到2000年以前，全面实现农业、工业、国防和科学技术的现代化。到那个时候，粮食总产量要达到13000亿~15000亿斤，钢产量要达到1.3亿~1.5亿吨。第三个阶段，在2000年以前全面实现四个现代化，使我国国民经济走在世界前列。华国锋对这个汇报要点给予了充分肯定，他说："这个设想，是积极的，有雄心壮志的，经过努力是可以实现的。"1978年2月5日，政治局批准了汇报要点，并连同《1978年国民经济计划指标》一起下达，要求各地区、各部门贯彻执行。

1978年7月至9月，国务院召开务虚会，主题是研究加快我国四个现代化的速度问题。9月，国务院又召开全国计划会议，讨论1979年和1980年计划安排，在当时全国上下一派"跃进"气氛中，会议最后拟订的生产计划和基本建设计划，都存在着过高过急的问题。

二、经济建设的"新跃进"

急于求成、对高速度的追求，促成了国民经济在恢复的同时，又形成了一个新的跃进的局面。典型的表现有以下几个方面：

1. 扩大基本建设投资规模

要实现新的大跃进，就必须进行大规模的基本建设。1976 年基本建设投资为 376.44 亿元，1977 年提高到 382.37 亿元，1978 年剧增为 500.99 亿元。1978 年为了组织新的跃进，不断加大建设规模，4 月份追加投资 52 亿元（其中属挖潜改造 10.8 亿元），9 月份又追加投资 48 亿元，基建规模由年初的 332 亿元增加到 415 亿元，全年完成投资 500.99 亿元，比上年增加 119 亿元，增长 31%。在建项目中 5 万元以上的达 6.5 万个（其中大中型项目 1723 个，比上年增加 290 个；全部建成投产 99 个），完成这些项目总投资需 3700 亿元。按当年投资项目的总规模与年度投资相比，即使今后不再上任何新项目，完成全部投资仍需要 8 年时间。为支持如此巨大的建设规模，积累率不断提高。1976 年积累率为 30.9%，1977 年提高到 32.3%，1978 年猛增到 36.5%，是新中国成立以来仅次于 1959 年（43.8%）、1960 年（39.6%）的第三高度。

2. 大搞农田基本建设，加快农业机械化的进度

为了农业生产的发展，鼓动蛮干，不讲实效地大搞农田基本建设。1977 年 7~8 月，全国农田基本建设会议先后在昔阳和北京召开。这次会议前，每年冬春全国都有上百万干部、上亿农民参加农田基本建设，规模越来越大。这次会议提出大干了还要大干，要坚持常年大干、长期大干。要求各地区开展比赛，迅速掀起大搞农田基本建设的新高潮，到 1980 年实现每个农业人口有一亩旱涝保收、高产稳产田。为了达到这一目标，许多地区不惜人力、物力，继续盲目地大搞农田基本建设项目，投入大批劳动力，机械地推广大寨经验，搞"水平梯田"、"人造小平原"。1977 年 10 月底，全国已经铺开的工程达 39 万处，投入劳动力达 8000 万人之多，在农田基本建设方面获得一些成效。问题在于形式主义和"大呼隆"的蛮干，不能因地制宜和讲求实效，浪费大量人力、财力和物力。

1974 年国家计委设想的 1976~1985 年 10 年远景规划中，提出了 1980 年实现农业机械化的要求，这本来是不切实际的。1976 年 12 月的第二次农业学大寨会议再次提出了这个要求。会后，为了购买农业机械，公社、大队向小队平调资金，生产小队拼命增加积累，增加了农民负担；各地方为加速农机生产，大力兴办"五小企业"，增加贷款，加剧了国民经济各方面关系的紧张。

1978 年 1 月，中共中央将国务院《关于 1980 年基本实现农业机械化的报告》转发各地区、各部门执行。报告坚持毛泽东过去的号召，要求 1980 年基本上实现农业机械化，使农、林、牧、副、渔主要作业的机械化水平达到 70% 左

右。为了推行农业机械化规划，同年 10 月，国务院设立农业机械化领导小组，并要求各省、地、县迅速建立和健全农业机械化领导小组。

到 1980 年底，农用排灌动力机械为 7464.5 万马力，排灌面积为 6.73 亿亩，化肥年施用量为 1269.4 万吨，拖拉机拥有量为 744865 混合台，手扶拖拉机 178.4 万台，机耕面积 6.15 亿亩。除排灌机械动力和手扶拖拉机数量以外，大部分指标未达到预定的目标，并且在规划实施过程中，存在一些急躁冒进的情况，影响了农业机械化的质量。

3. 扩大引进外国资金和设备

为了实现 10 年规划的各项要求，在"新跃进"的思想指导下，加快了国外设备技术的引进。1977 年 7 月，国家计委曾向国务院提出，今后八年引进新技术和成套设备的规划。按照这个规划，今后八年的引进任务所需外汇为 65 亿美元，国内配套工程的基建投资为 400 亿美元。仅仅过了一年，在不断升温的"跃进"气氛中，这个尚未落实的引进规划又被大大地修改了。1978 年当年，中国实际签约的引进项目总额为 78 亿美元，其中 12 月最后 10 天就签订了 31 亿美元的协议，主要是化工项目，其中包括上海宝钢在内的 22 个大型成套设备引进项目，当年签约为 58 亿美元（按设计这 22 个项目共需外汇 130 亿美元），约折合人民币 390 亿元，加上国内配套工程投资 200 多亿元，共需人民币 600 多亿元。按照原规划，这些项目到 1981 年和 1982 年将进入建设高峰，届时每年需要投资 130 亿元。这样大的投资规模，这么多的大项目同时进入建设高峰，远远超越了当时国内配套能力和消化能力，对整个国民经济形成很大的冲击。此外，这些引进项目所需资金，大多依靠借外债，且外债规模远远超过当时国家的还债能力。同时，又由于对引进项目的要求过急，没有经过认真的调查研究和可行性论证，因而有很大的随意性，有些属于计划外工程，有的项目的燃料、原料落实不了，也难以建成和正常运转，造成一定的浪费。

三、"新跃进"的后果

新的跃进使得 1978 年国民经济各方面关系非常紧张，国民经济重大比例关系失调的状况进一步加剧。具体表现为：

1. 积累与消费的比例关系进一步失调

由于国家安排的基本建设投资过多，农村也强调农田基本建设，积累在国民收入使用额中所占比例不断升高，使得人民生活难以改善，虽然 1977 年有 60% 的职工增加了工资，但是城乡居民整体收入水平也还是低的。特别是农民，由于我国长期为工业化积累资金，工农业产品价格剪刀差仍然较大，农民的收入压得很低。1978 年，全国农业人口每人年均收入只有 70 多元，有近 1/4 的社员收入在 50 元以下。同时，由于基本建设中往往只重生产性建设，与人民生活直接相

关的住宅、文教卫生、城市公用事业方面的欠账也很多，1978 年这方面的投资
所占的比重只有 17.4%，而"一五"时期为 28.3%。人均居住面积低于解放初期
的水平。1977~1978 年，"文化大革命"期间上山下乡的城镇青年回城就业，成为
迫切需要解决的突出问题。在这种情况下，国民收入分配中片面强调高积累，不
断加快重工业建设，不仅有关人民生活的问题和吸收劳动力就业问题得不到妥善
解决，而且在基建膨胀过快的压力下，国家财政收支难以平衡，不得不继续挤市
场，挤人民消费，使积累和消费的矛盾更加突出，挫伤了广大人民的积极性。①

2. 农、轻、重比例严重失调

高积累造成了国民经济的结构失衡，即农业、轻工业、重工业比例关系的进
一步失调，工业内部的燃料、动力工业与加工工业比例关系的失调。1977~1978
年重工业脱离农业和轻工业而片面发展。1978 年农业只增长了 1.7%，远低于工
业 13.5% 的增长速度；轻工业增长 10.8%，比重工业增长 15.9% 差不多低 1/3。从
1976~1978 年，工农业总产值中，农业（包括社队企业）所占比重从 30.4% 下降
到 27.8%，工业由 69.6% 上升到 72.2%；工业总产值中，轻工业由 44.2% 下降到
43.1%，重工业由 55.8% 上升到 56.9%。粉碎"四人帮"以后，农业有所发展，
但还远远不能适应人口增长、工业发展和人民生活改善的需要。粮食产量超过了
历史的最高水平，但按人口平均的粮食占有量，只略高于 1957 年。许多地方的
农民口粮不足，有的地方口粮严重不足。棉花、花生、芝麻的总产量还没有恢复
到历史最好水平。1978 年，粮食净进口 695 万吨，棉花净进口 950 万担。由于
轻工业落后，轻工业产品的数量、质量和花色品种，远远不能适应市场。市场商
品可供量与购买力的差额高达 100 多亿元。

在工业交通内部，能源工业、动力工业、原材料工业和交通运输比例失调。
1978 年，能源工业只增长 11.3%，不能满足工业增长 13.5% 的需要，许多工业企
业因此开工不足，处于"停三开四"的局面。全国由于缺电，有 20% 左右的工
业生产能力不能发挥。全国用煤多的工业发展速度大大超过了煤炭工业的发展速
度，煤炭远远不能满足国民经济发展的需要。石油工业后备资源不足，增长速度
出现了急剧下降的趋势。在燃料动力和原材料严重不足的情况下，加工工业还在
盲目发展。全国机械工业的加工能力，超过了可能提供的钢材数量的三四倍，加
工工业产品则由于重复生产，或不为市场所需要，造成积压，全社会积压的机器
设备达 550 亿元。1978 年，交通运输的紧张情况也没有得到缓解，主要铁路干
线一些薄弱区段的运输能力只能满足需要的 50%~70%；沿海主要港口疏运困难，
压船、压车、压货现象严重。②

---

① 刘国光：《中国十个五年计划研究报告》，人民出版社，2006 年版，第 389 页。
② 苏星：《新中国经济史》，中共中央党校出版社，1999 年版，第 637~638 页。

3. 经济效益下降

由于国民经济重大比例关系失调,经济管理体制和经济工作中存在许多问题,致使生产的经济效益明显下降。到 1978 年底,全国有 1/3 的企业管理比较混乱,生产秩序不正常。全国重点企业主要工业产品的 30 项主要质量指标中,有 13 项低于历史最好水平;38 项消耗指标中有 21 项没有恢复到历史最好水平。国营工业企业每 100 元工业产值提供的利润比历史最好水平低 1/3。独立核算的国营工业企业亏损面达 24.3%,亏损额高达 37.5 亿元。1978 年流通领域中物资紧缺与积压并存,全国商品库存中,质次价高、冷背呆滞、残损变质的商品总值达 100 多亿元。特别是基本建设战线过长,投资效果很差。1978 年施工的 1773 个大中型项目,只有 99 个投产,投产率只有 5.58%,与效益极低的 1976 年相同。

严峻的现实表明,经济工作中长期以来存在的"左"的政策和做法不能再继续下去了,必须总结正反两个方面的经验教训,在指导思想上彻底做一番清理,实事求是地寻找一条适合我国国情的发展经济的新途径。

第三节 指导思想上的拨乱反正和历史性转折

一、反对"两个凡是"和真理标准问题的讨论

在经济理论界针对"文化大革命"和"四人帮"所造成的经济理论上的混乱而展开拨乱反正的同时,华国锋提出了"两个凡是"的错误方针。1976 年 10 月 26 日,华国锋提出:"目前主要是批'四人帮',也要批邓,一定要注意,毛主席批过的、讲过的不能批。"1977 年 1 月,华国锋在他的讲话稿中明确提出:"凡是毛主席作出的决策,我们都坚决维护,凡是毛主席的指示,我们都始终不渝地遵循。"随后,华国锋授意把"两个凡是"写进《人民日报》、《解放军报》、《红旗》杂志 2 月 7 日的社论《学好文件抓住纲》。3 月中旬,华国锋在中共中央工作会议上的讲话重申"两个凡是"的观点,并继续沿用"文化大革命"中的一些错误提法。[①] 华国锋提出的"两个凡是",维护毛泽东晚年的错误,压制思想解放,阻碍各个领域包括经济领域拨乱反正工作的深入进行、阻碍彻底纠正"左"的错误,引起广大干部特别是老干部的忧虑。

---

① 参见赵德馨:《中华人民共和国经济史 (1967~1984)》,河南人民出版社,1989 年版,第 400 页。

华国锋提出"两个凡是",继续坚持"左"的方针的严重错误,受到广大干部群众的抵制和斗争。邓小平率先起来旗帜鲜明地反对"两个凡是"的错误方针。1977年4月,邓小平致信中共中央,针对"两个凡是"的错误方针,明确指出:"我们必须世世代代地用准确的完整的毛泽东思想来指导我们全党、全军和全国人民,把党和社会主义的事业,把国际共产主义运动的事业,胜利地推向前进。"① 7月23日,邓小平在中共十届三中全会上的讲话,针对"两个凡是",专门讲了用准确的完整的毛泽东思想指导我们党的事业。他说,要对毛泽东思想体系有一个完整的准确的认识。只有这样,才不至于割裂、歪曲毛泽东思想,损害毛泽东思想。② 除了在理论上阐明毛泽东思想是个完整的科学体系的同时,邓小平在实践上开始运用实事求是的原则批判"两个凡是",进行拨乱反正。他从自己主管的教育、科技和军队几方面着手作出示范。在这前后,叶剑英、陈云、聂荣臻、徐向前等人撰写文章,发表演说,宣传中国共产党的实事求是的作风,强调完整地准确地掌握毛泽东思想的科学体系,在思想上、理论上推动了各个领域包括经济理论领域拨乱反正的开展。

1978年5月11日,《光明日报》发表特约评论员文章《实践是检验真理的唯一标准》,这篇文章阐述了马克思主义关于实践第一的哲学观点,指出任何理论都要接受实践的检验。马克思主义的理论宝库并不是一堆僵死不变的教条,它要在实践中不断增加新的观点、新的结论,抛开那些不适合新情况的个别旧观点、旧结论。这是从理论上对"两个凡是"的否定。文章得到了广大干部群众的热烈赞同,也遭到了少数坚持"两个凡是"错误方针的人的非议和责难。关键时刻,邓小平等老一辈革命家挺身而出,热情支持并指导这场讨论。在他们的支持和领导下,广大干部和群众冲破阻力,积极参加关于真理标准问题的讨论,批判"两个凡是"的错误方针。这场讨论宣传了辩证唯物主义的思想,打破了个人崇拜和教条主义的严重束缚,打碎了林彪、"四人帮"设置的精神枷锁,是在中国重要历史关头开展的一次全国性的思想解放运动,为经济工作指导思想上的拨乱反正、为实现历史性转折奠定了思想、理论基础。

二、中共十一届三中全会的历史性转折

在拨乱反正和真理标准问题讨论的基础上,中国共产党召开了十一届三中全会,实现了新中国成立以来中国共产党的历史上具有深远意义的伟大转折。

为了准备十一届三中全会的召开,中共中央于11月10日至12月15日在北

---

① 中共中央文献研究室:《邓小平年谱》(1975~1997),中央文献出版社,2004年版,第157页。
② 邓小平:《"两个凡是"不符合马克思主义》,《邓小平文选》,人民出版社,1983年版,第35~39页。

京召开了中央工作会议。会议首先讨论从 1979 年 1 月起把全党工作着重点转到社会主义现代化建设上来的问题。邓小平在闭幕会上发表了《解放思想、实事求是、团结一致向前看》的重要讲话，尖锐地揭露了党内存在的思想僵化和半僵化状态，肯定了关于真理标准问题讨论的重大意义。指出：只有思想解放了，真正发扬了政治民主和经济民主，才能实事求是地解决过去的遗留问题，研究新情况、新问题，团结一致，确定实现四个现代化的具体道路、方针、方法和措施。这个讲话集中了全党和全国人民的意志，实际上成为随即召开的中共十一届三中全会的主题报告。

1978 年 12 月 18 日，中共十一届三中全会正式召开。这次全会对中央工作会议提出的一些重大课题进行了深入讨论，作出相应的决定，重新确立了马克思主义实事求是的思想路线、恢复和确立了正确的政治路线和组织路线，解决了中国社会主义经济建设和经济发展中一系列带有根本性的重大问题。

十一届三中全会在作出从 1979 年起把全党工作的重点和全国人民的注意力转移到社会主义现代化建设及发展生产力方面来的战略决策的基础上，提出了对国民经济发展具有深远意义的一些重大经济决策。

1. 决定对国民经济进行调整

全会在审议 1979 年、1980 年国民经济计划时指出，国民经济比例严重失调状况没有完全改变过来，生产、建设、流通、分配中的一些混乱现象没有完全消除，城乡人民生活中积累下来的一系列问题必须妥善解决。因此这几年经济工作不是急于组织新的跃进，而应认真地解决上述这些问题，切实做好综合平衡，压缩基本建设规模，重视逐步改善人民生活，以便为迅速发展奠定稳固的基础。

2. 尽快把农业搞上去

全会通过了中共中央《关于加快农业发展若干问题的决定（草案）》和《农村人民公社工作条例（试行草案）》。全会认为，农业这个国民经济的基础还很薄弱，只有大力恢复和加快发展农业生产，才能保证整个国民经济的迅速发展，才能不断提高全国人民的生活水平。全会通过的这两个文件，规定了一系列政策和措施，主要有：尊重人民公社、生产大队和生产队的所有权和自主权；不允许无偿调用和占有生产队的劳力、资金和物资；贯彻按劳分配原则，克服平均主义；对社员自留地、家庭副业和集市贸易，任何人不得乱加干涉；人民公社坚决实行三级所有、队为基础的制度等。实行这些政策与措施，就是开始纠正农业方面的"左"倾错误。

3. 提出了改革开放的任务

全会指出，现在我国经济管理体制的一个严重缺点是权力过于集中，应该有领导地大胆下放，让地方和工农业企业在国家统一指导下有更多的经营管理自主权；应该着手大力精简各级经济行政机构，把它们的大部分职权转交给企业型的专业公司或联合公司；应该坚决按经济规律办事，重视价值规律的作用，注意把思想政治工作和经济手段结合起来，充分调动干部和劳动者的生产积极性；应该在党的一元化领导之下，认真解决党政企不分、以党代政、以政代企的现象，实行分级分工分人负责，加强管理机构和管理人员的权限和责任，减少会议公文，提高工作效率，认真实行考核、奖惩、升降等制度。在自力更生的基础上积极发展同世界各国平等互利的经济合作，努力采用世界先进技术和先进设备。

十一届三中全会，"是建国以来我党历史上具有深远意义的伟大转折。党在思想、政治、组织等领域的全面拨乱反正，是从这次全会开始的，伟大的社会主义改革开放，是由这次全会揭开序幕的，建设有中国特色社会主义的新道路，是以这次全会为起点开辟的。当代中国的马克思主义——邓小平理论，是在这次全会前后开始逐步形成和发展起来的。党的十一届三中全会是一个光辉的标志，它表明中国从此进入了社会主义事业发展的新时期"。①

思考题：

1. 经济理论领域的拨乱反正主要有哪些内容？

2. "文化大革命"结束后，为恢复国民经济中国政府采取了哪些措施？

3. 试述 1977~1978 年间，中国经济"新跃进"的原因、表现与后果。

4. 试述中共十一届三中全会的主要内容及其历史作用。

---

① 江泽民：《在纪念党的十一届三中全会召开二十周年大会上的讲话》，《经济日报》，1998 年 12 月 19 日。

第九章 国民经济的调整和改革开放的起步

中共十一届三中全会以后，党和政府果断地将经济工作的重心放在对国民经济的调整上；同时，也开始了改革开放的步伐，以配合经济调整。这一切，推动了经济的快速增长和发展。

第一节 国民经济的调整

一、"调整、改革、整顿、提高"方针的制定

中共十一届三中全会以后，中央的一些负责人根据三中全会所做出的调整国民经济重大比例关系的决定，着手部署对国民经济的调整，并提出调整的基本方针。

1979年1月，针对1979年国民经济计划指标过高和缺口很大的问题，陈云、邓小平提出要从总的方针上来一个调整。陈云提出：1979年有些物资还有缺口，我认为宁肯降低指标，宁可减少某些建设项目，不要留有缺口。有物资缺口的，不是真正可靠的计划。1月6日，邓小平指出，我们要从总方针来一个调整，先搞那些容易搞，上得快的，能赚钱的。原来的规划要做一些调整，宁肯减少一些大项目。

3月14日，李先念、陈云根据他们深入了解经济情况得出的结论，写信给中共中央，指出：现在的国民经济是没有综合平衡的，比例失调的情况相当严重。要有两三年的调整时期，才能把各方面的比例失调情况大体调整过来。钢的指标必须可靠，发展速度要照顾到各行各业发展的比例关系。借外债必须充分考虑还本付息的支付能力，考虑国内投资能力，做到基本上循序进行。他们的这些重要意见，为国民经济调整提出了轮廓的基本构想。①

---

① 《陈云文选》（1956~1985），人民出版社，1986年版，第224页。

　　3月21日至23日，中共中央政治局开会讨论1979年国民经济计划和整个国民经济的调整问题时，陈云和邓小平都讲了国民经济的调整问题。邓小平提出，现在的中心任务是调整，首先要有决心，东照顾、西照顾不行。过去提"以粮为纲、以钢为纲"，是到该总结的时候了。[①]陈云提出搞四个现代化必须从国情出发。按比例发展是最快的速度。不能认为指标上去是马克思主义，下来是修正主义，在一定情况下，踏步也可能是马克思主义。现在的比例失调比1961年、1962年严重得多，要有两三年调整时间，最好三年。[②]中央政治局经讨论同意陈云、邓小平的意见，决定用三年时间调整国民经济。

　　4月5日至28日，中共中央召开工作会议。会上，李先念代表中共中央和国务院作了《关于国民经济调整问题》的讲话，指出：目前，对国民经济比例失调的严重状况认识得很不够，必须下最大决心，对国民经济实行"调整、改革、整顿、提高"的方针，坚决地、逐步地把各方面严重失调的比例关系基本调整过来，使整个国民经济真正纳入有计划、按比例健康发展的轨道；积极而又稳妥地改革工业管理和经济管理体制，充分发挥中央、地方、企业和职工的积极性；继续整顿好现有企业，建立健全良好的生产秩序和工作秩序；通过调整、改革和整顿，大大提高管理水平和技术水平，更好地按客观规律办事。李先念在讲话中还提出调整比例关系的原则措施以及搞好企业整顿的要求和经济体制改革的原则方向。

　　中央工作会议经过认真讨论，同意中央提出的新"八字方针"，并通过了调整后的1979年国民经济计划，从此，我国开始了为期三年的调整和围绕调整起步的改革和开放。

　　按照中央工作会议部署开始的国民经济调整，分两个阶段：1979~1980年底为第一阶段。在这个阶段着重调整了农轻重、积累和消费的比例关系，增加城乡居民收入。1981~1984年为第二阶段。其中1981~1982年，针对前一阶段调整比例关系、改革经济管理体制中发生的国民收入超分配问题，着重削减基建规模，控制消费，平衡财政收支，稳定经济局势；1983~1984年，围绕提高经济效益，继续贯彻"八字方针"，着力调整经济结构。

二、国民经济的初步调整

　　1979年开始的第一阶段国民经济调整，主要进行了以下工作：

　　1. 改善农轻重之间的比例关系

　　（1）调整农村政策，集中力量把农业搞上去。中共十一届三中全会后，中央

---

① 房维中：《中华人民共和国经济大事记（1949~1980）》，河南人民出版社，1984年版，第622页。
②《陈云文选》（1956~1985），人民出版社，1986年版，第226~229页。

迅速把《关于加快农业发展若干问题的决定（草案）》和《农村人民公社工作条例（试行草案）》发到各地农村社队试行，清除"左"的影响。采取措施切实保障农村社队生产经营和分配的自主权，实行多种形式的生产责任制；认真贯彻按劳分配原则；鼓励社员在搞好集体经济的前提下，种好自留地，发展家庭副业，并且有领导地开放农贸市场。

国家加强了对农业的支援。国家对农业基本建设投资总额占全部基本建设投资总额的比重，由1978年的10.6%提高到1979年的11.1%；国家财政和银行信贷支援农业资金总额，1979年比1978年增长18.2%。[①]

大幅度提高农副产品的收购价格。从1979年3月起，国家陆续提高了18种农副产品的收购价格。据统计，1979年，全国农副产品收购价格提高了22.1%，1980年又提高了7.1%。同时，国家对农业生产资料的销售价格有计划地下调了10%~15%。由于采取了这些措施，大大激发了广大农民发展生产的积极性，农业生产速度明显加快。[②]

（2）加快发展轻纺工业。1979年4月，中央工作会议提出，要调整重工业和轻工业的投资比例，适当提高轻纺工业的投资比重，适当增加轻工业生产和建设所需要的外汇，以加快轻纺工业的发展。6月五届全国人大二次会议确定，要优先保证轻纺工业生产所需要的燃料、动力和原材料的供应，适当增加轻纺工业的原材料进口，增加轻纺工业的贷款，在财力、物力上努力保证轻纺工业正常生产的需要。1980年1月，国务院决定对轻纺工业实行"六个优先"的原则，即能源、原材料供应优先，挖潜、革新、改造措施优先，银行贷款优先，基本建设优先，利用外资和引进技术优先，交通运输优先等。据统计，1980年基本建设投资中，轻工业比重由1978年的5.8%上升到9.1%，国家在外汇紧缺的情况下，拨出25亿美元进口轻纺原料，增加3亿美元外汇贷款，支持轻工业挖潜革新。[③]

（3）调整重工业的服务方向。重工业不仅主动放慢速度，在燃料动力方面为轻工业让路，而且调整冶金、机械、化工等行业的产品结构和服务方向，努力增产轻工业需要的品种规格，使它们更好地为发展消费生产服务，还采取"重转轻"、"军转民"等形式，在机械工业及国防军工企业中腾出一定生产能力，利用边角余料增产市场需要的日用消费品。

2. 调整国民收入分配、改善积累与消费的比例

（1）压缩基本建设投资规模，调整投资结构。1979年4月，中央工作会议提出，要集中力量打歼灭战，必须对现有工程逐个审查排队，保证那些条件具备的，特别是国家急需的项目；条件不具备的项目要停建和缓建；即使条件具备而

① 赵德馨：《中国近现代经济史（1949~1991）》，河南人民出版社，2003年版，第320页。
② 剧锦文：《中国经济路径与政策（1949~1999）》，社会科学文献出版社，2001年版，第222页。
③ 同②，第223页。

国家不需要的也要停建。同时强调，基本建设只有真正做到集中力量打歼灭战，才会缩短建设周期，提高投资效果，增加新增生产能力。为压缩基本建设投资，使建设规模同钢材、水泥、设备和资金的供应相适应，1979 年国家停建缓建了500 多个计划外项目，1980 年又停建、缓建了 280 多个计划外项目，到 1980 年底，在建的大中型项目由 1978 年的 1700 多个减少到 904 个。[①] 国家努力压缩基本建设投资规模，积累率由 1978 年的 36.5% 下降到 1980 年的 31.6%。

投资结构有所调整。除了用于轻工业的投资有较多增加外，用于与人民生活直接相关的住宅、城市公用事业和文教卫生事业等非生产性建设部分的比重大幅度上升，由 1978 年的 20.9% 上升到 1979 年的 30.25%、1980 年的 35.7%。

（2）增加城乡人民收入，积极扩大城镇就业渠道。在农村，国家通过落实分配政策、提高农副产品收购价格、减免部分地区和社队的农业税收与统购任务，使农民收入增加。1979~1980 年农民得益约 300 亿元，其中出售农副产品得益 258 亿元；减免贫困社队农业税收和社队企业税收，农民得益 45 亿元。

在城市，国家大力安置回城知识青年就业，两年内，国家安排了 1800 万城镇劳动力就业；提高了 40% 以上职工的工资水平，并通过实行奖金制度，发给职工副食品补贴，使城市人民生活也有了显著改善。在基本建设中，扩大职工住宅、教育、文化、卫生等非生产性投资，从而改善人民的消费环境。

三、国民经济的进一步调整

1. 国民经济仍然存在的潜在危险和隐患

由于采取了上述措施，也由于改革特别是农村改革的逐步展开，调整取得了初步成效。国民经济持续增长，主要比例关系开始改善；工农业生产的经济效益有所提高；商品购销两旺，人民生活有较大改善。但由于没有摆脱"左"倾思想的影响，从中央到地方对调整的认识不够统一，在行动上犹像观望，措施不力，调整工作进行得不够顺利。国民经济发展中仍然潜伏着严重危险。突出的问题有：

（1）基本建设战线仍然过长，投资规模控制不住。全国在建大中型项目虽然比调整前减少了，但基本建设的总规模并没有真正压缩，基本建设投资并没有降下来。1980 年全国施工的大中型项目比 1979 年有所减少，但是在停建、缓建一批项目的同时，又新开工了一些项目，而且停建、缓建的是投资较少的项目，而新上马的却是需要大量投资的项目。另外，对地方、企业自筹资金缺乏计划控制和指导，又导致预算外投资大增。因此，基本建设投资规模不仅没有缩小，反而由 1978 年的 500.99 亿元增加到 1980 年的 558.98 亿元。

---

① 剧锦文：《中国经济路径与政策（1949~1999）》，社会科学文献出版社，2001 年版，第 225 页。

（2）消费基金增长过猛。由于提高农副产品收购价格、减免农村税收、扩大就业、提高部分职工工资的支出超过预算，1979 年用于改善人民生活的消费支出比原定计划多 41 亿元。1980 年用于上述各项开支达 330 亿元，比上年增加 150 亿元。

（3）财政出现巨额赤字，市场物价上涨。由于在提高人民生活水平的同时，基本建设投资相应减少，行政管理费用又增加，致使积累和消费的总和超过了国民收入，国家财政支出大于财政收入。1979 年国家财政赤字达 170.6 亿元，1980 年为 127.5 亿元。为了弥补财政赤字，1979 年动用历年财政结余 80.4 亿元，向银行透支 90.2 亿元。该年增发货币 56 亿元。1980 年财政向银行借款 80 亿元，该年多发货币 76 亿元。由于货币流通量超过正常需要量，引起物价上涨。1979 年全国平均零售物价指数上升 5.8%，1980 年上升 6% 左右，其中副食品价格上升 13.8%。①

（4）工业生产战线过长，工业改组和整顿进展不快。1980 年以来，关、停、并、转了几千个耗能大、产品质量低、不对路、亏损严重的企业，但同时又新建了几万个小型工业企业。这些新建企业，大部分是重复建设。1980 年全国电风扇生产单位已近 2000 个，生产洗衣机、电冰箱、空调机的各有 100 多个单位，特别是小棉纺厂、小针织厂、小酒厂、小烟厂、小糖厂等遍地开花，小厂与大厂之间争夺原料的矛盾非常突出。

因此，现实的情况是，国民经济中长期存在的一些重大比例关系还没有从根本上得到改变，调整中又产生一些新的问题。必须要清醒地认识所存在的问题，坚决采取措施，进一步调整国民经济。

2. 国民经济进一步调整的措施

1980 年 11 月，国务院召开全国省长、市长、自治区主席会议和全国计划会议，重新调整了 1981 年的国民经济计划。会议认为，当前的经济形势是大好的，但有潜在的危险：一是在分配上积累和消费的总和超过了国民收入可供使用额，国家安排的基本建设开支和各项消费开支超过了财政收入，财政出现大量赤字，货币投放量增加，如不采取措施，这种情况还会继续；二是基本建设大大地超出国家经济的可能，这两年没有压缩下来。这些问题是长期以来经济建设中"左"的错误造成的恶果。因此，要下决心进一步抓好调整。

12 月，中共中央召开工作会议，总结历史经验教训，比较好地统一了全党对经济调整决策的认识，决定从 1981 年起对国民经济进一步调整，以争取经济工作全局的稳定和主动，使整个国民经济转向健康发展的轨道。会上，邓小平在讲话中指出，这次调整，在某些方面要后退，而且要退够。主要是基本建设要退够，一些生产条件不足的企业要关停并转或减少生产，行政费用要紧缩，使财政

① 赵德馨：《中华人民共和国经济史（1967~1984）》，河南人民出版社，1989 年版，第 423 页。

收支、信贷收支达到平衡。会议对进一步调整的总的要求是，基本做到财政收支平衡、基本实现信贷收支平衡，把物价稳定下来。对调整的时间要求是，基本建设退够、消灭财政赤字的任务在 1981 年完成；国民经济重大比例严重失调的问题，因为比较复杂，需要更长的时间准备，在整个"六五"计划期间解决。

中央工作会议后，根据对经济进一步调整的要求和目标，为了首先把经济稳定下来，除继续调整结构，解决消费品供不应求和燃料动力供应不足等问题外，着重采取了以下措施：

（1）压缩基本建设规模，改善投资结构。压缩基本建设规模，是进一步调整的中心环节。中央工作会议后，各地按照党中央、国务院的要求，采取坚决措施，认真清理在建项目，坚持做到"退够"，切实压缩基本建设规模。根据中央工作会议关于 1981 年全民所有制企业基本建设的总规模在 1980 年计划 500 亿元基础上压缩到 300 亿元，国家直接安排的投资从 1980 年计划 241 亿元（不包括车船购置）减到 170 亿元的精神，国务院对所有在建大中型项目逐个进行重新审查，首先对 1978 年签订的 22 个进口大项目，从经济全局着眼，进行了排队，1980 年原列入基建计划的有上海宝钢、德兴铜矿、烟台合成革、陕西彩色显像管等 14 个项目，经调整，确定上海宝钢只搞一期工程，四套 30 万吨乙烯只建一套，德兴铜基地和四套 30 万吨大化肥等项目推迟建设进度。22 个进口项目是当时基本建设的主体，其投资额占全国在建规模的 45%，这次大幅度减下来，保证了基本建设规模得到有效控制。

对其他建设项目，凡不具备建设条件的，或全国是长线产品或同现有企业争原料、燃料动力的，也都坚决停下来。在基建管理上，把所有大中型项目，不论资金来源，都纳入国家基建计划，小型项目则纳入地方基建计划。这样基本建设规模过大问题基本得到解决。

1981 年，通过压缩基本建设规模，基本建设投资总额由 1980 年的 558.89 亿元减为 442.91 亿元，总规模压缩约 20.7%，其中预算内的投资由 349.27 亿元减为 251.56 亿元。全年停建、缓建大中型项目 151 个，年末在建的大中型项目 663 个，比 1980 年减少 241 个。[①]

基本建设的投资结构和投资效果也有改善。1981 年的投资额中，与人民生活密切相关的轻工业比重继续上升，由上年的 9.1% 提高到 9.8%；非生产性建设比重由 35.7% 上升到 43%；重工业投资中能源工业的投资超过了一半；新建项目继续减少，改扩建项目的投资比重由 1980 年的 42.5% 增加到 47.4%。[②] 这些措施的贯彻落实，不仅基本解决了基建规模过大的问题，同时也有力地支持了财政收

---

① 房维中：《中华人民共和国国民经济和社会发展计划大事辑要（1949~1985）》，红旗出版社，1987 年版，第 450 页。

② 国家统计局编：《中国统计年鉴（1985）》，中国统计出版社，1985 年版，第 420~430 页。

支的平衡。

（2）关停并转效益差的工业企业，继续调整重工业服务方向。为了缓解原材料、能源供应不足和财政赤字的压力，各地调整或裁并了一些耗能大、产品积压或任务严重不足的钢铁、化肥、机械等国营小型重工业企业；对那些经营不善、长期亏损、产品没有销路的国营企业，采取停止供应能源、原材料，停止财政补贴和银行贷款的政策；对那些与大中型企业争原料、燃料、运输及生产任务的落后企业，则采用行政办法加以撤并；对一些农村社队企业和地方小型轻纺企业实行调整或改组，鼓励原料产地同老工业基地在互利互惠的基础上结合，以解决社队企业、小企业与城市大中型企业争夺农业原料的矛盾。保留下来的小企业经过限期整顿提高，经济技术指标普遍有所好转。对社队工业中与大企业争原料的小纺织厂、小烟厂、小酒厂恢复征收工商税，并与城镇集体企业一样按八级超额累进税率征收所得税，促使大批小企业关停并转。1981年重工业小企业共减少4400个，其中冶金企业减少367个，化肥和农药企业减少458个，机械企业减少3172个。保留下来的小企业经过限期整顿提高，经济技术指标普遍有所好转。例如小氮肥，同1978年比，吨氨煤耗由3.2吨降到2.2吨，下降31.25%；电耗由1800度下降到1467度，下降18.5%；企业亏损由6亿元降到4000万元，比较有效地促进了国营工业经济效益的提高。社队工业也普遍地进行了整顿，消耗高、质量差的企业，在市场竞争中被淘汰，1981年企业总数由1980年的18.66万个减为18.55万个，净减1073个，一定程度上缓解了与大工业的矛盾。[①]

1981年重工业在调整服务方向、改变产品构成方面，也取得了新的进展。冶金工业为了减轻对能源的压力，钢的产量比上年减少4.1%，重轨、优质型钢等"长线"产品的产量分别比上年下降17.4%~20%；市场最短缺的带钢、薄钢板的产量分别比上年增长21.7%和25.2%，多年来一直供应紧张的小型材、线材、焊管、镀锌管、钢窗料以及铁丝、铁钉用料大体上已可适应需要。化学工业，市场需要的汽车胎、自行车胎产量，分别比上年增长83%和17%左右。建材工业，据江苏、山东、河北、四川等11个省市的不完全统计，为农村住房建筑提供的水泥构件近200万立方米，比上年增长60%。机械工业的调整任务重，难度大，各地千方百计广开生产门路。机械工业的服务领域已扩大到农副业、食品、日用消费品、纺织、商业、环保、包装等15个方面。农机工业根据当时农村的需要，努力增加小型农机具和半机械化农具的生产，这些产品产值在农机工业产值中的比重已上升到55%左右。机械工业为技术改造服务，从过去只供应单机，发展到提供成套设备。1981年全国机电产品出口额比上年增长1倍，成套设备出口已初步打开局面，一些大型精密机械开始进入国际市场。[②]

---

① 武力：《中华人民共和国经济史》，中国经济出版社，1999年版，第835页。
② 《中国经济年鉴》（1982），经济管理杂志社，1982年版，第Ⅴ–6页。

（3）实现财政收支的基本平衡，保证财政金融和物价稳定。财政收支平衡是经济进一步调整的中心。针对 1979 年和 1980 年连续两年的巨额财政赤字以及由此造成的严重的经济、社会问题，国务院采取一系列果断措施，加强财政、金融和信贷管理，定期冻结物价，控制奖金发放，紧缩非生产性开支，减少财政赤字。进一步压缩基本建设拨款，基建规模由原计划的 450 亿元压到 300 亿元；同时，大幅度压缩国防费用、行政管理费用和其他费用，合计约减少 80 亿元。另外，考虑到全国财政收支打平后，中央仍然有较大赤字，要求地方财政节约开支 80 亿元，借给中央使用，以弥补中央财政收入的不足。1981 年，由于农业和轻工业增长都超过计划，重工业也逐月回升，市场活跃，工商税收增加较多，有利于财政的平衡。这一年，财政赤字从 1979 年的 170.7 亿元、1980 年的 127.5 亿元降低到 25.5 亿元。

财政状况的改善，为信贷平衡创造了条件。同时，由于市场商品销售较旺，货币回笼较好；城乡居民储蓄大幅度增加；国家严格控制信贷管理和现金管理，坚决制止超计划贷款和滥发奖金，因而全年货币净投放 50 亿元，比上年减少 28.5 亿元，基本实现了不再搞财政性的货币发行。

财政收支和信贷的基本平衡，为稳定物价创造了良好的条件，1981 年全国市场物价上涨势头有所缓解，社会零售物价指数仅上升 2.4%，比 1980 年的 6% 下降 3.6 个百分点，从而保障了人民生活的稳定。

1982 年继续坚持财政收支基本平衡、信贷收支平衡和保持物价基本稳定的方针，巩固和发展稳定经济的成果；同时努力提高经济效益，使国民经济保持一定速度向前发展。结果财政经济基本保持稳定，生产协调发展，完成了国民经济进一步调整的任务。

经过几年的经济调整实践，使中央对调整的内容和目标的认识逐步深化，认识到国民经济的调整，"既要调整工业和农业、轻工业和重工业、积累和消费的比例关系，又要对产品结构、技术结构、企业结构、组织结构等进行调整，实现经济结构的合理化，因而经济调整的内容比原来设想的要广泛得多"。[①] 这表明中央对经济调整的内容已经突破了调整国民经济重大比例关系失调的范围，扩大到企业生产、管理等方面。1982 年 9 月，中共十二大再一次明确提出："六五"计划期间，要继续坚定不移地贯彻执行"调整、改革、整顿、提高"的方针，厉行节约，反对浪费，把全部经济工作转到以提高经济效益为中心的轨道上来。要集中力量进行各方面经济结构的调整，进行现有企业的整顿、改组和联合，有重点地开展企业的技术改造，同时要巩固和完善经济管理体制方面已经实行的初步改革，抓紧制订改革的总体方案和实施步骤。[②] 按照这一部署，1982 年以后的调整

---

① 中共中央文献研究室：《三中全会以来重要文献选编》（下），人民出版社，1982 年版，第 1004 页。
② 中共中央文献研究室：《十二大以来重要文献选编》（上），人民出版社，1986 年版，第 17 页。

工作进入了一个更加深入的阶段，即"在统筹安排人民生活和生产建设的前提下，进一步调整农业、工业内部的产业结构和产品结构，调整企业的组织结构，使国民经济在稳定发展中大大提高经济效益"。① 1983~1984 年，调整工作首先在严格控制固定资产总规模的同时，以能源、交通为中心的国家重点建设得到加强；其次，推进现有企业的技术改造，加速企业技术进步，把技术改造推上了以新技术改造落后技术，推进技术进步的新阶段。

总的来看，1979 年以来的国民经济调整取得了显著的成效，为 20 世纪 80 年代中期以后中国经济上台阶和经济体制改革的深入进行做了必要的准备。

第二节　经济调整中改革开放的起步

中共十一届三中全会后，根据全会的决议和"调整、改革、整顿、提高"八字方针的要求，在国民经济调整中，经济体制的改革也开始起步。虽然改革的内容主要是扩大生产经营自主权，没有触及计划经济体制的本质，但对调动各方面积极性、提高经济效益起了积极的作用，有力地配合了国民经济的调整。

一、农村经济体制改革

1. 家庭联产承包责任制的建立和发展

各种农业生产责任制经营形式在农业合作化过程中和 1961~1965 年间反复出现过，在"左"的指导思想占统治地位时期，它们遭到了批判、压抑和摧残。"文化大革命"结束后，特别是十一届三中全会后，各种形式的农业生产责任制又重新出现或恢复。

1978 年秋，安徽省部分地区在旱情严重、生产队集体无法进行秋种的情况下，率先恢复包产到组、包产到户等责任制形式。1979 年，在十一届三中全会解放思想、实事求是路线的指导下，各地农村干部和群众纷纷恢复和创造了多种形式以"包"字为主的农业生产责任制。各地出现的生产责任制形式，开始主要是包工到组和包产到组两类。这两种责任制形式继续坚持生产队统一经营和分配，因此，虽然在打破集体劳动带来的劳动管理混乱和统一分配带来的平均主义方面有一定作用，但仍未解决社员之间分配上的平均主义。后来得到迅速发展的则是包产到户、包干到户。包产到户，即在坚持基本生产资料公有和合作经济组织统筹安排的前提下，以社员户为单位向基本核算单位承包一定生产任务的一种

---

① 中共中央文献研究室：《十二大以来重要文献选编》（上），人民出版社，1986 年版，第 186 页。

经营方式。生产队根据社员户的人口和劳动力情况，将土地承包到户使用，并确定标准产量、标准费用和标准工分，生产由各户自行安排。农户将包产部分交给生产队统一核算，按所包工分进行分配，超产部分全部归己，如果减产，减产部分由农户赔偿。这种责任制形式把劳动成果与社员的经济利益直接联系起来了，大大提高了社员的生产责任心、主动性和创造性，但是集体统一核算、统一分配仍占主要地位，"大锅饭"问题解决得不彻底，而且计算办法比较烦琐。为此，安徽省凤阳县的农民在"包产到户"的基础上创造了"包干到户"的新形式，改变"包产到户"中交产记工、由生产队按工分配的办法。实行包干到户，农户只要按合同每年向集体上交一定比例的提成，作为公积金、公益金和管理费，向国家缴纳一定的税收，并完成向国家交售农副产品的任务，向国家交售产品的收入和其余的产品均全部归承包者所有和支配。这种交够国家的，留足集体的，剩下都是自己的"大包干"形式，农户自主权更大，利益直接，责任明确，方法简便，适应多数地区的生产水平、农民的思想水平以及干部管理水平，受到了广大农民的热烈欢迎。"包产到户"和"包干到户"因而成为家庭联产承包的基本形式，是中国农村基本制度的重大改变。它打破了原来生产队的集体统一核算，改为生产队统一经营与各户分散经营相结合，以各户分散经营为主的双层经营制度。

农业生产责任制是广大农民的创造。然而有人心存疑虑，说实行包产到组就是解散社会主义集体经济；或者认为包产到户和包干到户既没有坚持公有制，也没有坚持按劳分配，它实质上是分田单干，倒退到个体经济；甚至有些人担心实行这种责任制形式，会造成两极分化。因此，家庭联产承包责任制的推行一开始便遭遇了较大的阻力。

中国共产党和政府支持了农民的首创精神，一步步地推动家庭联产承包责任制在全国的发展。1978年12月，中共十一届三中全会《关于加快农业发展若干问题的决定（草案）》提出要建立和健全农业生产责任制。1979年9月，中共十一届四中全会对《加快农业发展若干问题的决定（草案）》作了必要的修改，提出社队可以按定额记工分，可以按时记工分加评议，也可以包工到作业组，联系产量计算劳动报酬，实行超产奖励，肯定了联产到组这种责任制形式。1980年9月，中共中央召开省、市、自治区党委第一书记座谈会，专门讨论加强和完善农业责任制问题。值得注意的是，这次会议提出：对边远山区和贫困落后地区，长期"吃粮靠返销，生产靠贷款，生活靠救济"的生产队，群众对集体丧失信心，因而要求包产到户的，应当支持群众的要求，可以包产到户，也可以包干到户，并在一个较长的时间内保持稳定；在生产队领导下实行的包产到户，依存于社会主义经济，而不会脱离社会主义轨道，没有什么复辟资本主义的危险，因而并不可怕。这种判断对于解决干部的认识问题起了重要作用。家庭联产承包责任制从此进入推广阶段。1982年元旦，中共中央批转的《全国农村工作会议纪要》进一步肯定了家庭联产承包责任制的社会主义性质，加速了家庭联产承包责任制的巩固和发展。

正是党和政府的积极推动，家庭联产承包责任制迅速在全国各地得到广泛发展。1979 年底，全国一半以上的生产队实行包工到组，1/4 的生产队实行包产到组。安徽、四川、贵州三省中，实行包产到组的分别占生产队总数的 61.6%、57.6%、52%。1981 年 10 月，农村人民公社的基本核算单位，已经基本上建立了农村生产责任制，其中，联产计酬的比重大幅度上升，从 29% 上升到 81.3%；而联产计酬责任制中，包产到户和包干到户的比重上升，从 1.046% 上升到 48.8%；在包产到户和包干到户中，包干到户的比重大幅度上升，从 0.02% 上升到 38%。1983 年初，全国农村实行包产到户和包干到户的生产队占生产队总数的 93%，其中绝大多数是包干到户。1984 年实行包干到户的家庭联产承包责任制发展到占生产队总数的 96.6%。

以家庭联产承包为主的责任制的建立和发展，在促进农村经济发展方面取得了举世瞩目的成就，有力地支持了当时国民经济的调整和争取财政经济状况的根本好转。

2. 政社分设与农村人民公社的终结

农村经济经营形式的改革以及经济形式的多样化，导致人民公社原有一系列经济职能的分散。原有的"三级所有、队为基础"和"政社合一"的体制，已经不能适应新的经济形式的需要，改革势在必然。

1979 年 8 月，四川省广汉县进行人民公社改革试点，按照党、政、企分工的要求，将基本核算单位生产队改为独立核算、自负盈亏的农业生产合作社；取消人民公社管理委员会，成立乡政府；取消生产大队，改设行政村。接着，吉林、河北、浙江、广东、辽宁、安徽等省也进行改革试点。

1983 年元旦，中共中央发出的一号文件《当前农村经济政策的若干问题》提出政社分设，这标志着人民公社体制改革进入展开阶段。到 1984 年底，全国农村基层组织政社分开的有 91171 个，已建立乡（镇）政府 91171 个，村民委员会 926439 个，保留作为经济组织的人民公社 28218 个。政社尚未分开的人民公社还剩下 249 个，保持生产大队为经济组织的 7046 个，保持生产队建制的 12.8 万个。这样，对农村人民公社经济体制的改革基本完成。

农业生产经营方式的改革和人民公社的废除，推动了农村经济形式的变化。在家庭联产承包责任制的基础上，出现了以家庭为单位从事某项专门生产的专业户；伴随着专业户的产生和发展，农村出现了多种形式、多种层次的经济联合组织。这种经济联合组织，同原来的社队企业、专业户及一般承包农户，构成中国农村在 20 世纪 80 年代中期农村经济体制的复杂结构。

二、城市经济体制改革的开始

在农村经济体制改革普遍展开的同时，城市经济体制改革开始起步。

1. 国家与企业关系的调整

（1）扩大企业自主权。1978 年 10 月，四川在宁江机床厂等 6 家企业首先进行了扩大企业自主权的试点，1979 年初四川省试点企业扩展到 100 家。1979 年 5 月，有关部门在北京、天津、上海选择首都钢铁公司等八个大企业进行试点。这拉开了国家与企业关系改革的序幕。7 月，国务院在总结试点经验的基础上，下达了以扩大国营企业经营自主权为核心的五个文件，要求各地、各部门选择少数企业试点。这五个文件发布后，扩大企业自主权的试点工作开始在工业、商业、物资、建筑、交通、邮电、军工等部门展开。1980 年，试点工业企业发展到 6600 家，约占全国预算内工业企业数的 16%，产值的 60%，利润的 70%；商业系统扩权试点的企业共 8900 个，占商业系统独立核算单位的 5%左右。

扩大企业自主权的相关规定，目的在于明确企业作为相对独立的商品生产者和经营者应该具有的责任、权限和利益。在保证完成国家计划任务的前提下，企业可以得到在产品生产、产品购销、利润分配、劳动人事、资金使用、外汇分成等方面的部分权力。这些改革扩大了企业在经济活动中的权力和利益。

扩大企业自主权，有效地调动了试点企业提高经济效益、增加收入的积极性。但这一改革存在一些问题：国家对企业的指导、调节、监督等措施未能相应加强，致使企业自筹资金的项目与国家宏观计划产生矛盾；国家赋予企业的权利没有得到落实；由于价格结构的严重扭曲，单纯以利润作为分成前提，不可避免地形成行业、企业、产品间的利益偏差；在向企业放权让利的同时，没有充分注意转换企业内部的经营机制，没有及时培育企业的自我约束和自我调节机制。

（2）全面推行经济责任制。建立经济责任制的直接原因是克服扩权试点中的缺陷，落实财政上缴任务。1981 年 4 月，国务院在全国工交工作会议上提出了建立和实行经济责任制的要求，把前两年扩权试点中形成的各种利润留成和盈亏包干办法，作为经济责任制中处理国家与企业的分配政策予以肯定，并且推广了首钢等企业在内部建立以利润指标为主的经济责任制度。经济责任制在全国范围内迅速推开。1982 年，80%的预算内工业企业和 35%的独立核算商业企业，实行利润包干的企业经济责任制。

经济责任制是一种在国家计划指导下，以提高社会经济效益为目的，以经济责任、经济权利、经济利益紧密结合为基本特点的生产经营制度。这种管理制度把企业对国家承担的责任放在首位，以责为核心，以责定权，以责定利。经济责任制有两个基本环节：一个是国家对企业实行的经济责任制，处理好国家与企业的关系，解决好企业经营好坏一个样的问题。在这种责任制中，从分配方面可归纳为三种类型：利润留成，盈亏包干，以税代利。另一个是建立企业内部的经济责任制，解决职工干好干坏一个样的问题。企业内部的经济责任制，主要是把每个岗位的责任、考核标准、经济效果同职工收入挂起钩来。

经济责任制强调责、权、利的统一，在改善国家与企业的关系方面，比扩大企业自主权前进了一步，起到了积极作用。但经济责任制的推行最初只是作为落实财政任务的应急措施，且其他改革尤其是价格改革配合不足，它并没有解决扩大企业自主权中所存在的问题：企业负盈不负亏，国家与企业在包干基数的一对一谈判中，具体比例的确定不很合理，造成企业苦乐不均。企业和职工收入增多，通过财政分配的资金比重下降，这种情况要求进一步探寻更为合理有效的形式来解决国家与企业的关系。

（3）实行利改税。1979~1982年，在推行企业经济责任制的过程中，全国已经有456户企业进行利改税试点。各种试点办法，总的来说是以所得税为主要税种，参与利润分配。实践证明，这种形式能较好地处理国家与企业的分配关系。它把国家与企业的分配关系用税收的形式固定下来，有利于推动企业改善经营，挖掘潜力，保证国家收入稳步增长；有利于减少部门、地区对企业的行政干预；有利于国家借税收这个杠杆对国民经济进行宏观调节。1983年4月，国务院发布《关于国营企业推行利改税办法》，决定从1983年6月开始，凡有盈利的国营大中型企业实现的利润，先按55%的税率缴纳所得税，税后利润再通过各种利润包干办法，一部分上缴国家，一部分留给企业。有盈利的小型企业，根据实现的利润，按八级超额累进税率缴纳所得税，税后自负盈亏。

利改税全面铺开后，当年见到成效，企业完成产值和实现利润，分别比上年增长9%和10.9%，高于未实行利改税的企业。但这只是利改税的第一步，企业税后余下部分的利润，仍以各种形式在国家与企业间进行分配，企业之间苦乐不均和吃"大锅饭"的问题依然突出。为了进一步改革国家与企业的关系，1984年9月，国务院决定从10月1日起，在全国推行第二步利改税，从税利并存逐步过渡到完全的以税代利，即企业在纳税后自负盈亏，不再上缴利润。

利改税收到了较好的效果：国家与企业的分配关系用法律的形式固定下来；企业从新增加的利润中得到较多的收益；通过税收杠杆的调节缓解价格不合理带来的矛盾；有利于合理解决"条条"与"块块"、中央与地方的经济关系。但利改税是在商品价格普遍扭曲、国营大中型企业尚难实行自负盈亏的条件下实行的，存在很多矛盾，需要随着改革的深入进一步改进，因而没有真正推行。

2. 发展多种经济形式和经营方式

中共十一届三中全会以后，多种经济形式随着城镇劳动力就业的需要逐步恢复和发展。1979年8月，中共中央、国务院批转劳动部《关于安排城市青年就业问题的报告》，广泛宣传了北京市广开就业门路，大力组织集体所有制和各种生产服务事业，解决青年劳动就业问题的经验。1981年10月，中共中央在《关于广开门路，搞活经济，解决城镇就业问题的若干问题》的文件中强调，实行多种经济形式并存是一项战略决策，要迅速地发展城镇集体所有制经济和个体经济。此后，国务院就集体经济和个体经济的资金筹集、经营场地、价格、税收、供销渠道、收益分配等问题制定了具体政策。在中央及各地支持下，我国城镇自1957 年以后就不断减少的集体经济和几乎绝迹的个体经济逐步恢复。到 1982年，全国城镇集体和个体劳动者人数比 1978 年增长了 35.6%，占城镇劳动者总数的比重由 1978 年的 21.7%增长到 24.5%。随着改革开放措施的实施，股份制经济、中外合资经济和外商独资经济等形式相继出现，它们各自起着重要作用。新的多种经济成分并存大格局初露端倪。

3. 流通体制的改革

我国传统流通体制购销活动大部分实行统购包销或统购统销，不仅生产资料不能进入商品流通，生活资料也只是有"商品外壳"，有的则直接按人定量，凭证供应。商品流通渠道单一，国营商业（或物资部门）和供销社等官办机构独揽工农业产品的购销大权，而且按行政区划，行政层次统一收购和分配供应，环节多、管得死。

1979 年起，开始改革生产资料和消费资料统购包销的流通形式。当时主要改革工农业产品的购销方式。工业消费品方面，1979 年 10 月对部分三类工业品实行商业部门订购、选购和由工业部门自购；1981 年 5 月，取消包销制度，改为统购统销、计划收购、订购、选购四种；1982 年 9 月起，小商品逐步放开价格，实行市场调节。农产品方面，恢复和扩大议购议销，同时减少了统购派购品种，并允许农副产品到外地销售，使城市农副产品集贸市场相继建立。在工业生产资料方面，随着企业计划外生产的产品允许自销，开放了生产资料市场，省市之间、企业之间的物资协作迅速兴起，并逐步减少了计划分配的品种。1979 年第一家生产资料交易所在上海成立。1982 年全国共有大中型生产资料商场 70 多个。1984 年底，全国物资系统开办的各种类型的贸易中心有 110 多个，其中物资局举办的综合贸易中心有 50 多个，生产资料服务公司举办的综合贸易中心有27 个，专业公司、生产资料服务公司举办的专业物资贸易中心有 33 个。

随着城乡生产体制改革的展开，商品生产的迅速发展，商品日益增多，工农业商品交换无论数量和地域都日益扩大，原有的单一流通渠道和经营形式已经不适应新形势的要求，多种商业流通渠道、多种经营形式应运而生。1979 年以后，在发展国营商业、供销合作社商业主渠道作用的同时，积极发展集体商业，恢复个体商业。集体所有制商业的零售总额占社会商品零售总额的比重，由 1978 年的 7.2%提高到 1982 年的 16.1%；同期，个体商业的比重由 0.1%提高到 2.9%。在商业经营形式上，工业与商业之间、工业与外贸之间的联合经营形式，以及工厂、农场的自销经营和厂店挂钩经营、贸易货栈、小商品市场等一系列形式得到迅速发展。因此，逐步形成了以国营商业为主，多种经济成分、多条流通渠道、多种经营方式、少环节的"三多一少"的流通体制格局。

4. 宏观管理体制改革的陆续起步

在宏观管理体制改革方面，率先进行的是财政体制改革，随后计划、投资、金融等体制改革也陆续开始起步。

中共十一届三中全会以后，为了改革中央集权过多的问题，调动地方和企业的积极性，财政体制改革被作为宏观管理体制改革的突破口而先行一步。1980年2月，国务院颁发并决定从1980年实行《关于实行"划分收支、分级包干"财政管理体制的暂行规定》。这一新的财政体制，除上海、天津、北京三市的"统收统支"，江苏的"比例包干"，广东的"定额上缴"，福建的"定额补贴"，云南、贵州、青海和五个民族自治区的"特殊照顾"外，其余15个省实行"划分收支，分级包干"，即按照经济管理体制的隶属关系划分中央和地方财政收支范围，按照划分收支范围，确定地方财政收入包干基数，这就是人们通常所说的"分灶吃饭"。新财政体制逐步改变了国家统得过死的局面，地方收入和收入使用权限扩大，有利于调动地方的积极性和主动性。但这种体制削弱了中央财力，强化了"地方诸侯经济"，导致了地方之间的无序竞争（盲目投资、重复建设）。

在计划体制方面，中共十二大正式提出计划管理体制的指令性计划、指导性计划和市场调节三种管理形式，逐步缩小了指令性计划的范围，即对关系国计民生的重要经济活动，实行指令性计划；对大量的一般经济活动，实行指导性计划；其他实行市场调节。

在金融体制方面，1979年以后，专业银行和其他金融机构相继恢复和建立，中国人民银行专门行使中央银行的职能，农村信用合作社恢复集体经济的性质，一种新的金融体系建立起来。同时，对信贷资金和国营企业流动资金的管理也进行了改革。

5. 实行城市经济体制综合改革的试点

为了适应扩大企业自主权后城市改革向广度和深度发展的需要，并为政体改革探索道路和总结经验，国务院推行了城市经济体制综合改革的试点。1981年10月和1982年3月，先后在湖北省沙市和江苏省常州市两个中型城市进行综合改革试点，1983年2月，重庆开始进行综合改革试点。在大中型城市综合改革都摸索到一些经验之后，1984年，武汉、沈阳、大连、哈尔滨等大中型城市以及各省的一些省辖市，相继进行综合改革试点。到1985年，试点城市达到61个。城市综合改革的试点，主要是通过促成各项改革的相互衔接，以推动企业之间、科研与企业之间的联合；试行市领导县的新体制，促进城乡共同繁荣；实行计划单列，扩大城市管理经济的权力。这一改革试点，为改变条块分割的局面，发挥城市组织经济的作用，以及围绕搞活企业、实行经济管理的配套改革，迈出了可喜的一步。

三、对外开放政策的实行

在国民经济调整期间,我国在贯彻对外开放方针,加快开放的广度和深度上,主要做了以下工作:

1. 改革对外贸易体制

1956年计划经济体制建立,相应地,外贸体制形成了以高度集中和直接管理为特征的国家垄断体制。1979年起,随着改革开放的进行,开始着手改革外贸管理体制,主要是在统一计划、统一政策、统一对外前提下扩大了地方、部门的对外贸易经营权。从1980年起,先后允许广东、福建、北京、天津、上海等沿海省、市、区,经营由外贸总公司统一成交商品以外的对外贸易业务,把部分商品分散到有关主管部门新成立的进出口公司经营,从而使对外贸易开辟了多条渠道,初步改变了原来统进统出的局面。另外还进行了工贸结合的试点,有的是外贸公司与企业主管局合资经营进出口业务,有的是企业和企业联合体直接经营外贸业务,探索扩大出口的新经验。这些改革对调动各方面积极性,促进对外贸易的发展,起了积极作用。但也出现了自相竞争、"肥水流入外人田"的情况,如何保持对外步调的统一,维护国家利益,需要在进一步改革中解决。

2. 多种形式利用外资,迅速扩大资金的引进规模

1979年以来,我国采取了多项重大措施为利用外资创造条件。1982年,我国先后与联邦德国、日本、瑞典、加拿大、瑞士等国进行了有关保护投资安全的谈判,并与几个国家签订了协定;1980年4月和5月相继恢复了我国在国际货币基金组织、世界银行、国际开发协会和国际金融公司的合法代表权。世界银行、国际货币基金组织以及国际农业发展基金会成为中国利用外资的主要来源。在国内,我国先后制定和颁布了《中外合资经营企业法》、《中外合资经营企业所得税法》、《中华人民共和国个人所得税法》、《外国企业所得税法》、《广东省经济特区条例》、《中华人民共和国对外合作开采海洋石油资源条例》等法律条例,为吸收国外贷款和吸收国外直接投资提供了明确的法律依据。

改革开放初期,借贷方式是中国利用外资的主要形式。1979~1983年,中国实际利用外资146亿美元,其中对外借款119亿美元,外商直接投资27亿美元左右。1991年,对外借款仍占当年吸收外资近60%的份额。1992年,外商直接投资首次超过对外借款。

多种形式利用外资,加快了引进外资的步伐,补充了我国建设资金的不足,还有助于平衡我国外汇收支逆差,减轻了商业贷款的利息负担,促进了石油资源的开发,推动了部分企业的技术改造,对国民经济发挥了积极的作用。

3. 经济特区的创建

创办经济特区为实行对外开放提供了一个新的思路。1979年4月中央工作

会议期间，邓小平听了广东省委负责人关于在毗邻港澳的深圳、珠海和侨乡汕头开办出口加工区的建议，当即表示赞成。中央工作会议讨论决定，在深圳、珠海、汕头和厦门划出一定的地区单独进行管理，作为华侨和港澳商人的投资场所。两个多月后，党中央和国务院决定对广东、福建两省的对外经济活动给予更多的自主权，扩大对外贸易，同时决定在深圳、珠海划出部分地区试办出口特区。中央认为，这是一个重要的决策，对加速中国的四个现代化建设有重要意义。1980 年将"出口特区"改名为"经济特区"，决定在深圳、珠海、汕头和厦门设置经济特区。8 月 26 日，五届全国人大常委会第 15 次会议批准的《广东省经济特区条例》中规定："在广东省深圳、珠海、汕头三市分别划出一定区域，设置经济特区。"10 月 7 日，国务院又批准试办厦门经济特区。特区的特点，主要在于它实行特殊的经济政策和管理体制。特区是我国发展对外经济关系的一个重要窗口，可以更好地吸引国外的资金和技术，扩展对外贸易，发展我国经济。

第三节　国民经济调整中的增长与发展

1979~1984 年，国民经济在调整中得到了快速增长和发展，人民生活水平也有了极大的提高。

一、经济的快速增长

1979~1984 年，国内生产总值的年平均增长速度为 9.3%，远远高于 1953~1978 年年平均 6.7%的增长速度。特别是 1982~1984 年，出现持续稳步增长的趋势，经济发展呈现良好势头。

当然，这几年的经济增长是有波动的。1977 年、1978 年的"新跃进"，虽然使 1978 年经济增长率高达 11.7%，但也造成了经济全面紧张，原本就已失调的经济比例关系进一步恶化，因而不得不从 1979 年开始对国民经济进行调整。由于投资的滞后效应，以及对调整的认识不统一和执行不力，1979 年和 1980 年的经济增长率仍然偏高（分别为 7.6%和 7.8%）。1980 年底中共中央作出对国民经济进行进一步调整的决策，强调要退够。1981 年经济增长率大幅度下降，降至谷底（5.2%）。1982 年以后，随着对国民经济的调整逐步见到成效，以及经济体制改革的推动，经济增长率开始回升，1982 年、1983 年、1984 年分别为 9.1%、10.9%、15.2%。这一时期，经济增长仍有较大的波动，波幅达到 10 个百分点，但与"大跃进"和"文化大革命"时期分别高达 48 个百分点和 22 个百分点的波幅相比有了大幅度的下降，考虑到这是"文化大革命"结束后的经济调整，这样的波幅还是可以理解的。1984 年，经济又出现过热，说明国民经济的调整和初步的经济体制改革并没有能够解决所有的问题，同时又有新的问题的产生，这需要通过进一步深化改革进行解决。

二、国民经济的结构调整

1. 农村经济的全面发展

这一时期，经济发展最为突出的是农村经济全面持续高速增长。按可比价格计算，农业总产值 1984 年比 1978 年增长了 55.4%，年平均增长 7.6%，是新中国成立以来增长最快的时期，大大高于 1952~1978 年间 2.7% 的年平均增长速度。

主要农产品产量有大幅度的增加。1978 年粮食产量比 1952 年增加了 14085 万吨，平均年增长 541.7 万吨。1984 年粮食产量第一次突破 4 亿吨大关，比 1978 年增加了 10254 万吨，年均增产 1709 万吨，是前 26 年平均增产的 3.2 倍。棉花产量 1978 年达到 216.7 万吨，比 1952 年的 130.4 万吨增加了 86.3 万吨，年均增加 3.3 万吨；1984 年达到 625.8 万吨，比 1978 年增加了 409.1 万吨，年均增加 68.2 万吨。油料产量 1978 年比 1952 年增加了 102.5 万吨，年均增加 3.9 万吨；1984 年达到 1191 万吨，比 1978 年增加 669.2 万吨，年均增加 111.5 万吨。[①]

农业劳动生产率也有很大的提高。1979~1984 年，农作物的播种面积在不断减少，农产品的单位面积产量在持续增长，粮食每亩产量增长了 27.5%，年均增长 4.1%；棉花每亩产量增长了 84.8%，年均增长 10.8%；花生每亩产量增长了 31.9%，年均增长 4.7%；油菜籽每亩产量增长了 41.4%，年均增长 5.9%。[②] 农业生产的高速发展，初步解决了人们对粮、棉、油等农副产品的需求，促进了工商业的发展。

2. 工业经济的适度增长

首先，轻工业生产的快速增长，是这一时期经济发展另一特点。1979~1984 年期间，轻工业总产值年均增长 11.7%，高于同期重工业总产值年均 6.6% 的增长速度，也高于 1953~1984 年轻工业总产值年均增长 9.6% 的速度。轻工业主要产品产量大幅度增长，增长最快的是纺织工业、传统"老三大件"和家用电器。1984 年与 1978 年相比，呢绒、化学纤维和丝织品分别增长 103%、158% 和 93%；自行车、手表分别增长 2.35 倍、1.81 倍；洗衣机、电风扇、收音机、电视机和电冰箱分别增长 14451.5 倍、11.85 倍、0.9 倍、18.4 倍和 33.2 倍。棉布的产量在 1982 年达到最高产量 153.5 亿米，1984 年降至 137 亿米；缝纫机 1982 年

---

① 董辅礽：《中华人民共和国经济史》（下），三联书店（香港）有限公司，2001 年版，第 129~130 页。

② 同①，第 130 页。

达到最高点 1286 万架，1984 年降至 934.9 万架。① 轻工业的快速增长，极大地满足了人们对消费工业品的需求。

其次，重工业在调整中前进。相对于农业和轻工业，重工业的增长速度较慢，但仍在稳步增长。1979~1984 年，重工业产值的增长速度分别为 7.6%、1.46%、-4.7%、9.9%、12.4%、14.2%，年均为 6.6%，比 1953~1984 年的平均增长速度 12.3% 要低。同时，重工业的内部结构得到调整，通过调整服务方向和产品结构，降低自我服务比重，加强对农业和轻工业的服务；通过基本建设，重工业生产能力有一定程度的增加，尤其是加强了"短线"产品的生产能力，如铁矿开采、建材工业等。

3. 国民经济的结构调整

由于农业、轻工业的突出发展，到 1984 年，农业和轻工业在工农业总产值中的比重上升，分别为 34.8% 和 30.9%。在工农业总产值中，农业、轻工业、重工业的比例关系为 34：31.7：34.3，这种构成基本上符合中国这个阶段的生产力水平。

三、人民生活水平的提高

国民经济的快速增长和发展，促进了人民生活水平的提高。首先，农村居民收入迅速增长。农村居民家庭平均每人货币纯收入 1978 年为 133.57 元，1984 年增加到 355.33 元，按当年价格计算增长了 1.65 倍，年均增长 17.6%，年均增加 36.96 元，扣除物价因素，实际年均增长 14.9%。② 1978~1984 年，是新中国成立以来农村居民纯收入增长最快的时期。其次，城镇居民收入也有较大的提高。1979~1984 年间，职工工资总额总体上有较大的增长，职工货币工资由 615 元增加到 974 元，增长 58.4%，年均增长 8%。职工货币工资和实际工资增长波动的幅度很大，货币工资增长速度最高的 1984 年为 17.9%，最低的 1981 年为 1.3%；实际工资增长速度最高的 1984 年为 14.8%，最低的 1981 年为 -1.2%。③ 最后，城乡居民消费水平大幅度提高。1984 年与 1978 年相比，城乡居民平均消费水平增长 86.9%，年均增长 11%，扣除物价因素，年均增长 8.3%，大大高于 1978 年以前的 20 多年年均增长 2.2% 的水平，其中农村居民年均增长 8.9%，高于城镇居民 4.5% 的水平。④ 这一阶段是新中国成立以来消费水平提高最快的时期之一，城乡居民消费水平的差距呈缩小的趋势（见表 9-1）。

---

① 董辅礽：《中华人民共和国经济史》（下），三联书店（香港）有限公司，2001 年版，第 136~137 页。

② 同①，第 144 页。

③ 同①，第 147 页。

④ 同①，第 149 页。

表 9-1　城乡居民消费水平①

年 份	绝对数（元）			城乡消费水平对比
	全国居民	农村居民	城镇居民	（农村居民=1）
1978	175	132	383	2.9
1979	197	125	406	2.7
1980	227	173	468	2.7
1981	249	192	520	2.7
1982	266	210	526	2.5
1983	289	232	547	2.4
1984	327	265	598	2.3

思考题：

1. 中共十一届三中全会后的经济调整与 20 世纪 60 年代经济调整有何异同？

2. 中国经济体制改革为什么从农村起步？

3. 试述 1979~1984 年中国经济增长和发展的特点。

① 董辅礽：《中华人民共和国经济史》（下），三联书店（香港）有限公司，2001 年版，第 149 页。

第十章 经济体制改革的全面展开与经济的高速增长

1984 年 10 月召开的中共十二届三中全会，标志着我国经济体制改革的重点从农村转移到城市，经济体制改革也由此而全面展开。此后至 1988 年，不仅经济体制改革全面推进，国民经济也获得高速增长。然而，随着改革的推进，新旧体制转换过程中的两种体制的摩擦愈益明显。旧的体制正在逐步削弱，但仍发挥重要作用；新的体制正在逐步建立，但其作用的发挥受到很大的限制。由于对微观主体控制的放松，再加上微观经济主体激励与约束机制的不对称，使国家对经济宏观调控的难度加大，经济生活中出现的投资与需求双膨胀的势头未能得到有效抑制，最终在 1988 年引发了严重的通货膨胀。

第一节 经济体制改革的指导思想和经济发展战略

十一届三中全会以来，中国农村以包产到户为核心的第一步改革取得巨大成功，国民经济经过调整后也有了良好的发展势头。到 20 世纪 80 年代中期，随着国营企业经营方式的转变，个体经济的迅速发展，私营和"三资"企业的出现，价值规律在国民经济中发挥着越来越重要的作用，中国的改革进程已大大突破了原有的设想。要巩固已有的改革成果，并推动改革的深入发展，需要有理论的突破和创新，建立新的完整的理论体系。在总结历史和新的实践经验基础上，中国共产党提出了社会主义初级阶段论和社会主义有计划的商品经济理论，为改革的全面推进奠定了重要的理论基础；进一步完善了经济发展战略，明确了改革发展的目标和实现途径。

一、社会主义初级阶段论

自 20 世纪 50 年代以来，中国在经济建设中一直存在着急于求成的倾向，这实际上是对中国的国情和中国社会所处的发展阶段没有一个清醒的认识。十一届三中全会以来，改革开放大大地突破了原有的社会主义观念，如何看待这些突破，涉及到对什么是社会主义这个根本问题的认识。要回答这些问题，首先必须对中国社会所处阶段的性质进行理论说明。同时，要进一步改革开放，探索中国式的社会主义道路，也要求对中国社会发展的阶段性进行科学定位并进行理论说明。

社会主义初级阶段论正是在深刻认识国情和总结历史经验教训的基础上，对中国社会发展现阶段的科学界定。1981 年，中共中央在《关于建国以来党的若干历史问题的决议》中，首次明确提出，我们的社会主义制度还处于初级阶段。1982 年，中共十二大再一次提出，中国的社会主义社会还处在初级发展阶段。1987 年 10 月，中共十三大报告明确和突出地提出社会主义初级阶段理论，全面系统地阐明了社会主义阶段理论的客观依据和基本内容。

中国处在社会主义的初级阶段这个论断，包括两层含义："第一，我国社会已经是社会主义社会。我们必须坚持而不能离开社会主义。第二，我国的社会主义社会还处在初级阶段。"中国共产党将中国社会发展的现阶段，定位为社会主义初级阶段，"它不是泛指任何国家进入社会主义都会经历的起始阶段，而是特指我国在生产力落后、商品经济不发达条件下建设社会主义必然要经历的特定阶段"，"是逐步摆脱贫穷、摆脱落后的阶段；是由农业人口占多数的手工劳动为基础的农业国，逐步变为非农产业人口占多数的现代化的工业国的阶段；是由自然经济半自然经济占很大比重，变为商品经济高度发达的阶段；是通过改革和探索，建立和发展充满活力的社会主义经济、政治、文化体制的阶段；是全民奋起，艰苦创业，实现中华民族伟大复兴的阶段"。[①]

社会主义初级阶段，既是中国社会主义的发展阶段，也是现阶段最基本的国情。国情是制定路线、政策的基本出发点。正是基于中国处于社会主义初级阶段这一基本国情，中共十三大报告提出了社会主义初级阶段的基本路线："领导和团结全国人民，以经济建设为中心，坚持四项基本原则，坚持改革开放，自力更生，艰苦奋斗，为把我国建设成为富强、民主、文明的社会主义现代化强国而奋斗。"[②]

中国处于社会主义初级阶段这一论断，为客观、科学地回答什么是社会主义、如何建设社会主义等一系列问题提供了基本依据，也必然为中国如何推进改革和发展提供基本依据。

二、有计划的商品经济理论

随着改革的推进，需要在理论和政策上解决一个个既敏感又不可回避的问

---

① 中共中央文献研究室：《十三大以来重要文献选编》（上），人民出版社，1991 年版，第 10 页。
② 同①，第 15 页。

题：社会主义条件下进行经济建设，是不是必须实行指令性计划？社会主义经济是否与商品经济相排斥？市场机制在中国经济生活中在多大程度上和多大范围内发挥作用？中共十二大提出了"计划经济为主，市场调节为辅"的原则，把市场调节只是作为计划经济的辅助手段。在此前后社会上还出现了一股批评和否定社会主义商品经济论的思潮。然而，改革和发展的实践要求突破这一理论限制。1984年10月中共十二届三中全会通过的《关于经济体制改革的决定》，确认我国社会主义经济是公有制基础上的有计划商品经济，确立了社会主义有计划商品经济论。

社会主义有计划商品经济论是对社会主义与商品经济相对立的传统观念的重要突破。首先，它强调了充分发展商品经济的重要性。鉴于原有的以指令性计划为特征的经济体制极大地限制了商品货币关系，致使社会分工不能扩大和深化，资源配置和经济效益低下，《关于经济体制改革的决定》提出"商品经济的充分发展，是社会经济发展的不可逾越的阶段，是实现我国经济现代化的必要条件"。[①]

其次，认为中国现阶段的经济是在公有制基础上的有计划的商品经济。它的运行机制，《关于经济体制改革的决定》表述为："第一，就总体说，我国实行的是计划经济，即有计划的商品经济，而不是那种完全由市场调节的市场经济；第二，完全由市场调节的生产和交换，主要是部分农副产品、日用小商品和服务修理行业的劳务活动，它们在国民经济中起辅助的但不可缺少的作用；第三，实行计划经济不等于指令性计划为主，指令性计划和指导性计划都是计划经济的具体形式；第四，指导性计划主要依靠运用经济杠杆的作用来实现，指令性计划则是必须执行的，但也必须运用价值规律。"[②]至于市场机制在多大范围和多大程度上怎样发挥作用，《关于经济体制改革的决定》提出要逐步缩小指令性计划的范围。国民经济大量的经济活动实行指导性计划或由市场调节，这已是对传统观念的重大突破。但同时又强调社会主义经济是计划经济，不是市场经济。

中共十三大在社会主义初级阶段理论的基础上，对社会主义有计划商品经济的认识有进一步的提高，认为社会主义有计划的商品经济体制，应该是计划与市场内在统一的体制；必须把计划工作建立在商品交换和价值规律的基础上，以指令性计划为主的直接管理方式，不能适应社会主义商品经济发展的要求，应当逐步缩小指令性计划的范围；计划和市场的作用范围都是覆盖全社会的。新的经济运行机制，总体上来说，应该是"国家调节市场，市场引导企业"的机制。

三、"三步走"的发展战略

从新中国成立到20世纪70年代末，中国实际上实施的是以优先发展重工业

---

①② 中共中央文献研究室：《十二大以来重要文献选编》（中），人民出版社，1986年版，第568页。

为核心的赶超战略，它反映了中国人民渴望国家走向富强的急切心情，但是，对在中国这样一个落后的大国实现经济现代化的艰苦性、长期性认识不足，目标过高，期限过短，结果是欲速则不达，反而给经济建设造成损失。鉴于历史的教训，十一届三中全会以后，中国共产党对如何在中国实现现代化进行了艰辛的探索，终于形成了立足于中国国情、切实可行的"三步走"经济发展战略。

1979 年 3 月，邓小平指出，中国现在搞建设，要适合中国国情，走出一条中国式的现代化道路。他概括了在中国进行现代化建设要注意的两个国情特点：一是底子薄；二是人口多，耕地少。这两个特点决定了中国进行现代化建设的起点很低，实现现代化的时间较长，只能在这个低起点的基础上，有步骤分阶段地去逐步实现现代化。

经过几年的酝酿，1982 年 9 月召开的中共十二大提出了到 20 世纪末的"两步走"的发展战略：从 1981 年到 20 世纪末的 20 年，中国经济建设总的奋斗目标是，在不断提高经济效益的前提下，力争使全国工农业总产值翻两番，即由 1980 年的 7100 亿元增加到 2000 年的 28000 亿元左右，人民的物质文化生活达到小康水平。为了实现 20 年的奋斗目标，在战略部署上要分两步走，前 10 年主要是打好基础，积蓄力量，创造条件，后 10 年要进入一个新的经济振兴时期。

"两步走"的发展战略提出后，党中央开始进一步设想 21 世纪中叶中国经济发展目标，从而逐步形成了完整的"三步走"的经济发展战略。1987 年 10 月召开的中共十三大正式通过了社会主义现代化建设"三步走"的经济发展战略目标和战略步骤。十三大报告提出："党的十一届三中全会以后，我国经济建设的战略部署大体分三步走。第一步，实现国民生产总值比 1980 年翻一番。第二步，到本世纪末，使国民生产总值再增长一倍，人民生活达到小康水平。第三步，到下世纪中叶，人均国民生产总值达到中等发达国家水平，人民生活比较富裕，基本实现现代化。然后，在这个基础上继续前进。"[①] "三步走"经济发展战略的制定，解决了中国现代化建设的目标、步骤等关系到全局的重大问题，对中国未来几十年的发展将产生深远的影响。

第二节　经济体制改革的全面展开

中共十二届三中全会不仅在改革指导思想上取得重大突破，而且对改革进行了全面部署。1985 年前后，以城市为重点的经济体制改革全面展开。与此同时发生了经济过热，使改革遭受很大挫折。

---

① 中共中央文献研究室：《十三大以来重要文献选编》（上），人民出版社，1991 年版，第 16 页。

一、改革的部署

为建立起符合社会主义有计划商品经济要求的经济管理体制和经济运行机制，中共十二届三中全会比较系统地阐明了经济体制改革的一系列重大问题，对经济体制改革进行了全面的部署。中共十三大报告对经济体制改革的许多问题作了进一步的分析和阐明。

企业是生产经营活动的直接承担者和经济技术发展的主导力量，企业是否有强大的活力，对于中国经济的全局，对于经济发展战略目标的实现是一个关键问题。而以权力高度集中、行政性计划管理为基本特征的传统经济体制的弊端，集中表现为企业缺乏应有活力。因此，中共十二届三中全会《关于经济体制改革的决定》提出，增强企业活力，特别是增强全民所有制大中型企业的活力，是经济体制改革中心环节。通过改革，要使企业真正成为相对独立的经济实体，成为自主经营、自负盈亏的社会主义商品生产者和经营者，具有自我改造和自我发展能力，成为具有一定权利和义务的法人。

围绕这个中心环节，需要进行相关的配套改革。要使企业的生产经营效果得到正确评价，并使价格对企业生产经营活动起调节作用，必须对既不反映价值，又不反映供求关系的价格体系进行改革，价格体系的改革是整个经济体制改革成败的关键。为改变中国过去很长时间里基本上依靠行政手段和指令性计划管理经济活动的国民经济管理体系，必须改革计划体制，逐步缩小指令性计划的范围，适当扩大指导性计划的范围。在改革计划管理体制的同时，还要进一步完善税收制度，改革财政和金融体制，逐步健全以间接管理为主的宏观调节体系。为使政企职责分开，正确发挥政府管理机构的职能，必须改革政府机构。其他的改革还有以公有制为主体的前提下积极发展多种所有制经济，实行以按劳分配为主体的多种分配方式，进一步扩大对外开放。

二、改革的全面展开

根据1984年中共十二届三中全会的部署，1985年，以城市为重点的经济体制改革全面展开。这一年出台的改革措施主要有以下几个方面。

1. 以改革计划体制为重点的宏观管理体制改革

计划体制改革按照有计划商品经济的思路，以缩小指令性计划，放宽计划控制为核心。除了关系国计民生的重要经济活动需要实行指令性计划外，对大量的一般经济活动实行指导性计划，对饮食业、服务业和小商品生产等方面实行市场调节。

在农业方面，国家对主要农产品的生产实行指导性计划。对粮食、棉花、油料、烤烟、黄红麻、生猪、二类海水产品等关系国计民生的大宗农产品的收购和调拨规定指令性指标，通过自下而上的签订收购合同加以落实，超计划部分放开。其他农产品除另有规定外，实行市场调节。

在工业生产和交通运输方面，对国家统一调拨的煤炭、原油及油制品、钢材、卷烟、军工等重要产品以及对重点物资的铁路货运量、部直属水运货运量、沿海主要港口吞吐量实行指令性计划。企业在确保完成国家计划和供货合同的前提下，超产部分可以自销；国家下达指令性计划的产品，由企业按照国家计划指引的方向，自行安排生产销售；国家不下达计划的产品，实行市场调节。

在固定资产投资方面，国家只对预算内拨改贷基本建设和技术改造投资、纳入国家信贷计划的基本建设以及利用国际金融组织和外国政府贷款安排的基本建设和技术改造投资实行指令性计划，并放宽预算内建设项目审批权限，简化审批项目手续。

在劳动工资方面，国家对全民所有制单位的职工人数和工资总额下达计划指标，企业可以根据完成计划的情况和经济效益好坏，按照国家规定的比例增加或减少工资总额。

在文教卫生方面，国家只对研究生、普通高等学校本、专科和中专招生人数下达指令性计划，各高等院校在完成国家招生计划的前提下，可以接受委托培养或联合办学。改革科研单位拨款制度，开拓技术市场。在对国家重点项目实行计划管理、由国家财政给予支持的同时，一般技术开发和近期可望取得使用价值的应用研究工作，逐步推行技术合同制。

指令性计划缩小后，计划工作摆脱分指标、分钱、分物等具体业务，工作的重点移向综合平衡，以主要精力，着重抓好全社会的财力、物力、人力、外汇的平衡，安排好经济发展速度、固定资产投资规模、发展重点、地区布局、人民生活水平提高幅度以及农轻重、积累和消费比例关系等重大问题。国民经济和社会发展计划逐步以五年计划为主要形式，简化年度计划，制定中长期规划；同时编制行业规划、地区规划和若干个专业规划，建立起长、中、短期计划与专项规划相结合的计划体系。

围绕计划目标，加强各种经济杠杆的综合运用，有计划地及时调整价格、税收、工资、财政补贴等，使其成为实现国民经济计划的有效手段。

1985年，国家综合运用各种经济杠杆初步出台了各种措施。根据经济形势和产业政策，及时对产品税、增值税、营业税的某些政策作适当调整，并运用减税手段，加强国家对经济的宏观控制服务。

在财政管理体制方面，从1985年起，实行"划分税种、核定收支、分级包干"的财政体制，以便在新的形势下进一步明确各级财政的权力和责任，更好地体现责、权、利相对的原则。它的实施，使全国财政体制逐步走向统一化，并开始改变了过去按企事业单位行政隶属关系划分收入的办法，为过渡到完全分税制的体制创造了条件，对以后整个经济体制改革将有较大的适应性。

在金融体制方面，通过前几年的改革，已经初步形成了由中国人民银行、中国工商银行、中国农业银行、中国人民建设银行、中国人民保险公司、中国国际投资公司所组成的金融体系。为了打破下达资金管理中的"供给制"和"大锅饭"，从1985年起，实行"统一计划、划分资金、实存实贷、相互融通"的原则，以调动专业银行吸收存款的积极性。国家初步利用利率杠杆，调控国民经济。

1985年以计划体制改革为主要内容的宏观经济管理体制的改革，使国家管理经济的方式，开始由主要依靠行政手段的直接管理，向主要运用经济、法律手段的间接管理转变。

2. 商业流通体制的改革

为此，改革开放前，在传统的计划经济体制下，商品生产和商品交换被忽视甚至排斥，商品流通被置于一整套指令性计划的严格控制之下，日用品实行统购包销，农副产品实行统派购政策，生产资料只允许国家调拨。流通的方式是按照行政系统、行政区划、行政隶属关系，实行自上而下、纵向管理，强调行政机关的指挥权、国营商业与供销合作社的垄断地位和按行政层次分配商品，忽视企业的自主权、其他经济成分应有的地位和商品流通本身内在的客观规律。这种状况与改革开放后逐步放开的商品生产经营形成尖锐的矛盾。1980年起，国家对商业流通体制进行了增加购销方式、允许多种经济成分经营商品流通、扩大国有商业企业经营自主权等多项改革。1984年以后，根据建立有计划商品经济的精神，加大和加快了流通体制改革步伐，内容涉及农副产品购销制度、日用工业品批发体制、生产资料的流通体制等。

取消农副产品统派购制度。从1985年起，除个别品种外，国家不再向农民下达农产品统派购任务，按照不同情况，分别实行合同定购和市场收购。取消统派购后，农产品不再受原来经营分工的限制，实行多渠道直线流动。农产品经营、加工、消费单位都可以直接与农民签订收购合同；农民也可以通过合作组织或建立生产者协会，主动与有关单位签订销售合同。与改革农副产品统派购制度相适应，发展农副产品批发市场。

改革日用工业品的批发体制。1979年以来，日用品工业品流通体制已进行了较多改革，如扩大企业自主权、放开零售业、改革购销方式等。但日用工业品批发体制的改革直到1984年才开始。原有体制中，日用工业品批发由国营企业垄断，在机构设置上，按行政区划和层次设一、二、三级批发站。这种体制，渠道单一、封闭，管理环节多，流通效率和效益低。1984年开始的改革本着建立多渠道、多种经济形式、多种经营方式和少环节、开放的流通体制的精神，主要进行了以下工作：①减少批发层次，原兼有行政管理职能的一、二、三级批发站分别下放到直辖市、省辖市，并与市批发公司合并，改为自主经营实体。改变商业批发中按固定区域、固定供应对象、固定倒扣作价率的统一分配和作价办法，各批发企业之间、批发与零售之间都可以直接供货。②所有城市都逐步建立城市贸易中心，即开辟商品批发市场，实行开放式经营。

生产资料有步骤地削减指令性计划分配指标。在明确生产资料也是商品后，生产资料流通体制也迈出了较大的改革步伐，主要是大幅度削减了指令性分配的产品。从1984年起，国家计划分配的生产资料，除保证重点生产建设所需外，对一般的需要，只保留1984年的基数。国家统配物资的品种，到1987年只有27种，各部和地方分配物资的比重也有所减少。同时，随着计划外物资市场交易规模和范围的扩大，物资贸易中心开始涌现。

通过以上改革，流通领域开始从独家经营过渡到多渠道经营，从没有竞争过渡到鼓励竞争，从封闭型市场过渡到开放型市场。

3. 价格体系的改革

1985年的价格体系改革主要在四个方面进行：

第一，调整粮食、棉花收购价格，放开生猪和鲜活副食品价格。取消了对主要农副产品的统购、派购制度，实行合同定购，定购的粮食，国家确定按"倒三七"比例计价（即三成按原统购价、七成按原超购价），定购以外的粮食可以自由上市，价格随行就市；定购的棉花，北方按"倒三七"、南方按"正四六"比例计价，定购以外的棉花也允许农民上市销售，价格由市场调节。粮油的销价，在收购价已提高的情况下，为了减轻对物价总水平的影响，供应城市的，按原平价不变，国家给予补贴；供应农村的实行购销同价，国家不再补贴。取消生猪派购、实行合同收购后，其收购价格改为在国家计划指导下的议价，猪肉的销售由平价定量供应改为敞开销售，价格随成本和市场供求情况而变化；大中型城市和工矿区所需蔬菜、水产品、禽蛋逐步取消派购后，实行有指导的议购议销，自由交易，按质论价。

第二，提高铁路短途运价。客运价提高36.8%，货运价为每吨加收4元附加费，以利铁路、公路、水运的合理分工，发挥铁路"长大重"的优势和缓解铁路客货运紧张问题。

第三，放开部分工业消费品价格。在过去分批放开小商品价格的基础上，1985年4月放开了供求基本平衡的缝纫机、国产手表、收音机、电风扇等4种工业消费品价格。1986年8月又放开了自行车、黑白电视机、电冰箱、收录机、中长纤维布、80支以上纯棉纱及其制品等7种工业消费品价格，使绝大部分工业消费品价格改由市场调节。

第四，对工业生产资料价格实行双轨制。1984年5月，国务院在《关于进一步扩大国营企业自主权的暂行规定》中，对国家统配的几种主要产品的企业自销权和定价权作了规定：在价格上，属于企业自销的和完成国家计划后的超产部分，一般在不高于或低于国家统一定价20%幅度内，企业有权自定价格或由供需双方在规定的幅度内协商定价。这样，继主要农产品价格双轨制后，主要工业生产资料也形成了计划内与计划外两种价格。

4. 工资制度的改革

价格改革出台后，虽然国家给予适当补贴，仍然不足以弥补零售物价指数的上升。只有采取工资改革同时出台的方针，才有利于缓解价格改革引起的震荡。因此国务院决定 1985 年起实行全国工资制度改革。

按照国务院部署，全国机关、事业单位实行以职务工资为主要内容的结构工资制，废除了 20 世纪 50 年代建立的等级工资制。其主要内容为：把工资分为基础工资、职务（技术岗位）工资和年功工资三个部分，分别规定工资额，再组合为职工的标准工资。在结构工资中，职务工资是按照职工所担负职务的复杂程度、繁重程度、责任大小等因素确定的，占主导地位；基础工资是维持劳动者生存和劳动力再生产的需要，不论职务高低，实行统一标准；年功工资则是对职工工作经验和劳动贡献的积累所给予的补偿，随职工工作年限的增长逐年递增金额。

企业工资制度的改革是 1984 年陆续起步的，其基本原则是将职工的收入与职工个人的贡献和企业的经营效果挂钩。但由于改革措施尚未配套，企业尚不具备在平等基础上竞争的条件，其经营效果不能真实地反映职工和经营者的能力程度，因此，企业工资改革远比国家机关和事业单位复杂，只能逐步前进。1985 年，大多数企业实行了奖励基金随同本单位经济效益浮动的办法。大约有 1800 万职工进行工资总额同企业生产成果或经济效益浮动的试验；有大约 15% 的大中型企业实行了工资同上缴利税一起浮动的办法。简化统一了企业职工的工资标准，并在新标准的基础上，安排了升级。同时，扩大了企业在工资奖金分配上的自主权。许多企业根据各自的特点，在企业采取了承包工资、分解工资、计件工资、浮动工资、百分计奖等多种形式和办法。

5. 扩大对外开放

继 1984 年决定进一步开放沿海 14 个城市和海南岛后，1985 年国务院又决定先将长江三角洲、珠江三角洲和闽南厦漳泉三角洲，继后的辽东半岛、胶东半岛开辟为沿海开放地区，加速沿海地区的经济发展和对外开放。这些新开放的沿海地区都是我国工业发达和人口稠密地区，它们连同原来开放的 4 个特区、14 个沿海港口城市和海南岛，从南到北沿海形成了中国对外开放的前沿地带。

1985 年，以计划、工资、价格为重点的经济体制改革，改变了以往主要是在计划经济框架内进行调整的做法，开始转向让价值规律更多地发挥配置资源的作用，政府对经济的管理从直接管理向间接管理过渡，使中国的经济体制向着更具有实质性变化的方向迈出了重要的一步。

三、"巩固、消化、补充、完善"已出台的改革措施

1986~1987 年，改革没有出台大的措施，主要是执行"巩固、消化、补充、完善"的方针，并进一步调整国家与企业的分配关系，增强激励机制，以增加产出，提高效益。

消化补充已出台的价格改革和工资改革。在价格改革方面，除完善粮棉购销合同制，适当调整个别地区个别品种的粮棉价格外，一是确保城市郊区有足够数量的菜田，发挥大中城市国营蔬菜公司平抑菜价、安排市场的主要作用，加强蔬菜市场和价格管理，稳住蔬菜等副食品价格，保证城市供应，使零售物价指数稳定在 6%左右。二是对 1984 年已经原则同意、后来为 1985 年副食品价格改革让路的，以及部分价格突出不合理、影响生产发展的生产资料价格进行了调整，包括水泥、超产煤炭、部分有色金属、冶金产品、天然气以及新闻纸等。在工资方面的消化补充工作，一是通过改革职称制度和拉开工资档次，适当解决中青年专业技术人员的工资、职务工资中不合理的"平台"和低工资人员的突出问题。二是允许继续实行基本工资加奖励制度的国营企业，按每人每月平均 7.5 元的额度列入成本，以解决 1985 年用奖励基金套改工资后出现的奖金水平下降问题。三是调整部分地区的工资区类别。

发展横向经济联合。随着企业自主权的扩大、生产社会化程度的提高，各种生产要素之间、企业之间、地区之间的横向经济联合，已成为一股不可阻挡的洪流。1986 年 3 月 10 日，国务院召开第一次全国城市经济体制改革会议，着重研究了发展和推动横向经济联合的问题，提出要通过横向经济联合促改革，出效益。同月 23 日，国务院发出《进一步推动横向经济联合的若干问题的规定》，国家统计局、财政部、中国人民银行、国家物资局、国家工商局据此相应分别制定了有利于推动横向联合的具体暂行办法。到 1986 年底，全国建立起来的横向经济联合体有 3 万多个，形成了 24 个横向经济联合网络，组成了一批像一汽集团、二汽集团那样的实行国家计划单列的大型企业集团。

进一步推动企业改革。从 1986 年起，企业改革的重点开始由外部放权让利转向改革内部经营机制。这一年，主要从三个方面推进：一是普遍实行厂长（经理）负责制。二是实行多种形式的企业经济责任制。对部分大中型企业实行经营承包、投入产出包干和税后利润递增包干等办法；对国营小型工商企业，实行了租赁或承包经营，其中国营小型商业企业的租赁经营发展很快。三是改革企业劳动制度，改招固定工为合同工，规定厂长有权辞退违纪职工，把企业内部工资奖金分配权下放给企业。1987 年，企业改革出台了一项重大措施，就是对企业特别是国营大中型企业普遍实行了承包经营的经济责任制。这是在资源配置方式尚未发生根本变化、资源配置效益不能显著改善的情况下，通过企业承包，进一步

向企业放权让利，以期进一步调动企业经营者和职工的积极性，提高微观经济效益。1987 年底，全国预算内工业企业的承包面已达到 78%，大中型企业达到 80%，其中一些省市已达到 85%以上。

四、加快改革开放步伐，价格改革闯关

1. 改革部署的改变

考虑到 1987 年经济运行中矛盾突出，尤其是通货膨胀问题比较严重，9 月召开的计划工作会议和体制改革工作会议，决定把"收紧财政和信贷，控制需求，稳定物价，保持经济的平衡和稳定发展"作为安排 1988 年经济工作的总方针。与此相适应，经济体制改革的任务，是进一步发展和完善各种形式的企业承包经营责任制，推进企业内部领导体制和经营机制的改革，同时适当加快投资、财税、物资、金融、外贸体制和住房制度的配套改革。中共十三大以后召开的中央工作会议肯定了上述安排，并且明确 1988 年经济工作的方针是稳定经济，深化改革。

然而，上述改革的部署在实际执行中发生了变化。主持中央工作的领导人认为 1987 年的经济形势很好，物价上涨不是因为总需求大大超过总供给，而主要是因为蔬菜等副食价格上涨过猛，是这些食品供应不足引起的，与银根松紧无关。蔬菜与猪肉的生产上不去，重要的原因是我们在价格改革上过分谨慎，调动不了农民的积极性。因而解决物价问题的主要出路，是下决心逐步提高食品的收购价格，让农民有利可图，促进生产的发展，同时给城市居民发食品补贴，把过去购销倒挂暗补的钱拿来补给市民，就可以安定民心。在这种指导思想下，从 1988 年初起，经济工作实际放松了对财政信贷的控制，没有坚持把稳定经济放在首位，改革的步伐大大加快。

2. 1988 年出台的改革措施

（1）实施沿海经济发展战略，改革外贸体制，扩大对外开放。鉴于发达国家和地区正在调整产业结构，劳动密集型产业正在向劳动费用低的地区转移以及中国沿海地区较之内地交通方便，基础设施比较好，劳动力素质比较高，科技开发能力比较强的优势，中国政府决定实施沿海地区发展战略。即在沿海一亿多到两亿人口的地区，大力发展外向型经济，有领导、有计划、有步骤地走向国际市场，进一步参与国际交换和国际竞争。沿海发展战略的基本内容包括：利用人力资源丰富、费用低廉、劳动力素质比较高的优势，在沿海地区发展劳动密集型以及劳动密集型与知识密集型相结合的产业；沿海加工业要坚持"两头在外"，大进大出，避免与内地争原料；利用外资的重点在吸引外商投资上，大力发展"三资"企业；进一步搞活企业，充分发挥乡镇企业主力军的作用。

实施沿海发展战略在 1988 年上半年成为许多省市经济工作的重心。为与沿

海发展战略相配套，国家于1988年上半年出台了相应的改革措施。一是推行以外贸承包为核心的外贸体制改革。主要内容包括：①由各省、直辖市、自治区、计划单列市人民政府向国家承包出口收汇上缴基数、出口收汇基数内人民币补贴基数和外汇挂账数额。外汇增收部分由中央和地方实行"倒二八"分成，在此基础上自负盈亏。②进一步放开外贸经营品种、经营范围。除一些重要的外贸商品继续由中央所属公司统一经营或由中央与地方联合经营外，其余商品由地方公司经营。③各外贸进出口总公司的地方分支机构与总公司脱钩，作为企业法人，下放地方管理，财务上与地方财务挂钩。二是扩大沿海地区对外向型经济的管理权限。扩大沿海地区吸收外资的审批权，下放外贸企业审批权，改革对来料加工出口的海关监管，沿海地区在开放的直辖市设立外汇中心。

（2）完善企业承包经营责任制，进行物资、财政、投资体制等配套改革。

其一，完善企业承包经营责任。1988年2月国务院发布《全民所有制工业企业承包经营责任制条例》，规定了全民所有制工业企业承包经营的原则、内容、基本形式和有关政策。交通、建筑、农林、物资、商业、外贸等行业的全民所有制企业实行承包经营责任制也照此条例执行。这个条例的颁布，统一规范了承包经营的办法，推动了承包经营责任制的推广、完善。

其二，改革物资管理机构，促进生产资料市场的发展。1985年以后，国家统一分配调拨的生产资料已大大减少，但是部门和地方分配的物资还不少，与旧的物资调拨分配体制相适应的机构仍然存在。1988年结合国务院机构改革，决定取消国务院各部门物资管理的职能，国家计划分配的物资，直接分配到使用企业。这样做，削弱了主管部门对企业的行政干预，也为克服物资流通中的条块分割，促进生产资料市场的发展进一步创造了条件。

其三，改革投资体制。为了克服由国家统一管理和调节的重大长期的建设投资资金来源不稳，同时在使用上又存在按条块分配、投入产出不挂钩、投资效益低下的弊端，从1988年起，决定中央管理的基本建设实施基金制。即将国家财政的建设性预算支出，作为固定资金渠道，构成基本建设资金，与其他财政支出分开，实行专款专用。组建国家专业投资公司，以向国家承包建设任务的方式经营本行业中央投资的经营性项目的基本建设投资。

其四，推行住房制度改革。住房制度改革在早几年已经开始试点。改革的基本思路是将现行住房实物分配的办法逐步变为由职工通过商品交换的渠道购买住房或租房，实现住房商品化，促使住房建设资金步入良性循环，以增加建房资金，改善城镇居民居住条件，促进消费结构合理化，并克服住房分配上的不正之风。1988年年初，国家决定加快住房制度改革步伐，提出大体用三年或更长的时间在全国分批推行，促进了住房改革先后在一批城市展开。

其五，实行财政大包干。1985年开始实行的"一定三年"的"划分税种、核定收支、分级包干"的财政管理办法到1988年已经到期。其间，由于价格改革，特别是原材料价格上涨，使以加工工业为主的地区财政收入受到影响；广泛实行企业承包经营责任制，也在一定程度上改变了企业与国家、中央与地方的分配关系。1988年第一季度，地方组织的财政收入特别是那些上解比例较大的地区，财政收入出现增长缓慢甚至下降的现象。为了稳定中央与地方财政分配关系，调动地方增收节支的积极性，国家决定在原有体制基础上实行财政大包干的办法。全国除西安、广州两市外的省、自治区、直辖市和计划单列市，分别实行6种不同的财政包干办法。新的财政管理体制与旧体制的主要区别在于财政收入较上年新增部分让地方得到更多的好处，以此调动地方特别是那些上解比例较大地区增收节支的积极性。

（3）价格改革闯关。1985年开始全面经济体制改革时，曾经制定了价格改革方案。但因抑制总需求未取得预期成效，引起物价总水平较大幅度上涨，价格改革措施未能全部到位。1986年和1987年为稳定经济，价格改革未出台大的措施。但在价格改革放慢的同时，通货膨胀的势头未完全得到遏制。

从1988年第二季度起，党中央做出迎着风险、迎着困难上，加快价格改革步伐的决定。5月30日，中共中央政治局召开第九次全体会议。会议提议，中国的改革进入了关键性阶段，现在一些难度很大而又不能绕开的问题摆在面前，这些难题拖得越久，解决起来就越难。改革会有风险，但不进则退，退是没有出路的。必须抓住历史机遇的有利时机，迎着风浪前进，坚决又稳妥地将改革中不可回避的问题解决好。要发展社会主义商品经济，就要按价值规律理顺价格。会议提出了价格改革和工资改革的统盘方案。

在这次政治局会议前后，价格改革加快了步伐。到7月底，国家相继出台的价格改革项目包括：提高粮食、油料、蚕茧、黄红麻、甜菜、茶叶等农副产品收购价格和煤、电、油等能源价格；放开猪肉、白糖、大路菜和鲜蛋四种主要副食品价格，试行暗补改为明补；向上浮动彩电价格，扩大棉纺织品上浮价格，放开和调整部分烟酒价格，下放部分工业产品价格的管理权限。由于年初对紧缩的放松，再加上价格改革措施的集中出台，物价上涨呈加速趋势，人们对通货膨胀的预期大大增强。从2月起，少数城市便出现抢购风潮。8月初，中共中央政治局讨论并原则通过《关于价格工资改革初步方案》，消息在报纸上公布。此时，正值提高部分中高档卷烟和粮食、酿酒价格措施出台，在宣传上又反复强调居民对价格改革有很强的承受能力，价格改革要攻坚闯关。广大居民以为新的价格改革会使物价像名烟名酒价格一样大幅度上涨，引发了全国性的兑款抢购风潮。面对这种形势，中共中央作出了治理经济环境、整顿经济秩序，为改革创造良好经济环境的决策。价格改革再次搁浅。

第三节　国民经济的高速增长

1985~1988 年，中国经济连续四年高速增长，国力进一步增强。不过，经济的高速增长同时伴随着经济过热，为抑制经济过热，几年来国家一直在采取措施，但收效不大，以致到 1988 年出现严重的通货膨胀。国家不得不采取严厉措施，对国民经济进行治理整顿。

一、经济在波动中高速增长

经过 1979~1982 年的调整，由于农业、轻工业的极大发展，社会总供给与总需求的紧张状况有所缓解，国民经济结构严重不合理的情况也有所改善。自 1982 年起，经济增长速度开始加快（见表 10-1），1982 年的国内生产总值增长速度为 9.1%，1983 年为 10.9%，1984 年达到 15.2%。1985~1988 年，经济仍呈现高速增长态势，四年年均增长率高达 11.3%，同时也出现了较大波动，1986 年降到 8.8%，增长波幅近五个百分点。

表 10-1　1982~1988 年国内生产总值增长率

年份	1982	1983	1984	1985	1986	1987	1988
国内生产总值增长率（%）	9.1	10.9	15.2	13.5	8.8	11.6	11.3

资料来源：国家统计局编：《中国统计年鉴(1998)》，中国统计出版社，1998 年版，第 57 页。

1985~1988 年，与经济高速增长相伴随的是持续的经济过热。经济过热开始于 1984 年第四季度，此后几年间，国家不断采取措施抑制经济过热，曾一度取得一定效果，但始终没能从根本上消除经济过热的隐患。1985 年下半年至 1986 年经济过热明显缓解，1987 年，由于贯彻"压缩过热空气"方针不够坚决，经济过热又趋严重。1988 年，改革出现失误，在经济增长加快的同时又加快改革步伐，把经济过热推向了更加严重的境地。经济过热主要表现在以下几个方面：

第一，固定资产投资规模过大。1984 年全社会固定资产投资总额达 1832.9 亿元，比上年增长 28.2%；1985 年固定资产投资增幅加大，全社会固定资产投资总额高达 2543.2 亿元，比上年增长 38.8%。1986 年、1987 年，固定资产投资增长过猛的势头减缓，全社会固定资产投资分别比上年增长 22.7%、21.5%，远低于 1985 年的增长速度，但增速仍然不慢，固定资产投资两年原地踏步的计划没能实现。1988 年全社会固定资产投资总额达 4753.8 亿元，比上年增长 25.4%，远远超过了国民收入的增长速度。[①] 1988 年，全国在建工程总规模达到 13000 亿元左右，比上年扩大 12%，明显超过了国力承担的可能。[②]

第二，消费基金增长过猛。1984 年，全国工资性现金支出在全员劳动生产率只提高 13.5% 的情况下，增加了 22.3%，而且主要集中在第四季度。[③] 1985 年，国家采取措施控制消费基金增长过快的势头，但膨胀的压力仍然很大。1986 年全社会消费基金比上年增长 12.5%，超过了国民收入的增长速度。全国职工货币工资比上年提高 16%，扣除价格上升因素，实际提高 8.4%，大大超过劳动生产率提高 4% 的幅度。同时，许多机关团体、企事业单位滥发实物、铺张浪费的风气仍未有效抑制。[④] 1988 年，银行对城镇居民支付的工资及其他现金比上年增长 26.5%，社会集团消费达到 665 亿元，比上年增长 20.3%。[⑤]

第三，工业生产发展速度过快。在总需求膨胀的支持下，工业高速发展。1985 年全年工业生产总值增长 21.4%，由于国家采取财政信贷的双紧政策，从第三季度过高的增长速度开始下降。1986 年 3 月起，国家开始放松对信贷的控制，工业生产增长速度从第二季度开始回升，全年的工业生产增长较上年有较大的回落，增长率为 11.7%。但 1987 年、1988 年再次呈高速增长，1987 年增长 17.7%，1988 年则比上年增长 20.8%，大大超过了计划增长 8% 的速度。[⑥] 在工业高速增长的同时，农业出现徘徊的局面，基础工业、基础设施也发展滞后，经济发展中结构性矛盾再次突出。

第四，由于固定资产投资和消费基金"双膨胀"，财政赤字连年增加。1985 年，财政收支基本平衡，1986 年、1987 年财政赤字分别达到 82.9 亿元、62.8 亿元，1988 年财政赤字显著扩大，达到 134 亿元。[⑦]

第五，货币投放过多，通货膨胀，物价上涨。在上述因素的推动下，货币投放连年增加，1985 年还只有 195.7 亿元，1986 年则达到 230.6 亿元，比上年增长 17.8%，1988 年货币投放骤增到 679.5 亿元，比 1987 年的 236.1 亿元增长 46.7%，通货膨胀异常显著。[⑧] 在社会总需求过旺、通货膨胀的推动下，零售物价指数在波动中呈急剧上升的趋势，1985 年为 8.8%，1986 年为 6%，1987 年为 7.3%，1988 年达到了 18.5%。

---

① 国家统计局编：《中国统计年鉴（1998）》，中国统计出版社，1998 年版，第 186 页。
② 刘国光：《中国十个五年计划研究报告》，人民出版社，2006 年版，第 510 页。
③ 武力：《中华人民共和国经济史》，中国经济出版社，1999 年版，第 943 页。
④ 同②，第 488~489 页。
⑤ 同②，第 510 页。
⑥ 同①，第 433 页。
⑦ 同①，第 269 页。
⑧ 同①，第 670 页。

二、国家对经济的宏观调控

对于 1984 年逐步出现的经济过热，当时有所觉察。1985 年初随着经济过热问题的暴露，国务院决定要加强宏观控制和管理，在发出关于加强外汇使用、物价管理，严格控制社会购买力的一系列通知后，从 4 月起，采取了以紧缩银根为中心的一系列措施，全面紧缩经济。紧缩措施从第三季度开始逐渐见成效，过热的经济逐步降温。

1986 年和 1987 年，为了保持国民经济的发展势头，同时考虑到我国经济运行机制已经发生了很大变化，原有的调整方法难于奏效，国家决定采用"软着陆"方式，即努力运用行政的特别是经济的手段，从控制过旺需求和增加有效供给两个方面来达到调整的目的。1986 年侧重控制需求，其间上半年是财政、信贷双紧缩，后来顾虑工业滑坡，下半年改为"紧中有活"，在信贷方面放松了对流动资金的控制。1987 年侧重调整结构，增加和改善社会有效供给，使国民经济保持适度增长速度；下半年因通货膨胀加剧，9 月起再次强调严格控制需求。

1988 年，由于决策层指导思想的变化，从年初起经济工作只强调控制社会集团购买力，放松了对财政信贷的控制，经济增长呈加速之势。与此同时，改革的步伐也在加快。最终导致了 1988 年严重的通货膨胀。

几年来，经济过热最突出的表现，是固定资产投资和社会消费需求的双膨胀而引致社会总需求过旺。为抑制过旺的社会总需求，国家在采取收缩财政和控制信贷规模的政策同时，还采取经济的乃至行政的手段，直接对固定资产投资规模、社会消费需求进行控制。

首先，控制固定资产投资规模，调整投资结构。1985 年，为压缩固定资产投资规模，重申严格按照计划办事，实行行政首长负责制。各地区、各部门固定资产投资规模必须按计划执行，不得自行扩大。调整固定资产投资计划，把固定资产投资规模确定在 1400 亿元以内。各级银行不得发放计划外固定资产贷款，各部门、各地区不得用银行贷款以自筹资金名义扩大投资规模。除建行外，其他银行不得办理自筹基建存款和贷款。原规定的不列入固定资产投资计划的"五不纳入"基建项目要进行清理。除中小学外，其他"四不纳入"要进行控制，下达建议数，纳入投资总规模。利用外资安排的基建和技改项目，要经批准后才能对外谈判。

1986 年和 1987 年，除继续坚决控制固定资产投资规模外，还注重合理调整投资结构。根据"七五"计划的规定，为控制社会总需求，1986 年和 1987 年两年要基本保持 1985 年的投资规模，调整投资结构，加强重点建设。为了实现投资规模两年踏步的设想，国家计划 1986 年全社会固定资产投资安排 2280 亿元，略低于 1985 年的实际水平，其中国家预算内投资增加 40 亿元，主要用于能源、交通、原材料工业、农业和智力开发等方面，自筹投资规模比上年减少。为了实现这个计划目标，国务院发布《关于控制固定资产投资规模的若干规定》，要求坚持按照基本建设程序办事，严格控制新上项目，全社会的固定资产投资，均须纳入全国和分部门、分地区的投资计划，根据不同情况加以管理。在严格控制新建项目的同时，1986年对在建项目进行了清理，停建、缓建了一批不具备建设条件的项目。到年底，共停建项目589个，缩小规模202个，共压缩投资77.5亿元。1987年，计划安排全社会固定资产投资2870亿元，略低于上年实际完成水平。为进一步改变在建规模过大和投资结构不合理的状况，国务院提出了"三保三压"的方针，即保计划内建设，压计划外建设；保生产性建设，压非生产性建设；保重点建设，压非重点建设。为了调整投资结构，通过发行重点建设债券，从地方、部门、企业集中了100亿元预算外资金，用于计划内的重点建设。同时扩大征集国家能源交通重点建设基金，改进预算外投资建筑税办法，对所有建设工程开征土地使用税。在控制固定资产投资规模的同时，国家在力所能及的范围内，调整投资结构，加速重点项目的建设。1986年和1987年，能源、交通、原材料工业部门的投资分别占全民所有制单位基本建设投资的51%和52.7%。为了保证重点建设有稳定的资金来源，同时也可对基本建设投资规模加以控制，国务院决定建立中央基本建设基金制，从1988年1月1日起执行。

其次，控制消费基金的增长。1985年，要求各地区、各部门对1984年奖金的发放严格按照规定缴纳奖金税；下达1985年全民所有制单位工资总额计划和行政事业单位调资控制指标，实行总量控制；在实行工资总额与上缴利税挂钩的国营企业开征工资调节税，对事业单位等也开征奖金税。1986年和1987年，从工资收入政策、价格政策、税收政策以及消费基金管理等方面，抑制消费基金的过快增长，调节收入差别，解决收入分配不公的问题，包括严格控制社会集团购买力；坚持农民收入的增加主要依靠农业的增长，农副产品收购价格的总水平基本不动，只对不合理的比价作必要的调整；坚持职工收入的增加要与生产的增长和劳动生产率的提高相适应，除解决1985年工资改革后存在的遗留问题和工资类别问题外，不再实行新的升级措施；考虑到原有的改革需要补偿完善，企业职工工资总额同企业上缴利润挂钩的试点暂不再扩大；严禁用奖励基金以外的资金搞新的津贴、补贴，对工资、奖金过高的单位，严格按规定征收工资调节税或奖金税。1988年，继续采取措施严格控制社会集团购买力。

三、经济在过热中走向失控

1985年以来，国家不断采取措施抑制经济过热，其间在1986年经济过热状况得到了明显的缓解，但1987年经济过热状况又非常明显，至1988年问题更加严重。受物价上涨的影响，从年初起各地市场抢购风此起彼伏。在通货膨胀日趋严重的情况下，国家又加快了价格改革步伐，更增加了居民对物价上涨的预期，终于触发了突击提款、大量抢购的全国性风潮。1988 年 8 月 17 日开始，福州、天津、上海、重庆、成都、北京、西安发生抢购风潮，而后波及全国大部分地区的城市和乡镇。这次抢购风潮范围广、品种多，主要集中于价值高、易保存的工业品，部分地区还抢购粮食、食油。抢购风来势凶猛，商品销售量大幅度提高，并伴随着挤兑银行储蓄存款。在通货膨胀中，流通秩序更加混乱。特别是生产资料市场，多头插手经营，中间环节越来越多。据统计，全国共有各类公司 29 万多户，包括分支机构近 48 万户，其中将近 40% 是 1986 年下半年成立的。各种外贸公司 5000 户，其中 2000 家是 1988 年成立的。不少单位不顾国家规定，违法经营，利用价格双轨制的差价，就地倒卖，层层加价，牟取暴利，不仅搞乱了流通，也败坏了改革的声誉。[①]

经济过热问题没能从根本上解决，市场混乱现象也异常严重，乃至经济出现全面失控的迹象。从根本上来说，这是因为在新旧体制转换过程中，旧的经济调节手段正在弱化，新的宏观调节体系还不健全，还没有形成一套完善的自我约束机制和宏观调控机制，同时在经济工作中也存在着某些认识问题和决策失误。

首先，新旧体制的交替造成国家对经济的控制难度加大。具体来说，在投资管理体制上，由于改革开放以来，地方和企业经营自主权扩大，带来了投资渠道的多元化和投资主体的多元化，各地区、各部门纷纷上马建设新项目。而在投资体制改革中，大部分固定资产投资改为地方和企业资金以及银行贷款后，依靠国家计划和压缩财政拨款的行政控制办法就管不住了。各地方、各企业利用预算外资金和自筹资金，大上项目，重复建设，使得预算外资金和自筹资金的投资远远超过预算内资金。国家每年都要强调控制固定资产投资规模，但都没有达到预期效果，主要就是因为预算外资金和自筹资金的投资难以控制。

在工资与消费基金的管理体制上，工资改革后，企业获得了工资奖金分配的自主权，工资与效益挂钩，分配与贡献挂钩，调动了企业与职工的积极性。但由于各项改革措施尚不配套，制度尚未建立，又出现了消费基金失控的问题。国民收入超分配，消费基金增长快于国民收入增长。

在财政体制上，1985 年实行"划分税种、核定收支、分级包干"的体制，这种财政体制的核心是"分灶吃饭"。由于实行收支挂钩，权责结合，调动了地方的积极性。但却直接导致了中央直接组织的收入减少，而统支局面尚未打破，中央财政负担的支出过重，结果是地方财政有结余，而中央财政连年收不抵支，赤字不断扩大。这种收支不平衡状况使得国家在安排重点建设和制定经济改革方案时遇到不少困难，而多年的财政赤字对控制通货膨胀、稳定物价也产生了不利

---

① 赵德馨：《中华人民共和国经济史（1985~1991）》，河南人民出版社，1999 年版，第 98 页。

影响。

在信贷资金管理体制上，银行获得了自主权，扩大了信贷范围，放宽了信贷对象。但在旧体制下以行政管理和控制为主的方式还没有完全改变，作为主要经济手段的中央银行的宏观调节体系尚未完善，企业与银行、银行与银行之间的关系也没有理顺，导致银行信贷资金失控。固定资产投资规模控制不住，主要是银行贷款和自筹资金投资的膨胀。通过银行借款弥补财政赤字也扩大了银行的信贷规模。

其次，经济工作和改革决策的失误。在经济工作和改革中，由于对经济发展变化认识的不足，改革中面对复杂的经济形势也缺少经验，难免出现决策的失误。决策的失误，有时只是使问题变得更加严重，有时则会导致经济的全面失控。1984 年下半年在酝酿金融改革和工资改革时，决定各专业银行可以自主支配的信贷资金，以 1984 年实际贷款数额为基数核定；在实行企业总工资同经济效益挂钩浮动的工资改革方案时，工资总额以 1984 年的实际数额为基数。一些金融单位为增大基数，突击发放贷款；一些企事业单位为增加工资基数，乱提工资，滥发奖金和各种名目的补贴，致使全年尤其是第四季度信贷规模和消费基金急剧增长。

1986 年放松信贷控制，则显示出了人们在一旦放慢经济增长速度后的担忧。1986 年第一季度工业生产只增长了 4.4%，许多人都担心会"滑坡"，工业增长速度会降到零，甚至出现负增长。为了提高工业生产增长速度，货币政策又从紧缩转向扩张，银行放松了信贷控制，当年银行各项贷款增加 1836 亿元，增长了29.2%。最终致使全年固定资产投资比上年增加 360 亿元，增发货币 230 亿元，比上年增加了 23.4%，工业生产逐渐回升，但同时出现了不少库存积压品。

1988 年，在经济过热已很明显的情况下，不仅放弃了财政、信贷的双紧政策，而且加快了改革步伐，尤其是实行"价格闯关"，最终导致了严重的通货膨胀、市场秩序混乱。

第四节　经济发展的成就与问题

一、农业的徘徊

1979~1984 年，农村经济获得了极大的发展，成为新中国成立以来农村经济发展最好的时期之一。1984 年，粮、棉大丰收，粮棉产量均达到历史最高水平，农业劳动生产率达到 10 年内的最高增长速度。1985~1988 年，包括农、林、牧、渔在内的整个农业仍呈继续增长之势，这主要是一向比较薄弱的牧业、渔业生产取得了突破性进展，而种植业一改 1979 年以来连年丰收的势头，主要农产品粮、棉产量于 1985 年出现滑坡，并于随后几年出现停滞中的起伏。1985 年，全国粮食总产量陡降 2820 万吨，1986 年和 1987 年有所回升，仍未达到 1984 年的水平。1988 年粮食总产量再次下降 890 万吨。棉花生产情况也是如此。1985 年和 1986 年相继下降了 211.1 万吨和 60.7 万吨，下降幅度达 40%，以后一直在 400 万吨左右徘徊，再也没有达到 1984 年 625.8 万吨的历史水平。油料作物总产量虽然在 1985 年有大幅度增长，达到 1578.4 万吨的历史最高纪录，但 1986 年以后出现下滑，至 1990 年才再次达到历史最高水平。[①]

导致农业徘徊的原因是多方面的，除了自然灾害的影响、传统农业的潜力在前一时期基本得到释放外，主要原因在于农村经济政策出现了失误，具体表现在以下几个方面：第一，农产品定购政策和价格调整政策对农业生产的抑制。由于对农业生产的乐观估计，1985 年国家制定了不利于农业生产发展和农民增加收入的农产品定购政策和价格调整政策，粮食由统购派购改为合同定购，合同定购价格按"倒三七"比例价，减少了粮农从原超购价中得到的实惠。加上提高生产资料价格，许多经济作物、畜牧水产品价格放开，使粮食生产的比较利益下降，挫伤了农民种粮积极性和粮食产区提供商品粮的积极性。对棉花收购价格、奖售政策和棉农口粮政策调整的步子也过大过快，北方地区的超购加价的比例由"倒二八"改为"倒三七"，取消棉花收购奖售粮和扩大棉田补助粮等政策，严重挫伤了棉农种棉的积极性。

第二，同样在对农业生产过于乐观的估计下，对农业生产结构调整过急。1985 年，粮食播种面积调减了 433.87 万公顷，棉花播种面积调减了 178.27 万公顷。[②]

第三，对农业的投入不足。1984 年农业丰收后，农业投资逐年减少。农业投资包括国家、集体和个人三个部分。从国家对农业的基本建设投资来看，1985 年、1986 年是绝对减少的。1985 年为 35.91 亿元，1986 年为 35.06 亿元，比 1979 年的 57.92 亿元减少 22.86 亿元。农业基本建设投资占全国基建投资总额的比重由 1979 年的 11.1%下降到 1986 年的 3%。支农资金绝对数有所增长，但比重也是逐年下降的。国家财政支农资金占财政支出资金的比重 1978 年为 13.6%，1984 年下降为 9.1%，1987 年下降到 8.0%。[③] 1987 年以后，农业形势的恶化影响到国民经济的发展，农业问题才逐步重新得到了重视。

---

① 国家统计局编：《中国统计年鉴（1998）》，中国统计出版社，1998 年版，第 403~404 页。
② 赵德馨：《中华人民共和国经济史（1985~1991）》，河南人民出版社，1999 年版，第 249 页。
③ 同②，第 250 页。

二、乡镇企业的崛起

1978 年以后，农村社队企业得到了迅速发展，总产值从 1978 年的 493.07 亿元增加到 1983 年的 1016.83 亿元。1984 年，国家把社队企业改称乡镇企业，对家庭办企业和联产办企业给予了肯定，户办、联户办企业迅速兴起，并成为乡镇企业发展的明显特征。1984 年，乡镇企业数达 606.52 万个，其中，乡村两级企业仅占 30.7%，而户办、联户办企业及组办企业占 69.3%。乡镇企业总产值达到 1709.89 亿元。

1985 年以来，国家从经济、技术及产业政策等方面对乡镇企业的发展进行扶持与引导，如 1985 年 5 月，中共中央、国务院批准国家科委根据县镇企业和中小企业发展迫切需要而提出的"星火计划"。9 月，中共中央发布的《关于制定国民经济和社会发展第七个五年计划的建议》，不仅为乡镇企业的发展确定了基本方针，而且为乡镇企业的发展规定了比较具体的发展原则，这些都大大推动了乡镇企业的发展，使 1985~1988 年成为乡镇企业高速发展的时期。这一时期，乡镇企业数达 1888.16 万个，全国乡镇企业总产值达到 6495.66 亿元，比 1984 年的 1709.89 亿元增长 2.8 倍，年递增速度为 39.6%。1988 年全国乡镇企业总产值占当年农村社会总产值的比重达到 51.8%，占当年全社会总产值的 21.8%。其中，乡镇工业总产值达 4529.38 亿元，占全国工业总产值的 24.9%。乡镇企业职工人数由 1984 年的 5208.11 万人增至 1988 年的 9545.45 万人，平均每年接纳农村劳动力 1084.335 万人。随着乡镇企业的发展，乡镇企业上缴国家的税金逐年增加，由 1984 年的 79.1 亿元增加到 1988 年的 236.5 亿元，增长 3 倍多。1985~1988 年，在国家财政收入增量中，乡镇企业的贡献份额占 50.87%。乡镇企业在转移农村剩余劳动力、振兴农村经济、增加农民收入等方面无疑发挥了极大的作用，乡镇企业已成为农村经济的重要支柱和国民经济的重要组成部分。[①]

当然，乡镇企业的高速发展也引起了一些值得重视的问题，如乡镇企业增长速度过快，并成为全国加工工业过热发展的一个重要推动因素；固定资产投资增长过快，扩大了资金、能源、原材料供给与需求之间的缺口；产业结构不尽合理，在地区布局、行业布局等方面与城市工业趋同现象严重，加剧了城乡工业不少行业加工能力过剩和普遍开工不足的状况；经济效益逐步下降。

三、工业发展的成就与问题

1985~1988 年是我国工业经济高速发展的阶段。1988 年中国工业总产值达到

---

① 赵德馨：《中华人民共和国经济史（1985~1991）》，河南人民出版社，1999 年版，第 260~261 页。

18224 亿元，按可比价格计算，比 1984 年增长 92.7%，四年年平均增长 17.8%，是我国 1952 年国民经济恢复之后工业经济年平均增长速度最快的历史阶段之一。①高速增长使工业经济的实力大大增强。不断增大基本建设和更新改造投资，生产能力进一步得到扩大；通过技术引进和加快对老企业的改造，工业生产的技术水平明显提高；主要工业产品产量也有较大的增长。

在工业经济高速增长的同时，重工业过重的产业结构也得到调整。自 1953~1978 年的 20 多年时间里，由于实施重工业优先发展战略，重工业高速发展，我国也初步建立起独立的比较完整的工业体系，但也由此形成了在国民经济中重工业过重，农业、轻工业过轻的畸形结构。20 世纪 70 年代末至 80 年代初的国民经济调整时期，中国实现了发展战略的转移。工业内部关系得到调整，重工业逐步转变服务方向，轻工业也得到了迅速的发展。1985~1988 年间，轻工业持续高速发展，其发展速度都超过重工业。轻工业产值在工业总产值中的比重从 1984 年的 47.4% 提高到 1988 年的 49.3%。②轻工业的高速发展，转移了大量农村劳动力，带动了出口的增长，改善和丰富了人民的生活，促进了整个国民经济的发展，这表明轻、重工业的比例关系朝着合理的方向调整。

然而，在工业经济高速发展，工业结构得到一定的调整的同时，结构性的问题仍然非常突出。首先是基础工业、基础设施的瓶颈制约加剧，与加工工业的矛盾依然十分突出。这几年尽管国家也尽力增加对基础产业的投资，基础产业的某些领域如电力、原材料工业增长速度也不慢，但由于轻纺工业和机电等加工工业超常增长，乡镇工业增长更快，因而能源和原材料仍然严重短缺。以钢材为例，1987 年产量达到 4386 万吨，当年还进口 1000 多万吨，但仍供不应求，价格猛涨。

其次，地区产业结构趋同。据有关部门分析，除个别省外，多数省市结构相似系数都在 0.9 以上。③这种不合理的结构，使地区比较优势难以发挥，资源地区和加工地区的摩擦也进一步加剧，经济生活中出现了一系列不正常现象。

思考题：

1. 试述 20 世纪 80 年代中国经济发展战略的转变。

2. 试述 1985~1988 年间中国经济体制改革的成败得失。

3. 试述 20 世纪 80 年代中期在经济高速增长中中国政府宏观调控的经验教训。

4. 试述 20 世纪 80 年代中期中国经济发展的成就与问题。

---

① 赵德馨：《中华人民共和国经济史（1985~1991）》，河南人民出版社，1999 年版，第 200 页。

② 同①，第 224 页。

③ 武力：《中华人民共和国经济史》，中国经济出版社，1999 年版，第 968 页。

第十一章 国民经济的治理整顿

从 1988 年第三季度起至 1991 年，面对国民经济的全面失控，严重的通货膨胀，中央采取了治理整顿的措施。治理整顿期间，重点在治理经济环境、整顿经济秩序，经济增长速度和改革开放的步伐明显放慢，但经济结构的调整以及经济体制改革在某些领域的进一步深入，为 1992 年以后经济的快速发展和经济体制改革进入新阶段奠定了基础。

第一节 国民经济的初步治理整顿

一、经济的失控与治理整顿的决策

1984 年以来，伴随着改革的成就和经济的发展，许多深层次的矛盾也趋于尖锐，表现在以下方面：

第一，社会总需求超过社会总供给的矛盾进一步扩大，形成投资需求和消费需求双膨胀的局面，由此而导致严重的通货膨胀。1984 年以来，我国经济发展一直处于过热状态，投资规模逐年扩大，消费基金过度增长，连续四年社会总需求超过社会总供给，供需差率由 1983 年的 4.7%扩大到 1984 年的 16.5%、1985年的 11.25%、1986 年的 13.45%、1987 年的 13.6%。[1] 为了供应不断膨胀的投资需求和消费需求，货币连年超经济发行，造成严重的通货膨胀。这四年间，每年货币量的增长高于经济增长 9%~35%。1987 年底，我国的货币流通量已达 1454亿元，比 1983 年增加 174%。[2] 货币量的增长幅度较大地超过经济的增长幅度，必然带动物价的普遍上升。1987 年在没有大的改革措施出台的情况下，全国商品零售物价总水平仍比上年平均上升 7.3%，12 月比上年同月上升 9.1%；职工生活费用价格总水平比上年上升 8.8%，有些大城市上升幅度已突破 10%。[3] 1987 年

---

[1] 武力：《中华人民共和国经济史》，中国经济出版社，1999 年版，第 966 页。
[2] 国家统计局：《中国统计年鉴（1991）》，中国统计出版社，1991 年版，第 642 页。
[3] 同②，第 229 页。

成为改革开放以来第二个物价上涨高峰年。

第二，国民经济结构性矛盾又开始突出，农业重新成为国民经济中的薄弱环节。1984 年，我国工业总产值比上年增长 14%，农业总产值增长 14.5%，农业的增长速度还高于工业。1986 年和 1987 年，我国工业继续保持高速增长的势头，工业总产值分别比上年增长 11.1% 和 16.5%；而农业增长速度则大幅度跌落，分别只有 3.5% 和 4.7%，其中粮食仅增长 2.8%。加上同一时期人口自然增长率又回升到 14‰以上，仅 1987 年就净增人口 1500 多万，人均粮食由 1984 年的 395.5 公斤下降到 376 公斤，下降了 5%，我国粮食再次由净出口转为净进口。

第三，经济秩序紊乱，国家管理和调控宏观经济的能力减弱。在 20 世纪 80 年代中期以后，我国国民经济的运行出现失控，在生产、建设、流通领域均发生了不同程度的混乱现象。特别是在流通领域，混乱现象非常严重，其突出表现是各种公司办得过多、过滥，远远超过了正常商品流通的需要。特别是那些官商不分的"官倒"公司，利用价格双轨制从流通中转手倒卖重要生产资料，牟取暴利，严重扰乱了经济秩序，引起人民群众的严重不满。以上几个方面的尖锐矛盾，当时有人称为"四过一乱"，即过旺的社会需求，过快的工业发展速度，过多的信贷和货币投放，过高的物价涨幅，经济秩序混乱。"四过一乱"现象的出现，既有主观方面的原因，也有客观方面的原因。其一，从指导思想上看，1984 年下半年以后，单纯追求发展速度、忽视环境治理的倾向逐渐占据上风，中央主要负责人认为"宽松的环境是改革的结果，而不是改革的前提"。80 年代中期以后，我国的经济体制处于转轨的关键时期。在新旧体制交替时期，一方面，国家的指令性计划和行政控制手段在逐渐减少、减弱；另一方面，主要依靠经济手段调控国民经济的新的机制尚未真正确立，这一方面的改革滞后了。以上矛盾，就是在这种新旧体制交替时期两种调控机制都十分薄弱、都不能有效地发挥作用的产物。其二，在新旧体制转轨时期，还存在着两种体制某些机制并存、相互制约、相互影响、相互冲突的复杂情况，为各种违法、违规行为提供了可乘之机，如 1984 年以后开始实行的工业生产资料价格"双轨制"，在发挥一定的积极作用的同时，也成为从流通中转手倒卖牟取暴利的"官倒"、"私倒"滋生和使"权钱交易"等腐败之风蔓延的最适宜的土壤。

面对伴随改革的展开和经济的发展而来的深层次矛盾愈趋尖锐，中央在改革与发展的问题上表现出犹疑不定，1987 年 9 月召开的计划会议和经济体制改革工作会议提出，1988 年计划的总方针是"收紧财政和信贷，控制需求，稳定物价，保持经济的平衡和稳定发展"，着重点是稳定经济，深化改革。到 1988 年却改变了这一指导思想，提出要实行价格改革"闯关"，这一决策未能充分考虑国家、企业和群众的承受能力，结果诱发全国性抢购风潮，影响了社会的安定。

全国性的抢购风的出现，固然有心理的、社会的因素，以及具体措施和宣传失当等原因，但根本的则是由于总的指导思想上对稳定经济工作重视不够，深化改革工作急于求成，使这几年经济生活中长期存在的总量失衡和结构失调问题进一步恶化了。

一是投资需求和消费需求更加膨胀。1988年初计划安排固定资产投资比上年减少300多亿元，实际增长856亿元，超过计划1000亿元。其中全民所有制单位预算内基本建设投资比上年下降13%，预算外投资却增长了20.6%。与此同时社会集团消费压而不缩，1~9月逐月上升，工资大幅度上涨。1988年工资总额增长率高达23.1%，比上年增长率提高10个百分点，创改革以来的最高水平，使通货膨胀的压力在需求拉动之上又加进了成本推动的因素。

二是工业再次超高速增长。1988年全年乡和乡以上企业的工业总产值达15481亿元，增长17.7%（包括村和村以下增长20.7%），超过上年增长幅度3个百分点，而且出现"萝卜快了不洗泥"现象，质量明显下降。农业仍然增长缓慢，总产值比上年增长3.9%，其中种植业产值下降0.2%，粮食、棉花和油料的产量分别下降2.2%、2.4%和13.6%。交通运输的紧张程度有所发展，各种运输方式完成的货运量只比上年增长3.5%，全年连续发生了多起新中国成立以来从未发生过的重大恶性事故。

三是财政收支恶化，通货膨胀剧烈。1988年全年财政收入的增长幅度大大低于物价的上升，出现了收支贬值的负增长现象。财政收入在国民生产总值中的比重进一步下降为22.3%，处于改革以来的最低水平，难以满足经济社会事业发展和各项改革的需要。支出总额继续大于收入，财政赤字近80亿元，与上年持平，如加上内外债务，则赤字高达340亿元，比上年增加99亿元，不仅中央财政有较大赤字，地方财政有赤字的省市也不断增多。银行信用进一步扩张。1~8月各项贷款增加了927.1亿元，比上年同期多增加556.9亿元。由于人们普遍提取存款大量抢购物资，现金货币供应的增长率更快，第一季度为26.3%，第二季度为35.8%，第三季度为45.6%，货币流通量急剧增加。往年货币月净投放一般在6~7月出现，累计净投放一般在9月份开始，而1988年从4月便开始出现月净投放，5月出现累计净投放，分别比往年提前了2个月和4个月，1~9月累计已净投放约400亿元。按照货币投放规律，全年大量突破计划已成定局，货币形势十分严峻。

四是物价急剧上涨，流通秩序严重混乱。1988年上涨率逐月加快，2月份零售物价指数即超过两位数，为11.2%，3月份为11.6%，4月份为12.6%，5月份为14.7%，6月份为16.5%，7月份为19.3%，8月、9月份达23.2%。同时部分重要生产资料价格也暴涨，据不完全统计，1~9月，15种生产资料计划内外销总指数比上年同期上升18.5%，比消费资料上涨指数还高，其中煤炭上涨18.5%、钢材20.9%，木材26.5%，铜铝40%，烧碱49.3%。这种情况对于我国这样一个物价一直比较平稳，上涨率只是个位数的国家来说，确实是严重的，抢购风潮已影响社会的安定。①

面对上述形势，党中央及时做出了治理经济环境、整顿经济秩序的决策，坚定不移地领导全国人民克服前进道路上因通货膨胀造成的暂时困难。

二、十三届三中全会及治理整顿的措施

在经济发展中的矛盾趋于尖锐、体制改革的环境严重恶化的关键时刻，1988年9月26日中国共产党十三届三中全会在北京召开，正确地分析了面临的经济形势，确定了治理经济环境，整顿经济秩序和全面深化改革的方针。从此我国国民经济的发展，进入了治理整顿阶段。

十三届三中全会纠正了前一阶段对经济形势中存在的问题估计不足的错误，在肯定总的形势是好的前提下，强调指出，当前存在不少困难和问题，突出的是经济生活中出现了明显的通货膨胀，物价上涨幅度过大。造成这种情况的根本原因是经济过热，社会总需求超过总供给。全会认为必须充分认识坚决遏制通货膨胀的重要性和紧迫性，决定把明后两年改革和建设的重点突出地放到治理经济环境、整顿经济秩序上来，并确定治理整顿最迫切的任务是确保1989年物价上涨的幅度明显低于1988年。

治理整顿、深化改革是在坚持改革开放的条件下，对国民经济又一次大调整。这次调整历时三年，经历了两个阶段：第一阶段从十三届三中全会前后开始至1989年第三季度。在这个阶段，通过大幅度压缩需求，大刀阔斧地整顿流通领域，迅速降低物价的上涨率。第二阶段从1989年第四季度开始到1991年9月，在这个阶段，继续紧缩总需求，同时通过努力调整结构，增加有效供给，启动市场，使整个国民经济恢复到正常的增长速度。

1. 第一阶段治理整顿的具体的要求和措施

（1）治理经济环境，主要是压缩社会总需求，控制通货膨胀。具体措施：第一，1989年全社会固定资产规模压缩500亿元，只能多压，不能少压。要对重点产业实行倾斜政策，对涉外项目采取保护政策，合理调整投资结构。第二，控制消费基金的过快增长，特别要坚决压缩社会集团购买力。第三，采取一系列措施稳定金融，严格控制货币发行，办好保值储蓄，开辟多种渠道，吸收社会游资，引导购买力分流。第四，克服经济过热现象，把1989年全国工业增长速度降到10%甚至更低一些。

在抑制总需求膨胀的同时，要用很大力量来改善和增加有效供给。必须努力发展生产，特别是农产品、轻纺产品和其他生活必需品以及紧俏产品的生产。国内短缺的原材料和必需品要减少出口，保证国内市场供应。特别要解决好粮食和

---

① 参见武力：《中华人民共和国经济史》，中国经济出版社，1999年版，第980~982页。

"菜篮子"问题。

（2）整顿经济秩序，主要是整顿在新旧体制转换中出现的种种混乱现象。第一，坚决刹住乱涨价风，坚决制止一切违反国家规定哄抬物价的行为，非法涨价收入必须上缴国家财政。第二，整顿公司，政企分开，官商分开，惩治"官倒"。第三，确立重要产品的流通秩序。第四，加强宏观监督体系。在中央集中统一指挥下，强化计划、银行、财政、税收、海关、铁路等部门的宏观调控职能，充分发挥这些部门的监督作用。第五，制止各方面对企业的摊派。

2. 第一阶段治理整顿的成效

由于治理整顿方针深入贯彻和各项紧缩措施逐步落实，从 1989 年第二季度起，国民经济运行发生了明显变化，治理整顿取得了初步成效。

（1）农业生产出现转机。1989 年夏粮作物丰收，夏粮主产区除江苏、安徽、湖北省以外全面增产，夏粮产量 9355 万吨，比上年增产 257 万吨，比历史最高水平的 1986 年增产 26 万吨。夏收油菜籽比上年增产 50 万担，生猪生产也基本稳定。秋收作物长势良好，为夺取全年农业特别是粮食丰收打下了基础。全年粮食产量达 8149 亿斤，创历史最高水平。

（2）最终需求逐步紧缩。1989 年固定资产投资规模逐季减少，一季度缩减了 2%，二季度缩减了 6.8%，三季度缩减了 9.3%。其中全民所有制单位固定资产投资完成 709 亿元，比上年同期减少 5.9%。消费需求二季度开始紧缩。第一季度银行工资性支出同比增长 27.7%，增幅比上年同期高出 6.7%，进入二季度，同比增长 22.3%，比一季度减少 5.3%，三季度同比增长 9%，如考虑价格因素，其回落幅度更大。集团消费比上年增长 12%，增幅比上年同期减少 6.5%。

（3）货币投放形势明显改观。城乡居民储蓄明显回升，继 1989 年 2 月创当月增储额历史最高水平后，3~9 月仍以每月近百亿元的幅度猛增。到 9 月末，城乡居民储蓄存款累计增加 999 亿元，比上年同期多增加 279 亿元。各项贷款规模到 9 月末为 601 亿元，相当于计划的 37%，主要用于农业生产、农副产品收购、外贸进出口、大中型骨干企业及重点工程。银行现金支出因加强管理而比上年减少，1~6 月累计增长 26.7%，比上年同期增幅回落 19.2%，因此与上年同期净投放 89 亿元完全不同，累计回笼 53 亿元，恢复了货币的正常运行。

（4）消费市场趋于平衡。自 1988 年 10 月开始，消费市场逐步降温。进入 1989 年，除 2 月份因调整纺织品价格和彩电征收特别消费税，局部地区发生小规模抢购外，消费市场的基本趋势是在平稳运行中增势趋降，商品销售由旺转平，有的品种由平转滞。1~5 月社会商品零售总额比上年增加 17.2%，扣除物价上涨因素，实际为负增长，6 月的零售总额只比上年增长 9.1%。近年来热销的回笼货币拳头产品，如彩电、冰箱、洗衣机等，销势明显减缓，上半年洗衣机销量下降 22.1%，电冰箱下降 6.9%。在消费品销售由旺转平后，社会商品零售物价涨势趋缓，与上年同期价格相比的指数逐月回落，9 月份物价指数由 2 月的

27.9%降为 11.4%。

（5）工业速度逐步回落。1989 年 1~6 月工业产值增长 10.8%，比上年同期增幅回落 6.4%。三季度继续回落，只增长 5.4%。其中第一季度基础工业低速增长，发电仅增 3.2%，原油和钢材分别下降 0.7% 和 6.7%，加工工业在需求拉动下，速度仍较快。二季度起基础工业在国家有力调控下逐步走出低谷，三季度加快增长，如煤产量增长了 11.6%，发电量增长了 7.5%。而加工工业因紧缩银根措施逐步到位，市场销售由热转平，生产逐步回落，工业内部结构有所好转。[①]

第二节　进一步治理整顿

一、调整治理整顿的目标

1. 治理整顿后仍存在的问题

经过一年的治理整顿，到 1989 年三季度，国民经济运行已有所好转，但总的看，难关仍未渡过。

（1）总量紧缩的态势已经形成，供求总量不平衡的矛盾仍未根本解决。1989 年社会总需求得到比较有效的控制，据有关方面测算，到年底，供需差率由上年的 16.9% 缩小到 8% 左右。但连续多年积累下来的过大需求，仍然超过供给的增长。农村的情况更差一些，因为国家的物价补贴只限于城镇居民，所以农村零售物价指数开始一直居高不下，后来回落的速度明显慢于城镇，从而出现了农村零售物价明显高于城镇的局面，对农业的恢复不利，也加重了农村市场销售的疲软。此外，经济秩序混乱问题仍然比较严重。

（2）市场商品销售疲软，工业生产出现滑坡。1989 年，我国消费品市场自 6 月、7 月份由平转淡后，8 月份由淡转滞，当月销售额比上年下降 0.7%，出现了改革开放十多年来第一次负增长。以后连续三个月下降，12 月稍有回升，只比上年增加 0.3%。全年社会商品零售额比上年增加 8.9%，扣除物价因素，实际下降 8.9%，[②] 其中棉布、自行车、缝纫机、家用电器等按现价计算，也下降了二至四成。在消费品的销售中，农村市场疲软程度更甚于城市，全国县以下消费品零售总额比上年仅增长 5.2%，比全国零售额增幅低 3.7%。全国市场销售疲软，成为 1989 年影响经济稳定的新矛盾。

---

① 参见武力：《中华人民共和国经济史》，中国经济出版社，1999 年版，第 991~993 页。
② 国家统计局：《中国统计年鉴（1991）》，中国统计出版社，1991 年版，第 591 页。

随着市场需求疲软和资金紧缩，1989年工业增长速度开始下滑。7月、8月增速为9.6%和6.1%，9月猛跌至0.9%，10月出现十年改革中所未曾有过的负增长，下降2.1%，以后稍有回升，11月增长0.9%，12月增长3.4%。

（3）1989年春夏之交，北京发生的风波不仅影响了社会和政治的安定，也严重干扰了治理整顿的进展。当时北京地区市内交通及全国个别铁路干线区段一度受到阻塞，影响了生产正常进行，给我国经济造成了损失。以后西方资本主义国家曾以此为借口对我国实行所谓"经济制裁"，使我国利用外资特别是借用外国政府和国际金融机构的优惠贷款和引进技术受到相当大的影响，吸收外商投资也因外商对局势一时犹疑观望而减慢了发展势头，旅游外汇则因此大幅度减少，加重了经济困难。

面对严峻的政治经济形势，在平息风波以后，党中央在继续下大力气抓政治稳定的同时，经过认真研究，于1989年11月6日召开了十三届五中全会，深入分析了形势，统一了全党对治理整顿必要性和艰巨性的认识，并根据中央的有关方针政策以及治理整顿已取得的初步成就和出现的新情况、新问题，调整了治理整顿深化改革的部署。从此，治理整顿进入了攻坚阶段。

2. 十三届五中全会对治理整顿的内容作的增订

（1）延长治理整顿的时限。考虑到当时存在的困难和问题还很多，而且这次治理整顿与以往的经济调整不同，利益格局多元，投资与消费双膨胀，需要触动和调节现有的利益格局；同时加强农业和能源交通建设需要大量资金投入，而国家财政集中度偏低，财力十分薄弱，这样无论总量平衡和结构的调整难度都比较大，所以治理整顿不能急于求成。全会决定把原定的两年改为"用三年或更长一些时间基本完成治理整顿任务"。

（2）充实和调整了治理整顿的任务和主要目标。①紧缩财政和信贷，坚决控制社会总需求。②强调提高经济效益是克服经济困难的根本途径，要求在着力于提高经济效益、经济素质和科技水平的基础上，保持适度的经济增长率，争取国民生产总值平均每年增长5%~6%。③把经济结构调整的任务放到重要地位，力争主要农产品生产逐步增长，能源、原材料供应紧张和运力不足的矛盾逐步缓解。④经济秩序特别是流通秩序的整顿要坚持不懈，并不断深入。在继续清理整顿公司和市场秩序的同时，要结合价格调整，逐步解决生产资料价格"双轨制"问题，消除导致经济混乱的"温床"。

二、继续控制总量，适当放松需求

进一步治理整顿从1989年第四季度开始，1991年9月宣布结束。由于这段时间新旧矛盾交织，根据十三届五中全会的部署，继续以力求稳定为主，有关部门慎重地处理了一系列两难矛盾：既要加强基础建设，又要保持财政信贷收支基本平衡；既要解决突出不合理的价格，减少国家财政补贴，又要保持社会经济全局的稳定；既要促进社会最终需求，加强经济循环，又要防止重新出现经济过热，再度引发通货膨胀。主要进行了以下工作。

1. 继续控制社会总需求，努力平衡财政金融；继续整顿经济秩序，稳定国内市场

按照十三届五中全会的部署，从1989年第四季度开始的两年对控制社会总需求仍然抓得很紧，毫不松懈。其中财政信贷平衡工作是最困难的。在工商税收增长缓慢的情况下，为了避免经济过热再度发生，必须压缩开支。但从1990年起，内债已进入还债高峰，外债还本付息也有所增加，工业滑坡、市场疲软和"三角债"一时不能缓解，又要求增加财政支出和信贷资金的投入，在这种两难情况下，财政方面积极开源节流，除抓好工商企业的扭亏增盈外，适当提高了商业零售环节营业税税率，大力加强税收征管工作，清理拖欠税款，整顿价格补贴，并增发国库券和专项债券约195亿元。所增收入绝大部分归中央支配，有上交任务的省市还适当提高了上交中央的比例，中央对地方的补贴也适当减少，以缓解现有财政包干中中央财政集中度过低、负担过重的困难。在信贷方面继续以多种灵活方式方便储户，吸引储蓄存款，特别是比较固定的长期存款，至1990年，存款增加了2600多亿元，其中居民储蓄增加了1800亿元；继续实行倾斜政策，调整结构，督促企业抓好清仓利库，减少资金占用，按规定补充流动资金，银行对不合理占用资金的单位拒绝给予贷款；加强中央银行的宏观调控，以便既控制总量，又能适时调节满足国民经济需要。因此，尽管为了启动市场贷款增幅很大，达2700亿元，但总的货币发行控制在计划范围之内，金融形势比较稳定。

2. 努力改变市场销售疲软状况，保持工业生产适度增长

在坚持财政金融"双紧"方针的前提下，根据市场情况，适当改善了紧缩力度，多方面启动市场，促进工业回升。主要是增加社会需求。开始因顾虑再度引起物价反弹，侧重放松中间需求，即适当增加贷款规模，用于增加国家确定的"双保"企业的生产资金、外贸进出口和商业物资部门的收购资金，发挥商业库存的蓄水池作用。从1989年3月21日起两次降低存贷款利率2.34个百分点，以减轻企业的利率负担。但由于缺乏强有力的需求拉动，银行注入企业的资金一部分被用于发放工资奖金以及其他支出，一部分转化为新的库存积压，未能发挥资金对经济的推动作用。所以，银行贷款虽有大幅增长，生产却止步不前，仍然在低谷中徘徊。为此，从1990年初起转向适当放松最终需求，1990年银行和财政都适当追加了一些投资，与年初比，投资总规模扩大了450亿元，主要用于计划内重点建设项目、企业技术改造、城市中低档职工住宅建设和以工代赈，搞一些水利建设和公路建设。1991年又较大幅度增加了固定资产投资规模，计划安排比上年增长14%，同时增加居民和集团消费。1990年在国家财政十分困难的情况下，国营企事业单位和行政机关普调了一级工资，适当提高了各类专业技术

人员的起点工资，初步解决了行政人员中工资"平台"及其他突出不合理问题，全年职工工资总额比上年增长 12.7%，并降低直至取消储蓄存款保值补贴利率，调减某些高档耐用消费品的价格，刺激居民的消费需求。4 月起，还适当松动对社会集团购买力的控制力度，对服役年限到期的汽车实行强制更新，全年社会集团购买力增长了 4.3%。启动市场的另一个措施是积极开拓城乡内外市场，特别是农村市场。大力搞活流通，疏通渠道，坚持废除各种为保护落后而采取的封锁市场的做法，发挥各类商业机构在城乡交流中的作用，对过去已经放开而这两年管起来的商品，区别情况有的加强和改进管理，有的继续放开价格，由市场直接调节。人民币对美元的汇率，两次共下调 45%，促进了外贸出口。另外，适当增加储备，对暂时供过于求但从长期看仍紧张的重要资源，由物资部门和商业部门收购储备，以支持工业企业正常生产。

在努力启动市场的同时，把销售疲软的压力变为调整工业结构、提高效益的动力。一是引导企业努力开发新产品、新品种，增产名牌优质产品、市场紧缺产品、出口产品和替代进口产品，特别是扭转前一段工业企业开发新产品围着城市消费浪潮转的偏向，努力增产适应农村广大群众需要的日用消费品。二是国家确定 234 户在国民经济中具有重大影响、承担国家指令性计划比例大、经济效益好、出口创汇多和国家产业政策支持的骨干企业，实行"双保"。这 234 户"双保"企业 1990 年计划工业产值占全国大中型企业产值的 46%，上交税利占预算内工业企业上交利税总额的 35.2%。按照"双保"要求，这些企业保证向国家上交利税 385 亿元，上交统配产品原煤 3.23 亿吨，原油 1.36 亿吨，发电量 3671 亿度、钢材 2617 万吨、化肥 1386 万吨、汽车 8.06 万辆、发电设备 695 万千瓦。国家和地方对这些企业所需能源、原材料、运力和资金等主要生产条件实行倾斜政策，优先保证最基本的供应。三是围绕改进产品质量、降低物质消耗、增加出口创汇和替代进口产品的生产能力，推广一批科技成果，并增加资金，加速企业的技术改造。四是坚决制止各种不合理的收费、罚款和摊派，切实减轻企业的负担。

在工业生产回升过程中，企业之间相互拖欠和产成品积压过多，是生产能否正常运转的一个突出问题。为此，1990 年 3 月决定全国清理"三角债"，先在省市范围和基建、外贸、商业、物资系统进行。配合清理"三角债"，银行从 4 月起恢复托收承付结算方式，以带动承担国家指令性计划生产任务较多的大中型骨干企业收回贷款。到 1991 年 11 月，已注入银行贷款 306 亿元，提前实现当年清理计划 1000 亿元的目标。在清理过程中发现，企业产成品积压过多，是造成一边清理、一边继续拖欠的重要原因，因为前几年迅速发展起来的轻纺机电工业品中有盲目性，棉毛纺、家用电器、汽车等布点过多，能力已超过当时城乡居民收入水平的现实需求；同时，企业又缺乏依据市场需求变化主动调整生产结构的经营机制，以致注入资金后，企业边生产边积压，占用大量流动资金。为此，从

1991年起，把清理"三角债"与限产压库结合起来，工业品库存从9月开始回降，9月比8月减少12.6亿元，10月又比9月减少20亿元。

经过各方面的共同努力，尽管由于顾虑再度出现经济过热，对最终需求的放松晚了一点，但从1990年3月起，工业生产也逐月回升。1~6月平均增长2.2%，6月达到5.3%，第四季度加快回升，增长达到14.2%，全年增长7.8%。主要是集体企业和其他经济类型企业增长较快，分别达到9.1%和56%。1991年继续增长，1~8月比上年同期增长13.2%，其中全民所有制企业主导作用逐步增强，全年预计增长10%以上。工业产品结构不断有所改善，能源、原材料、支农产品保持较高的增长势头，1990年原煤、发电量、钢材分别增长2.5%、6.2%、6.1%。轻纺工业从5月开始转降为升。自行车、缝纫机、农用电冰箱、洗衣机、金属切削机床等长线产品仍比上年下降10%~25%。生产资料市场和消费品市场自下半年开始促销，1990年社会商品零售额比上年增长0.3%，农村市场10月恢复正常，全年消费品零售额仍下降2.4%；1991年城乡零售额都持续增长，预计可达12%左右。

三、进一步清理整顿公司

自从1984年经济体制改革转入以城市为重点，并进一步对内搞活和对外开放后，随着中央和政府权力进一步下放和鼓励多种经济成分、多种经营形式发展，特别是1985年开始实行价格"双轨制"以后，在流通领域，利用同一种产品的计划价格与市场价格的差价来赚取利润的各种各样的公司应运而生。陈云在1985年9月就指出："一说对外开放，对内搞活，有些党政机关、党政军干部和干部子女，就蜂拥经商。仅据十几个省市的调查，从去年第四季度以来一下子就办了两万多个这样那样的公司。其中相当一部分，同一些违法分子、不法外商相互勾结，互相利用。钻改革的空子，买空卖空，倒买倒卖……"[①] 在1989年政治风波前，尽管中央也三令五申不允许干部及其子女经商，但是收效甚微。

为了彻底解决经济秩序混乱特别是流通领域投机倒把、权力寻租问题，1989年8月17日，中共中央作出《关于进一步清理整顿公司的决定》，要求今后从国务院到各级政府，原则上不再直接管理公司，取消现有对某些公司特批的减免税、银行贷款利息、经营范围等方面的优惠。与此同时，国务院批转了物资部制定的《关于进一步清理各类物资公司的意见》。

根据中共中央和国务院的部署，从1989年下半年开始，在前一段清理党政机关兴办的各种公司取得初步成效的基础上，各部门对各类公司继续进行全面整顿。金融系统着重清理了从事各种间接和直接金融活动的信托投资公司、投资公

---

① 《陈云文选》第3卷，人民出版社，1986年版，第355页。

司、租赁公司、财务公司等金融性公司；外贸系统按照可供出口货源的情况，适当减少外贸公司数量，着重清理了 1988 年新成立的各类外贸公司，对其中不到银行结汇和逃汇的、重复设置的、无对外经营条件的，进行了撤并。商业系统和物资系统则重点清理了消费品和生产资料的批发。

在清理整顿公司的同时，国家还加强了对物资的计划管理。中共中央《关于进一步治理整顿和深化改革的决定》规定："适当提高重要物资国家统一分配的比重，原有企业上调国家统配物资的基数不能少，基数低的要适当调高；新投产的企业要按国家投资的比重上调产品。"根据这个精神，物资部会同国家计委实行了以下办法：①制定了《关于新投产的工业企业产品上调和物资供应的若干规定》，从 1990 年开始执行；②对企业自销产品加强指导，从大中型企业自销物资中，划出一部分由国家组织指导销售，实行定点定量不定价供应；③对一部分重要紧缺物资限制消费，如禁止使用铜产品、限制生产使用铝门窗、限制煤炭消费等。1990 年，国家又以整顿煤炭市场为突破口，规定所有统配矿生产的煤炭、地方上交国家的煤炭以及铁路运输的计划外出省煤炭，均由国家管理，统一分配、统一订货、统一运输、统一调度，大大地削减了各种从事中间剥削、转手倒卖的皮包公司。

其他行业，如交通运输、邮电系统、旅游系统等，也都分别整顿了各种违法经营和不具备条件、影响业务正常开展的公司。到 1990 年底，全国已撤并各类公司 10 万多个，占原有公司总数的 35.2%。在整顿公司的同时，明确划分了集体商业和个体商业从事批发和长途贩运的范围，并切实整顿市场秩序。对计划外自销的生产资料，强调公开销售制，做到货源数量公开、价格公开、销售对象公开、结算方式公开，重要生产资料继续规定最高限价，初步扭转了市场混乱的局面。

在进一步清理整顿公司的同时，国家还开展了严厉打击经济犯罪的运动。1989 年 8 月 15 日，最高人民法院和最高人民检察院，联合发出《关于贪污受贿投机倒把等经济犯罪分子 10 月 31 日前自首坦白给予从宽处理的通告》。国家监察部也于 8 月 18 日发出《关于国家机关有贪污贿赂行为者必须在限期内主动交待问题的通告》。截至同年 11 月 10 日两院一部联合举行新闻发布会时，全国共有 36171 名贪污、贿赂、投机倒把犯罪分子到监察机关投案自首。全国各级人民法院在《通告》规定的期限内共判处此类经济犯罪案件 8250 件，判处罪犯 12461人。这是 20 世纪 80 年代在市场经济取向改革进行了 10 年之后所进行的最大规模的打击经济犯罪运动。

四、集中力量办好农业

集中力量办好农业，争取粮棉油稳定增长，促进农、林、牧、副、渔全面发展。这是治理整顿期间党中央和国务院采取的主要经济政策之一。

国家在财力十分困难的情况下，固定资产投资实行向农业等基础产业倾斜的方针，对农业的投资逐年增加。1990年中央掌握的基本建设中用于农业的投资比上年增长30%，财政支农资金增加17.7亿元，地方政府也拿出一定财力增加对农业的投入；1991年国家财政用于农业的资金又增加30亿元。农村集体经济的收入主要向农业倾斜，农民劳动投入继续大幅度增加，从1988年底起，全国各地连续三个冬春坚持不懈地进行了较大规模的农田水利基本建设，努力恢复和提高原有水利设施的效益。

此外，为了支援农业，国家继1989年提高粮食收购价，还较大幅度提高了棉花、油料、糖料的收购价，以鼓励农民增加生产，并协调农村内部经济中的比较利益；清理不合理的摊派，减轻农民的负担。

经过两年多的努力，加上天时有利，农业连续丰收。1990年粮食产量在上年突破最高水平基础上大幅度上升，达8924亿斤，油料创历史最高水平，棉花也获得了大丰收，农业总产值比上年增长7.6%，其中种植业增加8.6%，是近几年最高的。1991年尽管遭到特大洪水，粮食产量为8705亿斤，仍然是仅次于1990年的丰收年。乡镇企业发展很快，1990年乡镇工业增长15%，恢复了正常速度，1991年增长24%，进一步加快了发展速度。农民人均收入分别比1989年增长5.2%，比1990年增长5.6%，扭转了一度下降的局面。所有这些，为市场的好转、工业的回升打下了良好的基础。

第三节　治理整顿中的继续改革开放

治理整顿和改革开放是密不可分的。早在1988年的中共十三届三中全会上，就明确指出，治理整顿是在坚持改革开放总方向的前提下进行的。1989年中共十三届五中全会前后，又反复强调改革开放是强国之路，将一如既往地贯彻执行。要求深化改革与治理整顿协调并进，抓紧推进那些对治理通货膨胀有重大作用的改革；重申对外开放的必要性，要求充分利用国际上一切可以利用的条件，克服不利因素，有成效地扩展对外贸易和经济技术交流，使对外开放与治理整顿相互促进。同时，治理整顿的许多措施，本身就是深化改革的重要内容，认真治理经济环境和整顿经济秩序，把改革的风险减少到最低限度，为深化改革创造比较好的条件。当然，由于治理整顿的首要任务是控制物价上涨，因此一些改革措施暂时不能出台，政府在平抑物价、压缩固定资产投资、紧缩财政信贷时，为了加强力度，主要借助于强制性的行政措施，从而收回了一些已下放的权力和已放开的措施，一定程度上影响了企业的活力和市场的发育。但总的看，深化改革开放的任务是继续推进的。在集中力量进行治理整顿期间，经济体制改革是围绕着并且服务于治理整顿的目标的。深化改革在一些领域出现了突破，一些重大决策付诸实施。主要内容有：

一、股票市场的初步形成

1987年10月，中共十三大报告指出："改革中出现的股份制形式，包括国家控股和部门、地区、企业参股以及个人入股，是社会主义企业财产的一种组织形式，可以继续试行。"此后，各地股份制试点企业迅速增加，截至1989年底，股票累计发行42亿元，据不完全统计，其中公开向社会发行的股票占65%左右，向企业内部职工发行的股票占35%左右。[1]

据不完全统计，1991年底，全国有各种类型股份制试点企业约3220家（不包括乡镇企业中的股份合作制和中外合资、国内联营企业）。其中：法人持股的股份制试点企业380家，占12%；内部职工持股的股份制试点企业2751家，占86%；向社会公众发行股票的股份制企业89家，占2%。在公开向社会发行股票的89家试点企业的股金总额中，国家股占47%，其他企业投资的法人股占29%，个人股占14%，外资股占9%。[2]

1991年，股票市场尽管初步形成，但是在整个证券市场中所占的比重还是很小的。从1991年的情况来看，在发行市场中，经国家批准发行各种有价证券624亿元，其中新上市股票约4亿元，仅占0.6%；在流通市场中，全年各种有价证券转让总额为554.7亿元，其中企业股票仅有45.1亿元，占8.1%。[3]

二、粮油统销价格改革的重大突破

治理整顿期间，动作最大、运作最成功的改革举措，是完成了20世纪80年代以来屡屡准备但又迟迟不敢进行的粮油销售价格改革。

粮油是关系到国计民生的重要商品，尤其是在恩格尔系数较高的时期，粮油销售价格对整个社会的影响非常大，可谓"牵一发而动全身"。自1953年国家对粮食和食油实行统购统销以后到1990年，粮食和食油的销售价格一直严格掌握在中央政府手中。改革开放以后，价格改革的第一件事就是提高农产品收购价格。1979年以来先后6次提高粮油收购价格。1990年与1978年相比，稻谷、小麦、玉米三种粮食的国家定购价格平均提高了1倍，加上农民按照议价和市场调节价出售的部分，实际收购价格总水平提高了2.25倍；国家定购的食用植物油

① 王广谦：《中国证券市场》，中国财经出版社，1992年版，第176页。
②③ 刘鸿儒：《关于我国试行股份制的几个问题》，《人民日报》，1992年6月23日。

的收购价格则提高了 1.5 倍。① 为了稳定市场物价，安定人民尤其是城市居民生活，在低工资的情况下，国家则采取了价格补贴的办法，来维持城镇非农业户口居民定量供应粮油的低价。销价与购价之间的差额以及粮油企业的经营费用都由国家财政补贴。上述两项任务不断实施的结果，就使提高收购价格、维持低价出售成为 80 年代主要农产品价格改革的一个显著特征。

1991 年 4 月 4 日，国务院作出《关于调整粮油统销价格的决定》，决定从 5月 1 日起大幅度提高粮油统销价格。1991 年 5 月 1 日，粮油销售价格改革方案出台。这次粮油价格改革，并没有出现许多人曾经担心的带动物价大幅度上涨。粮油销售价格大幅度上调后，除与之相关的制品价格随之上涨外，肉禽蛋、鲜菜以及各类工业消费品均未"搭车涨价"。6 月份与提价前的 4 月份相比，日用工业消费品零售价只上涨了 0.4%，包括肉禽蛋、鲜菜在内的副食品零售价格还下降了 3.2%（与季节有关）。1991 年全国零售物价总水平仅比 1990 年上涨 2.9%，其中粮食价格上涨影响零售物价总水平上涨占 0.66 个百分点。②

三、农业、工商业改革继续深化，市场进一步得到培育

（1）农村改革走出了新路子。1985 年开始的产业结构调整和流通体制改革，作为农村第二步改革的重大步骤，对发展农村商品经济都起了重要作用。但实践证明，无论产业结构调整或流通体制改革，都应该和生产管理体制相配套。如果生产经营不能逐步摆脱小商品经营模式，必然产生"小生产与大市场"的矛盾，使农产品生产在"卖难"或是"大战"中波动，产业结构也难于调整。

农村改革以来，为了改变小生产问题，开始大多注意于土地的规模经营，但在后来的实践中，由于农业剩余劳动力转移的缓慢和风险，农民把土地作为一种社会保险和福利而不愿转让。同时，由于种植业成本高、效益低，也很少有人大规模承包。20 世纪 80 年代后期发展起来的社会化服务体系，把一家一户无力经营或经营成本较高的项目，如机播、机耕、除虫害、排灌、统一购买种子、农药、化肥、农资，以及农畜副产品销售等，根据农民的要求和集体经济的可能统一经营，在农村经济比较发达，特别是乡镇企业发展较快的地区如苏南、浙江、上海、山东等地悄然兴起，它与联产承包责任制中的集体经营层次相结合，成为在土地分散经营条件下，在资金、设备、技术、供销市场等生产要素方面实行规模经营，并且随着农户要求和集体经济实力的增强，灵活实行不同发展程度的统分结合的好形式。1991 年 2 月全国农村经济工作经验交流会推广了这一形式，

---

① 国家经济体制改革委员会编：《中国经济体制改革年鉴（1992）》，改革出版社，1992 年版，第 415 页。

② 同①，第 416 页。

年底召开的中共十三届八中全会，正式把积极发展农村社会服务体系、健全和完善统分结合的双层经营体制，作为深化农村改革的重点，为农村第二步改革明确了方向。

（2）进一步完善工商企业的经营承包制。治理整顿期间，根据各地不同情况，在全国范围内进一步完善了经营承包制，90%以上的国有工业企业续签了第二轮承包合同。另外，"税利分流、税后还贷、税后承包"的试点，也在一些省市加快进行。在完善承包制的同时，以转换企业经营机制为重点，着力搞活国有大中型企业，1991年国务院先后提出了11条和20条增强国有企业活力的措施。国有商业零售企业则大范围推广了重庆"四放开"的经验，即经营、价格、用工、分配由零售企业自主决定，推动了商业企业所有权和经营权的分离。

（3）继续培育市场体系。通过几年的治理整顿，制止了通货膨胀，恢复了社会总需求与总供给的基本平衡，加强了市场管理，建立了较好的市场秩序，为市场体系的建设创造了良好的条件。同时，努力使治理整顿与市场发育相互推动。在紧缩财政金融的条件下，为了缓解建设资金紧缺的矛盾，积极稳妥地推进证券市场的发育，开办了上海证券交易所和深圳证券交易所，建立了全国证券交易自动报价系统，会员公司40家，联网城市13个，成交额达11.5亿元；发行各种有价证券2700亿元，品种从单一的国库券发展到债券、股票等多种形式。外汇调剂市场继续完善，成交额逐年增长，调剂价格趋向市场化，中央银行在1991年还动用了部分资金参与市场买卖，在用活有限的外汇资金方面起了有益的作用。为了稳定农业生产，对大宗农产品实行期货市场的试点，1990年10月，经批准郑州粮食批发市场开业，随后武汉、芜湖、成都等城市也相继开办了粮、棉、油期货市场。此外，配合治理整顿中的结构调整，产权市场开始萌芽，破产和兼并，组建以资产为纽带的企业集团，已在若干城市试点。

（4）专项改革取得了一定进展。比较明显的是住房制度改革和社会保险制度的改革。住房制度改革有利于分流购买力，在治理整顿期间积极推行，截至1991年，住房整体配套改革出台的有12个城市、13个县镇，还有300多个城镇进行了单项改革。社会保险制度改革主要是社会保险基金由企业一方负担向单位与个人共同负担转变，实行"社会统筹与个人账户相结合"。保险的覆盖面也由国有企业向全社会扩展。截至1991年，全国有2227个市、县实行了养老保险社会统筹。此外，国有企业职工待业保险制度初步建立；有20个县进行了农村养老保险制度改革试点；开始组织涉外企事业职工和个体劳动者的养老保险。

四、对外开放成效显著

这期间尽管国际上发生了一些对我不利的变化，但是我国有关部门积极利用一切对我有利的条件，克服暂时困难，立足自力更生，不断扩大对外开放。采取的措施主要有大力发展外向型经济，努力扩大出口；继续改善外贸外汇管理体制；不断扩大外商直接投资。进入 90 年代，我国迎来了第三次外商投资高潮。所有这些决策，进一步推动了我国的对外开放。1990 年我国进出口总额达 1154 亿美元，比上年增长 3%，其中出口增长 18%，进口下降 10%（上述数字有汇率变动因素），在连续六年入超以来，第一次出超 87.5 亿美元。1991 年进出口继续增长，比上年增长 17.5%。国际旅游业也回升较快，非贸易外汇收入增加。外商投资逐年增加，1990 年协议资金 65 亿美元，实际利用 34 亿美元，续建和新建了一些大型合资项目。1991 年协议资金 124 亿元，实际利用 46 亿元，比上年大幅度增加。

第四节　治理整顿的成效与局限

一、治理整顿的成效[①]

经过中国政府和全国人民 3 年的共同努力，治理整顿取得了明显成效。

1. 经济过热明显降温，基本恢复正常增长

1985~1988 年，经济处于高增长且日趋过热状态，年均增长率达 10.7%。经过治理整顿，已经改变了过热状态。1989 年和 1990 年的经济增长率分别为 4.4% 和 4.1%，属于偏低水平。1991 年的增长率为 7.7%，已经恢复到与当时经济条件相适应的正常水平。

2. 供求失衡矛盾明显缓解，通货膨胀得到控制

1985~1988 年，供需的平均差率为 11.8%。治理整顿以来，由于采取了紧缩信贷、清理固定资产投资项目、压缩投资规模、控制集团消费和加强税收等多管齐下的强有力紧缩需求的政策，有效地控制了社会需求的过快增长，促进了供求关系的改善。1989 年供需差率缩小到 8.7%，1990 年缩小到 7.6%，1991 年进一步缩小到 4%，已经处于正常范围。全国零售物价总水平的涨幅，1989 年从上年的 18.5% 回落到 17.8%，1990 年进一步回落到 2.1%，1991 年为 2.9%，实现了治理整顿的要求。

3. 市场供应充足，秩序明显好转，居民消费心态趋向正常

随着供求关系的改善，国内市场发生了重要的变化。一是市场商品供应充

---

① 本节参考赵德馨：《中华人民共和国经济史 (1985~1991)》，河南人民出版社，1999 年版，第 130~132 页。

足，花色品种增多，消费者选择余地扩大，部分商品出现了有限的卖方市场。二是市场秩序明显好转，清理公司明显取得进展，各种违法违纪现象得到一定程度的纠正。三是居民消费心态稳定。由于市场物价基本稳定，商品货源充足，居民购买行为趋向合理化，市场销售渐从过热转入疲软，又从疲软趋向基本正常。3年来社会商品零售总额分别比上年增长 8.9%（扣除物价上涨因素，实物量下降）、2.5%（实物量略有增长）和 13.4%，其中 1991 年的增长幅度已进入基本正常范围。

4. 产业结构瓶颈矛盾有所缓解

治理整顿期间，国家对农业、能源、交通、原材料等基础产业部门投资比重上升。1991 年与 1988 年相比，全民所有制固定资产投资增长 31.2%，而基础产业投资的增长快于全部投资的增长，所占比重提高，其中，农业投资增长 60.2%，占全部投资比重由 2.3% 提高到 2.8%；能源工业投资增长 48.3%，所占比重由 23.4% 提高到 26.4%；运输邮电业投资增长 52.7%，所占比重由 11.5% 提高到 13.4%。由于增量调整的进展，基础产业与国民经济特别是与工业增长的比例失调状况得到一定改善。1989~1991 年，工业与农业增长速度之比由 1985~1988 年的 4.64∶1 改变为 2.25∶1，工业与一次性能源增长速度之比也由 4.01∶1 改变为 3.61∶1，工业与交通运输业增长速度之比没有进一步扩大。经济发展的瓶颈制约有所松弛。

5. 居民收入有所增长，消费水平也有提高

1989 年，居民的收入和消费水平因紧缩而有过短时的下降，但随着经济的复苏和恢复正常增长，又转为上升。城镇居民人均实际收入 1990 年比上年增长 8.6%，1991 年进一步提高 6.6%，3 年平均提高 12.1%；农村居民人均实际收入这两年分别增长 1.8% 和 2%，3 年平均增长 2.2%。全国居民人均消费水平 1991 年比 1988 年增长 9.6%，其中农民人均增长 5.2%，非农业居民增长 14%。

二、治理整顿的局限分析

治理整顿期间，由于经济形势十分严峻，而政治方面在 1989 年北京风波后，苏联、东欧相继发生剧变，对人们的思想冲击很大。经济和政治两个方面因素不仅对经济增长产生了影响，使党和政府对经济发展速度过于谨慎，要求治理整顿期间增长速度控制在 4%~5%，1990 年编制"八五"规划时，将国内生产总值的增长定在 6%，抑制了地方和企业的积极性；而且对改革开放的指导思想也产生了不可忽视的影响，主要是使部分人对改革目标的选择发生了动摇。如 1989 年以后，党和政府一再强调的是"计划经济与市场调节相结合"，不再使用党的十三大提出的"国家调节市场，市场引导企业"的公式；改革的方向是继续充分发挥市场作用还是加大计划经济的分量，在理论界、经济界引起了尖锐争论，特别

是苏东国家先后发生蜕变，更引起一部分人忧心忡忡，担心市场因素的扩大，会走上资本主义道路。中国经济改革究竟向何处去，变得不确定了。在这种背景下，改革开放是难有突破性进展的。所以，尽管党中央一再强调要深化改革、扩大开放，但根据中共中央建议制定的经济和社会发展的十年规划和"八五"计划纲要，在经济改革方面提出的建议，基本上是重复过去的内容。

中国经济运行中的深层次矛盾，有的是在计划经济体制下长期形成的，有的是在经济体制转轨过程中出现的新问题。在治理整顿期间，政府虽然注意到运用经济手段，并围绕着治理整顿，在改革经济体制的某些方面有所进展，但从总体上看，主要是通过恢复计划经济体制的行政手段解决问题。从经济体制改革进程，即从计划经济体制向市场经济体制转轨的角度看，这无疑是一种倒退。事实证明，运用计划经济体制下的行政手段，只在短期解决经济生活浅层次的矛盾，而深层次矛盾的解决有待于结构的进一步调整和体制改革的深化。当"八五"计划开始实施时，治理整顿也进入了最后阶段，中共十三届七中全会肯定了对于治理整顿、深化改革主要任务的调整。

三年的治理整顿只是缓解了经济生活中的一些急需解决的问题和浅层次矛盾。经济运行中的深层次问题尚未根本解决，这主要表现为：经济结构不合理，在治理整顿期间，国民经济结构矛盾有的有所缓解，但依然存在；有的比原来更加严重，企业效益下降，财政困难。

三年治理整顿是我国改革开放历史过程中一个特殊的承上启下阶段。三年治理整顿在相当程度上缓和了十年改革开放和经济快速发展积累起来的矛盾，扭转了原来相当严峻的经济形势。通过三年的治理整顿，不但恢复了经济发展的势头，而且创造了一个相对宽松的经济环境；在治理整顿期间，形成了持续、稳定、协调发展国民经济的指导思想，这对20世纪90年代国民经济的发展具有极其重要的意义。在客观和主观两方面为1992年以后我国经济的快速发展和实现我国经济体制改革的重大突破打下了良好的基础。

思考题：

1. 简述1989年进一步开展治理整顿的原因。

2. 试论中国共产党十三届三中全会以后三年的国民经济治理整顿的成效和局限。

第十二章 社会主义市场经济体制的初步建立

1992 年，中共十四大明确了经济体制改革的目标是建立社会主义市场经济体制，这极大地推进了改革的进一步全面展开。1994 年重点推进财政税收体制、金融体制、计划投资体制等宏观调控体制的改革，1995 年改革的重点重又回到国有企业改革上来。1997 年，国内外经济环境发生了若干重大变化。1998 年 3 月，新一届政府提出了政府管理体制、国有企业、粮食流通体制、财政金融等若干重大改革，改革进一步深入。世纪之交，一个新的经济体制——社会主义市场经济体制的基本框架已初步建立。

第一节 社会主义市场经济体制框架的确立

长期以来，由于对计划与市场的关系没有一个正确的认识，经济体制改革的目标也显得模糊不清。1992 年，建立社会主义市场经济体制目标的确立，反映了党和政府以及理论界对计划与市场的关系有了一个明确的认识。

一、对计划与市场关系认识的曲折演进

计划与市场的关系，是一个长期的、世界性的问题。十一届三中全会以来，在经济体制改革过程中，理论界关于计划与市场关系的争论从没有停止过，从以计划经济为主到社会主义市场经济体制目标的确立，经历了一个曲折的发展过程。

明确提出计划与市场的关系问题是中共十二大。1982 年，中共十二大提出"计划经济为主、市场调节为辅"。当时还是把计划经济作为社会主义的主要特征，但是已经开始吸收市场调节的作用了。1984 年 10 月，中共十二届三中全会提出了一个具有里程碑性质的重要论述"社会主义经济是在公有制基础上的有计划的商品经济"。之前，我们只承认商品生产和商品交换，不承认商品经济。十二届三中全会提出有计划的商品经济这个概念，承认社会主义有商品经济，正如

邓小平所说，这在政治经济学上是一个里程碑式的贡献，是对马克思主义的一个很重要突破。但是，这个论点出来以后，对于有计划的商品经济，到底是计划经济为主还是商品经济为主，经济学界持续好几年的争论，两种论点莫衷一是。有的人说，计划经济还是社会主义的主要特征，商品经济只是附属性质；有的人则说，商品经济是社会主义的主要特征。一方偏重于计划，一方偏重于商品。因为对"有计划的商品经济"理解不同，在对政策的理解和掌握上也就不太一样。这个情况到中共十三大有了较大的变化。

1987 年 2 月 6 日，在十三大召开之前，邓小平在同当时中央负责人谈话时提出，不要再讲计划经济为主了。所以，十三大就没有再讲计划经济为主，提出了"社会主义有计划的商品经济体制应该是计划与市场内在统一的体制"。十三大还提出"国家调控市场、市场引导企业"，指出了国家、市场、企业三者的关系，把三者的重点放在了市场上面。同时还提出，在经济调节方式的配比上扩大指导性计划，缩小指令性计划，经济调控从直接调控为主转向间接调控为主。直接调控就是计划调控，间接调控就是市场调控。于是，关于计划与市场关系的认识，从中共十二大时的"计划经济为主、市场调节为辅"，到十三大时的"国家调控市场、市场引导企业"，逐渐向商品经济、市场经济倾斜的趋势非常明显。

1989 年情况发生变化。80 年代中期以来，经济在高速增长中明显过热，经济秩序的混乱也愈益显著，终至在 1988 年经济全面失控，1989 年春夏之交又发生了政治风波。国际上，自 1986 年波兰大选中团结工会上台始，东欧国家风云突变，出现"多米诺骨牌"效应。1990 年上半年，经过大选或地方选举，绝大多数东欧国家的共产党丧失了政权，由执政党沦为在野党。1991 年苏联"8·19"事件后，苏共受到沉重打击，组织上陷于瘫痪，1991 年 12 月 25 日，苏联解体。国内外发生的这些重大事件，对人们的思想冲击很大，对我国怎样发展社会主义、怎样进行经济体制改革提出了新的课题，对改革开放的指导思想也产生了不可忽视的影响，主要是使一部分人对改革目标的选择发生了动摇。无论是经济理论界的学者还是政府的决策者在改革的理论与政策方面存在着许多分歧和矛盾，如 1989 年以后，党和政府一再强调的是"计划经济与市场调节相结合"，没有用"市场经济"，不再使用十三大提出的"国家调节市场，市场引导企业"的公式，这就基本回到了十二大时的提法。"计划经济与市场调节相结合"这个提法还是没讲计划与市场谁为主谁为辅，但把计划经济作为社会主义的一个经济体制，市场调节只是作为一个调节手段，所以很显然是以计划经济为重，重新又回到了计划经济方面。改革的方向是继续充分发挥市场作用还是加大计划经济的分量，在理论界、经济界引起了尖锐争论，特别是苏东国家先后发生蜕变，更引起一部分人忧心忡忡，担心市场因素的扩大，会走上资本主义道路。中国经济改革究竟向何处去，又成为不确定了。

由于计划经济与市场调节相结合这个提法，在理论上没有讲清到底计划与市场谁为主谁为辅，所以 1990 年、1991 年这两年理论界关于是计划为主还是市场为主仍在继续争论。主张计划经济为主的人认为，计划经济是社会主义的根本特征，市场调节不过是一个属性。主张市场调节为主的人认为，商品经济是社会主义的本质特征，计划经济不是特征，应该从社会主义的特征里去掉。由于理论认识上不一致，对于改革的目标模式就有不同的意见，有的主张计划取向，有的主张市场取向。主张市场取向的人认为，原来计划经济的模式现在要转向市场，转向更多地利用市场；反对的人不赞成市场经济，认为市场经济是资本主义的。

1990 年 3 月，七届全国人大三次会议提出中央要多收一点权，指令性计划要扩大一点，指导性计划和市场调节要小一点。实际上，1989 年政治风波以后，权力更多地已经收归中央，更多地用行政权力来管理经济，市场调节受到压抑。

直到 1990 年下半年，情况才逐渐发生变化。在治理整顿过程当中，要加大改革的力度，加大市场调节的分量。1990 年 12 月，江泽民在中共十三届七中全会上透露了邓小平的意见：不要把计划与市场的问题跟社会制度联系起来，不要认为计划是社会主义的，市场是资本主义的。到 1991 年七届全国人大四次会议讨论"八五"计划时，关于三种经济调配方式，就有了一个明确的说法，重申要缩小指令性计划的范围，扩大指导性计划和市场调节的范围，这是一个很重要的变化，同 1990 年七届全国人大三次会议精神显然不同。此后，理论界的争论也发生了变化，大家逐渐倾向于不再把计划与市场跟社会制度联系起来，不再认为计划是社会主义的，市场是资本主义的，而更多地看做是不同的资源配置的方式。

针对 20 世纪 90 年代初经济发展中存在的问题以及人们对计划经济和市场经济认识的误区，1992 年 1~2 月，邓小平先后在武昌、深圳、珠海、上海等地发表谈话。邓小平的南方谈话，对改革与发展的重大问题作了明确回答，唤起了新的思想解放运动，使人们打破姓"社"姓"资"的思想禁锢，清楚地指出计划与市场不是划分社会制度的标志，计划不等于社会主义，市场不等于资本主义，资本主义也有计划，社会主义也可以有市场。这样，党内关于计划与市场关系的争论，几经反复，逐渐有了一个比较统一的认识。

二、社会主义市场经济体制框架的确立

根据邓小平南方谈话的精神，确立社会主义市场经济体制的改革目标已经提上了议事日程。1992 年 3 月 9~10 日中共中央政治局召开全体会议，讨论我国改革和发展问题。强调要牢牢把握党的基本路线一百年不动摇；要抓住当前有利时机，加快改革开放的步伐，集中精力把经济建设搞上去。10 月，中国共产党第十四次全国代表大会召开。这次会议以邓小平建设有中国特色社会主义的理论为指导，认真总结十一届三中全会以来的实践经验，明确提出"我国经济体制改革

的目标是建立社会主义市场经济体制，以利于进一步解放和发展生产力"。

中共十四大对要建立的社会主义市场经济体制进行了初步阐述。

1. 要使市场对资源配置起基础性作用

十四大报告指出，我们要建立的社会主义市场经济体制，就是要使市场在社会主义国家宏观调控下对资源配置起基础性作用，使经济活动遵循价值规律的要求，适应供求关系的变化；通过价格杠杆和竞争机制的功能，把资源配置到效益较好的环节中去，并给企业以压力和动力，实现优胜劣汰；运用市场对各种经济信号反应比较灵敏的优点，促进生产和需求的及时协调。同时也要看到市场有其自身的弱点和消极方面，必须加强和改善国家对经济的宏观调控。我们要大力发展全国的统一市场，进一步扩大市场的作用，并依据客观规律的要求，运用好经济政策、经济法规、计划指导和必要的行政管理，引导市场健康发展。

2. 社会主义市场经济体制同社会主义基本制度相结合

社会主义市场经济体制是同社会主义基本制度结合在一起的。在所有制结构上，以公有制包括全民所有制和集体所有制经济为主体，个体经济、私营经济、外资经济为补充，多种经济成分长期共同发展，不同经济成分还可以自愿实行多种形式的联合经营。国有企业、集体企业和其他企业都进入市场，通过平等竞争发挥国有企业的主导作用。在分配制度上，以按劳分配为主体，其他分配方式为补充，兼顾效率与公平。运用包括市场在内的各种调节手段，既鼓励先进，促进效率，合理拉开收入差距，又防止两极分化，逐步实现共同富裕。在宏观调控上，我们社会主义国家能够把人民的当前利益与长远利益、局部利益与整体利益结合起来，更好地发挥计划和市场两种手段的长处。国家计划是宏观调控的重要手段之一。要更新计划观念，改进计划方法，重点是合理确定国民经济和社会发展的战略目标，搞好经济发展预测、总量调控、重大结构与生产力布局规划，集中必要的财力、物力进行重点建设，综合运用经济杠杆，促进经济更好更快的发展。

3. 努力抓好一些相关的方面和环节

建立和完善社会主义市场经济体制，是一个长期发展的过程，是一项艰巨复杂的社会系统工程，既要做持久的努力，又要有紧迫感；既要坚持方向，又要从实际出发，区别不同情况，积极推进。要有一系列相应的体制改革和政策调整。要转换国有企业特别是大中型企业的经营机制，把企业推向市场，增强它们的活力，提高它们的素质；加快市场体系的培育，继续大力发展商品市场特别是生产资料市场，积极培育包括债券、股票等有价证券的金融市场，发展技术、劳务、信息和房地产市场，尽快形成全国统一的开放的市场体系，建立以市场形成价格为主的价格机制；深化分配制度和社会保障制度的改革，逐步实行利税分流和分税制，逐步建立起符合企业、事业单位和机关各自特点的工资制度与正常的工资增长机制，积极建立待业、养老、医疗等社会保障制度，努力推进城镇住房制度改革；加快政府职能的转变，转变的根本途径是政企分开，政府的职能主要是统筹规划，掌握政策，信息引导，组织协调，提供服务和检查监督。

1993 年 11 月，中共十四届三中全会通过了《中共中央关于建立社会主义市场经济体制若干问题的决定》。《决定》要求在 20 世纪末初步建立起社会主义市场经济体制，并紧紧抓住改革和发展中的突出矛盾和问题，对如何建立社会主义市场经济体制，提出了比较完整的总体设想和具体规划，其主要内容有以下五个方面。第一，社会主义市场经济体制的框架由以下主要部分组成：以公有制为主体、多种经济成分共同发展，国有企业实行"产权清晰、权责明确、政企分开、管理科学"的现代企业制度；建立全国统一开放的市场体系，并且国内市场与国际市场相互衔接；建立以间接手段为主的完善的宏观调控体系；实行以按劳分配为主体，效率优先、兼顾公平的收入分配制度和多层次的社会保障制度。这些部分相互联系、相互制约，构成有机的整体。第二，以公有制为主体的现代企业制度是社会主义市场经济体制的基础。第三，培育和发展市场体系，发挥市场机制在资源配置中的基础性作用。第四，转变政府职能，建立健全间接的宏观调控体系，是社会主义市场经济体系顺利运行的迫切要求。第五，合理的个人收入分配和社会保障制度，是社会主义市场经济体系运转的原动力和稳定剂。

由于对计划与市场的关系在经历多年的争论之后有了一个比较清楚的认识，经济体制改革也有了一个明确的目标，并提出新体制的初步框架，使改革有了明确的方向，为推进改革的进一步深入起了极大的促进作用。

第二节　改革开放的全面推进①

1992 年中共十四大确立建立社会主义市场经济体制的目标后，改革得到全面推进，世纪之交，社会主义市场经济体制的框架已初步建立。其间，改革大致可分 1992~1997 年和 1998~2000 年两个阶段。前一阶段，在培育市场体系的同时，重点推进财政、金融、计划、外汇等宏观体制的改革，使宏观调控机制进一步得到完善；后一阶段，面对严峻的国内和国际经济环境，新一届政府成立伊始就对中国的改革和发展做出了新的部署，明确提出了"一个确保、三个到位、五项改革"任务。

---

① 本节参考武力：《中华人民共和国经济史》，中国经济出版社，1999 年版，第 1033~1075 页。

一、从继续放权让利到建立规范的市场经济运行机制

中共十四大标志着改革进入了新阶段。20 世纪 90 年代初改革的总体态势是，传统的计划经济体制已被打破，新的经济体制初见端倪，但还远没有全面建立起来。新旧两种体制在转轨时期的碰撞和摩擦错综复杂，成为经济发展中诸多矛盾和问题的重要根源。因此，新阶段是改革的攻坚阶段，是以建立新体制为主要使命的阶段，并经历了由继续侧重于"放"到建立规范的市场经济运行机制的过程。

1992 年由于邓小平南方谈话和十四大精神的迅速传播，有力地推动了人们加快改革开放的热情，全国改革开放迅速形成了热潮。当时改革还是沿着过去的思路展开的，其内容侧重于"放"，如进一步鼓励个体经济和私营经济的发展；进一步下放权力，如将国家直接管理的农业、工业、物资、商业、外贸出口产品计划指标减少 1/3，其中指令性计划指标减少近一半；放开经营，企业自主权进一步扩大；培育市场，调整和放开价格，形成了多数产品价格由市场决定，金融、劳动力、技术、房地产等要素市场和产权市场迅速兴起的局面。这一波以继续放权让利、扩大市场调节范围的改革热潮，大大增加了经济的活力，有力地推动了经济的发展，但由于还没有建立起强有力的宏观调控机制，助长了乱集资、乱拆借、乱设金融机构和房地产热、开发区热的经济过热和经济秩序混乱。

放权让利的改革之所以能够有所成效，是因为所有权在国家和企业内部的分割在几个重要的方面改善了传统的国有企业制度。首先，在激励机制方面，由于国有企业的管理层和职工事实上可以和国家分享企业的利润，原来是行政机关附属物、以完成国家计划为主的国有企业被程度不同地注入了利润动机。利润动机使企业具有了一定的活力和自我发展的冲动。自 1979 年起，企业内部开始逐步恢复奖金制度调动职工生产积极性，同时扩大企业自主权设立企业基金，实行多种形式的"让利"。每年都在不同行业或部门程度不同地调整工资、晋职晋级，进而又恢复和推开了奖金制度。这种涉及千家万户分配关系的调整和重构，无疑是释放长期被束缚的生产力的一个强有力刺激和推动。毋庸置疑，以物质利益刺激起步的一系列改革措施对于冲破旧体制的禁锢，激发微观经济主体和群众积极性，牵动城市经济改革主轴轮的转动的确起了巨大的作用。其次，在信息机制和决策效率方面，由于企业管理层被赋予了广泛的经营决策自主权，政府行政干预大为减少，与过去政府行政机关指挥一切相比，决策已经大大分散化，大量的信息收集和整理工作由政府转向了众多企业，这使得企业管理层的决策比过去政府机关的决策更为及时和有效。

然而，放权让利的改革措施所能达到的成效是十分有限的。这主要是因为放权让利的改革没有改变国有企业制度的基本框架，因而未能解决国有企业的很多

深层次问题，例如目标多元化问题，预算软约束问题。与此同时，企图通过所有者权利在国家和内部人之间的分割改善企业的经营绩效，也产生了很大的负面影响。适应于高度集中的统制经济的约束机制是行政约束，而适应于商品经济的约束机制是市场约束。实现由行政约束向市场约束的转换，不仅是改变企业对政府的依附关系，明确企业独立商品生产者地位的需要，而且是实现国家由直接控制为主转向间接控制为主的重要前提，同时又是建立商品经济新秩序的重要内容。商品经济的重要特征之一是微观经济主体的自主性和平等性，保证自主经营和平等竞争不能没有市场约束。如果说过去企业受行政约束的话，那么在体制转轨时期企业却品尝了缺乏平等竞争原则和商业法规的苦果。因此，企业改革既是一个破除束缚企业的行政约束机制的过程，又是一个塑造市场约束机制的过程。

如何进一步改革？经研究认为，在改革的方向已明确的前提下，改革的步骤和思路，必须适应这个阶段的基本要求。改革必须从过去放权让利来激发各方面积极性的思路，坚决转到以全面建设适应社会主义市场经济发展要求的各项制度和机制上来，并逐步做到法制化、规范化。因为以放权让利为主的改革，虽强化了利益激励机制，但弱化了利益约束机制，使各方利益格局和分配关系越来越不合理、不规范；微观进一步放开搞活了，宏观调控体系却不健全，尤其是中央宏观调控能力减弱，影响国民经济稳定增长。同时，进入新阶段，改革的深度和难度加大，将广泛触及许多深层次的思想观念、利益调整和具体操作上的难点问题，不能再像过去那样自下而上主要从事单项突破，必须由政府加强全面规划，自上而下总体推进，充分注意各方面管理体制的配套改革，在继续坚持循序渐进的同时，抓住有利时机重点突破。1993 年 11 月《中共中央关于建立社会主义市场经济体制若干问题的决定》在十四届三中全会获得通过，新阶段改革有了总体规划后，本拟继续抓住国有企业这个建立社会主义市场经济体制的中心环节深化改革，转换经营机制，但考虑到我国当时宏观经济存在一定程度的失控，改革的焦点已逐步转向政府职能的转变和宏观管理体系的建立，如果这方面改革的步伐不加快，会拖住企业的后腿。因此，中共中央、国务院在加强治理经济过热的同时，从 1994 年初开始，重点进行了财税、金融、外汇、外贸、计划和投资的配套改革，改善和加强宏观调控体制，在走出旧体制、建立社会主义市场经济新体制方面打了一场漂亮的攻坚战。从 1995 年起，又不失时机地把改革的重点转向国有企业，针对国有企业改革中出现的新形势、新问题，有效地探索了国有企业改革的方向、思路、方针、改革的着眼点和工作的着重点，极大地推动了国有企业的改革。至 1997 年中国共产党第十五次全国代表大会召开，改革已沿着社会主义市场经济体制目标有了很大突破。

二、建立市场经济体制的重大步骤

从 1992 年到 1997 年，改革在以下若干方面取得了很大突破。

1. 发展要素市场，大力推进价格和流通体制改革

发挥市场机制在资源配置中的基础性作用，必须培育和发展市场体系。为此，采取了下列主要措施：

（1）进一步推进价格改革，全面建设市场价格机制和管理机制。1992 年，经过治理整顿，全国物价稳定，是价格改革的好时机，为此大幅度放开了具有竞争性的商品价格和大幅调整了粮、煤、油、运输等基础产品价格，持续多年的生产资料价格的"双轨制"和粮食购销价格倒挂问题逐步趋于解决，市场价格在价格体系中的主体地位得以确立，基本形成了市场形成商品价格的机制。在理顺价格的同时，更重要的是建立健全价格宏观调控体制，自 1993 年起，逐步建立了重要商品的价格调节基金制度和重要商品的储备制度、价格宏观调控体制、价格指数体系和价格预警系统、居民基本生活必需品和服务价格的建设制度等。

（2）进一步改革流通体系，发展商品市场。在前几年建立多种经济成分、多种经营方式、多渠道、少环节流通体制的基础上，1992 年起进行了以下工作：①着重加强了市场建设。建立辐射全国的批发市场、探索期货市场、促进城乡集贸市场的发展，初步形成了布局合理、各类市场比较齐全的局面。②继续改革国有流通企业，更新流通方式、流通业态。大中型企业按照现代企业制度方向进行改制，中小企业分别实行"改、转、租、包、卖、并"；积极发展多种经营形式，其中连锁经营、代理制、配送制、公司加农户等新的流通方式已日益显露其优越性，超市、便利店、专卖店、仓储式商场、购物中心等多种业态呈现一片蓬勃景象。③改革粮食、棉花、原油、成品油、化肥及副食品购销体制，加强流通领域的宏观调控，主要是理顺购销渠道，减少流通环节；建立储备制度和风险基金；粮食等国有企业建立两条线运行机制，即实行政策性业务和商业性经营分开运作。④整顿市场秩序，主要是大张旗鼓地开展反暴力行动，积极查处假冒伪劣商品等，加强对市场的管理和监督；颁布《反不正当竞争法》等法律法规，力图规范市场行为。

（3）积极培育以金融、劳动力、房地产为重点的要素市场。发展和规范要素市场，是建立市场体系的重点。1992 年起，随着建立社会主义市场经济体制方向的确定，金融和房地产市场迅速发展，劳动力市场也逐步形成规模。

1992~1993 年，市场经济体制作为改革的方向，使金融市场得到了长足的发展，尤其是同业拆借市场发展迅猛、证券市场交易活跃。但金融市场的过快发展，也引发了不少问题，突出地表现在乱拆借、乱集资、股票和期货市场的违规交易。于是，1994 年起，金融市场进入了重点治理、规范发展阶段。在采取紧急措施，整顿金融机构的同时，建立健全证券委员会和证券监督委员会，严格管理货币市场，控制证券发行节奏、规范发行市场。金融市场逐步走上了正轨。

在培育和完善劳动力市场方面，除改革劳动用工制度，全面实行劳动合同制，建立企业自主用工，职工自主择业新型用工制度外，主要围绕农村剩余劳动力区域间流动和国有企业富余人员分流两个重点展开。

针对1992年后"开发区热"和"房地产热"中房地产市场的混乱局面，从1993年起，国家一直着力规范和整顿房地产市场。除保护性耕地严格控制农用地转为非农用地外，首先，国家垄断城镇土地一级市场，加强土地二级市场的管理，建立正常的土地使用价格的市场形成机制。其次，开征和调整房地产税费，抑制房地产交易中的暴力。经过整顿，房地产市场逐步发育和规范。

2. 重点突破宏观经济体制的改革

为了在通货膨胀的情况下，通过改革加强宏观调控，构筑抑制经济过热的机制，从1994年起，财税、金融、外汇、计划、投资等方面的重大改革，经过周密规划，同时配套出台实施，至1997年，适应社会主义市场经济的、以间接调控为主的宏观经济体制框架初步形成。

（1）适应市场经济的财税体制框架基本形成。财税体制改革是国家摆脱财政困境的根本出路，也是加强宏观经济调控的关键性契机。这次财税体制改革，是改革开放后第二次重大改革。主要是建立以分税制为核心的财政体制和以增值税为主体的税收体制，同时实行税利分流，以调整整个财力的分配格局，并为企业创造平等的竞争环境。具体内容：①把原来地方财政包干制改为在合理划分中央与地方事权基础上的分税制。②改革和完善税收制度，按照国际惯例，推行以增值税为主体的流转税制度，对少数商品征收消费税，对大部分非商品经营继续征收营业税，促进企业公平竞争。③建立政府公共预算与国有资产经营等其他预算分立的复式预算制度。

（2）金融改革开放迈出了重要步伐。金融是经济运行的血脉，在向市场经济过渡的过程中，经济生活的方方面面与金融关系更日益密切。1992年加快经济发展和体制改革中发生的金融秩序混乱，与我国金融体制改革滞后有很大关系。为此，按照中共十四届三中全会的决定，除发展金融市场外，还进行了以下内容的改革：①建立在国务院领导下独立执行货币政策的强有力的中央银行宏观调控体系。明确中国人民银行作为中央银行，是国家领导、管理金融业的职能部门，其主要职能是制定和实施货币政策，保持货币稳定；对金融机构实行严格的监管，保证金融体系安全、有效地运行。②政策性金融与商业性金融分离。政策性业务从国有专业银行分离出来，建立政策性银行，割断政策性贷款与基础货币的直接联系，确保人民银行调控基础货币的主动权；把国家专业银行办成真正的国有商业银行，按商业银行经营机制运行。③不断引导非银行金融机构稳步发展。④改革外汇管理体制。取消双重汇率，实行汇率并轨；取消外汇额度管理、外汇留成上缴办法，实行银行结汇、售汇制。

（3）投融资体制改革迈出了重要步伐。投资规模、投资结构不合理、投资效益低下，是我国经济生活中长期未能解决的一大难题。20世纪90年代初治理通货膨胀，为了达到标本兼治的目的，在国家运用产业政策及相关配套政策，强化对内资和外商投资导向，加强和改善对固定资产投资的宏观调控的同时，出台了一系列投融资体制改革措施，改革的内容：①明确投资主体的分工和投资责任，根据效益、市场需求和投资活动的性质，将建设项目分为竞争性投资项目、基础性投资项目和公益性投资项目，确定不同的投融资方式；②建立项目法人责任制，实行先有法人、后定项目的办法，项目法人对项目的策划、筹资、建设直至生产经营、归还贷款本息以及资产保值增值全过程负责；③实行投资项目资本金制度，规定凡需在金融市场融资的经营性项目，各出资者必须用规定资金来源的资金，按项目总投资的一定比例作为对项目的资本金投入，否则，项目不予批准。

与上述投资体制改革相适应，国家对固定资产投资的调控，不再单纯依靠全社会计划指标控制投资总量，而是主要运用经济手段，从资金源头调节投资总量和结构。

（4）计划体制改革加快，计划管理职能逐步转变。根据市场经济体制的要求，国家计划总体上应当是指导性的，为此，1993年国家计委直接管理的农业、工业、物资、商业、外贸出口产品计划指标由221个减少到139个，减少了1/3以上，其中指令性计划指标由143个减少到73个，减少近一半。1993年指令性计划工业产值占全部工业产值的比重已不足7%。与此同时，计划部门积极转变职能，改进计划方法。①从偏重于用行政手段直接管理微观经济活动，转向研究发展战略、重大方针政策，制定中长期规划。1995年，制定了我国在发展社会主义市场经济条件下第一个中长期规划——《"九五"计划和2010年远景目标纲要》，为我国世纪之交国民经济的发展提出了正确的战略、指导方针、重大比例关系、全国生产力布局等，着重体现了规划的宏观性和战略性。1994年制定了《90年代国家产业政策纲要》和《汽车工业产业政策》。1995年发布了《指导外商投资方向暂行规定》和《外商投资产业指导目录》。1997年颁布了《当前国家重点鼓励发展的产业、产品和技术目录》，加强了规划的政策性指导。②从偏重于关心全民所有制经济活动和工业生产建设的管理，转向引导和调控全社会经济活动，重视生产、分配、流通、消费全过程，面向市场，调节供求。

3. 继续促进多种经济成分发展，深化国有企业改革

在坚持公有制为主体的前提下，积极鼓励个体、私营和外资经济发展，是加速改革开放的重要内容。1992~1997年期间，非公有经济以比20世纪80年代更快的步伐加速扩展，不同所有制经济相互参股的混合所有制经济已有一定发展。随着股份制企业的增加，国有或集体所有的企业吸纳了外资、职工个人资金甚至

私有资本，私营经济在股份化时，也有外资、集体资金参股。

1998 年，在产业结构调整和扩大再就业过程中，个体和私营经济获得更快发展。各地纷纷出台鼓励私营和个体经济发展的政策。据中国人民银行对 15 个省、7 大银行的调查，在 1998 年的 86000 亿元贷款中，非国有经济占到 42%，比前两年增加了 3 个百分点。城乡信用社和城市商业银行 80%~90% 的贷款贷给了非国有经济。4 家国有商业银行对非国有经济的贷款为 32.8%。① 从而使非公有制经济获得 90 年代以来的第二次大发展。

在固定资产投资方面，1998 年全社会固定资产投资 28457 亿元，比上年增长 14.1%。其中国有经济投资 15662 亿元，增长 19.6%；集体经济投资 3717 亿元，下降 3.5%；城乡居民个人投资 3638 亿元，增长 6.1%；其他经济成分投资 5440 亿元，增长 19.1%。②

在 1992~1997 年加快改革中，更重要的课题是国有企业的改革。转换国有企业特别是大中型企业的经营机制，把企业推向市场，增强它们的活力，提高它们的素质，是建立社会主义市场经济体制的中心环节，是巩固社会主义制度和发挥社会主义优越性的关键所在。改变国有制实现形式，推行产权改革，早在 80 年代中后期理论界就广泛进行过深入的探讨，80 年代末实行的股份制试点，就是在产权改革思想下进行的。1993 年《中共中央关于建立社会主义市场经济体制若干问题的决定》明确了国有企业改革的方向，即"建立适应市场经济要求，产权清晰、权责明确、政企分开、管理科学的现代企业制度"，并肯定国有企业实行公司制是建立现代企业制度的有益探索后，1994 年在重点推进宏观经济体制改革的同时，国有企业的改革按照"积累经验，创造条件，逐步推进"的方针，开始了系统的改革：①在面上继续贯彻两个条例，以便为建立现代企业制度打好基础的同时，开展建立现代企业制度试点和优化资本结构试点。②探索推进国有企业改革的新思路，着眼于搞好整个国有经济，对国有企业进行战略性改组。在探索建立社会主义市场经济体制的过程中，国有企业改革的方向逐步明确，改革的方针、目标、路子和需要解决的重点难点，改革好坏的标准，也形成了共识。国有企业改革的着眼点和工作的着重点发生了一系列变化，如国有企业改革的目的是增强市场竞争能力，保持公有制的主体地位，发挥国有经济的主导作用；国有企业改革要着眼于搞好搞活整个国民经济；"抓大放小"，加速推进改革；改革企业制度要和国有资产的改组、加强企业的技术改造相结合；深化企业改革和健全企业领导班子、加强企业管理相结合；为国有企业转换经营机制抓好各项配套改革，如解决政企不分问题，解决国有资产流失和保值增值无人负责问题，尽快

---

① 孙杰、贺劲松：《中国人民银行行长戴相龙谈金融工作》，《光明日报》，1999 年 3 月 12 日。
② 国家统计局：《中华人民共和国 1998 年国民经济和社会发展统计公报》，1999 年 2 月 26 日；《人民日报》，1999 年 2 月 27 日。

建立再就业工程问题，加快建立多层次社会保障问题。这些都极大地推动了国有企业改革的发展。

4. 多层次社会保障体系的初步建立和住房制度的加快改革

（1）建立社会保障体系、完善社会保障制度。新中国成立后不久就颁布了《劳动保险条例》和《公费医疗》，在城镇建立了一套比较完整的社会保障制度，在 20 世纪五六十年代发挥了一定的积极作用。但这一制度是计划体制下拟定的，存在保障水平超前于生产发展、保障对象限于在业职工、保障费用由国家包揽、统筹共济功能脆弱、企业之间负担失衡等弊病，不适于市场经济的发展。因此，80 年代末 90 年代初即进行了改革的试点，如推行退休统筹，建立"劳动合同制"工人的新养老保险制，试行国有企业职工个人缴纳养老保险费，颁布了《国营企业职工待业保险暂行规定》，在部分城市进行建立职工统筹保险基金试点和大病保险费用社会统筹的试点等。1993 年《中共中央关于建立社会主义市场经济体制若干问题的决定》强调了建立多层次社会保障体系后，社会保障制度的改革全面启动，主要是建立基本养老保险制度、基本医疗保险制度和失业保险制度。

（2）加快城镇住房制度改革。解决住房，关键在于实行住房制度改革，实行住房商品化、社会化。我国住房制度长期以来一直以"福利制、供给制"为特征。1994 年国务院根据党的十四届三中全会的精神，总结了各地试点和 1988 年全国初步推行住房改革的经验教训，决定深化城镇住房制度改革，颁布了《关于深化城镇住房制度改革的决定》，明确了住房改革的基本内容，即三方合理负担，社会方式运行，货币形式分配，两种供应体系，普建公积金制，发展住房金融，规范市场交易。这几年改革的具体进展，除发展房地产业和房产市场外，一是建立住房公积金，至 1997 年已累积 800 亿元。与此相适应的是银行开始开办分期付款等业务，以促进居民购房。二是提租与售房并举，加速住房商品化。但提租面临许多实际困难，已提租金赶不上物价上涨，如大幅提租，财政和居民又难以承担。为此决定以出售公房为侧重点，以加快住房商品化、社会化，如天津、南京已取得很好的经验。三是物业管理初具规模，装饰、维修逐步纳入规范管理。

三、对外开放的新举措

1992 年以来，面对经济、科技日益全球化的趋势，我国坚持对外开放这一基本国策，不但大幅度扩大开放的地区和区域，而且不断提高开放水平，开创了对外开放的新局面。

1. 扩大对外开放的地域和领域

1992 年起，我国政府相继开放沿海城市和地区后，先后对进一步开放沿边（边境）、沿江（长江）、沿线（陇海线、兰新线）和内陆省会城市等地区做出了一系列决定。北方沿边开放了黑河市、绥芬河市、珲春市和满洲里市，南方沿边开放了南宁市、凭祥市、东兴镇、昆明市、畹町市、瑞丽市、河口县；沿长江开放了重庆、岳阳、武汉、九江、芜湖、黄石等；内陆开放了太原、合肥等15个省会城市。另外，新批准对外开放口岸15个，增加对外开放县26个，使全国对外开放口岸和开放县总数分别达到167个和825个，开放的地带逐步向中西部和内陆延伸，形成了对外开放的新格局。

这几年我国对外开放的产业领域也不断扩大，主要是在鼓励外商投资基础设施和基础产业的同时，允许外商逐步进入服务业，如开办合资零售和批发商业企业，中外合资银行、保险公司的设立由特区向主要城市扩展，设立中外合资或合作的商检机构，开放会计市场等。在利用外资的形式上也有了进一步进展，主要是增加了外商独资经营企业，大胆试行了一些利用外资的新形式，如BOT。

经过近20年的不断实施对外开放，一个多层次、多渠道、多方式、由沿海到内地、由工业到基础设施及服务业的、全方位开放的格局基本形成，外商投资则由单纯出口加工向产业化、多元化发展，部分国际大公司制定中长期规划，开始向中国实施战略性转移。

2. 提高利用外资水平

1992年以后，我国利用外资已由开始的粗放阶段转向集约阶段。对外开放初期，外资主要来自港澳、台湾和华侨，且一般项目较小，都是劳动密集的加工业。为吸引外资，对外来投资可说是来者不拒，并且采取优惠政策。1992年以后，沿海劳动密集型产业基本饱和，吸引外资转向资金、技术密集和效益高的项目。外商投资来源也发生了变化，越来越多的来自欧美发达国家的大企业集团、跨国公司加入来华投资的行列，它们具有技术、资金、销售渠道和国际信息的优势，而来华投资的目的，主要是看中我国巨大的市场。它们来华生产和销售产品，使国内市场竞争日趋激烈、日益国际化。这就要求在利用外资上，既要继续坚持利用外资，提高利用外资水平，还必须考虑到保护民族工业。为适应利用外资环境的变化，我国利用外资的政策发生了重大变化，主要有坚持以市场换技术；利用外资政策由以优惠政策为主转向与国际接轨和着重改善投资环境；在引进外资的同时，积极推动向境外投资；注意利用外资的适度和高效。

由于继续坚持扩大对外开放，及时转换对外开放政策，1992年以后，我国对外开放水平不断提高，利用外资速度加快，连续四年成为仅次于美国的世界上外国直接投资的第二大输入国。同时，世界著名的大跨国公司开始进入我国，至1995年底，世界最大500家公司有200家在我国投资，使我国利用外资不仅资金规模扩大，而且技术含量提高。

3. 加快外贸体制改革

随着我国在国际贸易中的地位不断提高，1982年我国政府就决定要求恢复我国在关贸总协定中的合法席位，经过多年努力，20世纪90年代谈判进入实质性阶段。为适应关贸总协定的要求，必须进一步推进外贸体制改革。主要的措施有：

（1）在实现外汇汇率并轨的同时，重点改革了进出口管理体制，国家对进出口下达指导性计划，对企业的经营目标进行引导；进口管理建立以关税为主要杠杆的管理体制，出口管理主要规定了国家实行配额许可证管理的出口商品范围。

（2）大幅度降低进口商品关税，调低出口退税率。

（3）转换企业经营机制，取消外贸出口补贴，实行自负盈亏和打破垄断经营的改革，改变传统的以收购制为主的出口经营方式，向以高效和优良服务为基础、以代理制为中心的出口经营方式转换，并开始组建科工贸、国内外、进出口密切结合的大型国际化、实业化、集团化的综合商社，使外贸企业向符合我国国情和国际惯例的新型外贸体制迈进了一大步。

第三节　改革的新部署[①]

一、国内外经济环境的变化

从 20 世纪 90 年代中期开始，中国面临的国内外经济环境发生了很大变化。这些变化既有来自中国自身经济建设过程中矛盾的积累，又有突然爆发的亚洲金融危机的影响。1997 年以来中国经济面临的内外经济环境主要体现在三个方面：

1. 从经济发展阶段看，"买方市场"初步形成

以短缺经济为主要特征的中国经济，在改革开放后取得长足进展，市场配置资源机制逐渐形成，GDP 总量高速增长，1995 年提前五年实现国民生产总值较 1980 年翻两番的目标。中国的供求总量格局发生了根本性的变化，从供给不足转变为供大于求，到 1998 年上半年，中国消费品零售市场已经没有供不应求的商品。从供给能力和潜在需求增长看，也存在经济总量供大于求的情况。据 1995 年对 104 种主要工业产品的调查，生产能力利用率达到 80% 以上的只占 30%，生产能力利用率在 50%~80% 之间的占 46%；生产能力利用率不到一半的占 24%。1996 年第三次全国工业普查的资料显示，在涉及的 900 多种主要工业产品中，1995 年工业生产能力利用率未达 60% 的超过了全部产品半数以上。1998 年部分耐用和大宗消费品全部产量与该产品当年重点企业生产能力相比，其中不少产品的比率甚至低于 1995 年生产能力利用率。随着市场供求形势的变化，企业产成品库存总量也不断增加，1998 年已达 4 万亿元，约相当于 GNP 的

---

① 本节参考刘国光：《中国十个五年计划研究报告》，人民出版社，2006 年版，第 612~622 页。

50%。总体而言，短缺经济基本消失，"买方市场"初步形成。

2. 从经济体制看，体制性紧缩效应逐渐显现

90年代中期以来，随着经济体制改革的不断深化，对企业和金融机构的风险责任方面的要求越来越严格。于是，企业对自己的生产投资活动越来越谨慎了；金融部门的商业意识和自我约束能力明显加强，加之1997年亚洲金融危机的影响日益加重，银行业为防范潜在的金融风险，上收基层贷款权限，大量集中信贷资金，对贷款的发放日益谨慎。银行和企业约束机制的强化最终导致银行"惜贷"、企业"慎贷"现象的出现。

为应对日益加强的市场竞争，企业受"优胜劣汰"市场法则的压力，企业兼并、重组乃至破产压力增大，"下岗分流"及就业压力增强使企业微观层次困境加剧。1997年末全国下岗职工人数为1200万人左右，比1996年增加300多万人。到1998年底，还有610万下岗职工需要再就业。就业状况的恶化使城镇居民收入增势减缓，1997年城镇居民实际人均可支配收入增长3.4%，处于90年代以来的最低水平。

与此同时，养老保险制度、医疗制度、住房制度、教育制度等改革措施相继出台并逐步到位，原来由财政和企业承担的高保障和高福利制度开始改变，中低收入居民对未来预期的不确定性大大增加。支出预期中对福利保障制度改革后可能增加的个人负担部分预期增多，于是人们出于谨慎动机，增大了储蓄趋向，以提高自我保障能力。

在此背景下的经济体制和经济运行机制开始形成需求增长的约束机制。首先，投资需求的增长受到限制。1997年全社会固定资产投资增长10.1%，其中国有投资增长11.3%，集体投资增长5.8%，居民个人投资增长6.7%，其他类型投资增长了13.2%。与1996年相比，各类投资均呈继续回落的趋势。其次，从消费需求来看，城市买方市场使企业经营状况出现两极分化，加之企业预算约束硬化，职工货币收入增幅下降。再加上结构调整带来大量下岗人员，收入预期谨慎。高福利制度的打破以及社会保障制度的不完善，人们支出预期增大，导致城市居民边际消费倾向持续下降。1997年社会消费品零售总额增长11.1%，扣除物价因素，实际增长10.2%。与1996年相比，消费增幅回落较大。1998年社会商品零售总额现价增长率为6.8%，可比价增长率为9.7%，消费需求呈下降趋势。

3. 亚洲金融危机对经济总量的负面影响凸显

中国1995年、1996年、1997年货物和服务净出口分别比上年增长57.5%、46.1%、88.1%，占当年GDP的比重分别为1.68%、2.1%、3.6%。外需的扩大，使国内供大于求的矛盾得到一定程度的缓解，使体制性紧缩效应在一定程度上被淡化。1997年爆发的亚洲金融危机对亚洲和世界经济的影响大大出乎人们意料，尽管中国受影响最小，但到了1998年，其对中国利用外资和外贸出口的负面影

响显现。1997 年中国实际利用外资增长 8.5%，增幅比上年下降 2.7 个百分点，当年协议利用外资比上年下降 24.2%。1998 年外商直接投资同比增长仅 0.6%。占中国出口比重 60%左右的东亚和东南亚地区受金融危机的打击，经济增速放缓，支付力下降，进口锐减，对中国出口造成很大影响；同时，东南亚国家的部分出口商品和出口市场与中国相近，这些国家的货币贬值后（大多贬值 30%~50%），其出口商品的价格大幅度下降，优势明显，对中国出口增长影响很大。1997 年下半年中国出口增长速度为 17.1%，与上半年 26.3%的增速相比，开始趋缓。1998 年全年出口增长率陡降到 0.5%，表明外需对经济增长的拉动作用继续减弱。

受上述因素影响，中国经济增长趋缓，并出现通货紧缩迹象。GDP 增长率从 1993 年的 13.5%回落到 1997 年的 8.8%的水平，平均每年下降约 1 个百分点。1998 年上半年经济增长率仅为 7%，与全年 8%的增长目标差距明显。同时市场物价持续走低，1998 年社会商品零售物价总指数为-2.6%，居民消费物价总指数为-0.8%，与 1997 年的 0.8%和 2.8%相比，均呈继续下降的趋势。

总的来看，1997 年以来国内外经济环境的变化加大了改革的难度。由于国内市场经济竞争日趋激烈，国有企业经营每况愈下，面临严重亏损，使国有企业改革困难重重；为推进国有企业改革，越来越需要相关领域的配套改革，如住房、医疗制度改革；中国严峻的金融形势和变化中的国际环境给金融系统带来的巨大压力；粮食流通体制、财税体制也越来越暴露出其所存在的问题；政府行政管理体制的改革总体上滞后于经济体制改革。总的来说，当中国经济因国内外环境的变化面临严峻考验的时候，经济体制改革也进入了最困难的时期。而中国经济需要保持一个较高的增长，以保障国力的不断增强、人民生活水平的不断提高；社会主义市场经济体制改革还需要继续往纵深推进，以有利于经济的增长和发展。这一切都要求在改革面临困难的时候，要去攻克一个个改革的难关，改革进入攻坚阶段。

二、"三个到位、五项改革"

1998 年 3 月，中国新一届政府成立。在上述不利的国内外环境中，政府对改革和发展做出了新的部署，明确提出了"一个确保、三个到位、五项改革"的任务。"一个确保"，就是必须确保 1998 年中国的经济发展速度达到 8%，通货膨胀率小于 3%，人民币不贬值。"三个到位"，就是确定在三年的时间里，使大多数国有大中型亏损企业摆脱困境进而建立现代企业制度；彻底改革金融系统，即中央银行强化监管，商业银行自主经营；从中央到地方，展开新一轮政府机构的改革。"五项改革"是粮食流通体制改革、投资融资体制改革、住房制度改革、医疗制度改革、财政税收制度改革。

1."三个到位"

（1）国企三年脱困。由于国有企业经营效果每况愈下，经济效益持续大面积滑坡，从而导致越来越严重的亏损。1996~1997年，国有企业出现了历史上首次净亏损现象。其中，1996年净亏378.04亿元，1997年净亏403.12亿元。1997年国有企业亏损面达45%。国有企业经营状况的不断恶化，不仅使国有企业自身运营难以为继，而且使财政和金融不堪重负。"国企三年脱困"任务的提出，正是考虑到当时国有企业所面临的严重困境。国有企业是否脱困，主要看：①优势企业是否得到壮大，中小企业是否放活。②亏损严重、扭亏无望的企业是否已经破产或退出市场。③企业富余人员是否切实得到精减。④经过改制、改组后的企业经济效益是否明显回升。根据有关方面的部署，大中型国有亏损企业脱困的具体途径主要包括："抓大放小"、分类指导；鼓励兼并，规范破产；减人增效和实施再就业工程；多渠道筹集改革成本，实行增资减债；坚持"三改一加强"，大力加强企业领导班子建设；采取切实有效措施，减轻企业社会负担。

（2）改革金融系统。鉴于1998年初中国严峻的金融形势和变化中的国际环境给金融系统带来的巨大压力：①金融监管十分薄弱。②国有商业银行不良资产问题日益严重。据资料显示，截至1997年，国有商业银行不良债权在贷款中所占比率为20%左右，与发达国家2%的不良资产比率相比，信用风险已经到了十分严峻的程度。③金融市场秩序混乱。面对这些问题，国内金融风险的化解最终有赖于金融制度的改革，中国金融业的发展要适应市场经济体制的要求和世界经济一体化的趋势，根本出路也在于坚持不懈地深化金融改革，使中国的金融业尽快与国际金融业接轨，在改革中完善，在改革中发展。金融改革的重点，一是要强化中央银行的宏观调控能力和金融监管能力；二是要积极推进国有商业银行的市场化改革进程。此外，也要进一步加强金融市场的规范管理和制度建设。

（3）新一轮政府机构改革。随着经济的发展和经济体制改革的深入，政府机构的设置与职能同社会主义市场经济发展的矛盾日益突出，主要表现在：①政府职能错位，政企不分。②政府职能重叠、交叉，部门之间相互扯皮，行政效率低下。③机构庞大，人员冗杂，财政不堪重负。在这种情况下，必须加快政府机构改革，为推进经济体制改革，促进经济发展，创造有利条件。决策者将新一轮政府机构改革的目标确定为：建立办事高效、运转协调、行为规范的行政管理体系，完善国家公务员制度，建设高素质的专业化行政管理干部队伍，逐步建立适应社会主义市场经济体制的有中国特色的行政管理体制。

2."五项改革"

（1）粮食流通体制改革。原有粮食流通体制存在很多问题，越来越不适应社会主义市场经济的要求。此次粮食流通体制改革的目标，总的来说是要真正建立起适应社会主义市场经济要求、符合中国国情的粮食流通体制。具体有五项内容：一是完善国家对粮食的宏观调控体系；二是理顺粮食价格形成机制；三是转换国有粮食企业的经营机制；四是减轻国家的财政负担；五是进一步搞好粮食流通，促进粮食生产持续稳定发展。决策层提出，这次粮食流通体制改革中必须坚持"四分开一完善"的原则，即实行政企分开、中央与地方责任分开、粮食储备与经营分开、新老财务账目分开，完善粮食价格形成机制。决策层确定的此次粮改的重点是"三项政策，一项改革"，即"按保护价敞开收购农民余粮、粮食收储企业实行顺价销售、粮食收购资金封闭运行和加快国有粮食企业自身改革"。

（2）投资融资体制改革。现行的投融资体制存在着许多严重问题，与社会主义市场经济的要求相去甚远，突出表现为：①以行政审批制度为特征的投资体制导致低水平重复建设问题突出。②中央政府和地方政府的投资关系没有理顺，或是双方投资权限划分不清。③投融资管理混乱。这主要存在于地方政府的层次上。为解决这些问题，决策层为投融资体制改革设定了近期目标，即通过发展资本市场、健全服务体系和强化政府监督，形成企业自主决策、银行独立审核、工程招标投标、项目法人负责的投融资体系，初步建立起与社会主义市场经济相适应的投融资体制框架。在这一目标框架下，近期投融资体制改革的重点被确定为：进一步明确政府、企业、银行在投融资体制中的职责范围，建立投资风险约束机制；积极发展资本市场，扩大企业直接融资；切实加强和改进政府对投融资的宏观调控和管理。

（3）住房制度改革。1998年以前，政府曾从多方面试图启动住房市场需求，但市场需求始终不能尽如人意。因此，中央将城镇住房制度改革的内容确定为四个方面：一是住房分配制度改革。改革的基本政策目标是，停止住房实物福利分配，逐步实行住房商品化、分配货币化，最终形成以个人产权为主体的住房产权结构。二是住房供应制度改革。改革的基本政策目标是，建立和完善以经济适用住房为主的住房供应体系。三是住房流通制度改革。改革的基本政策目标是，建立完善和规范的住房市场，保证住房商品自由、顺畅地流动，实现住房商品的合理分配。四是住房管理制度改革。改革的基本政策目标是，建立业主自治与物业管理企业专业管理相结合的社会化、专业化、市场化的物业管理体制。

（4）医疗制度改革。随着社会主义市场经济的发展，20世纪50年代初建立起来的公费医疗和劳保医疗制度，其弊端日益暴露出来。主要表现为：①对医患双方缺乏有效的制约，医疗费用增长过快。②覆盖面窄，医疗费用非正常转移。在现行的医疗保障制度下，约有1/3的城镇从业人员得不到基本医疗保障。同时，一部分城镇居民通过其家属或亲属变相享有公费医疗和劳保医疗，把医疗费用转嫁给财政和企业。医疗保障制度改革的主要任务是建立城镇职工基本医疗保险制度，即适应社会主义市场经济体制，根据财政、企业和个人的承受能力，建立保障职工基本医疗需求的社会医疗保险制度。

（5）财政税收制度改革。经济生活中税外收费越来越多、越来越乱。费多税少，费强税弱，以费挤税的问题日益突出。据有关部门不完全统计，1997年全国行政事业性收费和政府基金（不包括社会保障基金）项目高达 6800 多项（这还未包括一些地方政府已收费但未列入目录的），几乎所有政府部门都有收费和基金项目。1997 年各地、各部门收费（或基金）总额高达 4200 多亿元，相当于同期财政收入的 45%，并且每年还以 15% 的速度增长。由此，清费立税成为新一轮财税体制改革的中心任务之一。清费立税的总体思路是："清理"、"规范"、"改税"。所谓"清理"，是指对现行的各种政府收费进行全面的清理，坚决取消那些不合理、纯属乱收费的项目；所谓"规范"，是指将那些合法、合理的收费项目，按照规范化政府收费的要求，分别归入"规费"与"使用费"系列，纳入财政预算管理，实行收支两条线，专款专用，接受财政和审计部门的监督；所谓"改税"，是指将那些具有税收性质，没有明显的利益回报性，征收范围比较普遍，并且具有较为规范的税基和征收办法的收费改为税收。

1998~2000 年这三年，在前几年全面改革的基础上，通过改革攻坚又在一些关键性领域进一步推进了改革，并取得了一定的成效，国有企业三年解困的任务基本完成，金融监管体系进一步完善，在投融资体制、粮食流通体制、住房制度、医疗保险制度、财税制度的改革上也显露其成效。如果说，1992~1997 年的改革已使社会主义市场经济体制的框架初步显现，那么到世纪之交，社会主义市场经济体制已初步建立，这为进一步实现社会主义现代化建设第三步战略目标奠定了良好的基础。

思考题：

1. 简述 1978 年改革开放以来对计划与市场关系认识的曲折演变。
2. 简述 1992~1997 年中国建立社会主义市场经济体制过程中的重要举措。

第十三章　国民经济在波动中发展

第一节　国际、国内经济发展的环境

进入 20 世纪 90 年代，中国经济发展的国际环境和国内环境都趋好，既有机遇也有挑战。国际总体形势向好，经济全球化和区域化趋势明显，"苏东剧变"对中国来说是一个警钟，而"四小龙"、"四小虎"的发展对中国来说则是个刺激。国内经济经过一段时间发展，奠定了一定基础。同时，由于新旧体制的摩擦，进一步制度变迁的要求迫切，邓小平南方谈话则扫清了人们思维中的固有约束，进一步解放了思想，统一了认识。

一、国际经济发展环境

1. 国际总体形势

国际上，世界两极格局已经终结，进入了向多极化方向发展的过渡时期，国际社会的各种力量处于新的分化改组中。西方主要发达国家国内政治问题繁多，经济衰退，自顾不暇。它们中虽有一股敌视社会主义中国的力量，不会停止各种干涉和制裁，但已经显得力不从心，难以对中国构成严重威胁。在这种国际形势下，中国有可能争取到一个比较长的和平时期，努力把经济搞上去。这种和平形势对于中国来说，是一个难得的历史机遇。1990 年 6 月邓小平提出了"发展机遇论"。邓小平强调，现在中国遇到一个难得的发展机遇，不要丧失这个机遇，许多人不懂得这是中华民族历史的机遇，是炎黄子孙几百年难得遇到的历史机遇，现在确实是一个机遇，不要丧失机遇。[1]他多次强调："要抓住机会，现在就是好机会。我就担心丧失机会。不抓呀，看到的机会就丢掉了，时间一晃就过去了"，[2]"现在世界发生大转折，就是个机遇"。[3]总之，国际总体形势在 20 世纪 90

---

[1] 中共中央文献研究室：《邓小平年谱》下卷，中央文献出版社，2004 年版，第 1316 页。
[2]《邓小平文选》第 3 卷，人民出版社，1993 年版，第 375 页。
[3] 同[2]，第 369 页。

年代呈现出一种有利于发展的态势。中国应该抓住这个历史机遇。

20世纪80年代末,西方主要工业化国家出现经济衰退,失业率上升,使已经饱和的国内市场进一步缩小,剩余资本进一步增加。这就必然要寻求新的国际市场和国际投资场所。据统计,我国1992年的国际贸易量达7.4万亿美元,只占国际贸易总量的2%多一点,因此,非常有发展潜力。世界各国对外的直接资本投资已经达到2万亿美元,而且之后的若干年都要大幅度增长。这对于我国的经济发展来说,也是扩大开放、利用外资、引进技术的有利时机。从一般意义上说,我国参与生产要素在全球范围内的自由流动和优化配置,可以更好地发挥比较优势,促进国内经济的迅速增长。同时,在全球范围配置资源的过程中,可以学习发达国家的先进管理经验,可以利用发达国家的科学技术和资本,提升经济管理水平,提高科学技术水平,推动本国产业结构的调整,从而推动本国经济的发展,缩小与发达国家之间的差距。我国可以发挥"后发优势",实现"跨越式发展"。

2. 经济全球化和区域化趋势

20世纪90年代以来,世界经济全球化深度和广度不断增加。国际投资迅速增长,对外贸易成为国际交往中最活跃的环节和各国经济发展所不可缺少的组成部分,国际金融交易大大超过世界生产和商品交易、服务贸易,并成为国际交往的重要组成部分,第二次世界大战后跨国公司大量涌现,并在全球配置资源和销售产品,全球贸易规则日趋统一。

90年代以来,经济区域化的趋势也日益明显。欧洲联盟(European Union)、北美自由贸易区(North America Free Trade Area,简称NAFTA)以及亚太经合组织(Asia-Pacific Economic Cooperation,简称APEC)等区域经济合作组织都进一步发展。除此之外,非洲的东南非共同市场和西非共同市场、拉美的南方共同市场、东盟以及阿拉伯自由贸易区等组织也在90年代迅速崛起。这些组织对地区经济乃至世界经济发展都起到了重要作用。

经济全球化和区域化是时代经济发展的大势所趋,任何国家若要发展经济,都不能不顺应这个趋势。中国作为一个发展中的大国,也必然会顺应这个历史趋势,不断融入到世界经济发展大家庭中。江泽民强调:"当今世界,任何国家都难以在封闭的状态下得到发展。"①

3. "苏东剧变"的启示与周边国家的压力和挑战

20世纪80年代末90年代初,两极格局解体,社会主义阵营中发生了"苏东剧变"。究其根源,虽有原因种种,但经济建设没有搞好是其中重要的一条。而经济建设没搞好的主要原因在于体制僵化。苏联僵化的经济体制不能适应经济发展的需要,效率低下,激励减弱,运行失灵,机械套用马克思主义经典作家对

① 江泽民:《在香港"2001〈财富〉全球论坛"开幕晚宴上的讲话》,《人民日报》,2001年5月9日。

未来社会主义的构想，不符合经济运行规律，又不能合理体现社会主义经济本质。中国的经济要发展，必须调整不适合的经济体制。

与社会主义阵营中的"苏东剧变"形成鲜明对比的是，实行市场经济的资本主义国家获得了经济上的发展。在中国周边，那些曾被我们认为是不太发达的地区和国家，如今却把中国抛在了后边。尤其是被称作"四小龙"的中国台湾、中国香港、韩国和新加坡的经济发展令人羡慕，亚洲"四小虎"的经济也取得了长足进步。这些地区和国家的发展给中国带来了压力和挑战。

二、国内经济发展的环境

1. 国内经济发展的良好态势

从20世纪70年代末以来，我国经济发展的速度明显加快。15年的改革开放，使我国经济实力成倍增长，人民生活水平大幅度提高。1978~1992年间，国民生产总值增长2.33倍，平均每年递增9%；财政收入增长2.7倍，平均每年递增9.8%；居民消费水平，农业居民增长1.48倍，平均每年递增6.7%，非农业居民增长1.22倍，平均每年递增5.9%；城乡居民储蓄存款持续增加，1992年底达到11759.4亿元；产业结构日趋合理，第三产业占国民生产总值的比重增加了近11个百分点，从23.9%增加到34.8%。[①]农业比重进一步降低，农业劳动力中有1亿人转向其他产业，生产社会化程度进一步提高。15年来，我国真正走向了通往现代化的道路，改革开放取得的巨大成就，坚定了人们建立社会主义市场经济体制的决心，积累了经验，培养了大批人才。这些都为我国经济的加快发展奠定了坚实的基础。

2. 思想解放和良好的社会政治环境提供了经济发展的条件和基础

经过改革开放多年来的逐步探索，人们对市场已经有了初步认识。但囿于意识形态，人们对社会主义经济发展的方向和前途还不是很明晰。在理论界和经济学界有人明确提出市场经济究竟是姓"社"还是姓"资"的问题。提出这个问题的人认为：我们的经济是公有制基础上的有计划的商品经济，而不是市场经济，市场经济是建立在私有制基础之上的、完全由市场调节的。更有人说，既然计划经济和市场经济都是一种社会经济，它们之间具有经济制度的质的区别。计划经济属于社会主义经济制度，市场经济则属于资本主义经济制度。

正当人们还走不出思维定式的时候，邓小平提出："资本主义与社会主义的区分不在于是计划还是市场这样的问题。社会主义也有市场经济，资本主义也有计划控制。……计划和市场都得要。"[②]针对在计划经济和市场经济的认识上人们存

---

① 国家统计局：《中国统计年鉴（2007）》，中国统计出版社，2007年版。
②《邓小平文选》第3卷，人民出版社，1993年版，第364页。

在的模糊认识，邓小平大声疾呼："思想更解放一点，胆子更大一点。"1992 年春天，在南方视察过程中，邓小平发表了视察南方重要谈话，精辟地分析了国际国内形势，科学总结了改革开放以来的基本实践和经验，明确回答了困扰和束缚人们思想的许多重大问题，使全党、全国人民在思想认识上达到了空前的统一。邓小平指出，革命是解放生产力，改革也是解放生产力。社会主义的本质，是解放生产力，发展生产力，消灭剥削，消除两极分化，最终达到共同富裕。邓小平视察南方重要谈话推动中国现代化迈上新的征程。

除了思想解放之外，良好的社会政治环境也是我国加快改革的有力保障。1989 年的政治风波之后，人们再次认识到稳定的重要性，认识到改革、发展和稳定之间的重要关系。没有一个稳定的社会政治环境，制度变迁和经济发展就不能得到保证；没有经济发展的稳定则是一种僵化，也难以长期维持；改革是经济发展的推动力，也是稳定的必要条件。应该说，在当时，有邓小平等老一辈无产阶级革命家掌舵，有以江泽民为核心的党的第三代领导集体的正确领导，政治稳定、社会安定，经济高速发展，人民安居乐业，具备了进一步加快发展的良好社会政治环境。这些为中国进一步的制度变迁提供了条件和基础。

3. 社会主义市场经济体制目标的确立

1992 年 10 月，中国共产党第十四次全国代表大会在北京召开，明确提出，中国经济体制改革的目标是建立社会主义市场经济体制，以利于进一步解放和发展生产力。十四大关于社会主义市场经济改革目标的确认，比社会主义经济是有计划的商品经济在认识上更加彻底和完整。社会主义市场经济理论进一步丰富了建设有中国特色社会主义的理论，是马克思主义关于社会主义理论的重大突破与发展。经济体制改革目标的明确，为中国经济的快速发展奠定了良好的制度基础。

第二节　世纪末的战略选择

20 世纪末至 21 世纪初，是我国经济体制转换、经济增长和经济结构转换的重要时期，也是我国实现第二步战略目标，向第三步战略目标迈进的关键时期。1997 年，党和政府又提出了跨世纪战略，提出在完成"九五"计划的基础上，经过 21 世纪初 10 年的努力，国民生产总值将在 2000 年基础上再翻一番，综合国力再上一个大的台阶，人民生活水平显著提高。为实现这一战略目标，1992 年以来，党和政府一方面全面推进改革，使改革不断取得重大突破，力争到 2010 年建立起比较完善的社会主义市场经济体制；另一方面积极致力于依靠科学技术，加快产业结构升级，调整和优化产业结构和区域结构，以促进国民经济持续快速增长。

一、转变经济增长方式

改革开放以来，特别是中央提出加快两个根本性转变以来，我国推进经济增长方式转变取得了积极进展，资源节约与综合利用取得一定成效。但总体上看，粗放型的经济增长方式尚未得到根本转变。主要表现在：第一，经济增长主要依靠增加投入、扩张规模来实现。我国的投资率（资本形成占 GDP 的比重）一直维持在 40% 左右，这个水平大大高于美国、德国、法国、印度等国家 20% 左右的水平，而且，我国投资的效率逐年降低，"六五"、"七五"、"八五"、"九五"期间，每增加 1 亿元 GDP 所需要的固定资产投资分别为 1.8 亿元、2.1 亿元、1.6亿元、4.5 亿元。这表明仅靠投资来拉动 GDP 增长是难以为继的。第二，技术进步主要依赖引进，企业自主创新能力不强。在经济增长因素的测算中，要素投入增加对我国经济增长的贡献在 60% 以上，技术进步的贡献不足 30%，远远低于发达国家 60% 以上的水平。我国企业的自主创新能力不足，很多企业满足于通过购买技术、新设备，获得低附加值的短期效益，而不是自主研发。有关数据显示，中国科技创新能力在世界 49 个主要国家中居第 28 位。第三，资源消耗大而且浪费严重。新中国成立 50 多年来，GDP 增长了 10 多倍，矿产资源消耗增长了 40 多倍。高消耗造成了资源的紧缺，但在资源的开采和使用上存在严重浪费现象，如煤矿开采的利用率远远低于国外水平。第四，在经济增长的过程中，人居环境逐渐恶化。据测算，在 20 世纪整个 90 年代我国国内生产总值中，至少有3%~7% 的部分是以牺牲自身生存环境（自然资源和环境）取得的，属 "虚值"或者说 "环境欠账"。[1] 总之，粗放型经济增长方式已经危害到经济的安全和健康。为了确保经济持续、健康发展，为了应对全球一体化带来的国际竞争，必须落实全面、协调、可持续的发展观，切实转变经济增长方式，实现可持续发展。

1995 年 9 月，中共十四届五中全会通过了《中共中央关于制定国民经济和社会发展 "九五" 计划和 2010 年远景目标的建议》，第一次提出了两个根本性转变，即 "一是经济体制从传统的计划经济体制向社会主义市场经济体制转变，二是经济增长方式从粗放型向集约型转变"，并且说明了两个转变的关系："积极推进经济增长方式转变，把提高经济效益作为经济工作的中心。实现经济增长方式从粗放型向集约型转变，要靠经济体制改革，形成有利于节约资源、降低消耗、增加效益的企业经营机制，有利于自主创新的技术进步机制，有利于市场公平竞争和资源优化配置的经济运行机制。向结构优化要效益，向规模经济要效益，向科技进步要效益，向科学管理要效益。" 1996 年，第八届全国人民代表大会通过

---

[1] 雷明：《经济增长需要绿色核算》，《人民日报》，2004 年 2 月 6 日。

的《中华人民共和国国民经济和社会发展的"九五"计划和 2010 年远景目标纲要》把"实现经济增长方式从粗放型向集约型转变"规定为"九五"的一项基本工作任务。1997 年中共十五大重新强调了转变经济增长方式的迫切性，提出要把推进经济结构调整和增长方式转变作为经济工作的重要内容。"十五"计划把经济结构调整和经济结构升级规定为五年经济发展的"主线"。

二、调整和优化产业结构

改革开放以来，经过多次经济调整，我国经济结构不合理的状况得到了很大的改善。但在体制转变过程中，旧的经济结构问题还没有完全解决的同时，又出现新的结构不合理问题。改革开放前，突出的是农、轻、重重大比例关系的失调，改革开放后，农业、能源、交通运输等基础部门的发展不足越来越制约着经济的发展。另外，随着我国进入工业化的中期阶段，国际国内市场竞争的加剧以及人民生活水平提高而导致的消费需求的升级，对经济结构的调整提出了新的要求。因此，只有加速优化产业结构、促进产业结构的升级，才能促进经济增长方式的转变，使中国经济能够保持快速持续的增长，人民生活水平得以不断提高。20 世纪 90 年代初以来，党和政府采取了多项措施致力于调整和优化产业结构。

1. 加强农业基础地位

我国是人口大国，解决农业问题一直是国民经济和社会发展的大事。然而，90 年代初在大办工业、大上项目、开发区热、房地产热中，农业被忽视，耕地减少，粮食减产，乃至影响了经济的发展和社会的稳定。从 1994 年起，国家连续几年一直把加强农业基础放在经济工作的首位。首先，确保粮食稳定增产。为此，国家除提高粮食收购价格、降低农业生产资料成本、增加对农业的投入外，主要是通过建立和完善相关制度来促进粮食生产：一是稳定家庭联产承包责任制，在原定的耕地承包到期后，再延长 30 年不变；二是保护耕地，建立基本农田制度，基本农田保护区划定后任何单位和个人都不能擅自改变和占用；三是改进流通体制，实行粮食保护价。其次，加快调整农业结构，发展高产、优质、高效农业，以适应城乡居民不断提高的需求，增加农民收入。最后，推广农业产业化经营。农业产业化是适应市场经济条件，在农村发展服务化体系和乡镇企业基础上，对农业经营方式的创新。它既能较好地解决大市场与小生产的矛盾，又能促进农业增长方式由粗放转向集约，而且大幅度提高农产品的附加值，有利于增加农民的收入。山东是实行产业化比较早的省份，到 1996 年，全省约有 30%农村经济主导产业和产品基本实现了产业化经营，已有 13674 个农业龙头企业，年创产值 800 多亿元，利税 78 亿元，带动基地 500 万亩、农户 700 万户。①

---

① 武力：《中华人民共和国经济史》，中国经济出版社，1999 年版，第 1091 页。

2. 加强基础设施和基础工业，确定和培育支柱产业

改革开放以来，农业和轻工业获得了较快的发展，基础设施和基础工业落后的问题凸显出来。1994年3月，国务院出台《90年代国家产业政策纲要》，要求重点加强铁路、公路、邮电、能源、水利等基础部门，并明确：交通运输以增加铁路运输能力为重点，以发展运输大通道为中心，充分发挥公路、水运、空运、管道等多种运输方式的优势，加快综合运输体系的建设。通信业要以高速、高质、大规模为基点，积极采用国际先进技术与装备，尽快提高国产化比例，有重点、分层次地大力推进信息高速网络建设。能源工业要实行开发与节约并重的方针，做到能源、经济与环境协调发展。其中，煤炭工业要加快国有重点煤矿的建设，促进地方矿、乡镇矿的改造和提高；石油工业要稳住东部、开发西部，增加探明储量，合理利用国际资源；电力工业要实行因地制宜、水火电并举、适当发展核电的方针。根据上述方针，除增加预算内财政建设资金外，运用市场机制，多方筹集资金，如建立专项建设资金、提高收费标准、鼓励联合投资和股份投资、努力吸引外资等，建立稳定的资金来源，集中力量建设了一批重点骨干工程，如三峡大坝、京九铁路等，长期制约国民经济发展的"瓶颈"约束明显得到缓解，有力地保证了国民经济持续、快速、健康发展。

工业化发展过程实质是以主导产业更替为主要标志的阶段性演变过程。20世纪80年代我国主要实行轻工补课，纺织、食品和家电是支柱产业；90年代初我国进入重化工发展阶段后，工业化发展的主要任务转移到提高装备工业的水平，用现代工业技术替代传统工业技术，以适应我国居民消费水平由温饱转向小康的需要。为此，需要有计划地培育新的支柱产业。1992年，中共十四大提出振兴机械电子、石油化工、汽车制造和建筑业，使它们成为国民经济的支柱产业。1995年，正式确定新时期的支柱产业为：以开发和制造大型成套装备为重点的机械工业，以发展集成电路、新型元器件、计算机和通讯设备为重点的电子工业，以开发和深度加工合成纤维、合成树脂、合成橡胶为重点的石油化工业，以发展经济型轿车和重型汽车为重点的汽车工业，以建设城乡住房和公共工程为重点的建筑业。新支柱产业是技术和资金密集型产业，又必须具有必要的经济规模，为此，它们的形成，主要通过建立健全投融资机制，利用间接金融和直接金融两种渠道，扩大资金来源，积极引进先进技术，对现有企业进行技术改造，加强先进技术的消化和创新，实行进口替代；同时实行企业间的优化组合，进行规模经营，并按现代企业制度组建企业集团，改变原来分散细小、技术和管理严重落后的局面，提高它们在市场特别是国际市场上的竞争力。

3. 大力发展第三产业

新中国成立后到改革开放以前，在长期的计划经济体制下，第三产业没有得到应有的发展。改革开放以来，我国在积极发展第一产业和第二产业的同时，更加重视了对第三产业的支持和发展。1992年6月，中共中央、国务院正式作出

加快发展第三产业的决定，提出争取用 10 年左右或更长一些时间，逐步建立起适合我国国情的社会主义统一市场体系、城乡社会化综合服务体系和社会保障体系；20 世纪 90 年代第三产业增长速度要高于一、二产业，力争其增加值和就业人数占国民生产总值和社会劳动者总数的比重，达到或接近发展中国家的平均水平。由于充分调动了各方面的积极性，国家、集体、个人一起上，20 世纪 90 年代初以来第三产业有了较大的发展。改革开放初期，我国第三产业增加值占 GDP 的比重很低，只有 21.4%，第三产业主要集中在商业、饮食、居民服务、交通运输、邮电等传统产业领域。经过多年的发展，这种局面得到显著改善。在数量上，按可比价格计算，第三产业的增加值从 1980 年的 966.4 亿元增长到 2003 年的 38885 亿元，按可比价格计算，23 年间增长了 9.5 倍，年均增长 10.3%，高于同期国内生产总值的增长速度。1999 年，我国第三产业增加值占 GDP 比重达到 32.9%。在内容上，第三产业中的传统服务产业不断改进，商业饮食服务业多种经济成分共同发展；物资流通开始变革物流形式，与新型业态相配套的物流中心、商品配送中心不断发展；交通运输供不应求的局面得到缓解，初步形成了通达的交通网络。在传统第三产业持续发展的同时，旅游、信息、咨询、科技服务、社区服务、金融保险、房地产、教育、文化等新兴产业快速发展，使第三产业中技术密集型、知识密集型的产业逐步成为发展最快的产业。第三产业已经成为国民经济的一个重要产业。但从总体上看，我国第三产业发展水平仍然比较落后，在国民生产总值中所占的比重不仅大大低于经济发达国家，而且还低于发展中国家的平均水平。第三产业内部结构不尽合理，在地区之间发展不平衡，这些都影响了一、二、三产业的协调发展和社会再生产的顺畅运行，妨碍了经济效率和效益的提高，也束缚了第三产业自身的发展。

三、实施科教兴国和可持续发展战略

1. 科教兴国战略

实施科教兴国战略是 1995 年 5 月中共中央、国务院《关于加速科学技术进步的决定》首次提出的。1996 年 3 月，第八届全国人民代表大会第四次会议通过的《中华人民共和国国民经济和社会发展"九五"计划和 2010 年远景目标纲要》，将实施科教兴国战略作为实现中国现代化建设宏伟蓝图的重要方针上升到国策的高度。科教兴国是指全面落实科学技术是第一生产力的思想，坚持教育为本，把科技和教育摆在经济、社会发展的重要地位，增强国家的科技实力及向现实生产力转化的能力，提高全民族的科学文化素质，把经济建设转移到依靠科技进步和提高劳动者素质的轨道上来，加速实现国家的繁荣强盛。提出并实施科教兴国战略是中国共产党总结中国和世界经济社会发展的历史经验，不断认识和把握社会主义现代化建设的规律所作出的重大抉择，是保证中国国民经济持续快速健康发展的根本措施。

第一，科技进步是经济发展的决定性因素，必须坚持把加速科技进步放在经济社会发展的关键地位。进入 20 世纪特别是第二次世界大战以来，科技进步日新月异，科技革命蓬勃发展。科学技术的迅猛发展有力地促进着社会生产力的发展，极大地改变着人类社会的生产方式和生活方式，对世界经济、政治、军事、文化、社会变革产生了极为深刻的影响。未来的科技发展还将产生新的重大飞跃。中国共产党必须敏锐地把握这个客观趋势，始终注意把发挥中国社会主义制度的优越性，同掌握、运用和发展先进的科学技术紧密地结合起来，切实把加速科技进步放在经济社会发展的关键地位，大力推动科技进步和创新，不断用先进科技改造和提高国民经济，努力实现中国生产力发展的新跨越。坚持教育为本，把科技和教育摆在经济和社会发展的重要位置，不断提高全民族的科技文化素质，把经济建设真正转移到依靠科技进步和提高劳动者素质的轨道上来，加速实现国家的繁荣昌盛。

第二，深化科技和教育体制改革，加强教育和科技同经济的结合，是党和政府在新世纪新阶段必须继续抓紧解决的重大问题。实现社会主义现代化，科技是关键，教育是基础。在 21 世纪，以高新技术为核心的知识经济将占主导地位，国家的综合国力和国际竞争能力将越来越取决于教育发展、科学技术和知识创新的水平。要大力推进科技和教育的发展，就必须加大改革和创新的力度，促进科技、教育同经济的紧密结合。首先，要充分发挥市场和社会需求对科技进步的导向和推动作用，支持和鼓励企业从事科研、开发和技术改造，特别是要加强大中型企业技术开发中心的建设，使企业成为科研开发和投入的主体。其次，要不断推进科技创新和教育创新，建立健全与社会主义市场经济体制相适应的科技体制和教育体制。要大力解决科技和教育体制上存在的条块分割、力量分散的问题。科研机构设置分散、科技资源分散、科技管理分散的弊端必须消除。要深化应用型科研机构和社会公益型科研机构改革。要合理配置社会科研资源，形成部门、地方高校和企业相结合的科技管理体制。教育是发展科学技术和培养人才的基础，在现代化建设中具有先导性全局性作用，必须摆在优先发展的战略地位。要深化教育改革，优化教育结构，合理配置教育资源，提高教育质量和管理水平，全面推行素质教育，造就数以亿计的高素质劳动者、数以千万计的专门人才和一大批技术创新人才。同时，要形成促进科技创新和创业的人才汇集机制，善于发现和大胆起用年轻优秀的科技人才，进一步采取有效措施，吸引和聘用境外高级人才，鼓励留学人员回国创业。

2. 可持续发展战略

可持续发展思想是在 1994 年 3 月政府制定的《中国 21 世纪议程》中提出的。1996 年 3 月，可持续发展战略与科教兴国战略一起纳入"九五"计划和 2010 年远景目标纲要。

可持续发展概念最早来源于1972年在瑞典首都斯德哥尔摩召开的联合国人类环境会议。这个会议通过的《人类环境宣言》中这样写道："为了这一代和将来的世世代代的利益，地球上的自然资源，其中包括空气、水、土地、植物和动物，特别是自然生态中具有代表性的标本，必须通过周密计划或适当管理加以保护。在使用地球上不能再生的资源时，必须防范将来把它们耗尽的危险，并且必须确保整个人类能够分享从这样的使用中获得的好处。"

1992年在巴西首都里约热内卢召开的联合国环境与发展大会上，可持续发展的原则得到了国际社会的广泛接受。会议重申了1972年斯德哥尔摩人类环境大会通过的《人类环境宣言》，并通过了《里约环境与发展宣言》、《21世纪议程》、《生物多样性公约》、《气候变化公约》和《关于森林问题的原则声明》五个文件。《里约环境与发展宣言》在其第一条原则中就明确提出："人类处于普受关注的可持续发展问题的中心。他们应享有以与自然相和谐的方式过健康而富有生产成果的生活的权利。"第一次提出了可持续发展应以人为核心的思想。《21世纪议程》则提供了一个从那时起至21世纪的可持续发展的行动蓝图，它几乎涉及与地球持续发展有关的所有领域。

可持续发展的核心是发展。可持续发展不是对资源和环境的封闭式保存，而是要求尽可能避免或者减少发展对环境、资源的破坏，将保护和利用结合起来；在确立与自然协调一致的发展目标的基础上，通过科学技术的进一步发展加速开发替代性资源，加速开发有利于环境和资源保护的新的生产和生活方式；同时，通过人类的共同努力减少社会、政治、经济等方面的不平等现象，减少国际、国内的各种冲突，最终实现人类社会的长期和谐发展，实现人类与自然环境的协调共生。

实施可持续发展战略是实现新世纪新阶段中国经济和社会发展战略目标的必然选择，也是中华民族振兴的必由之路。

目前，中国实施科教兴国战略和可持续发展战略已经取得显著成绩，但还存在差距和不足，需要继续努力。党提出实施这两大战略以来特别是十五大以来，我国在科技、教育方面取得举世瞩目的成就，人口、资源、环境总体上呈现出协调发展的趋势。科技体制改革取得历史性突破，科技创新能力大幅度提高，高新技术产业化蓬勃发展，科技进步对经济社会发展贡献不断增强，科技队伍建设成果显著，科普工作日益深入。基础教育特别是"两基"工作成就巨大，基本建成结构较完整、专业门类齐全的职业和成人教育体系，素质教育得到全面推进，扩大高校招生规模受到群众普遍欢迎，通过对几百所高校进行管理体制调整，基本形成了中央和省两级管理、以省级政府管理为主的新体制，高校后勤社会化改革取得突破性进展，教育信息化水平和教师待遇显著提高，民办教育迅速发展。资源保护、环境污染治理和生态建设明显加强，部分城市和地区环境质量有了较大改善。2002年9月，我国还核准了《京都议定书》。但是，我国科技和教育领域的问题仍然不少，特别是与西方发达国家相比，我们的科技实力和教育水平存在相当大的差距，我国人口和生态环境问题依然相当突出，这些都需要我们在新世纪新阶段，通过继续大力实施科教兴国战略和可持续发展战略加以解决。

四、调整区域经济发展战略

区域经济协调发展战略是新的历史条件下我国的区域经济发展战略，这一战略是对我国历史上的区域经济均衡发展战略——区域经济非均衡发展战略的否定之否定。从均衡到非均衡战略，我国走过了 50 年的曲折历程。新中国成立之初，我国尚处在极不发达国家的行列，在当时的理论和历史条件下选择了"均衡发展战略"，不但没能实现我国区域间真正意义上的"均衡"，反而阻碍了整体经济的快速发展，浪费了巨大的资源和人才。改革开放以后，我国选择了非均衡发展道路，这种做法，短期内确有成效，极大地增强了综合国力，但从长远和整体情况看，这一战略对面积和资源都占 80% 以上的中西部地区来说，无疑是极不公平的选择，而且也影响全国经济和社会发展"后劲"的发挥。从本质上说，我国选择的均衡和非均衡发展战略都是一种赶超战略，前者的理想模式是苏联发达的计划经济，后者则以西方和亚洲的现代化国家为赶超目标。无论是我国所处的国际经济环境，还是基于人口——资源——环境之间业已高度紧张的关系，赶超战略并不是我国现代化道路的最佳选择。

目前，我国的经济体制已经全面转型。经济区域具有明显的市场性、自发性、渐进性。区域经济发展的实际绩效，很大程度上取决于区域经济的竞争力和通过竞争在统一大市场中占取的份额。区域资源配置和生产力布局不是依靠政府自上而下的行政推动，而是以市场为导向公开竞争、优胜劣汰而推动的。各区域在市场竞争的胜负成效，很大程度上取决于创新，包括技术创新、组织创新、管理创新、制度创新和战略创新。经过多年的市场化改革，我国经济终于摆脱了短缺经济的困扰，经济运行态势由短缺向过剩转变，接踵而至的并非供求基本平衡的良性运行状态，而是前所未有的过剩。随着我国宏观经济运行态势由短缺向过剩的根本转型，区域经济发展的背景和流程与短缺经济时代相比，已发生了显著的变化，发展战略也因此面临着新的调整。

在这样的条件下，我国已经具备了区域经济协调发展的基础。可以选择新的经济发展战略，从而在新的历史条件下推动我国区域经济发展，继续开创新的局面。在效率优先的前提下，兼顾公平。坚持"效率优先"原则在我国地区经济发展过程中发挥了显而易见的积极效应，需要继续坚持。坚持"效率优先"原则，实行"鼓励先富带动后富型的地区发展战略决策"符合我国社会主义初级阶段的基本国情，符合发展开放型市场经济的大趋势。区域发展差距扩大到一定程度则迫切要求高度重视区域经济公平问题，这是最终实现国家利益最大化和人的全面发展的客观要求。

早在 20 世纪 50 年代，毛泽东在著名的《论十大关系》中就指出，要处理好沿海工业和内地工业的关系。80 年代中和 90 年代初，邓小平提出了"两个大局"的战略思想。1999 年 6 月 17 日，江泽民在西北五省区国有企业改革发展座谈会上强调，要"抓住世纪之交历史机遇，加快西部地区开发步伐"，适时提出了西部大开发战略。

根据党中央和国务院的部署，2000 年 3 月中旬国务院西部地区开发领导小组办公室正式成立并开始工作。西部开发办 2000 年重点抓好四个方面的工作：一是认真做好西部开发的总体规划；二是抓紧制定促进西部开发的政策措施；三是加快西部地区基础设施建设；四是加强西部地区生态环境保护和建设。

2000 年 3 月以来两年多时间，西部地区基础设施建设迈出了实质性步伐，生态环境保护和建设得到加强，科技教育发展步伐加快。西部大开发已经有了一个良好的开局，为进一步发展奠定了良好的基础。青藏铁路、西电东送、西气东输等一大批标志性工程相继开工，西部地区的基础设施状况发生了惊人的变化。两年来，西部地区累计完成退耕还林 1867 万亩，宜林荒山荒地造林 1635 万亩。西部大开发的顺利推进，正引领西部进入新的增长期。2003 年实现国内生产总值 22660 亿元，比上年增长 11.2%，是西部开发以来经济增长速度最快的时期。据国务院西部地区开发领导小组办公室最新统计显示，2003 年我国西部地区的 12 省、市、自治区经济增长速度继续加快，与上年相比，国内生产总值增长速度提高 1.3 个百分点，固定资产投资增速提高 8.3 个百分点，工业增加值增速提高 3.9 个百分点，进出口总额增速提高 13.2 个百分点。

如果以 2000~2002 年这三年时间作为一个时段观察，可以看出实施西部大开发战略以来的三年多时间，西部 12 个省市区经济发展取得了重大进展。

第一，经济总量明显增加，增长速度不断加快。经测算，2002 年西部 12 个省、市、区国内生产总值合计达 20052 亿元，年平均增长 9.4%，快于全国平均增速 1.7 个百分点；人均 GDP 由 1999 年的 4312 元提高到 2002 年的 5512 元，平均增加 1200 元。2003 年上半年，西部各省、市、区尽管受"非典"疫情影响，但国民经济仍保持了快速增长，西部地区国内生产总值同比增长 10.7%，除云南 GDP 低于全国 8.2% 的增长速度外，其余 11 个省、市、区增速均高于全国平均水平。

第二，工业生产速度不断加快，经济效益明显回升。三年多来，西部 12 个省、市、区以重点项目和技术改造为重点，加速推进工业化进程，工业生产和经济效益保持同步增长。经测算，2002 年西部 12 个省、市、区全部工业增加值达 6390 亿元，比 1999 年增加 1300 多亿元，年平均增长 8.2%。已经形成了一批具有地区资源优势、区域优势的产业群，以煤炭、电力、化工、冶金、电子及农畜产品加工为主的支柱产业的形成，为西部地区工业生产增速注入新的活力。到

2002 年底，西部 12 个省、市、区原煤年产量已占到全国的 26.9%，年发电量占全国的 23.7%，钢材年产量占全国的 13%，水泥年产量占全国的 21%。与此同时，工业经济效益也明显回升。2002 年西部 12 个省、市、区规模以上工业实现利润总额合计达 519 亿元，比 1999 年净增 443 亿元。

第三，固定资产投资高速增长，重点工程建设步伐加快。三年多来，西部各省、市、区以生态建设、基础设施和基础产业建设为重点，加大固定资产投资力度。2000~2002 年间西部地区共完成固定资产投资 22300 亿元，占同期全国固定资产投资的 21.3%。三年里共开工建设 36 项重点工程，投资总额为 6000 多亿元，到 2002 年底，已完成 2000 多亿元。目前，退耕还林还草工程迈出新步伐；青藏铁路建设工程开工；西电东送工程南部通道建设全面展开，西气东输工程正式启动。此外青藏铁路正线铺轨已完成 246 公里；西电送广东能力突破 500 万千瓦。截至 2001 年西部地区光缆线路长度超过 40 万公里，电话普及率达 14.63 部/百人。

第四，科教兴国战略全面实施，社会各项事业不断取得新成绩。2002 年，西部 12 个省、市、区普通高等学校在校学生人数达 193.25 万人，比 1999 年增加 106.27 万人，增长 1.22 倍，年均增长 30%；电视人口覆盖率达到 81.1%~95.1%，广播电视"村村通"工程已取得明显成效。

第五，城乡居民物质文化生活水平明显提高。三年多来，西部地区在经济发展的同时，千方百计提高城乡居民物质文化生活水平，城乡居民收入水平有较大幅度增加。三年间，西部 12 个省、市、区城镇居民人均可支配收入增幅均在 6.4%~9.2%。随着城镇居民恩格尔系数的降低，表明西部地区城乡人民群众的生活质量进一步提高。①

第三节　从实现"软着陆"到扩大内需

1992 年邓小平南方谈话之后，我国开始了新一轮经济发展热潮。很快，发生了通货膨胀。为了治理通货膨胀，党和政府采取了相应措施。到 1996 年，我国经济成功实现"软着陆"。1997 年，亚洲发生了金融危机。这使得我国经济发展环境发生了与之前不同的变化。"软着陆"的措施必须让位于扩大内需的需要。通过一系列扩大内需政策，我国成功抵御了亚洲金融危机的不利影响，经济实现了持续增长。

---

① 这部分内容参考张晶：《西部大开发战略实施三年来的回顾与启示》，《山区开发》，2003 年第 8 期。

一、治理通货膨胀，实现"软着陆"

1992 年初，邓小平发表了南方谈话，号召加快改革和发展。他的讲话促进了经济的上升势头，在全国上下掀起了新的经济发展高潮。在新一轮的高潮中，地方、部门、企业都表现了很高的积极性。分别采取了一些主动的行动，推进本单位、本地区的改革与开放，对市场作用范围的扩大起到了重要作用。但是，中央政府对于推进改革显得消极，没有采取措施来推进财政、金融、国有企业等关键部门的改革，而这些部门的改革又非得依赖政府的推动不可。与此同时，由于采取了扩张性的货币政策刺激经济增长，于是，各级政府便把他们的注意力放到了规划开放区，铺基本建设摊子等方面。这样，我国很快出现了房地产热、开发区热、港口机场建设热、集资热、债券热、股票热、期货热等经济泡沫，经济迅速达到了过热状态。我国的金融业也陷入无序状态，国内金融市场的大量资金集中于沿海地区的房地产市场，银行、金融机构和地方政府为了实现各自不同的利益，逃避央行的规定和监管，为房地产业大量融资，使得货币量超量投放，信贷规模一再突破计划。而且，供需脱节令物价飞涨。1993 年，通货膨胀压力又开始上升，全国物价上涨 13%，1994 年上涨至 21.7%，达到了改革开放以来的最高水平。

由于经济中出现了严重的泡沫现象和高通货膨胀率以及潜在的金融风险，中央从 1993 年夏开始实施"软着陆"的攻关调控。主要有四方面措施：

第一，中央政府于 1993 年夏开始实行紧缩的货币政策，朱镕基亲自任中国人民银行行长。采取的主要措施包括：加强金融纪律；使国有银行与其隶属的信托投资公司分离；所有专业银行必须立即取消计划外贷款；限制地区间贷款；派出工作组到各省检查执行情况；等等。在货币政策方面出台了 13 条压缩银行信贷规模的措施，使新增货币供应量 M_0 从 1993 年的 1528.7 亿元减少到 1994 年的 1423.9 亿元和 1995 年的 596.8 亿元。由于这次调控吸取了以前货币紧缩过度造成经济过冷的教训，这个货币政策的实施一直遵循着"适度从紧"的原则，最终保证我国于 1996 年成功地实现了经济的"软着陆"。

第二，通过深化改革消除经济过热的制度性根源。1993 年 11 月，中共十四届三中全会通过了《中共中央关于建立社会主义市场经济体制若干问题的决定》。在这个决定中，要求建立新的财政税收体制，进行金融体制改革，加快国有企业改革，建立新的社会保障体制等各种制度。这些制度的整体推进，可以确保 20 世纪末以前初步建立中国社会主义市场经济体制。这有助于消除计划经济体制下的"一统就死、一放就乱"的经济波动弊端。通过制度变迁来解决经济过热问题是根本性措施。

第三，采取措施遏制通货膨胀。除了采取紧缩性的货币政策之外，还采取措施抑制粮食价格的上涨。粮价是"万价之基"。由于粮价上涨导致副食品涨价，副食品涨价一项大约影响当时物价上涨 2/3。粮食价格抑制住了，其他商品的价格就会自然回落。抑制粮食价格过快上涨，其主要手段就是开仓放粮。1993 年、1994 年两年中央政府放出 400 亿斤国家储备粮。与此同时，中央政府决定用保护价收购粮食，并专门设立一家农业发展银行给粮食贷款，同时修建可容 700 亿斤粮食的现代化粮库以储存粮食。政府还在 1993~1995 年间，三次提高粮价，鼓励农民种粮食。1995 年后，粮食储备持续增长，达到了 5000 多亿斤。粮食生产形势发生了根本性的变化，开始变得供大于求。由于供大于求，粮食价格不断上涨的趋势得到遏制，通货膨胀的预期也大大减小。

第四，重新审定投资项目，不合格的坚决拿下。由于借助行政力量直接干预地方、部门、企业的投资，使得投资热降温。投资降温，导致了对原材料需求的减少，从而防止了需求拉动型通货膨胀。同时，在减少投资项目的过程中，可以有效地调整产业结构，这也有助于我国经济健康可持续发展。

通过这些措施，我国经济在 1996 年实现了"软着陆"。通货膨胀得到了抑制，通货膨胀率从 1994 年的 24.1%降到 1996 年的 8.3%，1997 年降到 0.8%，但是经济增长率 1996 年则只回落到 9.7%，1997 年是 8.8%。

二、扩大内需

1. 扩大内需的背景

以 1997 年 7 月亚洲金融危机爆发为契机，不论是中国还是整个世界，宏观经济形势都出现了变化。各国面临的经济问题，已经不再是通货膨胀，而是通货紧缩。此时，不断有经济学家声称"萧条经济学已经回归"，中国在 1997 年也出现了需求不足、市场疲软的局面。其原因是多方面的：

第一，1993 年之后紧缩措施的惯性。20 年来，我国经济大致按照"高涨——膨胀——治理——紧缩——停滞——放松——扩张"的轨迹发展。从 1993 年夏季开始的紧缩在 1996 年的冬天取得了明显效果。1997 年大体上实现了零通货膨胀。正像其他国家平抑物价的政策措施通常会出现滞后效应一样，我国也开始了通货紧缩的过程。

第二，在对国有经济进行战略性改组的过程中，一方面要废弃一部分多余的生产能力，另一方面会使大量国有企业职工"下岗"。1997 年年末，全国下岗职工人数为 1200 万人左右，比 1996 年增加 300 多万人。就业状况的恶化使城镇居民收入的增势开始减缓，1997 年城镇居民实际人均可支配收入增长 3.4%，处于 20 世纪 90 年代以来的最低水平，造成了需求的减少。

第三，由于在改革过程中，特别是住房制度改革和社会保障制度改革的过程中旧的由国家统包的制度破除得快，而新制度建立得慢，从而导致人们加大了储蓄倾向，减少了对即期消费的选择。

第四，到 1995 年，我国提前五年实现了十一届三中全会所确定的经济建设的三步走战略的第二步，即到本世纪末，使国民生产总值再增长一倍。人民群众的生活水平基本实现了从贫困到小康的历史性跨越。由于群众的温饱问题已解决，此时，国内的消费结构面临着升级，老百姓对医疗、教育、住房等方面的需求日益增加。同时，这方面的供给还很有限，因此，需求不足的矛盾突出。

第五，亚洲金融危机的影响。由于亚洲经济、金融的持续动荡，邻近国家货币的深度贬值以及进口购买能力的大幅度降低，使得我国对这些地区的出口大幅度减少；与此同时，这些地区对我国的外国直接投资（FDI）也大量减少。这四个因素同时作用，导致我国经济发展环境发生了变化，不再是通货膨胀，而是经济全面紧缩的问题。

2. 扩大内需的措施

中央政府根据国内外经济环境变化，针对国内经济发展内需不足的特点，提出了"扩大内需"和"防范金融风险"的基本方针，并围绕这一方针，实施了积极的财政政策和稳健的货币政策。主要包括：增加政府的财政支出；降低银行存、贷款利率以促进居民消费和私人投资。

增加政府支出主要是通过发行国债，增加财政赤字，增加公共事业性开支，加大基础设施建设的力度来实现的。1998~2002 年五年累计发行长期建设国债6600 亿元，用于基础设施建设和基础产业建设，比如高速公路、交通、发电和大型水利工程等。1999 年中央银行宣布实行稳健的货币政策，且再次大幅度下调银行利率。经过这次调整，一年期存款利率降为 2.25%，一年期贷款利率降为5.85%。之后又进行了多次调整。1999 年开始对居民储蓄的利息所得征收 20%的比例税。由于存款利率较低而且还要缴纳利息税，人们加大了即期消费，从而促进了居民消费对需求的拉动，同时，由于贷款利率也较低，降低了民间企业家筹资成本，因此，促进了私人投资对需求的拉动。

除了积极的财政政策和稳健的货币政策之外，我国政府还通过其他一些措施来拉动居民消费和刺激出口。主要措施包括：

第一，通过延长节假日和增加城乡中低收入居民的收入来刺激居民消费。1999 年 5 月，我国首次实行"五一"和"十一"的七天长假制度。同年 9 月 18日在《全国年节及纪念日放假办法》中规定我国一年有"五一"、"十一"、春节三个节日。2000 年 6 月，明确提出我国每年有三个黄金周。

第二，医疗和住房制度改革。1998 年我国进行了医疗体制改革，1998 年 7月 1 日，开始了住房制度改革，废除了由政府部门或国有企业免费或低价向职员和职工提供住房的福利分房制度，引入市场机制，实施个人购买住房的商品房制度。

第三，教育改革。通过高校扩招，启动教育经济，拉动需求。从 1999 年开始，随着教育体制改革的深入，国家开始大规模地扩大高校招生，短短的三年，招生人数便由 1998 年的 108 万人，增至 2001 年的 260 万人、2002 年的 290 万人。同时，相应提高学费。

第四，通过提高出口退税率扩大出口。为了通过出口来拉动经济增长，1998 年我国政府将出口退税率逐步提高，出口商品的综合退税率由原来的 6% 提高到 15%。2002 年，对生产企业自营出口或委托外贸企业代理出口的自产货物出口退税全面实行"免、抵、退"税办法。

同时，为了化解金融风险，1998 年，政府发行了 2700 亿元特别国债补充国有商业银行资本金。1999 年，又先后组建了中国信达资产管理公司、中国东方资产管理公司、中国华融资产管理公司和中国长城资产管理公司，分别购买或托管中国建设银行、中国银行、中国工商银行和中国农业银行的不良贷款。

为了减少行政干预、推进区域经济和金融发展、加强中央银行的金融监管，自 1998 年底开始，中国人民银行按经济区划在全国设置九大跨省市的分行（外加两个营业管理部），彻底改变了我国几十年来按行政区划设置分支机构的框架。1997 年 11 月，与中国人民银行相关的监督管理职能的归属也发生了一些变化，原来由中国人民银行监管的证券经营机构划归中国证监会统一监管。1998 年 11 月，中国保险业监督管理委员会成立，负责监管全国商业保险市场。

通过这些措施，银行体制进一步理顺，银行和企业之间的关系也进一步理顺，我国经济发展中所存在的金融风险大大降低。

第四节　经济增长的波动与经济发展

中共十四大以来，党和政府驾驭全局，引领我国的经济在社会主义市场经济体制目标的指引下发展，克服了经济发展中存在的诸多问题。十五大以来，我国改革开放和经济社会发展继续取得进步，实现了现代化建设第二步战略目标，开始向第三步战略目标迈进。

一、经济增长的波动

国内生产总值从 1992 年的 2.7 万亿元增加到 2002 年的 11 万亿元，按可比价格计算，平均每年增长 10.4%（见图 13-1），不仅快于同期世界经济年均增长 3% 的水平，同时，也是世界上经济增长速度最快的国家之一。长期困扰我国的农产品供给严重不足的问题得到彻底解决，主要农产品产量实现了总量平衡，丰年有余。我国不仅用占世界 10% 的耕地成功地解决了占世界 22% 人口的吃饭问题，而且实现了人民生活水平由贫困到温饱再到小康的历史性跨越，总体上达到了小康水平。国家税收连年大幅度增长，全国财政收入从 1992 年的 3483 亿元增加到 2001 年的 16386 亿元；国家外汇储备从 1992 年的 194 亿美元增加到 2001 年的 2121 亿美元。

图 13-1　中国 GDP 和人均 GDP 的变化：1992~2001 年

资料来源：国家统计局编：《中国统计年鉴（2007）》。

从 1992~2001 年，我国国民经济在波动中发展。1992 年，邓小平南方谈话发表后，掀起了继 1989~1990 年经济萧条之后的又一个繁荣时期。1991 年，GDP 的增长速度已有所回升，达到 9.2%，1992 年则升至 14.2%，1993 年和 1994 年分别保持了两位数增长，达到 14.0% 和 13.1%。[①] 这种经济繁荣主要是由工业设备和房地产领域的投资所带来的，这两个领域的投资增长率在 1992 年约为 44%，1993 年约为 62%。资源使用的剧增也使得价格猛涨，1994 年零售物价指数上涨 21.7%，居民消费价格上涨更是达到了 24.1%。这场繁荣由此引致了高通货膨胀。为了治理较高的通货膨胀，党和政府立刻紧缩银根，实施紧缩性的货币政策，限制银行的大规模贷款。1996 年底，我国经济成功完成了"软着陆"。GDP 的增长率回落到 10%（见图 13-1），商品零售物价指数回落到 6.1%，居民消费价格指数也回落到 8.3%。1997 年 11 月，通货膨胀冲破了基准线，我国经济进入了通货紧缩阶段。商品零售价格指数在 1998 年下降了大约 2.6%，1999年下降了 3%。由于通货紧缩，GDP 的增长也持续滑坡，1998 年和 1999 年分别为 7.8% 和 7.6%（见图 13-1）。我国经济的波动不仅与经济发展本身有关，也与

①　以上数据来源于《中国统计年鉴（2007）》。与《中国统计年鉴（2002）》数据略有不同，《中国统计年鉴（2002）》上的对应数据分别是 13.5% 和 12.6%。

1997~1998 年的亚洲金融危机有关。投资过热、消费不足以及出口不利等，都构成了经济波动的成因。中共十五大以来，在党和政府的正确政策指导下，我国抵御住了亚洲金融危机冲击，在世界经济增长放慢、内需严重不足，1998 年、1999 年连续遭受特大洪涝灾害等不利条件下，经济实现了复苏。2000 年和 2001 年的 GDP 的增长率达到 8.4% 和 8.3%。人均 GDP 的增长趋势与 GDP 大致相同。

从 1992 年到 2001 年，尽管我国经济也在波动中发展，但是，这种波动的频率较以往要小。图 13-2 显示，改革开放以来，我国经济一直没有走出"一统就死，一放就乱"的怪圈，GDP 的增长也主要由投资拉动，一旦投资被遏制，则经济增长迅速下滑。GDP 增长率一直不能持续地维持在某一个水平上。而 20 世纪 90 年代后半期以来，我国经济逐步向一种稳定的状态回归。这显示我国经济正在走向一条良性的增长轨道。

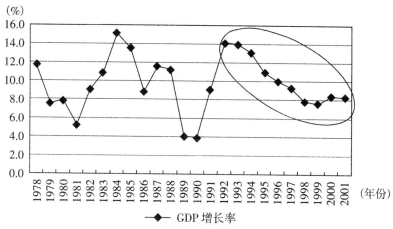

图 13-2　中国 GDP 的增长率：1978~2001 年

资料来源：国家统计局编：《中国统计年鉴（2007）》。

二、经济结构调整成效显著

从 1992~2001 年，经济结构战略性调整迈出重要步伐。结构的调整，促进了产业之间、地区之间、经济与社会之间更加协调的发展，从而提升了我国经济的整体素质和国际竞争力。经济结构战略性调整主要表现在：产业结构不断改善，工业结构调整取得积极成效，农业结构调整初见成效。在经济结构的战略性调整中，我国三次产业结构逐步走向协调，经济增长质量和效益明显提高。三次产业增加值在 GDP 中的比重，由 1992 年的 21.8 : 43.4 : 34.8 调整为 2001 年的 14.4 : 45.1 : 40.5。三次产业从业人员结构，从 1992 年的 58.5 : 21.7 : 19.8 调整为 2001 年的 50.0 : 22.3 : 27.7。三次产业对国内生产总值增长的拉动的比例也在不断变化,从 1992 年的 1.2∶9.2∶3.8 变为 2001 年的 0.4∶3.9∶4.0。中国的产业结构在十年来不断改善。同时,工业结构调整取得积极成效。大力发展高新技术产业特别是信息产业,积极推进国民经济的社会信息化。通过推进改革开放和加大投入,使我国信息产业实现了跨越式发展。组织实施了多项高新技术产业化示范工程,使一批具有自主知识产权的重大科技成果在短期内实现了产业化。充分发挥高新技术产业开发区和工业园区的作用,积极发展高新技术产业化服务体系。积极改造和提升传统工业。采取国债贴息、改进技改项目审批等办法,支持重点行业、重点企业、重点产品进行大规模的技术改造和结构调整。1999 年,我国开始全面着手进行农业结构调整。通过政策支持、加强信息服务和技术服务,引导农民按照市场需求调整种植结构、品种结构,发展畜牧业和水产养殖业,推进农业生产区域布局调整。大力推广"公司加农户"、"订单农业"等方式,发展农业产业化经营,带动千家万户农民进入市场。同时,抓住粮食供给充足的有利时机,实施退耕还林,既促进了农业结构调整,又直接增加了农民收入。在农业结构调整中,坚持因地制宜,不搞行政命令,尊重农民意愿。努力发展服务业。放宽市场准入,改善发展环境,推行现代经营方式和技术,使传统服务业得到进一步发展。同时,采取多种措施,积极支持和鼓励现代服务业加快发展。

三、人民生活显著改善

从 1992~2001 年,伴随着经济发展,人民生活显著改善,总体达到小康水平。城镇居民家庭人均可支配收入,由 1992 年的 2026.6 元增加到 2001 年的6859.6 元,平均每年实际增长 8.6%。农村居民家庭人均纯收入由 1992 年的784.0 元增加到 2001 年的 2366.4 元,平均每年实际增长 3.8%。城镇居民家庭的恩格尔系数,由 1992 年的 53% 降为 2001 年的 38.2%;农村居民家庭的恩格尔系数,由 1992 年的 57.6% 降为 2001 年的 47.7%(见表 13-1)。城乡居民人民币储蓄存款余额,由 1992 年的 1.2 万亿元增加到 2001 年的 7.4 万亿元。居民拥有的股票、债券等其他金融资产也有较多增加。农村贫困人口大幅度减少。

表 13-1　城乡居民家庭人均收入及恩格尔系数:1992~2001 年

年份	城镇居民家庭人均可支配收入(元)	农村居民家庭人均纯收入(元)	城镇居民家庭恩格尔系数(%)	农村居民家庭恩格尔系数(%)
1992	2026.6	784.0	53.0	57.6
1993	2577.4	921.6	50.3	58.1
1994	3496.2	1221.0	50.0	58.9
1995	4283.0	1577.7	50.1	58.6
1996	4838.9	1926.1	48.8	56.3

续表

年份	城镇居民家庭人均可支配收入（元）	农村居民家庭人均纯收入（元）	城镇居民家庭恩格尔系数（%）	农村居民家庭恩格尔系数（%）
1997	5160.3	2090.1	46.6	55.1
1998	5425.1	2162.0	44.7	53.4
1999	5854.0	2210.3	42.1	52.6
2000	6280.0	2253.4	39.4	49.1
2001	6859.6	2366.4	38.2	47.7

资料来源：国家统计局编：《中国统计年鉴（2007）》。

城乡市场繁荣，全社会消费品零售总额从 1992 年的 1.1 万亿元增加到 2001 年的 4.3 万亿元。城镇居民人均住房建筑面积由 1992 年的 14.8 平方米增加到 2001 年的 20.8 平方米，农村居民人均居住面积由 18.9 平方米增加到 25.7 平方米，城镇化水平提高，[①] 由 1992 年的 27% 增加到 2001 年的 38%。电视机、洗衣机、电冰箱等家用电器进一步普及，电脑、轿车越来越多地进入居民家庭。公共服务设施、人均绿地面积不断扩大。法定节日假期增加，外出旅游人数大幅度增长。体育健身和文化娱乐消费明显增多。医疗保健条件不断改善，人民群众健康水平进一步提高。人均预期寿命 2000 年时达到 71.4 岁，接近中等发达国家水平。

四、对外开放向广度和深度扩展

过去 20 年我国迅速从一个封闭经济走向半封闭半开放经济，成为所有新兴经济中最开放的市场和经济体。我国外向型经济特别是加工贸易的迅猛发展使我国对外贸易迅速扩张，进出口总额从 1992 年的不足 10000 亿元增加到 2001 年的超过 40000 亿元，增长了 3 倍。贸易总量占世界总量由 1978 年的不到 1% 上升为 2001 年的近 5%，在全球贸易中的地位，从开放之初的第 32 位，上升为 2001 年的前 6 名。我国利用外资水平明显提高。世界 500 强企业中已有 400 多家在华投资，到 2001 年底，已获准在华开办的外商投资企业 39 万多个，累计在境外设立各类企业 6310 家。经过 15 年的艰苦努力，我国于 2001 年 12 月正式加入世界贸易组织，标志着对外开放进入新阶段。

总之，在中共十四大以来的 10 年中，我国经济取得了巨大成就，改革开放和经济发展都有显著进步，国民经济在波动中发展，经济结构进一步优化，人民生活水平提高，同时，对外开放也达到新水平。

---

① 以城镇人口数量占总人口的比重来衡量城镇化水平。

思考题:

1. 为实现经济增长方式的转变, 20 世纪 90 年代中国政府采取了哪些措施?

2. 试述 1993~2000 年中国政府的宏观调控从实现经济 "软着陆" 到扩大内需的转变。

3. 试述 20 世纪 90 年代中国经济增长与发展的特点。

第十四章　国民经济高位稳定增长和社会主义市场经济体制的进一步完善

第一节　经济发展面临的新问题和促进经济发展的新思想

随着中国经济发展和改革的进一步深入，随着中国经济逐渐融入世界经济，中国经济发展面临的问题发生了变化。为了解决这些问题，中国共产党和政府审时度势，高瞻远瞩，提出了促进经济发展的新思想。

一、经济发展和深化改革面临的新问题

中共十五大以来，我国实施了"扩大内需"的方针，适时采取积极的财政政策和稳健的货币政策，克服了亚洲金融危机和世界经济波动的不利影响，保持了经济较快增长。然而，随着经济体的不断壮大和经济体制改革的进一步深入，我国经济进一步融入全球经济，我国的改革和经济发展遇到了一些新问题。

1. 加入 WTO 后所面临的挑战

2001 年 12 月，中国正式加入世界贸易组织（以下简称 WTO）。加入 WTO，有利于中国进一步的改革开放和全面深入地参与全球经济活动。加入 WTO，有利于中国扩大出口，发展中国的对外贸易；有利于中国在国际贸易中保护自身的合法权益。加入 WTO，有利于改善中国的制度结构，使之与世界经济对接，大大提高中国制度运行效率，从而改善投资、市场环境，为引进外资创造条件。然而，加入 WTO，也使中国经济面临一系列的挑战。中国毕竟是发展中国家，很多产业还刚刚起步，发展的水平还有限，打开国门后必然会受到冲击，这些行业或企业能不能经受住冲击，是中国经济所要解决的问题。第一，农业。由于生产方式不同，我国农业主要是以户为主，一户种几亩；而美国的农场主所耕种的几百公顷土地只需几个人就可完成，全部都是机械化，不但节省了大量的人力、物

力，而且生产出来的粮食质量也远远超过我国，再加上先进的储藏方法及应用，所产生的利润要比我国高好几倍。美国政府还对农业进行了相应的补贴。这些使得美国农业的竞争能力要大大高于我国。中国开放农业进口后，农业能不能经受住考验，对中国政府来说，是一个极大的挑战。第二，国有企业。经过改革国有企业，经济运行效率有所提升，然而，其竞争力还有限。一旦打开国门后，面对国外资金实力雄厚、管理水平相对较高的大型特大型企业，在不具备优势的市场条件下，中国的国有企业能不能持续提高自身的经济管理水平和运行效率，能不能在市场竞争中立于不败之地，是一个需要考虑和解决的问题。第三，金融体制。金融体制是一个经济体经济持续、快速发展的核心。没有一个好的金融体制，经济发展不能稳定持久。亚洲金融危机给了中国一个很大启示，即在金融改革尚未完善之前，不应过度开放金融体系，尤其不应过早实行资本账户的全面兑换。我国能够经受住亚洲金融危机，正在于金融体制的相对封闭性。因此开放自己的金融体制应该是有序、逐步的。目前，我国的银行体制以及各种金融市场都在做着相应的准备，但权责不清，财政部门与银行、银行与银行、银行与国有企业的债务相互纠缠问题，坏账与债务拖欠无法估计问题依然严重。如何让金融体制及时有效地完善，并保证在加入 WTO 后不受到过度冲击，不让国际投机者有机可乘，让中国的金融企业能够应对外资金融企业的竞争，同样是政府需要考虑的问题。总之，加入 WTO 让中国回归了全球经济，但同时，也使得中国经济面临诸多挑战。

2. 收入分配的差距越来越大

改革开放以来，我国经济取得了令人瞩目的变化，但同时，收入分配差距问题也日趋严峻。国民收入分配在政府、企业、居民个人之间还存在一些不合理因素，特别是在地区之间、城乡之间以及不同群体之间仍存在着显著差异。1978年，国家、企业和居民个人三者的分配比例为 33.9%、11.1% 和 55.0%，到 2002年，这一分配比例变为 20.5%、14.3% 和 65.2%。24 年间，国家收入比重下降了13.4 个百分点；企业收入比重上升了 3.2 个百分点；居民收入比重上升了 15.2 个百分点。居民收入比重上升，国家收入比重下降，企业收入比重基本稳定是改革开放以来收入分配变化的基本特征。但是从总体上看，个人拿大头，国家拿中头，企业拿小头的分配格局始终没有改变。由于经济基础和自然条件的差异，我国的经济发展在地区之间很不平衡，经济的发展和分配都呈现出东重西轻的格局（见表 14-1）。改革开放以来，随着经济的发展和收入分配政策的调整，居民个人得到了实惠，收入有了很大的提高。但同时，城乡居民之间收入分配的差距呈进一步扩大的趋势，城镇居民可支配收入在居民可支配收入中的比重上升，农村居民可支配收入在居民可支配收入中的比重下降。收入分配在居民之间不平衡的另一个特点是，不同群体之间收入分配存在差异，呈现出中低收入群体收入比重下降，高收入群体收入比重上升，收入向高收入群体集中的现象。2002 年，占城镇居民 10% 的最高收入家庭，其财产总额占全部城镇居民财产的 45%，同样占城镇居民 10% 的最低收入家庭，其财产总额仅占全部城镇居民财产的 1.4%，另外 80% 家庭的财产占总额的 53.6%。财产向高收入群体集中的现象比收入分配差距问题更加严重。农村居民的收入分配也与城镇居民类似，存在着严重的不平衡，即收入向高收入群体集中。据世界银行估计，1982 年中国全国居民收入基尼系数为 0.28，1990 年上升为 0.35，2001 年为 0.45。据中国社会科学院经济研究所收入分配课题组研究，全国居民收入基尼系数差距已由 1988 年的 0.382 上升到 2002 年的 0.454。[①]收入分配中存在的这些问题，会对经济和社会发展产生不利影响：一是农民收入增长缓慢和城镇低收入群体扩大，严重制约了城乡市场开拓和消费需求扩大；二是由垄断和不公平竞争带来收入差距的扩大，使得人民群众的生产劳动积极性、创造性受挫，不利于提高经济效率；三是群众对分配不公和腐败现象的不满情绪增加，影响社会稳定。

表 14-1　东中西部地区 GDP 与全国 GDP 比

单位：%

地区＼年份	1980	1990	2000	2002
东部	50.2（134）	51.5（137）	57.3（147）	57.9（154）
中部	29.8（88）	28.3（83）	25.6（78）	24.7（74）
西部	20（70）	20.2（71）	17.1（61）	16.9（59）

注：表中数据为占全国 GDP 的比重，括号内数字为占全国人均 GDP 的比例。
资料来源：相关年份《中国统计年鉴》。

3. 城乡关系问题

随着我国经济的发展，城乡关系问题不容忽视。改革开放之前，即计划经济时期，城乡关系曾经被严重扭曲。具体表现在：第一，工农业产品不能平等交易。改革开放前 20 多年，国家以"剪刀差"形式从农业中提取的经济剩余估计在 6000 亿~8000 亿元。第二，城乡之间要素不能自由流动。从 20 世纪 50 年代后期开始，我国逐渐形成了极为严格的户籍管理制度，限制农村人口流入城市，把城乡间人口的迁徙纳入国家计划的直接控制之下。第三，城镇居民与农民之间的权利和发展机会不平等。改革开放以后，随着市场机制的引入，城乡要素交流的范围和规模得到扩大，城乡关系逐步得到改善。但是，计划经济体制下形成的城乡分割的二元结构体制尚未从根本上发生改变，城乡经济仍未步入良性循环的轨道。主要表现在：第一，城乡居民收入差距过大。"六五"期间，由于农民收入

---

① 李实、魏众、丁赛：《中国居民财产分布不均等及其原因的经验分析》，《经济研究》，2005 年第 6 期。

的快速增加而有所减小，但随后的"七五"、"八五"、"九五"，城乡差距不断拉大，见表14-2。第二，城乡社会发展差距悬殊。主要表现在教育、医疗和社会保障等各方面。据2000年第五次全国人口普查统计，农村人口中初中及以上文化程度的占39.1%，远低于城市人口占65.4%的水平。农村人口小学文化程度占42.8%，15岁以上文盲率为8.3%，高于城市23.8%和4.0%的水平。农村人口主要由受过初中和小学教育的群体构成，城市人口主要由接受了高中及其以上教育的群体构成，这无疑是我国城乡之间最大的不平等。在未来一段时期内，城乡差距还可能呈扩大的趋势。采取措施防止差距的过分扩大是极为必要的。从城乡分割的二元经济结构向现代社会经济结构转变是今后几十年我国社会经济发展的基本走向。而改变城乡二元经济结构的根本途径就是要在继续推进工业化和城市化的过程中推进城乡综合配套改革，构建城乡统一的社会经济制度体系。建立、健全统筹城乡发展的制度体系的总体改革走向是：在完善"少取"政策的基础上加大"多予"力度，加快"放活"步伐。

表14-2　城乡居民家庭人均收入差距变化

项目 年份	农村居民家庭人均 纯收入（元）	城镇居民家庭人均 可支配收入（元）	城乡居民人均收入 差额（元）	城乡居民人均收入 比例（倍）
1978	133.6	343.4	209.8	2.57
1980	191.3	477.6	286.3	2.50
1985	397.6	739.1	341.5	1.86
1990	686.3	1510.2	823.9	2.20
1995	1577.7	4283.0	2705.3	2.71
2000	2253.4	6280.0	4026.6	2.79

资料来源：《中国统计摘要（2005）》，第102页。

4. 资源环境问题

我国能源资源总量比较丰富，但由于人口众多，人均能源资源拥有量在世界上处于较低水平。煤炭和水力资源人均拥有量相当于世界平均水平的50%，石油、天然气人均资源量仅为世界平均水平的1/15左右。同时，我国的能源利用率也很低，只有32%左右，比发达国家低了10个百分点，差距很大。我国的核能、太阳能、风能、潮汐能、地热能等新能源和再生能源的开发，与发达国家的差距也很大。我国一次能源生产和消费结构中，煤炭比重高达76%和68.9%，是世界上煤炭比重最高的国家，和世界平均水平（煤炭消费占26.5%）以及工业化国家（煤炭消费占21.4%）的能源结构相差甚远。煤炭比重过高，使我国能源系统效率明显降低，环境压力巨大。除了煤之外，我国实现现代化所需的石油、天然气资源也是非常多的，但国内所能提供的能源供给量却难以与之匹配。我国从1993年已经成为石油净进口国，石油进口量从1993年的988万吨增加到2002

年的 7000 多万吨，年均增长近 25%，对外依存度也从 6.4% 上升到 30%。随着每年中国石油进口量的增加和缺少石油战略储备，我国很容易受到全球原油价格变化的影响，石油短缺将是我国未来一段历史时期能源安全的主要矛盾。能源需求的大幅度增加，还会导致主要污染物的排放量增加，环境保护的压力加大。目前，一些地区环境污染和生态恶化已经到了相当严重的程度。水、大气、土壤等污染日益严重，固体废物、汽车尾气、持久性有机物等污染持续增加。另外，环境污染还从城市向农村扩展。近 10 年来，我国使用农药防治虫害效果显著，每年使用农药面积为 23 亿亩次，每年化肥施用量达 2930 万吨，但农药、化肥有效施用率仅为 30%（为国外先进农业区的 1/2），其余都挥发到大气中或随水流入土壤和江河湖泊，造成水域富营养化或饮用水源硝酸盐含量超标。全国 90% 以上的天然草原退化，生物多样性减少。同时，随着经济发展和人口增长，全球环境正在急剧恶化，臭氧层破坏、热带雨林消失、温室效应和酸雨等全球环境问题正严重威胁着人类自身的生存和发展。生态破坏和环境污染给我国经济造成了巨大损失，给人民生活和健康带来严重威胁。

5. 改革的深化与新体制的完善

1992 年，经济体制改革的目标明确为建立社会主义市场经济体制，到世纪之交，社会主义市场经济体制的框架已经初步建立。然而，体制的深层次问题并没有解决，在诸如国有企业、收入分配、金融体制、社会保障、政府职能等问题上还有许多难题并没有解决。同时，随着社会经济的发展，新的问题不断出现。因此，初具框架的社会主义市场经济体制还有很多不足之处，这需要通过改革的进一步深化来完善这一新的体制。在进一步完善社会主义市场经济体制的过程中，政府的机构改革以及职能转变尤其显得重要。如何定位政府的职能以及如何与社会主义市场经济体制相容，既实现政企分开、官商分开，也能够保证我国经济改革和发展顺利推进，是值得进一步探讨的问题。经过中共十五大以来的经济发展，我国已经解决了人民的温饱问题，居民的消费结构正在升级，人们不希望政府既当裁判员，也当运动员，不希望政府过大过多干预经济。随着国有企业改革的不断深入，政府干预经济的力度也在不断弱化。我国经济发展的内在逻辑也要求政府应该向服务型政府转变。国内的经济改革和发展应该主要依靠居民的消费结构拉动，而不是政府支出的投资推动。从国际背景看，加入 WTO 后，中国的市场经济体制需要进一步与世界接轨。这其中就包含着政府职能的接轨。在市场经济体制下，政府的职能不是替代市场，而是应该辅佐市场。中国经济改革和发展若要进一步深入，需要深层次的体制改革。

二、促进经济改革与发展的新思想

面对经济发展和制度变革中遇到的新问题和新挑战，21 世纪以来，中国共产党提出了促进经济改革和发展的新思想。2002 年 11 月，中共十六大提出了 21 世纪头 20 年全面建设小康社会的宏伟目标；2003 年，十六届三中全会提出了 "以人为本"的科学发展观，提出要以"五个统筹"全面协调中国社会经济发展；2004 年，十六届四中全会提出了构建社会主义和谐社会的构想。

1. 全面建设小康社会

中共十六大立足于我国已经解决温饱、人民生活总体达到小康水平的基础，进一步提出了全面建设小康社会的构想，即在 21 世纪头 20 年，集中力量，全面建设惠及十几亿人口的更高水平的小康社会，使经济更加发展、民主更加健全、科教更加进步、文化更加繁荣、社会更加和谐、人民生活更加殷实。经过这一阶段的建设，再继续奋斗几十年，到 21 世纪中叶基本实现现代化，把中国建设成为富强、民主、文明的社会主义现代化国家。

全面建设小康社会，最根本的是坚持以经济建设为中心，不断解放和发展社会生产力。其措施主要有：①走新型工业化道路，大力实施科教兴国战略和可持续发展战略；②全面繁荣农村经济，加快城镇化进程；③积极推进西部大开发，促进区域经济协调发展；④坚持和完善基本经济制度，深化国有资产管理体制改革；⑤健全现代市场体系，加强和完善宏观调控；⑥深化分配制度改革，健全社会保障体系；⑦坚持"引进来"和"走出去"相结合，全面提高对外开放水平；⑧千方百计扩大就业，不断改善人民生活。

2. "以人为本"的科学发展观

科学发展观，第一要义是发展，核心是以人为本，基本要求是全面、协调、可持续，根本方法是统筹兼顾。四个方面相互联系，有机统一。具体来说：

第一，发展是中国共产党执政兴国的第一要务。实现全面建设小康社会和现代化建设第三步战略目标，进一步提高人民物质文化生活水平；增强综合国力，实现中华民族伟大复兴；实现祖国完全统一；解决经济和社会生活中的各种矛盾，维护社会稳定；增强国防实力，维护国家安全，都要靠发展。

第二，以人为本是科学发展观的核心。科学发展观强调的以人为本与中国共产党全心全意为人民服务的根本宗旨和立党为公、执政为民的本质要求是完全一致的。以人为本的人是指最广大人民群众；以人为本的本就是根本，就是一切工作的出发点和落脚点。

第三，科学发展观是全面、协调、可持续的发展观。科学发展观所追求的全面发展就是要按照中国特色社会主义事业总体布局，以经济建设为中心，全面推进中国特色社会主义经济、政治、文化、社会建设。科学发展观是协调的发展观。协调发展，是指各个方面的发展要相互适应，就是要统筹城乡发展、统筹国内发展和对外开放，促进现代化建设各个环节、各个方面相协调，促进生产关系与生产力、上层建筑与经济基础相协调。科学发展观所要求的可持续发展，就是要坚持生产发展、生活富裕、生态良好的文明发展道路，建设资源节约型、环境友好型社会，实现速度和结构、质量、效益相统一，经济发展与人口资源环境相协调，使人民在良好的生态环境中生产、生活，实现经济社会永续发展。

第四，统筹兼顾是落实科学发展观的根本切入点和重要实现途径。从方法论意义上讲，深入贯彻落实科学发展观，最根本的是要正确认识和妥善处理中国特色社会主义事业中的重大关系，切实做到统筹兼顾，既要总揽全局、统筹规划，又要抓住牵动全局的主要工作、事关群众利益的突出问题，着力推进、重点突破。中共十六届三中全会提出了"五个统筹"的思想，即统筹城乡发展、统筹区域发展、统筹经济社会发展、统筹人与自然和谐发展、统筹国内发展和对外开放。

3. 构建社会主义和谐社会

中共十六大提出了 21 世纪头 20 年中国全面建设小康社会的发展目标，"社会更加和谐"是其中一个重要内容。2004 年召开的中共十六届四中全会明确提出，要"把和谐社会建设摆在重要位置"。构建和谐社会是科学发展观的核心内容，是经济和社会发展的最终归宿，是党从全面建设小康社会全局出发提出的一项重大战略任务。和谐社会是民主法治、公平正义、诚信友爱、充满活力、安定有序、人与自然和谐相处的社会。具体表现为农村与城市和谐发展，人与自然和谐发展，人与社会和谐发展，社会与经济和谐发展，政治与经济和谐发展，物质文明与精神文明和谐发展。

在构建社会主义和谐社会的进程中，必须全面落实科学发展观，把科学发展观的精髓贯彻到经济社会建设的各个方面。具体来说：第一，必须把发展经济作为构建和谐社会的坚实基础。构建社会主义和谐社会，从根本上说决定于经济发展的总体进程，实现经济又好、又快发展是科学发展观的根本要义，也是构建社会主义和谐社会的物质基础。第二，必须把协调发展社会事业作为构建和谐社会的核心内容。只有坚持全面、协调、可持续的科学发展观，大力发展社会各项事业，推动社会管理和公共服务不断完善和创新，才能在经济实力不断增强的条件下，逐步理顺各方面的经济社会关系，促进经济社会协调和可持续发展，使整个社会变得更加健康有序。第三，必须把提高保障能力作为构建和谐社会的有力支撑。以人为本是科学发展观的根本要义，是构建社会主义社会的首要原则，在建设社会主义和谐社会的过程中坚持以人为本，就必须始终把提高社会对人民生活的保障水平放在重要位置，正确落实国家政策，加强和完善社会保障体系建设，全面提升社会保障能力和水平，以使全社会人民能够充分享受构建和谐社会带来的丰厚成果。

第二节 社会主义市场经济体制的进一步完善

21世纪初，党和政府进一步推进改革，在社会主义市场经济体制的框架初步建立后，致力于进一步完善社会主义市场经济体制。2003年10月召开的中共十六届三中全会，通过了《中共中央关于完善社会主义市场经济体制若干问题的决定》，是推进这一体制进一步完善的重要纲领性文件。

一、深化财税、金融、投资体制改革，健全宏观调控体系

为了推动中国经济的市场化建设，完善社会主义市场经济体制，需要进一步深化财政税收、金融、投资等体制改革，转变政府职能，进一步健全宏观调控体系。中共十六大以来，中国财税、金融、投资体制改革进一步深化，宏观调控体系进一步健全。

金融体制改革是一系列改革中的重中之重。经历了亚洲金融危机之后，中国金融体制改革的任务更加迫切和复杂。深化金融体制改革也是应对加入WTO之后的国际经济竞争的基础。因此，中国需要继续深化金融体制改革，完善资本市场和金融市场的建设。2002年以来，中国的金融体制改革逐步推进，尤其是股票市场和债券市场的建设，企业的直接融资比例进一步加大，境内上市公司数，已从2003年的1287家增加到2007年的1550家。股票筹资额已由2003年的1357.8亿元增加到2007年的8680.2亿元。企业债发行额也由2003年的358亿元增加到2007年的5059亿元。同时，中国政府加强了对金融业的有效监管，加强了基础性的制度建设，建立了多层次的市场体系，提高了金融企业的运营效率，改善了金融企业的治理结构，同时，还稳步推进了汇率制度改革。在深化改革的过程中，中国政府也一直努力防范金融风险，保障金融安全。

财政税收体制改革。为了保证税负的公平和效率，需要进一步完善税收制度，扩大税基，建立合理的税率，规范各种税费种类，同时，积极改革现有税收制度。2002年以来，中国政府逐步加大增值税的征收范围，并注重减轻中小企业的税收压力，鼓励中小企业发展，同时灵活调整出口企业的出口退税率。在出口不景气时，提高出口退税率，在出口过度景气时，减少出口退税率。另外，为了鼓励科技创新企业的发展，党和政府还通过合理的税收结构鼓励产业结构调整，淘汰落后企业，鼓励企业的科研投入和科技创新。同时，合理规范中央、地方的税收范围，提高中央财政的比重，努力做到事权和财权的匹配。中共十六大以来，中国的财政支出体制也进行了相应改革。为了减小地区差距和城乡差距，

财政支出加大了转移支付力度，积极向西部和农村倾斜。同时，努力提高教育、卫生、社会保障等方面的公共产品投入。通过转移支付，努力改善农村的基础设施建设，加大对农村的基础教育、农村公共卫生以及农田水力设施的支持力度。

投资体制的完善。合理规范投资程序，落实企业投资自主权，逐步缩小政府对投资项目的核准范围，健全企业投资项目核准制和备案制，对经济发展具有显著意义。2002年以来，合理界定了政府的投资范围以及中央与地方的投资事权，改进和完善了决策规则和程序，努力提高资金使用效率，建立了政府投资项目决策责任追究制。同时，健全了科学、民主决策机制，完善了重大事项集体决策、专家咨询、社会公示和听证以及决策失误责任追究等有关制度。这些制度的完善有利于投资的规范和提高投资的效率，防止出现产能过剩和资金运用的无效率。同时，保证了就业的稳步增长和经济发展的稳定持续。

政府宏观调控进一步完善。2002年以来，随着政府职能的转变，推行了政务公开并逐步实现制度化，完善了政府新闻发布制度，提高了政府工作透明度，并且努力保障公民对政府工作的知情权、参与权、表达权和监督权。中国政府全面推进了依法行政，行政机关及其工作人员严格按照法定权限和程序履行职责，积极推行政府问责制，建立了执法责任追究制。对于经济的宏观调控，中国政府拥有了更多的经验和驾驭经济发展的能力，政府不仅成功控制了2003年的SARS公共卫生危机，还保障了2002~2007年的经济增长的高位运行。中国政府对宏观经济发展趋势的预测能力逐步增强，并且能够适时地对经济进行调控。社会主义市场经济体制的进一步完善也理顺了政府进行宏观调控的机制，政府的调控手段也从行政方面逐渐转移到经济、法律方面。公开市场操作，利率、汇率等都成为宏观调控的手段。中国政府的宏观经济政策保证了一贯性和稳定性，所采取的财政政策和货币政策也使得通货膨胀得到适当控制，经济发展速度适宜。

二、形成"反哺"机制，建设社会主义新农村

一般来说，在世界各国工业化成长过程中，工农关系大致要经历这样三个阶段：以农养工的工业原始积累阶段；农业、工业自我积累、自我发展的农工自养的工业化中期阶段；工业积累支援农业，被称作反哺农业的工业成熟阶段。

近年来，随着国民经济快速发展，我国也到了"以工补农，以城带乡"的历史阶段。农业税在我国财政收入中的比重逐步变小，2004年已降至不到1%。2004年中央一号文件出台的"两减免、三补贴"政策（取消除烟叶以外的农业特产税，减免农业税，对种粮农民实行直接补贴、良种补贴和购置大型农机具补贴）。2005年中央又一次把支持"三农"作为一号文件的主题，反映出中国在发展战略及政策思路方面的重大变化，即从农业提取积累转向工业反哺农业。中央经济工作会议明确指出：我们应当顺应这一趋势，更加自觉地调整国民收入分配

格局，更加积极地支持"三农"发展。2007 年，中共十六届五中全会提出要"实行工业反哺农业、城市支持农村"，以"推进社会主义新农村建设"，这是一项重要的宏观经济政策。中共十七大更是高屋建瓴，提出要建立以工促农、以城带乡长效机制，形成城乡经济社会发展一体化新格局。这为"工业反哺农业、城市支持农村"明确了方向和目标，为"三农"工作创造了更有利的环境和机遇。

在反哺政策下，几年来财政支农的力度不断加大。2004 年，政府安排粮食直补资金 116 亿元，占补贴资金总额的 96%，近 6 亿种粮农民直接享受到了国家补贴政策带来的实惠。全国 13 个粮食主产省通过粮食直补使 13892 万户农民平均每户增收 74 元。国家还对 13 个粮食主产省安排了良种补贴资金 28.5 亿元，农机具购置补贴资金 7000 万元。2005 年享受免征农业税的农民达到 8 亿。2005年全国粮食直补资金比 2004 年增长 13.8%。2006 年，粮食直补资金又增加 10多亿元。

伴随着反哺政策的实施，建设社会主义新农村成为新时期的重大历史任务。2006 年 2 月，胡锦涛指出，要从建设中国特色社会主义事业的全局出发，积极、全面、扎实地把建设社会主义新农村的重大历史任务落到实处，使建设社会主义新农村成为惠及广大农民群众的民心工程。2006 年 9 月，温家宝在全国农村综合改革工作会议上指出，农业税的取消标志着中国农村改革开始进入综合改革的新阶段。要充分认识农村综合改革的重要性和艰巨性，建立精干和高效的农村行政管理体制和运行机制、覆盖城乡的公共财政制度、政府保障的农村义务教育体制，促进农民减负增收和农村公益事业发展，全面推动社会主义新农村建设。

三、深化企业改革，建设创新型国家

随着 1997 年国有企业改革的大幕拉开，国有企业改革就是企业改革中的重中之重。经过三年的分流、兼并等措施的实施，国有企业实现了三年脱困目标，企业改革取得了较大成就。随着社会主义市场经济体制的进一步完善和经济向纵深发展，企业改革的任务还远远没有完成。垄断、企业产权的多元化等依然是需要进一步解决的问题。国有企业的数量特别是地方国有企业的数量还是太多，国有资本仍需向能发挥优势的重要行业和关键领域集中，向大企业集中。国有大中型公司的股权结构仍有待完善，治理水平亟待提高。垄断行业改革才刚刚开始，已逐渐成为国企改革重点。国有资产管理体制改革也刚搭起架子。企业还应该在转变经济增长方式上做出贡献。2006 年上半年，煤炭、石油石化、有色金属、电力等行业能耗水平均有所上升。在这些行业，国有大型企业均占举足轻重的地位。国有企业还要承担好社会责任。不要把经济效益作为唯一目标，要处理好利益相关者关系，特别是企业与职工的关系以及其他社会责任。由于企业追求盈利目标，在市场竞争中，可能会忽视消费者的利益，采取一些非法手段来提高企业经济效益，因此，企业监管也是企业改革进程中需要重点关注的地方。

2002 年以来，企业改革进一步深化。通过合并使企业的规模优势进一步加大，这有利于企业"走出去"，也有利于与国际大型企业进行竞争。通过打破垄断提高了企业在市场上的竞争力度，这有利于企业成为完全的市场主体，促使企业练内功，促使企业开拓创新。通过一系列改革，企业的垄断地位不断下降，垄断行业也逐步减少。私营企业迅速发展，股份制企业和股份合作企业规模逐步扩大，对经济增长的贡献率也逐步加大。同时，国有及国有控股企业的效益也不断改善。私营企业的工业增加值增长速度由 2004 年的 22.8%增加到 2007 年的26.7%。股份制企业的工业增加值的增长速度由 2001 年的 10.4%增加到 2007 年的 20.6%，股份合作企业工业增加值的增长速度从 2001 年的 9.2%增加到 2007年的 17.5%。国有及国有控股企业的工业增加值的增长速度也从 2001 年的 8.1%提高到 2007 年的 13.8%。

21 世纪初期，药品食品安全问题不断涌现。在药品方面，假药流入市场，给患者带来了生命损失和经济损失。食品安全问题也严重影响着人民的健康。从齐齐哈尔的假药事件到"问题奶粉"和"苏丹红"风波，从劣质的火腿肠到各种方便食品，都曝光了许多问题，食品和药品的生产、加工、运输、储存、销售过程都存在诸多安全隐患。为了加强对食品和药品安全问题的管理，一方面做好善后处理工作；另一方面着力加强制度建设，加强食品和药品安全管理体系建设，加快《食品安全法》的立法进程。同时，积极进行医疗制度改革，加强医疗监管。

建设创新型国家是党和政府在综合分析国内和国际发展形势的基础上提出的重大指导方针，是推动中国经济社会发展转入科学发展轨道的正确选择。中共十六大提出了自主创新战略。2005 年 7 月，温家宝在国家科教领导小组第三次全体会议上强调要高度重视和大力推进自主创新。2005 年 12 月，在北京人民大会堂举行的庆祝"神舟六号"载人航天飞行圆满成功大会上，胡锦涛指出，要始终把提高自主创新能力摆在突出位置，显著提高中国的科技实力。2006 年，在全国科学技术大会上，胡锦涛提出了建设创新型国家的战略目标。按照这一目标，中国到 2020 年建成全面小康社会的时候，大体要进入全世界创新型国家的前列。同年，还发布了《2006~2020 国家信息化发展战略》，对未来中国信息化发展的目标、任务、战略重点以及措施等都作出了系统部署。

从横向来看，中国的科技创新能力总体还较弱。历史上科技投入占 GDP 的比重最高的是 1960 年的 2.32%，以后逐年下降，2004 年为 1.23%，与有关法规规定的 1.5%存在差距；对外技术依存度高达 50%，而美、日仅为 5%左右；占固定资产投资 40%左右的设备投资中有 60%以上要靠进口；国内拥有自主知识产权核心技术的企业仅为万分之三；2004 年，规模以上工业企业技术引进经费支出 397 亿元，消化吸收经费支出仅 61 亿元，远远低于日本和韩国的水平；有数据显示中国科技创新能力在世界 49 个主要国家中仅居于第 28 位。因此，有必要提高自主创新能力，加快科学技术发展，增强中国的国际竞争力。

四、"以人为本"，促进经济又好又快发展

中国经济发展要"以人为本"。党和政府一直强调"立党为公、执政为民"的理念。在经济发展上，中国政府强调要把经济发展的成果让广大人民群众共享，这体现了政府"以人为本"的思想。"以人为本"的精神实质就是中国共产党自创建以来就强调的根本宗旨——全心全意为人民服务。党的一切奋斗和工作都是为了造福人民，要始终把实现好、发展好、维护好最广大人民的根本利益作为党和国家一切工作的出发点和落脚点，尊重人民主体地位，发挥人民首创精神，保障人民各项权益，走共同富裕道路，促进社会全面发展，做到发展为了人民、发展依靠人民、发展成果由人民共享。"以人为本"在经济发展上的体现就是：第一，从对总量的强调转变为对人均的强调。十七大报告第一次将过去的国内生产总值翻两番的目标由"总量"变为"人均"。经济指标这一改变的意义在于人均国内生产总值提升是人均收入提升的基础和前提。人均国内生产总值得到较大幅度的提升就意味着城乡居民人均收入的较大提升，意味着改革发展的成果在每一个社会成员那里得到更好的落实。第二，更加重视生态建设。十七大报告指出："建设生态文明，基本形成节约能源资源和保护生态环境的产业结构、增长方式、消费模式。"第三，提出加快推进以改善民生为重点的社会建设，全面改善人民生活。教育、就业、医疗、分配、社会保障、社会治安等方面的工作直接关系民生问题。十七大报告指出：要"努力使全体人民学有所教、劳有所得、病有所医、老有所养、住有所居，推动建设和谐社会"。第一次把社会建设提到了保障和改善民生的高度来加以阐述，充分体现了十七大报告"以人为本"的理念。

"好"在"快"之前凸显了中国经济发展的新理念。自 20 世纪 90 年代初建设社会主义市场经济以来，便有了促进经济"又快又好"发展的说法。十多年来几乎约定俗成，"快"总在"好"之前。2005 年的中央经济工作会议提到经济发展时依然沿用"又快又好"的提法。"快"，成为近年来中国经济发展的显著特征。从 1990 年至 2005 年中国经济平均增速 9.7%，经济总量在全球位次从 1990 年的第 11 位，上升到 2005 年的第 4 位。同时，中国也为多年来的"粗放型"快速增长方式付出了代价。能源资源的高消耗以及由此造成的环境污染和生态破坏，成为制约经济社会协调发展的突出问题。注重科学发展，在"好"字上做文章成为当务之急。有鉴于此，2006 年中央经济工作会议上特别强调了"又好又快"，认为"快"是对经济发展速度的强调，"好"是对经济发展质量和效益的要求。从"又快又好"到"又好又快"，是对中国经济社会发展新形势认识的深化，是对新阶段经济发展规律认识的深化。"十一五"规划也强调，让"好"和"快"双翼齐

飞，成为中国经济发展的最新要求。"又好又快"是一个有机统一的整体。"又好又快"，就是既要求保持经济平稳较快增长，防止大起大落，更要坚持好中求快，注重优化结构，努力提高质量和效益。只要我们坚持以科学发展观统领经济社会发展全局，切实转变增长方式，努力实现速度、质量、效益相协调，消费、投资、出口相协调，人口、资源、环境相协调，中国的经济必定能够又好又快发展，确保经济社会发展转入科学发展的轨道。

五、积极发展对外经济关系

中国加入 WTO 之后对外开放步伐大大加快。党和政府积极发展对外经济关系。2002 年以来，我国积极进行对外交往，与外国的各种党派进行交流，扩大共识，增强对世界经济格局和发展态势的认识。中国政府积极落实各种合作、协作关系，参与世界和区域组织的各种活动，在 WTO 的框架下，努力探索与西方发达国家、发展中国家以及第三世界国家的经济合作关系，进行持续深入交流，促进中外贸易发展。同时，注重发展与周边国家的经济合作关系，比如在东盟框架下扩大与亚洲国家的经济交流。全国人大常委会、全国政协也积极与外界接触，与各国议会进行广泛的交流。这些务实合作和交流一方面提高了中国的政治和经济地位，同时也让世界更多地了解中国、认识中国。伴随着中国经济实力的提升，对外贸易迅速增长，货物进出口总额从 1978 年的世界第 29 位提高到 2006 年的世界第 4 位。"十五"期间对外贸易依存度达到 62%，相对于 1978 年提高了 52 个百分点，实现了由封闭经济贸易到开放经济贸易的跨越。伴随着贸易的发展，中国文化也向世界传播，中国市场同样吸引外国人前来投资就业。2002 年以来，外商直接投资大幅增长，2006 年达到 835.2 亿美元，是世界第二大外商直接投资吸引国。中国已经成为全球最为开放的"新兴市场"，实际开放度由 2000 年的 36%上升到 2004 年的 75%，在中国、印度、俄罗斯等 10 个新兴市场经济国家中最高，中国市场已经成为世界市场的重要组成部分。

第三节　国民经济的高位稳定增长

2002 年以来，党和政府全面贯彻落实科学发展观，加快推进和深化各项改革，积极扩大对外开放，不断加强和改善宏观调控，切实转变经济发展方式，努力克服贸易保护主义抬头、石油价格大幅上涨以及突如其来的非典疫情和严重洪涝干旱等复杂多变的国内外经济环境的不利影响，经济社会发展取得了举世瞩目的辉煌成就，综合国力明显增强，国际地位显著提高，全面建设小康社会又取得

了新进展。具体表现如下:

第一,经济持续、平稳、快速增长,总量在世界的位次由 2002 年的第 6 位跃居 2005 年的第 4 位,人均国民总收入步入了中等收入国家行列。2002 年以来,国民经济不仅增长速度快,而且持续时间长、稳定性好,经济总量和人均水平均实现了大跨越,为实现国民经济社会发展第三步战略目标奠定了坚实的基础。2003 年以来,国内生产总值一直保持在两位数以上的增速,2003 年为 10.0%,2004 年为 10.1%,2005 年为 10.4%,2006 年为 11.1%,2007 年为 11.4%。经济实现了连续五年 10%以上的增长速度。这五年是改革开放以来经济增长快、持续时间长的时期之一。经济在持续快速增长的同时保持了比较好的稳定性。经济增速不仅快,年度之间波幅也比较小。2003~2007 年,国内生产总值年度最高增幅与最低增幅仅相差 1.4 个百分点,经济在高位平稳运行。居民消费价格呈现波动,2003 年上涨 1.2%,2004 年上涨 3.9%,然后降低。2007 年回升到 4.8%。

经济总量在世界上的位次五年内连升两位。2002 年我国国内生产总值 120333 亿元,2007 年达到 246619 亿元。随着总量的增加,到 2005 年我国国内生产总值超过法国和英国,在世界上的位次也由第六位跃居第四位,2007 年仍保持了第四的位次。与前三位的美国、日本和德国的差距也在缩小。人均国民总收入翻了近一番,步入了中等收入国家行列。继 2002 年我国人均国民总收入首次超过 1000 美元,达到 1100 美元后,在短短的五年内于 2007 年又超过 2000 美元。这标志着我国在向全面建设小康社会的进程中又迈出了坚实的一步。

第二,经济结构调整迈出新步伐,地区、城乡和产业发展的协调性进一步增强。2002 年以来,随着中央确定的实施西部大开发、振兴东北地区老工业基地、促进中部地区崛起、鼓励东部地区率先发展的区域协调发展战略的逐步落实,各项政策措施的不断到位,区域经济发展的协调性出现了积极变化。2003~2006 年各区域国内生产总值大幅提高,2006 年东部地区国内生产总值达 128593 亿元,为 2002 年的 1.96 倍;中部地区国内生产总值为 2002 年的 1.90 倍;西部地区国内生产总值为 2002 年的 1.91 倍;东北三省国内生产总值为 2002 年的 1.72 倍。2007 年,对中部和西部的投资进一步加大。东部地区投资 72314 亿元,比上年增长 19.9%;中部地区 34283 亿元,增长 33.3%;西部地区 28194 亿元,增长 28.2%。

城乡经济在城市化水平不断提高中趋向协调发展。2006 年城市化率达到 43.9%,比 2002 年的 39.1%上升了 4.8 个百分点,年平均上升 1.2 个百分点。随着城市化水平的提高,2003~2006 年城镇总人口年平均增加 1874 万人,乡村总人口年平均减少 1125 万人,大量的乡村人口由农村向城镇的转移促进了城乡经济的协调发展。随着建设社会主义新农村各项措施的落实,包括加大农村道路、通讯、电力等基础设施建设,农村基础设施明显加强,减免农业税,加大各种补贴，农民收入不断增加，城乡经济发展进一步趋向协调。

第三产业比重继续提高。2003~2006年第三产业比重达到40.1%，其中，交通运输、仓储和邮电业增长迅速，2003~2006年，交通运输、仓储和邮电业增加值年平均增长10.0%。2007年交通运输、仓储和邮政业增加值为13649亿元，比上年增长9.7%。金融业也不断发展壮大。2007年企业通过证券市场发行、配售股票共筹集资金8432亿元，比上年增加2838亿元。年末境内上市公司（A、B股）数量由上年末的1434家增加到1550家，市价总值327141亿元，比上年末增长265.9%。2007年企业共发行债券17084亿元，比上年增加3520亿元。2007年保险公司原保险保费收入7036亿元，比上年增长25.0%。

第三，经济运行质量和效益稳步提高，国家财政收入和企业利润持续大幅增加，节能减排取得初步成效。财政收入在五年内翻了一番多，从2003年的20466亿元增加到2007年的49449亿元。财政收入占国内生产总值比重上升，2006年财政收入占国内生产总值为18.4%，比2002年的15.7%上升了2.7个百分点。财政收入的快速增长，有效地保障了经济社会的稳定协调发展。

企业利润连续五年保持在20%以上的增长速度。企业利润的大幅度增加拓展了企业的发展空间，调动了企业发展的积极性，为企业未来发展奠定了较好的经济基础。随着节能减排目标责任制，加大结构调整力度，淘汰落后生产能力，对重点行业、重点企业和重点领域调整等各项措施的落实，节能减排在难度较大、困难较多的形势下取得了积极进展。单位国内生产总值能耗由连续三年上升转为2006年的下降。2007年能源消耗总量为26.5亿吨标准煤，比上年增长7.8%。

第四，农业生产稳步增长，工业生产迅猛发展，供给能力大幅提高。2002年中共十六大以来，围绕着"工业反哺农业、城市支持农村"以及建设社会主义新农村，建立了解决"三农"问题的全新政策体系，农业生产呈现出稳步增长的态势。粮食产量从2003年的历史低点逐年增加，2004年达46947万吨，扭转了1998年后连续五年下降的局面。2005年、2006年、2007年粮食连续三年增产。2007年粮食产量50150万吨。棉、油、肉等主要农产品稳产增产。主要工农业产品产量仍稳居世界前列或位次前移。2006年，谷物、肉类、棉花、花生、油菜籽、水果及茶叶的产量继续保持世界第一；甘蔗产量位居世界第三；大豆产量位居世界第四。

工业生产增长迅猛，以能源、原材料为主的产品产量高速增长。主要工业产品产量中，钢、煤、水泥、电视机和棉布的产量继续保持世界第一；发电量继续位居世界第二；糖产量居世界第三；原油产量居世界第五。2007年全部工业增加值为107367亿元，比上年增长13.5%。

第五，固定资产投资快速增长，基础产业和基础设施得到进一步加强。2002年以来，固定资产投资特别是基础产业和基础设施投资快速增长，一大批重点建设项目建成投产，交通、通讯和能源等基础产业和基础设施得到加强，长期以来困扰我国经济发展的煤电油运等"瓶颈"制约得到明显缓解。2007 年全社会固定资产投资 137239 亿元，比上年增长 24.8%。东部地区投资 72314 亿元，比上年增长 19.9%；中部地区投资 34283 亿元，增长 33.3%；西部地区投资 28194 亿元，增长 28.2%。

第六，对外经济呈现出前所未有的快速发展，进出口贸易总额连升三位居世界第三位，外汇储备跃居世界第一位。2002 年以来，是我国加入世界贸易组织过渡期，也是改革开放以来我国对外经济发展最快的时期，对外开放的深度和广度得到进一步拓展，利用两个市场和两种资源的水平进一步提高。2002 年货物进出口总额 6208 亿美元，2007 年货物进出口总额 21738 亿美元。进出口贸易总额在 2003 年超过法国和英国升到第四位，2004 年超过日本升到第三位。

利用外资继续增加，对外投资增长较快。2006 年实际利用外商直接投资（不包括银行、保险、证券等金融机构利用外资数据）630 亿美元，2002 年为 527 亿美元，年平均增长 4.6%。利用外资的持续不断增加，使我国利用外资自 2002 年以来一直居于世界前三位。在利用外资继续增长的同时，随着"走出去"战略的付诸实施，对外投资出现了强劲的增长势头。

国际旅游收入增长迅猛。2002 年以来，我国加快了旅游资源开发步伐，加大了旅游经营机制创新力度，旅游企业经营管理水平不断提高。据世界银行的资料显示，我国国际旅游人数由 2002 年的居世界第五位上升到 2005 年的第四位；2005 年国际旅游收入占世界国际旅游收入总额的 3.7%，比 2002 年上升 0.1 个百分点，居世界第六位。

外汇储备跃居世界第一位。2007 年末国家外汇储备 15282 亿美元，比上年末增加 4619 亿美元，位居世界第一位。年末人民币汇率为 1 美元兑 7.3046 元人民币，比上年末升值 6.9%。

第七，城乡居民生活持续提高和改善，人民群众得到了更多改革和发展的实惠。2002 年以来，随着国民经济的平稳快速发展，社会保障和救助制度的不断建立和完善，城乡居民生活水平进一步提高，生活质量进一步改善，城乡居民收入连年保持快速增长。2007 年农村居民人均纯收入 4140 元，扣除价格上涨因素，比上年实际增长 9.5%；城镇居民人均可支配收入 13786 元，实际增长 12.2%。农村居民家庭恩格尔系数（即居民家庭食品消费支出占家庭消费总支出的比重）为 43.1%，城镇居民家庭恩格尔系数为 36.3%。

第八，教育、科技、文化、卫生等社会各项事业蓬勃发展，经济社会呈现同步快速发展的良好局面。2002 年以来，随着科学发展观的全面贯彻落实，在国民经济平稳、快速发展的同时，教育、科技、文化、卫生等社会各项事业也蓬勃快速发展，呈现出经济社会同步发展的良好局面。

第四节　中国经济的未来展望

中国融入世界经济是大势所趋，我们只有抓住目前的"战略机遇期"，才能完成工业化、现代化目标，才能切实提高人民的生活水平，才能实现小康社会、和谐社会的理想。同时，我们也不能忽略未来可能遇到的挑战。

一、经济发展的挑战

中国经济未来仍要发展，改革也会依然持续，但改革发展的环境不断发生变化。中国面临的挑战主要有五个方面：

1. 国际政治环境的挑战

中国作为一个发展中的社会主义大国，一方面本身制度发育不完善；另一方面又因社会制度的不同而在国际政治中处于不利地位。由于意识形态与社会制度的差异，美国长期以来一直把中国作为防范、遏制的对象。台湾问题是中国国家安全面临的重大不稳定因素。长期以来，美国一直把台湾作为一张"牌"来遏制中国。另外，美国强力推行其全球反恐战略，其他许多国家，尤其是一些大国纷纷调整彼此关系，增强谋略与谋势，使全球地缘战略格局出现重大变化，也使中国的周边安全环境面临新的变数。2003 年 12 月 10 日，温家宝在哈佛大学发表了题为《把目光投向中国》的演讲，首次全面阐述了"中国和平崛起"的思想。2003 年 12 月 26 日在纪念毛泽东诞辰 110 周年座谈会上，胡锦涛再次强调要坚持和平崛起的发展道路和独立自主的和平外交政策。2004 年 3 月 14 日，温家宝在十届全国人大二次会议记者会上，重申了"中国和平崛起的要义是：第一，中国的崛起就是要充分利用世界和平的大好时机，努力发展和壮大自己。同时又以自己的发展，维护世界和平。第二，中国的崛起应把基点主要放在自己的力量上，独立自主、自力更生，依靠广阔的国内市场、充足的劳动力资源和雄厚的资金积累，以及改革带来的机制创新。第三，中国的崛起离不开世界。中国必须坚持对外开放的政策，在平等互利的基础上，同世界一切友好国家发展经贸关系。第四，中国的崛起需要很长的时间，需要多少代人的努力奋斗。第五，中国的崛起不会妨碍任何人，也不会威胁任何人。中国现在不称霸，将来即使强大了也永远不会称霸。然而，尽管中国共产党和中国政府不断强调中国的发展主要依赖自己，中国的发展对世界有好处，不会威胁别人，但是，国际政治环境并不一定有利于中国和平崛起。这是一个挑战"。

2. 国际经济环境的挑战

经过近30年的改革开放，中国已成为一个名副其实的世界贸易大国，其外贸增长速度远高于国内生产总值的增长速度。从历史数据可以看出，1978年我国的外贸依存度只有9.8%，时至20世纪90年代，随着出口的快速增长，推动了外贸依存度的稳步提高，2006年、2007年攀升至将近70%，创下新中国成立以来的最高水平。贸易依存度提高增大了中国与世界经济的摩擦。巨大的贸易顺差不仅给人民币升值带来更大的压力，而且会加剧我国与欧美等国家和地区的贸易摩擦，同时加大国际收支失衡程度，使外汇占款过多的矛盾进一步激化，造成国内流动性过剩问题日趋严重。另外，尽管我国的进出口贸易数额很大，但中国还不是一个贸易强国。随着经济全球化的不断加深，中国经济将面临更大的国际竞争压力和更多的"新贸易壁垒"，外部制约因素会相应增多。在经常项目已实现可兑换之后，资本管制的有效性将大打折扣，金融风险始终存在，我国经济受世界经济的影响将越来越大，如果周边环境不好，我国也难独善其身。2007年的美国次贷危机和经济放缓就对我国经济产生了不可忽视的影响。此外，尽管中国目前社会主义市场经济体制初步建立并不断完善，然而，市场化程度还不是很高，市场经济体制还有不成熟的地方。中国的资本市场、技术市场和劳动力市场还由于多种因素的制约而需要进一步完善。尽管推行了科教兴国战略，矢志于成为创新型国家，但中国目前的创新能力仍然不足。党和政府提出了"两个利用"思想，然而，由于国际资本市场的风云变幻和国内资本市场的不成熟，由于国际能源市场的风起云涌以及国内经济发展对能源的需求，由于外贸市场上的贸易摩擦日益加剧，真正做到"两个利用"还有待时日。未来经济发展需要一个稳定、和平的良好国际经济环境。这对中国而言是一个挑战。

3. 国内资源和环境的挑战

长期以来，我国经济快速增长建立在大量消耗能源、原材料等资源的基础上，而资源相对不足、环境承载能力较弱恰恰是我国经济社会发展的"软肋"。中共十七大报告在列举十六大以来前进中面临的突出困难和问题时，将"经济增长的资源环境代价过大"放在首位。报告称，我国长期形成的结构性矛盾和粗放型增长方式尚未根本改变。粗放型的经济增长方式就是高投入、高消耗、低产出、低质量的经济增长方式。这种经济增长方式主要是靠扩大建设规模，大量增加生产要素投入取得的经济增长，忽视技术进步和科学管理，不重视提高生产要素的使用效率和经济运行质量。实行粗放型的经济增长模式在一定时期内有其客观必然性，是不可逾越的，但当经济达到一定规模和总量水平后，仍然实行这种增长模式就带来了一系列的矛盾和问题。其中最重要的问题就是能耗高，能源利用率低、资源浪费严重，生态环境问题突出。目前，我国能源利用率为30%，而发达国家一般为40%~80%。我国单位国民生产总值的能耗为日本的6倍、美国的3倍、韩国的4.5倍。12种主要原材料的物耗比发达国家高5~10倍以上。

2006 年我国 GDP 总量占到世界总量的 5.5% 左右，但是中国为此消耗的标准煤、钢材和水泥分别约占全世界消耗量的 15%、30% 和 54%。在农业方面，水、肥等利用效率低。发达国家已向喷灌和滴灌发展，而我国仍主要是大水漫灌，跑水、漏水严重。水、耕地、森林资源被加速消耗，部分地区水土流失和沙化加剧，环境污染相当严重。从近年来的松花江水污染，到治理淮河，再到太湖蓝藻事件，都说明能源消耗、环境保护问题是我们当前面临的一个艰巨挑战，一些地方的污染问题已到了刻不容缓的地步。出路在于加快转变经济增长方式，节约和合理使用有限资源。因此，十七大报告指出，"必须把建设资源节约型、环境友好型社会放在工业化、现代化发展战略的突出位置"，要"开发和推广节约、替代、循环利用和治理污染的先进适用技术，发展清洁能源和可再生能源，保护土地和水资源，建设科学合理的能源资源利用体系，提高能源资源利用效率。发展环保产业"。

4. 经济发展不平衡的挑战

实行改革开放以来，特别是实施西部大开发、振兴东北地区等老工业基地、促进中部地区崛起、鼓励东部地区率先发展的区域发展总体战略以来，各地经济社会发展水平有了很大提高，人民生活也有了很大改善，但区域间发展不协调、发展差距拉大的趋势仍未根本改变。据统计，从 2000~2006 年，东部地区的江苏、山东、广东三省的地区生产总值分别从 8554 亿元、8338 亿元、10741 亿元增加到 21548 亿元、21847 亿元、25969 亿元；而西部的青海、宁夏两省区的地区生产总值分别从 264 亿元、295 亿元增加到 641 亿元、707 亿元。两地区虽然发展都很快，但差距仍很明显。目前东中西部人均 GDP 差距不断扩大。在外贸和利用外资方面，东部地区处于绝对优势地位。伴随着区域经济发展不平衡，还有城乡收入差距的扩大。几年来全国农民人均纯收入呈加速度增长，但城乡收入的差距依然越来越大，占总人口绝大多数的农民，平均三人的消费量才相当于一名城市居民的消费量。2006 年和 2007 年城镇居民可支配收入增速与农民人均纯收入增速相比均将高出 4 个百分点，与往年比呈现了扩大趋势。产业差距也呈现扩大趋势。为了贯彻落实科学发展观、全面建设小康社会，需要促进区域协调发展、逐步缩小区域发展差距，必须注重实现基本公共服务均等化、引导生产要素跨区域合理流动；需要提高低收入人群收入，扩大中等收入者的比重，同时调节过高收入；需要减小产业差距。

5. 创新能力提升的挑战

我国推行科教兴国战略，并要建立一个创新型国家。但是，目前中国的创新能力还有待进一步提升。经过教育制度改革，我国的受教育人数正在逐年扩大，但是，目前我国的人力资本水平相对世界而言还不是很高，加上内在的创新体制的不健全，因此，不利于中国自主创新能力的发挥和培养。由于缺乏自主创新能力，中国工业企业的利润增幅正逐年缩小，长期以来，中国企业自主创新能力严重不足，发明专利授权中 3/4 为外国人所拥有；申请专利数量最多的 10 家电子信息企业五年申请之和仅相当于美国 IBM 公司一年申请的专利数量。由于缺少拥有自主知识产权的核心技术，不少行业存在技术"空心化"危险。中国经济发展必须实现从资源依赖型向创新驱动型的转变，实现从对国外技术的依赖型向自主创新型的战略转变。因此，中共十七大对创新能力的培养提出了更高要求。创新能力能否迅速提高将是中国未来经济发展的最后一个挑战。

二、中国经济的未来展望

中国经济未来发展总的趋势是什么？中国在未来应该进入到全面建设时代、全面改革时代、全面创新时代、全面开创时代。体现这四个方面的时代就一定是整个中华民族振兴的时代，全面发展的时代，全面崛起的时代。同时，也应该看到尽管中国经济在改革开放以来取得了巨大成就，但是，中国经济改革和发展仍然任重而道远，还将面对很多挑战。具体表现在：

第一，工业化还处于中后期，城市化还未过半。改革开放以来，我国的工业化发展取得了巨大进步。如果将整个工业化进程按照工业化初期、中期和后期三个阶段划分，并将每个时期划分为前半阶段和后半阶段，根据工业化水平综合指数，从人均国民生产总值、三次产业产值比例、制造业增加值占总商品增加值比重、三次产业就业比例、人口城市化率五个指标评价，到 2005 年我国的工业化水平综合指数达到 50，这表明我国整体进入工业化中期的后半阶段。进入工业化中期的后半阶段，国情也发生了变化，完成工业化进程所面临的问题也将不同。我国的人口、资源、环境等因素对工业化的压力越来越突出，区域经济发展不平衡的局面还没有改观。我国虽然是一个工业大国，已经成为"世界工厂"，但是还不是一个工业强国。尽管不断强调经济增长方式转变，但目前的经济发展方式还主要依赖于粗放型的增长方式，经济增长的集约化程度还较低。工业化的技术来源还主要依赖于国外，产业技术的自我创新能力还很薄弱，大中型企业的技术创新水平还较低，而且，自主创新的环境还有待于进一步完善。就业压力还依然较大，城乡二元结构还没有根本改善，不断增加的剩余劳动力严重制约着我国工业化进程。产业结构的协调性还较差，产业升级压力较大，产业的组织化水平也还较低。21 世纪以来，我国城市规模不断扩大，城市化进程继续加快，城市经济发展实力明显增强，城市建设与管理服务水平显著提升，和谐社会建设迈出新的步伐。目前，中国城市化水平不断提高，2006 年全国城镇人口为 57706万人，占全国总人口比重为 43.9%，城市化水平比 2002 年提高 4.8 个百分点，年均提高 1.2 个百分点。然而与世界平均水平相比，我国城市化水平还较低。提高城市化水平是中国现代化建设长期而艰巨的任务。中国城市化水平低、基础设施较差、城市平均规模偏小和区域发展不平衡等问题都将是中国未来经济发展所需要面对的。

第二，政府职能转变和民主化才刚破题，市场经济体制还有待完善。改革开放以来，政府在经济发展中发挥了巨大作用，推动了市场化进程。同时，政府职能转变的要求也越来越强烈。2008 年，第十一届全国人民代表大会批准了政府机构改革方案。"大部制"体现了政府职能的转变。在中共十七大上，民主走进了人们的视野。经济民主化的色彩愈来愈浓厚。中国共产党"以人为本"、"执政为民"的理念也越来越深入人心。"执政兴国"，就是要实现全面建设小康社会的目标，要使中国变成一个"和谐社会"。在保证宏观经济政策稳定、连续的要求下，政府再一次强调了缩小城乡差距、提高劳动者收入的重要性。只有提高百姓的收入水平，才能切实提高内需，拉动经济的"三驾马车"（投资、消费、出口）并驾齐驱。然而，能否真正提高老百姓的收入水平，改善百姓生活，让经济发展惠及更广大的人民，还需要努力奋斗。1992 年以来，我国把社会主义市场经济体制作为改革发展的制度取向。经过近十年的努力，可以说，我国的市场经济体制已经初具规模。各种市场不断完善，包括要素市场和产品市场。企业和家庭成为市场经济体系中可以自主决策的主体。政府的职能也越来越与市场经济体制相容。我国的市场化水平正在日益提升。然而，不能说我国的市场经济体制已经很成熟，不能说我国的制度转轨进程已经完成。各种影响市场体制建设的干扰因素还存在，政府的职能转变还没有完成。市场经济体制还不完善。

第三，经济发展模式转变尚未实现，创新和科技水平还很低，国际竞争能力也很弱。党和政府很早就意识到转变经济增长方式的重要，也不止一次地号召和要求切实转变经济增长方式，从粗放型的经济增长方式转变到集约型的经济增长方式，从主要依赖于要素大量的投入转变到依靠科学技术上来，然而，中国经济发展的内在逻辑却导致中国难以逾越工业化进程中的重化工业阶段。在中国经济改革和发展的现有制度约束下，追求政绩以及其他因素的影响也使得中国经济增长方式的转变难以落到实处。中共十七大把转变经济增长方式变为转变经济发展方式，可见，需要从更高的角度来认识转变经济发展方式的重要性和迫切性，同时也看出中央的新思路。从中共十六大到十七大，推出了许多新思想和新部署，其中包括要成为创新型国家。这一方面反映了中国目前自主创新能力和科技水平还相对较低，同时也说明了不能切实转变经济发展方式的原因。没有一定的科学技术水平经济就谈不上发展，而只能是简单的增长；没有一定的自主创新能力中国就很难成为一个工业强国、成为一个现代化强国。由于经济发展质量和水平还有待进步，因此，中国目前的国际竞争能力也还较弱。没有一定的竞争能力，中国就很难发挥"两个利用"来进一步提升中国经济发展，也不能有效防范经济全球化的风险，中国人的强国梦也不能真正实现。

总之，中国的未来不会是坦途，需要做的工作仍然较多，任务仍然繁重。但中国经济发展的未来是光明的。中国人正在从事着最艰巨和最伟大的事业。中国人通过自己的努力不仅能为中国人民的富裕、民主、文明做出贡献，而且也会为社会主义经济理论做出贡献。不仅如此，中国人通过自己的努力还会为世界做出贡献。中国"和平崛起"的道路不会改变，中国的"和平崛起"目标也一定能够实现。从中共十六大到十七大，已经再次证明中国有一个具有现代意识和现代化导向的政府，已经再次证明中国已具有建设经济、保持经济稳步发展的智慧，已经再次证明中国人一定能够找回历史的尊严和昔日的辉煌。

思考题

1. 21 世纪中国经济发展将面临哪些挑战？

2. 简述中共十六大以来中国经济发展取得的成就。

参 考 文 献

1. 毛泽东：《毛泽东选集》第 5 卷，人民出版社，1977 年版。

2. 毛泽东：《建国以来毛泽东文稿》第 7 册，中央文献出版社，1992 年版。

3. 中共中央文献研究室：《刘少奇论新中国经济建设》，中央文献出版社，1993 年版。

4. 周恩来：《周恩来统一战线文选》，人民出版社，1984 年版。

5. 陈云：《陈云文选》（第 2、3 卷），人民出版社，1985 年版、1986 年版。

6. 邓小平：《邓小平文选》，人民出版社，1993 年版。

7. 江泽民：《江泽民文选》，人民出版社，2007 年版。

8. 薄一波：《若干重大决策与事件的回顾》，中共中央党校出版社，1993 年版。

9. 中共中央文献研究室：《关于建国以来党的若干历史问题的决议注释本》（修订），人民出版社，1985 年版。

10. 费正清：《剑桥中华人民共和国史（1949~1965)》，上海人民出版社，1991 年版。

11. 丛树海：《新中国经济发展史（1949~2005)》，上海财经大学出版社，2008 年版。

12. 董辅礽：《中华人民共和国经济史》，三联书店（香港）有限公司，2001 年版。

13. 董志凯：《1949~1952 年中国经济分析》，中国社会科学出版社，1996 年版。

14. 剧锦文：《中国经济路径与政策（1949~1999)》，社会科学文献出版社，2001 年版。

15. 李德彬：《中华人民共和国经济史简编》，湖南人民出版社，1987 年版。

16. 李宗植、张润君：《中华人民共和国经济史（1949~1999)》，兰州大学出版社，1999 年版。

17. 宁可：《中国经济发展史》（第 5 册），中国经济出版社，1999 年版。

18. 柳随年、吴敢群：《中国社会主义经济简史》，黑龙江人民出版社，1985 年版。

19. 苏星：《新中国经济史》，中共中央党校出版社，1999 年版。

20. 吴承明、董志凯：《中华人民共和国经济史》第 1 卷，中国财政经济出版社，2002 年版。

21. 武力：《中华人民共和国经济史》，中国经济出版社，1999 年版。

22. 曾璧钧、林木西：《新中国经济史（1949~1989)》，经济日报出版社，1990 年版。

23. 赵德馨：《中国近现代经济史》，河南人民出版社，2003 年版。

24. 赵德馨：《中华人民共和国经济史（1949~1966)》，河南人民出版社，1988年版。

25. 赵德馨：《中华人民共和国经济史（1967~1984)》，河南人民出版社，1989 年版。

26. 赵德馨：《中华人民共和国经济史（1985~1991)》，河南人民出版社，1999 年版。

27. 赵德馨：《中国经济通史》第 10 卷，湖南人民出版社，2002 年版。

28. 房维中：《中华人民共和国经济大事记（1949~1980)》，河南人民出版社，1984 年版。

29. 刘国光：《中国十个五年计划研究报告》，人民出版社，2006 年版。

30. 刘仲黎：《奠基——新中国经济五十年》，中国财经出版社，1999 年版。

31. 曾培炎：《中国经济五十年》，中国计划出版社，1999 年版。

32. 汪海波：《中华人民共和国工业经济史》，山西经济出版社，1998 年版。

33. 马泉山：《新中国工业经济史（1966~1978)》，经济管理出版社，1998 年版。

34. 国家农委办公厅：《农业集体化重要文件汇编》，中共中央党校出版社，1982 年版。

35. 国家统计局编：《中国统计年鉴》，中国统计出版社，1983~2007 年各年版。

36. 国家统计局工业交通物资统计司：《中国工业经济统计资料》，中国统计出版社，1985 年版。

37. 国家统计局国民经济综合统计司：《新中国五十年统计资料汇编》，中国统计出版社，1999 年版。

38. 中共中央文献研究室：《十二大以来重要文献选编》，人民出版社，1986 年版。

39. 中共中央文献研究室：《十三大以来重要文献选编》，人民出版社，1991 年版。

40. 中共中央文献研究室：《建国以来重要文献选编》第 13 册，中央文献出版社，1996 年版。

41. 中国社会科学院、中央档案馆：《中华人民共和国经济档案资料选编

(1949~1952)》工商体制卷，中国社会科学出版社，1992 年版。

42. 中国社会科学院、中央档案馆：《中华人民共和国经济档案资料选编 (1953~1957)》工业卷，中国物价出版社，1998 年版。

43. 中华全国手工业合作总社、中共中央党史研究室：《中国手工业合作化和 城镇集体工业的发展》第 1 卷，中共党史出版社，1992 年版。

44. 北京师范大学经济与资源管理研究所：《2003 中国市场经济发展报告》， 中国对外经济贸易出版社，2003 年版。

45. 蔡昉、林毅夫：《中国经济》，中国财政经济出版社，2003 年版。

46. 丛进：《曲折发展的岁月》，河南人民出版社，1989 年版。

47. 杜辉：《中国经济周期探索 50 年》，大连理工大学出版社，2007 年版。

48. 高伯文：《中国共产党区域经济思想研究》，中共党史出版社，2004 年版。

49. 胡绳：《中国共产党的七十年》，中共党史出版社，1991 年版。

50. 季龙：《当代中国的集体工业》，当代中国出版社，1991 年版。

51. 金冲及：《周恩来传 (1949~1976)》，中央文献出版社，1998 年版。

52. 金冲及、陈群：《陈云传》，中央文献出版社，2005 年版。

53. 李际祥：《当代中国的铁道事业》，当代中国出版社，1990 年版。

54. 柳随年、吴敬群：《恢复时期的国民经济 (1949~1952)》，黑龙江人民出 版社，1984 年版。

55. 马洪：《现代中国经济事典》，中国社会科学出版社，1982 年版。

56. 马洪：《当代中国经济》，中国社会出版社，1987 年版。

57. 马凯、曹玉书：《计划经济体制向社会主义市场经济体制的转轨》，人民 出版社，2002 年版。

58. 钱颖一：《现代经济学与中国经济改革》，中国人民大学出版社，2003 年版。

59. 苏星：《邓小平社会主义市场经济理论与中国经济体制转轨》，人民出版 社，2002 年版。

60. 席宣、金春明：《"文化大革命" 简史》，中共党史出版社，1996 年版。

61. 王广谦：《中国证券市场》，中国财经出版社，1992 年版。

62. 王年一：《大动乱年代》，河南人民出版社，1988 年版。

63. 吴敬琏：《当代中国经济改革》，上海远东出版社，2004 年版。

64. 吴敬琏：《中国增长模式抉择》，上海远东出版社，2006 年版。

65. 吴念鲁、陈全庚：《人民币汇率研究》，中国金融出版社，1992 年版。

66. 薛暮桥：《中国国民经济的社会主义改造》，人民出版社，1959 年版。

67. 张广友：《改革风云中的万里》，人民出版社，1995 年版。

68. 张明理：《当代中国的煤炭工业》，当代中国出版社，1989 年版。

69. 赵靖：《中国经济思想通史》第 4 卷，北京大学出版社，1998 年版。

70. 赵士刚:《共和国经济风云》,经济管理出版社,1997 年版。

71. 中共中央党史研究室:《中共党史大事年表》,人民出版社,1987 年版。

72. 中共中央文献研究室:《回忆邓小平》,中央文献出版社,1998 年版。

73. 中华全国手工业合作总社:《手工业合作化后的主要任务》,财政经济出版社,1958 年版。

74. 周传典:《当代中国的钢铁工业》,当代中国出版社,1996 年版。

75. 周太和:《当代中国的经济体制改革》,中国社会科学出版社,1984 年版。

76. 朱荣:《当代中国的农业》,当代中国出版社,1992 年版。

77. 安格斯·麦迪森:《中国经济的长期表现(公元 960~2030)》,上海人民出版社,2008 年版。

78. 安格斯·麦迪森:《世界经济千年史》,北京大学出版社,2003 年版。

79. 世界银行:《中国:推动公平的经济增长》,清华大学出版社,2004 年版。

80.《毛泽东读苏联〈政治经济学(教科书)〉谈话记录选载》,《党的文献》,1993 年第 4 期。

81. 金春明:《60 年代"左"倾错误的发展与"文化大革命"的爆发》,《中共党史研究》,1996 年第 1 期。

82. 金春明:《再论"文化大革命"起因》,《上海行政学院学报》,2002 年第 1 期。

83. 任严波:《我国理论界关于"文化大革命"起因的探讨》,《工人日报》,1986 年 11 月 21 日。

84. 石康:《我国的十个五年计划》,《宏观经济管理》,2006 年第 8 期。

后 记

南开大学经济史学科是全国重点学科，只是中华人民共和国经济史略显薄弱。经济学院领导重视学科建设，提出要开设中华人民共和国经济史这门课程。作为南开大学经济史学科的年青一代，我有责任承担这一教学任务。我的研究方向主要集中于中国近代经济史，承接这一任务对我来说既是一个挑战，也是一个扩展研究领域的机会。

幸运的是，承担这一任务后，我得到了学界前辈、南开大学经济学院和经济学系领导的极大帮助和支持。刚进入这一领域时，因教学需要请教于中国社会科学院经济研究所董志凯研究员、武力研究员和赵学军研究员，他们积极而热心地给予指导，使我受益匪浅。本教材大纲草拟出来后，他们提出了许多建设性意见；初稿出来后，董志凯研究员又提出了宝贵的修改意见。南开大学经济学院主管教学的副院长何自力教授、经济学系主任景维民教授、经济史与经济思想史教研室主任赵津教授非常重视中华人民共和国经济史这一学科的建设，在资料的收集、项目的申请和教材的出版上都给予极大的支持。他们的支持，给了我极大的鼓励和鞭策，也使我备感肩头责任之重。

本教材的编写源于教学的需要，在南开大学开设中华人民共和国经济史这门课程已有几年了，但苦于找不到合适的教材，要么部头过大，要么缺少近几年的内容。因此，编写出一部新的教材是当务之急。本教材由龚关草拟大纲，基于一个学期共 17 到 18 周，每周一次课，每次课 2 至 3 课时的实际情况，一共安排 15 章（包括绪论），一次课一章，并安排课堂讨论、复习考试、机动等。各章编写分工如下：绪论、第八章，龚关；第一、二章，石建国；第三章，曲韵；第四、五章，肖翔；第六章，赵学军；第七、十章，闫乃权；第九章，姜长青；第十一、十二章，彤新春；第十三、十四章，隋福民。最后由龚关修改、定稿。

在编写过程中，我们吸收了国内外现有的研究成果并在书后列出了主要参考文献，在此对他们表示衷心感谢。由于我们的水平有限，书中难免有缺点和不当之处，敬请同行专家、学者批评指正。

本教材为南开大学教务处教材建设项目，经济学系慨将此教材列入南开大学重点专业建设系列教材，谨表感谢！

感谢经济管理出版社王光艳女士为本书的出版付出的努力和心血！

龚　关

2009 年 12 月于南开园